10일 만에 끝내는 MBA

The Ten-Day MBA 4th Edition:
A Step-by-Step Guide to Mastering the Skills Taught
in America's Top Business Schools
by Steven Silbiger
First published by Harper Business,
an imprint of HarperCollins Publishers, New York.

세계 10대 경영대학원에서 가르치는 MBA 핵심 코스

10일 만에 끝내는
MBA

스티븐 실비거 지음 | 김성미 · 이은주 옮김

비즈니스북스

옮긴이

김성미 | 국제경제학과 영문학을 전공하고 현재 전문 번역가로 활동 중이다. 옮긴 책으로 《물, 치료의 핵심이다》 《간호사, 프로를 꿈꾸어라》가 있으며 《아마추어 과학자》, 《에코 에 지》, 《달러의 경제학》 등 다양한 분야 단행본 번역에 참여했다.

이은주 | 이화여자대학교 법학과를 졸업하였으며, 현재 번역 에이전시 엔터스코리아에서 출판기획 및 전문 번역가로 활동하고 있다. 《돈과 힘》, 《2020 대한민국 다음 십 년을 상상하라》, 《2020년 중국》, 《G2 불균형》, 《브라질이 새로운 미국이다》, 《설득의 배신》, 《터틀의 방정식》, 《핏불》, 《벤저민 그레이엄의 증권분석읽기》, 《윌리엄 오닐의 성장주 투자기술》, 《모틀리 풀 황제 투자비법》, 《피터 드러커의 위대한 통찰》, 《퀀트 30년의 기록》, 《현명한 채권투자자》, 《골드》, 《금리의 역사》 등 다수가 있다.

10일 만에 끝내는 MBA

1판 1쇄 발행   2006년 9월 25일
2판 1쇄 발행   2017년 1월 25일
2판 9쇄 발행   2024년 1월 2일

지은이 | 스티븐 실비거
옮긴이 | 김성미, 이은주
발행인 | 홍영태
편집인 | 김미란
발행처 | (주)비즈니스북스
등 록 | 제2000−000225호(2000년 2월 28일)
주 소 | 03991 서울시 마포구 월드컵북로6길 3 이노베이스빌딩 7층
전 화 | (02)338−9449
팩 스 | (02)338−6543
대표메일 | bb@businessbooks.co.kr
홈페이지 | http://www.businessbooks.co.kr
블로그 | http://blog.naver.com/biz_books
페이스북 | thebizbooks
ISBN 979-11-86805-51-0   03320

'지금'을 업그레이드하고 더 나은 미래를 꿈꾸는 비즈니스맨에게 가장 필요한 교양은 무엇일까. 바로 경영학이다. 담당하는 업무뿐 아니라 조직과 기업을 움직이는 비즈니스 전체의 원리를 제대로 알아야 한다. 《10일 만에 끝내는 MBA》는 마케팅부터 회계, 계량분석, 생산관리, 리더십, 법률까지 비즈니스맨이 알아야 할 핵심 지식을 체계적으로 알려 준다. 이 책을 통해 세상과 비즈니스를 보는 통찰력, 나아가 차별화된 경쟁력을 갖게 될 것이다.

김병도 서울대학교 경영전문대학원 교수, 《경영학 두뇌》 저자

20년 넘게 MBA 프로그램을 강의해 왔다. 원래 MBA는 비전공자를 위해 빠른 시간 안에 경영학 전체를 섭렵하도록 하는 데 목적이 있다. 그에 꼭 맞는 책이 바로 《10일 만에 끝내는 MBA》이다. MBA에서 무엇을 배우는지 알고 싶은 사람, MBA 과정을 이미 거쳤지만 그 지식을 업데이트하고 싶은 사람에게 꼭 필요한 책이다.

김언수 고려대학교 경영전문대학원 교수

세계 10위권 내에 드는 경영대학원 입학을 꿈꾸는 모든 이들이 마침내 대안을 찾을 수 있게 되었다. 명문 경영 대학원 강의 중 기본 내용을 엄선한 이 《10일 만에 끝내는 MBA》는 재미있고 알차며 단연코 저렴하다. 강력 추천한다.

톰 피시그룬드 Tom Fischgrund **코카콜라**Coca-Cola **수석 마케팅 이사, 《세계 10대 경영대학원으로 가는 길》**The Insider's Guide to the Top Ten Business School**의 저자, 1980년 하버드 대학 MBA 학위 취득**

《10일 만에 끝내는 MBA》를 읽으면서 MBA 과정을 밟는 동안에 배웠던 내용이 새록새록 떠올랐다. 2년간 공부했던 것들을 이 책을 통해 알뜰하게 복습하는 데는 채 일주일이 걸리지 않았다.

앤드루 크롤리Andrew Crowley 베인 앤드 컴퍼니Bain&Company 컨설턴트, 2011년 버지니아 대학 MBA 학위 취득

《10일 만에 끝내는 MBA》는 복잡하고 까다로운 내용을 명확하고 호소력 있게 설명하는 저자의 탁월한 능력에서 탄생한 매우 훌륭한 책이다.

로버트 브루너Robert F. Bruner 버지니아 대학 경영대학원 학장, 《MBA에 관하여》The Portable MBA의 저자

책을 읽는 동안, 내 생애 가장 힘들고 고통스러웠던 2년에 대한 기억이 생생하게 떠올랐다. 학부에서 철학을 전공한 나로서는 경영대학원에 입학하기 전에 이 책을 만나 미리 준비할 수 있었더라면 얼마나 도움이 되었을까 하는 생각이 간절했다.

폴 플리어카스Paul Pliakas 킴벌리 클라크Kimberly-Clark 제품 담당 부매니저, 1990년 버지니아 대학 다든 스쿨 MBA 학위 취득

소용돌이와도 같았던 2년간의 MBA과정을 마치고 나자, 두터운 필기 노트와 사례 연구, 각종 교재만이 그 모든 경험에 대한 몇 가지 실체로 남았다. 졸업한 후에는 그 자료들을 다시 훑어보고 당시 배웠던 내용을 '총 정리'할 기회가 한 번도 없었다. 바로 그 일을 《10일 만에 끝내는 MBA》가 해주었다. 정말 훌륭하다! 응축된 지식과 사실적 요약으로 구성된 이 책은 훌륭한 재교육 과정으로 전혀 손색이 없다. 매년 배출되는 MBA들의 필독서가 될 것이다.

짐 어니스트Jim Ernst 유나이티드 엔지니어스United Engineers 프로젝트 엔지니어, 1976년 노스웨스턴 대학 켈로그 스쿨 MBA 학위 취득

현실을 직시하자! 누구든 명문 경영대학원에서 배운 내용 가운데 5퍼센트만 기억하고 있어도 다행이라고 할 수 있을 것이다. 절대 잊어서는 안 될 내용들을 담은 책이 바로 《10일 만에 끝내는 MBA》다. 실비거가 제공하는 집중적이고 효율적인 '10일 과정 MBA'는 이미 잊어버렸지만 기억해야만 하는 온갖 중요한 내용들을 복습할 수 있게 해준다.

미쇼 프로틱Misho Protic 도널드슨 러프킨 앤드 젠레트Donaldson, Lufkin&Jenrette 투자은행 주식 중개사, 1997년 펜실베이니아 대학 와튼 스쿨 MBA 학위 취득

전통적인 2년 과정의 MBA는 소방 호스에 입을 대고 물을 마시는 것만큼이나 무모한 커리큘럼으로 구성되었다. 반면《10일 만에 끝내는 MBA》는 흘러내리는 샘물을 한 모금씩 맛보는 것과도 같다. 자신의 습득 속도에 맞추어 갈증이 가실 때까지 조금씩 음미해 가며 마실 수 있기 때문이다.

아서 클라우스너Arthur Klausner 도메인 어소시에이츠Domain Associates 리서치 담당 이사, 1990년 스탠퍼드 대학 MBA 학위 취득

대부분의 상위권 경영대학원에서 사용되는 사례 연구 방식과 마찬가지로,《10일 만에 끝내는 MBA》는 실제 업무 상황을 해결하기 위한 매우 현실적인 사례를 통해 학습 내용을 자기 것으로 소화할 수 있게 한다. 경영대학원 입문서로서 혹은 미니 MBA 독학 교재로 꼭 필요한 책이다.

그레고리 슈워츠Gregory D. Schwartz 딜로이트 앤드 투시Deloitte&Touche 수석 컨설턴트, 1991년 하버드 대학 MBA 학위 취득

《10일 만에 끝내는 MBA》는 더할 나위 없이 훌륭한 재교육 프로그램이다. 이 한 권의 책 속에 내가 다녔던 명문 사립대학의 MBA 과정에서 다루었던 모든 주요 분야가 요약되어 있다. 보다 중요한 것은 미친 듯 내달렸던 2년 과정을 통해 이해했던 것보다도 지금 이 '10일 과정 MBA'를 통해 여러 가지 경영 개념들을 더 잘 이해할 수 있게 되었다는 점이다.

토머스 포스Thomas C. Porth 뉴트리/시스템㈜Nutri/System, Inc. 회계 담당자, 1986년 컬럼비아 대학 MBA 학위 취득

법학과 경영학 학위를 모두 갖고 있다는 것은 나뿐만 아니라 나의 고객들에게도 좋은 일이었다. MBA 학위가 없는 변호사들은《10일 만에 끝내는 MBA》로 자신을 무장하도록 하자.

로렌스 브라운Lawrence Brown ㈜센테커Centecor, Inc. 기업 고문 변호사, 1986년 시카고 대학 MBA 학위 취득

《10일 만에 끝내는 MBA》는 경영대학원을 수료한 사람들에게는 종합적인 복습 과정이 되는 동시에 MBA 도전을 염두에 두고 있는 독자들에게는 훌륭한 예습 과정이 될 수 있을 것이다.

티머시 크론가드Timothy L. Krongard 프린스턴 컴퓨터㈜Princeton Computer Products, Inc. CFO, 1990년 버지니아 대학 다든 스쿨 MBA 학위 취득

우리 'MBA들의 비밀'을 이렇게 싸게 팔아 버리면 어떡합니까? 너 나 할 것 없이 전문용어를 쓰고 다니면 더 이상 '특별' 대우도 못 받게 되겠네요. 등록금 융자금도 갚아야 하는데….

존 레너드John Leonard 엔지니어드 어셈블리 앤드 컴포넌트㈜Engineered Assemblies and Components Corp. 영업 이사, 1990년 버지니아 대학 다든 스쿨 MBA 학위 취득

이 책을 보자 학창 시절 필기했던 노트들이 생각났다. 부담없이 읽을 수 있는 내용에, 필요에 따라 적당히 유머를 가미한 책이다.

키스 데이Keith J. Day 부동산 회사 간부, 1983년 다트머스 대학 터크 스쿨 MBA 학위 취득

나처럼 출장이 잦은 전문직 종사자들에게 야간 대학원을 다닌다는 것은 전혀 불가능한 일이었다. 그러나 이제 MBA 출신의 친구들 사이에서 더 이상 소외감을 느끼지 않게 되었다. 언젠가는 진짜 MBA 학위를 따야 할지도 모른다. 하지만 그 전에 이렇게 최소한의 시간과 돈을 들여 사업상의 전문 지식을 갖추게 되어 마음이 든든하다.

그레고리 린겔Gregory R. Ringel 미국 상무부U.S. Department of Commerce 프로그램 매니저, 1992년 THE TEN DAY MBA 학위 취득

MBA를 수료해야만 보다 효과적으로 고객들을 도울 수 있다는 것은 잘 알고 있었지만 2년씩이나 직장을 쉴 수는 없었다. 이제 스티브 실비거 덕분에 크고 작은 회사의 직장인들이 필수 기술들을 갖출 수 있게 되었다.《10일 만에 끝내는 MBA》는 내게 성공을 원하는 많은 사람들이 원하는 경쟁적 우위를 선사했다.

게리 블라이버그Gary Bleiberg 칼라일 그룹 하이일드High Yield, The Carlyle Group CFO, 2005년 THE TEN DAY MBA 학위 취득

《10일 만에 끝내는 MBA》는 업무는 물론 개인적인 문제에 있어서도 무수히 많은 상황에 도움이 되었다. MBA 과정의 모든 핵심 내용을 빠짐없이 정리한 실비거의 집요함과 부지런함 덕분에 업계의 상황을 두루 이해할 수 있게 되었다.

제임스 무니James T. Moony E*트레이드 그룹㈜E*TRADE Group, Inc. 광고 이사, 2003년 THE TEN DAY MBA 학위 취득

변호사는 법학과 경영학에 대한 업무 지식을 모두 갖추어야 한다.《10일 만에 끝내는 MBA》를 통해 각종 실무 지식에 익숙해짐으로써 사무실 운영과 변호 업무를 빈틈없이 진행할 수 있게 되었다. 모든 변호사들이 반드시 읽어야 할 책이다.

캐럴 시노티 Carol A. Cinotti **맥커스랜드 킨 앤드 버크먼**McCausland, Keen&Buckman **법률회사 공동 대표, 1993년 THE TEN DAY MBA 학위 취득**

나는 의학 공부를 통해 실질 소득에 대한 가능성은 보장받았지만 사업에 필요한 기술은 전혀 얻지 못했다. 그러나《10일 만에 끝내는 MBA》덕분에 내게 필요한 상세한 경영 실무 지식을 신속하게 이해할 수 있었다.

대니엘 플린 Daniel E. Flynn **방사선과 의사, 2005년 THE TEN DAY MBA 학위 취득**

《10일 만에 끝내는 MBA》는 내가 가진 업무 지식을 너무도 쉽게 비약적으로 발전시켰다. 무엇보다도 각종 MBA 용어와 개념들을 알게 됨으로써 실무적인 경영 문제와 업계에 대한 이해도가 높아졌다. 그리고 가장 중요한 것은 판매 실적에 대한 토론에 자신감에 생겼다는 점이다.

하이디 니스톡 Heidi Nistok **전문의약품 영업사원, 1991년 THE TEN DAY MBA 학위 취득**

미래를 준비하는 비즈니스맨을
위한 MBA의 모든 것

MBA 학위를 취득한 후, 나는 내 생애에서 가장 힘들고도 보람찼던 두 해를 돌아볼 기회를 갖게 되었다. 강의 노트를 다시 살펴보던 중에 나는 MBA의 기본 교육 과정이 보다 폭넓은 계층의 사람들도 쉽게 이해할 수 있을 정도로 상당히 단순하다는 사실을 깨달았다. 그것은 《10일 만에 끝내는 MBA》를 먼저 읽은 수많은 독자들에 의해 입증된 사실이다. 독자들은 자신이 처한 매일의 실제 업무 상황에 MBA 지식을 적용하고 있다. 《10일 만에 끝내는 MBA》는 이미 여러 언어로 번역되어 미국을 비롯한 전 세계에 소개되었다. 의사, 변호사, 사업가, MBA 지망생 등 매우 많은 사람들이 경영학 교육에 대해 궁금증을 가지고 있다. 이 책은 바로 그들의 질문에 답하기 위해 출간되었다.

《10일 만에 끝내는 MBA》는 유용한 정보를 실제로 쉽고 빠르게 전한다. 현재 경영대학원에 재학 중인 학생들이 나에게 보낸 편지에 따르면, 이 책을 시험공부에도 이용한다고 한다. 또 이 10일 MBA 과정을 마친 사람들은 늘 실제 MBA 출신들처럼 말하고 행동한다. 이 책 마지막 부분에는 경영진을 위한 미니 MBA 프로그램도 실려 있다. 이처럼 이 책은 어느 누구에게나 도움이 될 수 있다. 《10일 만에 끝내는 MBA》는 특히 인내심이 부족한 학생에게 적합한 책이다. 2년 동안 직장을 포기하지 않고도, 등록금과 경비로 10만 달러라는 거금을 들이지 않고도 MBA의 기본 개념을 확실하게 파악할 수 있다.

이 책을 통해 장래가 촉망되는 MBA는 2년 동안의 투자가 과연 그만한 가치가 있는지 확인할 수 있을 것이며, 경영대학원 입학을 앞둔 사람들은 남보다 크게 앞서 시작할 수 있는 기회를 얻게 될 것이다. 이 책은 또한 시간이나 경제적 여유가 없는 사람들에게는 최소 2만 달러가 필요한 MBA 교육을 99.9퍼센트 할인된 비용으로 이수할 수 있는 기회를 제공할 것이다. 한 가지 아쉬운 점은 명문 대학원에서 쌓을 수 있는 소중한 교우관계나 평생 동안 이어질 사업상의 인맥은 제공하지 못한다는 것이다. 하지만 MBA들을 성공으로 이끄는 여러 가지 기술만은 틀림없이 제공할 수 있다.

《10일 만에 끝내는 MBA》는 미국 상위 10개 경영대학원의 교육 내용 가운데 요점만을 뽑아 정리했다. 이들 상위 10위권 경영대학원의 운영 방식상의 특징은 자신들의 교육 과정을 가능한 한 독특하고 복잡하게 나타내는 것이다. 기업들은 단 며칠 동안의 교육 과정에 수천 달러를 지불하면서 임원들을 경영대학원으로 보내 신성한 지식의 샘물을 마시도록 한다. 나는 내 인생의 2년이라는 시간을 바쳐 그 샘물을 마셨을 뿐 아니라 아예 샘 속에 온몸을 담근 채지냈다.

상위 10위권에 속하는 경영대학원 리스트는 최근 순위가 말해 주듯 상당한 논란거리가 되고 있다. 상위 열 개 학교란 사실상 미국 내에 잘 알려진 열다섯 개 안팎의 학교로서 서로 번갈아 가며 10위권 내를 오르내리는 학교들을 말한다. 이들 대학원들은 장황한 지원서 형식이나 동창들 간의 활발한 정보 교환, 높은 취업률, 졸업생들이 받는 엄청난 초봉 등으로 자신들의 지명도를 높인다. 이들 10위권 내의 경영대학원에 지원하기 위해서는 최소 2년 이상의 실무 경험이 있어야 한다. 실무 경력이 있는 학생들이 많을수록 토론과 스터디 그룹이 활성화된다. 나 역시 급우들의 실무 경험을 통해 많은 것을 배울 수 있었다.

상위 10위권에 속하는 대학원이라고 해도 그 학교들이 반드시 최고의 강의나 시설, 교육 과정 등을 제공한다고는 할 수 없다. 사실 이들 경영대학원의 지위는 대부분 모교의 명성 덕분이다. 최근 그 명성 이면의 감춰진 실상을 알리는 다양한 평가 자료들이 공개되고 있다. 많은 신문과 잡지사들이 앞다투어 경영대학원에 대한 평가 자료를 발표하는 이유는 MBA에 대한 사람들의 관심이 그만큼 높기 때문이다. 《비즈니스 위크》Business Week의 2010년도 여론 조사에 따르면, 졸업생들의 의견을 바탕으로 한 만족도 순위는 버지니아를 선두로 시카고, MIT, 버클리, 하버드 순으로 나타난 반면, 고용자 측의 만족도 순위는 시카고, 펜실베이니아, 하버드, 노스웨스턴, 미시건 순으로 나타났다.

나는 이 책을 통해 최고의 경영대학원 교육 과정에서 다루는 핵심 주제들을 학계에서는 생각조차도 할 수 없는 방식으로 명확하고 간결하게 전달하고자 한다. 우선 주요 개념에 대한 이해를 돕고자 여러 사례와 개요를 활용하고, 가능한 한 많은 내용들을 요약했다. 또한 난해한 설명으로 독자를 혼란에 빠뜨리는 장황한 학술적 내용들도 과감히 정리했다. 이 책은 내가 가지고 있는 32권의 사례 연구 바인더와 강의 자료, 필기 노트 등에 담긴 지식들 가운데서 핵심 내용만을 추린 것이다.

특정 경영학 이론을 홍보함으로써 얻는 혜택 같은 것은 전혀 없으며, 따라서 많은 인기 경영학 도서들처럼 200쪽에 걸쳐 같은 개념이 반복되는 일도 없을 것이다. 나의 의도는 가장 중요한 개념들을 간결한 문장으로 구체화하여 독자들이 흥미를 가지고 그 내용을 익히고 기억할 수 있도록 하는 것이다.

책의 집필을 위해 와튼, 하버드, 노스웨스턴 및 기타 상위권 대학원 출신의 여러 MBA들과 인터뷰를 하는 과정에서 나는 여러 대학원이 제공하는 실제 교육 내용은 모두 동일하며 다른 것은 오직 겉포장뿐이라는 사실을 알 수 있었다.

경영대학원에서 가르치는 기본 과목은 아홉 개 분야로 분류된다. 과목마다 대학원 나름대로 심혈을 기울여 만든 거창한 이름이 붙어 있지만 본래의 이름은 사실 다음과 같다.

마케팅

윤리학

회계학

조직행동론

계량분석

재무관리

생산관리

경제학

경영전략

MBA의 진정한 가치는 이 모든 과목의 지식을 종합하는 데 있다. 예컨대 MBA 출신의 신상품 관리자는 자신이 직면하게 되는 어려운 문제들을 마케팅 측면에서 바라보는 것은 물론, 업무에 따르는 재정 및 제조상의 요구사항까지도 인지하고 대처해야 한다. 이와 같이 각 개별 분야를 동시에 고려하는 종합적 접근 방식은 일반적으로 학부의 경영학 과정에서는 접할 수 없는 부분이다. 만약 한 권의 책을 통해 MBA의 모든 과목들을 동시에 공부할 수 있다면 명문 경영대학원의 커리큘럼대로 MBA의 지식을 종합할 수 있는 좋은 기회가 될 것이다.

MBA들이 모이는 자리에서는 'MBA들끼리만 통하는 얘기'를 주고받기 마련이다. 하지만 그들이 NPV니 SPC니 CRM이니 하는 알쏭달쏭한 약어를 쓰는 것은 단지 자신들의 높은 보수와 빠른 승진을 정당화하기 위한 술수일 뿐이다. 그런 용어에 주눅이 들 필요는 없다. MBA 용어를 익히는 일은 크게 어렵지도 않거니와 이 책을 읽다 보면 누구라도 MBA처럼 말하고 MBA처럼 생각할 수 있게 된다.

이 책의 목적은 현재 상위권 경영대학원에서 강의하고 있는 중요한 경영 기법과 이론에 친숙해지고 MBA식 사고를 이해하고 계발할 수 있도록 독자들을 돕는 데 있다. 이 책의 모든 과정을 끝내는 날, 책 마지막 페이지에 있는 학위 증서에 주저 없이 자신의 이름을 써 넣도록 하자. 또한 자신의 노력을 증명해 줄 이 학위 증서를 친구들 모두가 볼 수 있도록 자랑스럽게 전시하도록 하자.

최근의 경영대학원 평가 순위

다음은 가장 최근에 발표된 경영대학원 교육 과정에 대한 평가 순위이다. 순위는 바뀌지만 매년 같은 학교들이 목록에 오른다. 괄호 안의 이름은 저명한 설립자나 주요 기부자들의 이름이다.

《US 뉴스 앤드 월드 리포트》U.S. News & World Report 선정 2011년도 상위 경영대학원

학자, 고용 전문가, 입학 기준, 취업률에 기초한 평가

1.	스탠퍼드 Stanford
2.	하버드 Harvard
3.	MIT (슬론 Sloan)
3.	펜실베이니아 Pennsylvania (와튼 Wharton)
5.	노스웨스턴 Northwestern (켈로그 Kellogg)
5.	시카고 Chicago (부스 Booth)
7.	다트머스 Dartmouth (터크 Tuck)
7.	버클리 Berkeley (하스 Haas)
9.	컬럼비아 Columbia
10.	뉴욕 NYU (스턴 Stern)
10.	예일 Yale
12.	듀크 Duke (후쿠와 Fuqua)
13.	버지니아 Virginia (다든 Darden)
14.	UCLA (앤더슨 Anderson)
14.	미시건 Michigan (로스 Ross)

《비즈니스 위크》 선정 2010년도 상위 경영대학원

고용 전문가 및 학생들의 여론조사에 기초한 평가

미국 내 상위권 경영대학원

1. 시카고
2. 하버드
3. 펜실베이니아
4. 노스웨스턴
5. 스탠퍼드
6. 듀크
7. 미시건
8. 버클리
9. 컬럼비아
10. MIT
11. 버지니아
12. 서던메소디스트 SMU (콕스 Cox)
13. 코넬 (존슨 Johnson)
14. 다트머스
15. 카네기 멜런 Carnegie Mellon (테퍼 Tepper)

미국 외 상위권 경영대학원

1. INSEAD (프랑스)
2. 퀸스 Quee's (캐나다)
3. IESE (스페인)
4. ESADE (스페인)
5. 런던경영대학원 London Business School (영국)
6. 웨스턴 온타리오 Western Ontario (아이비 Ivey, 캐나다)
7. IMD (스위스)
8. 토론토 Toronto (로트먼 Rotman, 캐나다)
9. 요크 York (슐리히 Schulich, 캐나다)
10. 케임브리지 Cambridge (저지 Judge, 영국)

2011년 《포브스》Forbes 선정 최고 경영대학원

5년간의 MBA 보수에 근거한 평가

미국 내 최고 경영대학원

1. 하버드
2. 스탠퍼드
3. 시카고

4.   펜실베이니아
5.   컬럼비아
6.   다트머스
7.   노스웨스턴
8.   코넬Cornell
9.   버지니아
10.   MIT
11.   예일
12.   듀크
13.   버클리
14.   미시건
15.   브리검영Brigham young

2007년 9월 〈월스트리트 저널〉Wall Street Journal 선정 최고 경영대학원

고용 전문가 설문조사에 기초한 평가

북미 상위권 경영대학원

1.   다트머스
2.   버클리
3.   컬럼비아
4.   MIT
5.   카네기 멜런
6.   노스캐롤라이나NorthCarolina (키넌– 플래글러kenan-flagler)
7.   미시건
8.   예일
9.   시카고
10.   버지니아
11.   펜실베이니아
12.   노스웨스턴
13.   듀크
14.   하버드
15.   UCLA

세계 상위권 경영대학원

1.   ESADE
2.   IMD
3.   런던 경영대학원
4.   IPADE (멕시코)
5.   MIT
6.   컬럼비아

7.   ESSEC (프랑스)
8.   EGADE (멕시코)
9.   HEC-파리
10.   선더버드Thunderbird (가빈Garvin, 미국)

2010년《비즈니스 위크》선정 최고 경영대학원

학생 대상 선호도 여론조사

1.   버지니아
2.   시카고
3.   MIT
4.   버클리
5.   하버드
6.   노스웨스턴
7.   스탠퍼드
8.   코넬
9.   USC (마셜Marshall)
10.   컬럼비아

고용 전문가 여론조사

1.   시카고
2.   펜실베이니아
3.   하버드
4.   노스웨스턴
5.   미시건
6.   서던메소디스트
7.   스탠퍼드
8.   듀크
9.   컬럼비아
10.   NYU

학생 평가에 의한 최고 교수진 대학원

1.   버지니아
2.   시카고
3.   코넬
4.   카네기 멜런
5.   USC

(위의 학교들은 학생들의 만족도를 기준으로 했을 때 상위 20퍼센트에 속하고, A+ 를 기록한 학교입니다.)

2011년 〈파이낸셜타임스〉Financial Times 선정 세계 최고 경영대학원

1. 런던 경영대학원
1. 펜실베이니아
3. 하버드
4. INSEAD
4. 스탠퍼드
6. 홍콩 UST
7. 컬럼비아
8. IE (스페인)
9. IESE
9. MIT
11. IIM Indian Institute of Management (인도)
12. 시카고
13. ISB Indian School of Business (인도)
14. IMD
15. NYU

2011년 《이코노미스트》Economist 선전 세계 최고 경영대학원

1. 다트머스
2. 시카고
3. IMD
4. 버지니아
5. 하버드
6. 버클리
7. 컬럼비아
8. 스탠퍼드
9. 요크
10. IESE
11. NYU
12. 런던
13. HEC-파리
14. 펜실베이니아

첫째 날

마케팅 · 25

둘째 날

윤리학 · 101

첫째 날

마케팅

Marketing

THE TEN DAY MBA

다음은 애크미Acme 라는 회사의 이사회의 한 장면이다. 대화를 읽어 본 후 오늘 강의를 시작하도록 하자.

> **이사** : 매년 우리 회사 임원들의 급료를 검토할 때마다 느끼는 겁니다만, 펜실베이니아 주립대학 출신의 마케팅 부사장 짐 무니가 하버드 출신의 사장 행크 버포드보다 연봉이 많다는 사실이 의아할 따름입니다. 저로선 도통 이해가 되지 않습니다.
>
> **회장** : 왜 이해가 안 됩니까? 짐 무니 부사장이 매출을 올리지 못한다면 사장이건 누구건 아무도 필요 없을 거요!

마케팅 전문가들이 세상을 보는 시각은 애크미 회장의 시각과 동일하다. 노스웨스턴 대학 켈로그 스쿨의 저명한 교수, 필립 코틀러Phillip Kotler 가 주장하듯 마케팅은 그 무엇보다도 우선한다. 마케팅은 사업의 모든 기능을 통합하며 광고와 판매원, 여타 마케팅 활동을 통해 고객과 직접 접촉한다.

마케팅은 예술과 과학의 특별한 합작품이다. 마케팅 수업을 통해 배울 수 있는 것은 너무도 많지만 진정한 마케팅 전문가가 되기 위한 경험과 직관, 창의력까지 배울 수는 없다. 뛰어난 마케팅 관리자들이 그토록 높은 보수를 받는 이유도 바로 그 때문이다. 학교 교육이 MBA에게 제공하는 것은 단지 마케팅 문제에 접근하기 위한 기본 틀과 용어뿐이다. 바로 그러한 틀과 용어를 익히는 것이 오늘 첫째 날의 수업 목표인 동시에 주요 경영대학원이 주최하는 수많은 고액 경영자 세미나의 목표이기도 하다.

명문 경영대학원들은 대부분의 학생들이 졸업 후 대규모 식품회사나 비누회사에서 하위 브랜드의 마케팅 보조로 일을 시작하게 됨에도 불구하고 장차 마케팅 담당 임원이 될 것을 염두에 두고 그들을 교육한다. 따라서 MBA의 핵심 교과과정은 졸업 직후의 신입사원에게 요구되는 협소한 분야의 전문지식보다는 완전한 마케팅 전략 개발에 역점을 둔다.

숫자에 치중하는 학생들은 마케팅을 비교적 쉬운 과목으로 여기는 경향도 있다. 그러나 사실 마케팅 전문가들은 계량화된 혹은 과학적인 여러 기법들을 활용해 전략을 개발하고 평가한다. 마케팅이라는 '예술'은 성공적인 마케팅 계획을 창출하고 이행하고자 노력하는 것이다. 성공적인 결과를 가져올 수 있는 계획들은 말 그대로 얼마든지 있을 수 있다. 맥도날드McDonald, 버거킹Burger King, 웬디스Wendy's, 하디스Hardee's, 화이트 캐슬White Castle 등은 모두 햄버거 판매에 성공한 기업들이지만 그들의 판매 방식은 제각각이다. 마케팅에는 '정답'이 없기 때문이다. 따라서 마케팅 수업은 자신이 가진 재능을 드러낼 기회가 될 수도 있지만, 창조적 아이디어를 떠올리고자 애쓰는 가운데 많은 시간 동안 좌절감을 맛보는 계기가 되기도 한다. 마케팅은 필자가 가장 좋아하던 과목이다. 토론을 위해 아이디어를 짜내는 것이 재미있었기 때문이다. 필자의 MBA 동료들은 프랭크 퍼듀Frank Perdue에서 고급 치킨 핫도그를 판매해야 한다고 했던 필자의 제안에 대해 지금까지도 놀리곤 한다.

마케팅 전략 수립 과정

마케팅 프로세스는 순환적 기능을 갖는다. 마케팅 계획이 완성되기 위해서는 모든 요소들이 내부적 일관성과 상호 보완성을 갖출 때까지 많은 변화를 거쳐야 한다. 즉, 제안서의 모든 측면들이 서로 조화를 이루어야만 비로소 타당성을 갖게 되는 것이다.

한 가지 요소를 바로잡는 것은 쉽지만 모든 요소가 내부적으로 일관되면서도 서로 보완되는 마케팅 계획을 세우는 것은 결코 쉽지 않은 일이다. 마케팅 계획은 다음의 7단계 과정을 거쳐 수립된다.

1. 소비자 분석
2. 시장 분석
3. 자사 및 경쟁기업 분석
4. 유통채널 분석
5. 마케팅 믹스 개발
6. 경제성 평가
7. 마케팅 계획의 수정

이 7단계가 반드시 순서대로 시행되어야 하는 것은 아니다. 주변 여건과 개인의 성향에 따라 그때마다 순서를 다시 정할 수도 있다. 오늘 강의에서는 마케팅 계획을 개발할 때의 문제점과 고려해야 할 부분들을 개괄적으로 설명함으로써 마케팅 이론을 실제로 활용할 수 있도록 할 것이다. 편의상 상품 마케팅을 중심으로 설명하겠지만 그 기본 방식과 용어는 서비스 마케팅에도 똑같이 적용될 수 있다.

이제 소개하게 될 내용은 마케팅 전략 수립 과정에 대한 상위권 경영대학원의 강의 순서대로 그들의 수업 방식을 그대로 옮겨 놓은 것이다. 모든 유형의 마케팅 문제에 적용할 수 있는 포괄적 구조를 제시하고, 경영대학원 수업에서 쓰는 용어들을 그대로 사용함으로써 독자들이 MBA 전문용어를 습득하고 실제 MBA 출신 마케팅 관리자처럼 말할 수 있도록 할 것이다. 마케팅은 유난히 전문용어가 많은 분야다. 정확한 어휘 선택에 따라 평범한 아이디어도 훌륭하게 포장될 수 있다. 대수롭지 않게 생각할 수도 있지만 그것이 바로 광고 대행사들이 그들의 상품인 광고를 판매할 때 쓰는 방법이다.

7단계 마케팅 프로세스는 상당히 포괄적인 것으로 MBA들이 흔히 적용하는 STP(Segment, Target, Position)나 마케팅 4C(Consumer behavior, Company analysis, Competitor analysis, Context) 등의 약식 과정을 총망라한 방법론이다.

소비자 분석

> **소비자 → 시장 → 경쟁사 → 유통채널 → 마케팅 믹스 개발 → 경제성 → 수정**

마케팅에서 가장 중요한 것은 '소비자'이다. 따라서 마케팅 계획은 소비자와 그들의 요구needs를 살피는 것에서부터 시작된다. 사람들은 제각기 다른 요구 혹은 욕구를 가지고 있다. 소비자 분석의 목적은 인구 집단 가운데 유사한 요구를 지닌 그룹이나 소비자층을 구분해 냄으로써, 그들을 대상으로 직접 마케팅 활동을 벌이고자 하는 데에 있다. 이러한 분석을 생략한 채 마케팅 계획을 시작하면 사고 범위가 제한되고 모든 후속 분석 작업 역시 한계에 부딪힐 가능성이 높다. 마케팅을 통해 감춰진 황금 시장을 찾아내기 위해서는 먼저 몇 가지 중요한 문제들을 검토해야 한다.

- 요구의 범주는 어디까지인가?
- 누가 구매하고 누가 사용하는가?
- 어떤 구매 과정을 거치는가?

- 고관여 상품인가, 저관여 상품인가?
- 시장을 어떻게 세분화할 것인가?

요구의 범주는 어디까지인가?

먼저 자사의 상품이 어떤 요구 혹은 용도에 적합한지 생각해 보자. 언뜻 불필요한 질문처럼 여겨질 수도 있지만, 답변하는 과정에서 과거에는 그냥 지나쳤던 잠재 시장을 발견할 수도 있다. 바로 그러한 이유에서 구태의연한 사고에 물들기 전에 이 질문을 검토해야 하는 것이다. 암 앤 해머Arm & Hammer의 베이킹 소다 사업부 직원들은 수없이 이러한 요구 범주 분석을 반복했다. 분석 결과, 그들은 자사의 베이킹 소다 원료가 자체 브랜드의 치약과 방향제, 카펫 악취 제거제 등 수백 가지 용도로 쓰일 수 있다는 유익한 제안을 내놓을 수 있었다.

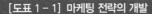

[도표 1 – 1] 마케팅 전략의 개발

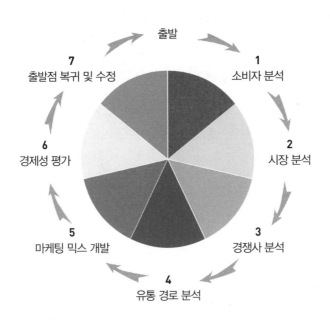

누가 구매하고 누가 사용하는가?

흔히 구매자와 사용자가 서로 다른 경우가 많다. 예컨대 남성용 속옷이나 양말의 구매자는 대부분 여성들이다. 남성용 양말 구매자를 대상으로 《스포츠 일러스트레이티드》Sports Illustrated(미국의 스포츠 전문지—옮긴이)에 광고를 싣는다면 그 선택은 잘못된 것이다. 사용자는 물론 구매자까지도 염두에 둘 때 마케팅 계획의 창안에 필요한 기본적이고도 필수적인 통찰력을 기를 수 있다.

어떤 구매 과정을 거치는가?

요구 범주와 구매자에 대한 파악이 끝나면 상품의 구매 과정에 대한 가설을 세워야 한다. 이때 마케팅 리서치를 통한 정보를 기본으로 하되 직접적인 관찰과 조사, 직관 등도 정보 수단으로 활용한다.

구매 과정을 파악하는 일은 고객에게 다가갈 수 있는 경로를 찾아낼 수 있다는 점에서 대단히 중요한 의미를 지닌다. 구매 과정에는 소비자가 물건을 구입하기까지 거치게 되는 모든 단계가 포함된다. 학자에 따라 구매 과정이라는 말 대신 '채택 과정'이나 '문제 해결 과정' 혹은 '학습Learn – 지각Feel – 실행Do 과정'이라는 말을 사용하거나 '주의Attention – 관심Interest – 욕구Desire – 행동Action'의 머리글자를 따서 AIDA라고 부르는 경우도 있다. 필자가 다양한 연구 내용들을 검토한 결과에 따르면, 어떤 상품이든 구매에 이르는 과정은 부분적으로 혹은 전체적으로 다음의 다섯 단계를 거친다.

인지Awareness → 정보 탐색Information Search → 대안 평가Evaluate Alternatives → 구매 결정Purchase → 평가Evaluate

예컨대 비누를 구매할 경우 그 과정은 다음과 같이 정리될 수 있다.

몸에서 냄새가 난다 → 무엇을 사용해야 할까? → 비누 → 아내에게 조언을 구함 → 점포 방문 → 상표 비교 → 다이얼 비누 구입 → 목욕 → 냄새가 아직도 나는지 확인 → 다음에도 다이얼 비누 구매

구매 과정의 각 단계는 다음과 같이 설명된다.

인지(관심, 문제 인식) : "뭔가가 필요한 것 같아."

소비자는 비누 사용의 필요성을 느끼는 것처럼 어느 시점에 무언가에 대한 필요를 깨닫게 된다. 광고로 인해 그러한 요구가 촉발될 수도 있다. 유명 디자이너 의류나 향수 등의 명품들은 강한 소유 욕구를 불러일으킨다. 이런 상품은 사랑이나 소속감과 같은 정서적 욕구를 충족시켜 주기도 한다. 헤드 앤 숄더Head & Shoulders는 사랑을 잃거나 집단 따돌림을 당하는 것에 대한 두려움을 광고에 이용하고 있다. 마케팅 계획을 세우기 전에 소비자들이 어떤 경로를 통해 자사의 상품을 알게 되는지 또한 메시지를 전달해야 할 목표 대상이 어디에 있는지 깊이 자문해 보아야 한다.

정보 탐색 : "그거 좋겠다. 좀 더 알아보자."

구매 결정에 관련된 사람들은 《컨슈머 리포트》Consumer Report나 판매원, 전문 잡지, 가족, 친구, 전문가들을 통해 다양한 정보를 접한다. 마케팅 관리자는 구매자들이 구매 결정을 내리는 시점과 장소에서 자사 상품에 대한 긍정적 정보를 가능한 한 많이 접하게 되기를 바란다. 그러한 정보 제공 방법 가운데 하나가 구매시점POP, Point Of Purchase에 매장 전시물을 진열하는 것이다. 화장품 브랜드인 커버 걸Cover Girl은 편의점에 상품을 진열해 소비자들의 색상 선택을 돕고 있으며, 에스티 로더Estée Lauder는 백화점에 미용 상담원을 배치해 소비자들의 상품 이해를 돕고 있다.

대안 평가 : "어떤 상품이 내게 가장 적합한가?"

대안 평가에는 같은 종류의 상품은 물론 대체재까지도 포함해야 한다. 예컨대 자동차를 사고 싶어하는 학생들이 금전적인 어려움으로 인해 오토바이나 모페드(소형 오토바이—옮긴이), 자전거 등을 사는 경우도 있기 때문이다. 상품의 중요도가 높다면 소비자는 별도의 정보나 조언을 구하고자 하기도 한다. 이를테면 자동차를 구입하기에 앞서 인근의 정비소나 동네 정비 공장을 방문해 보는 것이다. 그런 점에서 고객의 눈길이 닿을 만한 곳에 유리한 정보를 게시해 두는 것도 좋은 방법 중 하나라고 할 수 있다.

마케팅 관리자는 대안 평가 단계에서 목표 고객의 구매 행위에 '영향'을 줄 수 있는 인물을 찾고자 한다. 예를 들어 클럽의 프로 골퍼는 회원들의 장비 구매 결정에 가장 큰 영향을 미친다. 따라서 프로 골퍼를 동원할 수 있는 능력에 따라 클럽 회원들에 대한 장비 판매가 좌우된다.

대안 평가 단계에서는 유통 또한 중요한 역할을 한다. 원하는 상품이 없을 경우 그저 편의상의 이유에서 혹은 욕구를 즉시 충족시키기 위해 적절한 대용품을 선택할 수도 있기 때문이다. 콜라 음료의 경우 코카콜라Coca-Cola와 펩시콜라Pepsi-Cola의 방대한 유통망으로 인해 신규 콜라 제조업체들은 한결같이 비주류를 면치 못하고 있다. 해변에서 목이 마를 때 아무리 닥터 브라운 크림 소다Dr. Brown creme soda가 마시고 싶다 해도 결국 코카콜라나 펩시콜라를 선택할 수밖에 없는 것도 그러한 이유 때문이다.

구매 결정 : "이것을 사기로 하자."

구매 결정은 무엇보다도 중요한 부분이다. 결국 어떤 상품을 구입하기로 결정했다 해도 첫 번째 구매는 시험적으로 사용해 보는 일회성으로 그칠 수도 있다. 이를테면 종이 타월 제조업체 바운티Bounty가 새롭게 개발하여 내놓은 신상품이 소비자의 단골 브랜드로 채택되기 위해서는 시험 사용을 통해 뛰어난 흡수력을 인정받아야만 한다. 그러나 유람선 여행이나 가전상품 등 고가 품목의 경우에는 시험용 구매가 불가능하다. 그런 고가품들은 구매에 따르는 위험 부담이 큰 만큼 결정 과정 역시 어렵고 시간도 오래 걸리기 마련이다. 마케팅 전문가는 그러한 위험을 반드시 파악하고 있어야 한다. 소비자의 구매 위험 부담을 덜어 주기 위해서는 광고, 영업사원, 보증서, 인쇄 자료 등 많은 마케팅 도구를 통해 소비자에게 사전 정보를 제공함으로써 구매자가 상품의 성능을 파악할 수 있도록 하는 것은 물론 경쟁 상품과 비교할 수 있도록 해야 한다.

평가(구매 후 행동) : "잘못 구매한 것은 아닐까?"

이러한 질문에 대해서는 직접 상품의 효능을 시험해 보는 물리적 차원 혹은 동료의 반응을 확인하는 심리적 차원의 결론을 내릴 수 있다. '구매자의 후회' buyer remorse 나 '구매 후의 갈등'postpurchase dissonance 등은 구매 행위에 뒤따르는 혼란 기간의 심리를 묘사하는 용어다. 크라이슬러그룹에 속한 브랜드 닷지 Dodge 자동차의 경우 잠재 고객뿐 아니라 최근의 구매 고객까지 겨냥한 광고를 통해 혼다 오딧세이Honda Odyssey 대신 닷지 캐러밴Dodge Caravan 미니밴을 구입한 그들의 선택이 옳았다는 확신을 주고 있다.

광고나 판촉에 관한 시험적 아이디어가 제대로 된 하나의 마케팅 계획이 되기 위해서는 반드시 구매 과정에 대한 이해가 뒷받침되어야 한다. (자세한 내용은 5단계 마케팅 믹스 개발 과정을 참고하라.)

참고로 설문조사는 구매 과정을 이해하는 데 도움을 준다. 특히 소비자 조사는 구매 과정 이론을 활용하는 데 없어서는 안 될 중요한 도구다. 설문조사는 마케팅 책임자에게 자신이 어떤 부분에서 성공을 거두고 있는지 그리고 어떤 부분에 더 노력을 기울여야 하는지를 알려 준다. 이처럼 설문조사는 구체적인 마케팅 실행으로 옮겨질 수 있다는 점에서 그 활용 가치가 매우 뛰어나다. 설문조사를 시작하기에 앞서 반드시 검토해야 할 문제들이 있다.

"내가 필요로 하는 구체적인 정보는 무엇인가?"

"조사에서 얻은 정보를 어떻게 활용할 것인가?"

이 두 가지 간단한 질문을 고려하지 않는다면 자칫 시간과 돈만 낭비할 수도 있다. 물론 주위의 많은 마케팅 조사 기관들 또한 그러한 낭비에 기꺼이 한 몫 거들 것이 틀림없다.

고관여 상품인가, 저관여 상품인가?

소비자 행동에 대한 논의에서도 언급한 것처럼 상품이 다르면 구매자와 사용자가 느끼는 상품의 중요도도 달라지므로 그에 따른 구매 행동 또한 다르게 나타난다. 상품을 구매하는 과정에서 소비자가 '위험 부담'을 많이 느끼는 상품을 '고관여' 상품이라고 한다. 구매 결정에 높은 관여도를 보이게 되는 것은 대략 다음과 같은 이유 때문이다.

- 높은 가격
- 상품의 혜택에 대한 요구(예 : 심장 박동 조절 장치에 기대하는 신뢰성)
- 상품의 심리적 보상에 대한 요구(예 : 지위, 사랑)

의류, 자동차, 전문 서비스 등은 고관여 구매의 전형적인 예다. 이 상품들은 대체로 가격도 비싸고 비교하기도 쉽지 않다. 고관여 구매가 어려운 이유는 대안 상품들 간의 차이점을 잘 알 수 없기 때문이며 구매자가 전문가가 아닐 경우에는 더욱 그렇다. 따라서 구매자의 정보 탐색이 상당히 광범위하게 이루어진다. 예를 들어 피해청구 소송은 대개 단 한 번의 판결로 사건이 마무리되기 때문에 유능한 변호사를 선임하는 일이 무엇보다도 중요하다. 이 경우 변호사 선임이 바로 고관여 선택에 해당한다. 반면 저관여 상품의 경우에는 구매 결정이 훨씬 더 용이하다. 가령 부담 없이 구입했다가 맛이 없으면 언제든 다른 것으로 다시 살 수 있는 초콜릿 같은 상품이 그에 해당한다.

	고관여	저관여
차이가 큰 경우	• 복잡한 과정 • 브랜드 충성도	• 시험 구매 • 무작위적 행동 • 다양성 추구
차이가 없는 경우	• (구매 후 갈등에 대한) 　불안 감소 • 상품에 대한 근거 없는 신뢰	• 최저가 상품 구입 • 무작위적 행동 • 근거 없는 충성 • 습관적 타성

출처: Henry Assael, 《Consumer Behavior and Marketing Action》, 4th ed., (Boston: PWS-Kent Publishing Co., 1992), p.100.

[도표 1-2]의 모형은 상품의 차이와 관여 정도라는 두 척도의 상호작용에 따라 소비자가 취할 수 있는 행동 유형을 보여 주는 매우 유용한 자료다. 마케팅 담당자는 이러한 소비자 행동에 대한 자료를 상품 판매에 이용할 수 있다.

이 학술적 모형은 현실에 실제로 적용될 수 있다. 예컨대 할리 데이비슨Harley-Davidson의 오토바이와 같은 고관여 상품의 경우에는 소비자 행동 모형의 좌측 상단에 위치하게 될 것이다. 모형이 제시하는 바에 따르면, 할리는 기술적 우위를 입증하는 데에 박차를 가하는 것은 물론 '미국의 전통 상품을 사라'는 식의 감성적인 호소를 내세우는 마케팅을 통해 고객의 충성도를 끌어내도록 노력해야 한다.

마케팅 담당자의 능력은 기존의 저관여 상품을 고관여 상품으로 변환시킬 때 특히 돋보일 수 있다. 운동화가 그 대표적 예다. 예전에는 체육시간에만 신었던 운동화가 이제는 젊은이들 사이에서 신분의 상징이 됐을 뿐 아니라 운동화 한 켤레 때문에 도심 거리에서 살인이 일어나기까지 한다. 저관여 상품이 고관여 상품으로 전환되면 단순한 일용품도 유사한 경쟁상품들 사이에서 특별하게 돋보이게 될 수 있다. 소비자의 관여도를 높이는 데에는 일반적으로 다음의 네 가지 방법이 이용된다.

상품을 고관여 이슈와 연결시키기

콜레스테롤이 함유되지 않은 식용유와 남편의 심장마비를 걱정하는 아내의 심정을 연계시킨 광고를 활용함으로써 상품의 관여도를 높이는 전형적인 사례를 만들어 낼 수 있다.

연관 광고 이용

광고를 통해 상품이나 서비스의 가치를 강조하는 메시지를 전달하게 되면 소비자는 그 상품을 중요하게 여기게 된다. 그러한 메시지들은 상품의 물리적 속성을 홍보하는 대신 상품을 사회적 지위나 사랑 등과 같은 가치와 연결함으로써 경쟁 상품과 차별화시킨다. 펩시가 가수들을 광고에 이용하여 자사 상품을 모던함과 젊음이라는 가치와 연결하는 것도 소비자의 관여도를 높이기 위해서다.

상품 혜택의 중요성 변화

서비스와 마찬가지로 상품 역시 다양한 혜택을 제공한다. 마케팅 활동을 통해 상품의 혜택에 대한 인식을 끌어올리게 되면 소비자들의 관여도 역시 높아지게 된다. 1980년대에 맥주 제조업체들 사이에 경쟁이 치열해지면서 맥주의 열량이 중요한 쟁점으로 떠오른 적이 있다. 그때까지 간과되었던 열량 문제가 부각되면서 건강에 신경을 쓰는 애주가들은 구매 결정에 보다 신중을 기하게 되었고 그 결과 밀러 라이트Miller Lite의 매출은 급격히 신장했다. 반면 2000년대에는 '탄수화물', 2012년에는 '글루텐 프리'가 쟁점이었다. 글루텐 프리를 표방한 상품은 글루텐 알레르기가 없는 사람들에게조차 매력적으로 인식되었다.

상품에 중요한 특징 도입

마케팅 담당자는 상품의 차별화를 위해 상품 자체의 일부 요소를 변경하거나 새로 도입할 수도 있다. 가정용 청소기에 어린이 보호용 뚜껑이 도입되자 부모의 구매 결정 관여도가 높아진 사례가 있다. 보호용 뚜껑이 달린 상품이 맨 처음 출시되었을 때는 소비자의 시선이 단연 그 상품으로 쏠렸다. 그러나 경쟁사들이 너나없이 비슷한 상품을 판매하게 되자 새로운 차별화 수단이 필요하게 되었고 구매 역시 저관여 상태로 되돌아갔다.

사실 저관여 상품은 최소한의 성능만 갖추면 구매자를 충분히 만족시킬 수 있다. 예컨대 압정 등의 상품은 특별한 성능을 갖추지 않아도 되며 어떤 회사 제품을 사든 크게 잘못될 일이 없다. 또한 껌처럼 시험용 구매 비용이 저렴한 경우 역시 관여도를 자극하기가 매우 힘들다.

관여도와 깊은 상관관계를 갖는 것은 바로 구매 계획의 수준이다. 즉, 계획구매인지 충동구매인지에 따라 관여도가 달라진다는 뜻이다. 고관여 상품은 대개 계획에 따라 구매하는 반면 저관여 상품은 순간적인 충동에 의해 구매하는 경우가 많다. 계획구매의 경우에는 대부분 정보를 탐색하기 마련이지만 계획구매가 아닌 경우에는 필요한 상품이 얼마나 가까이에 있느냐에 따라 선택이 좌우된다. 스낵 식품은 대표적인 충동구매 상품이다. 오후에 속이 출출하다 싶으면 별다른 생각 없이 가장 가까운 패스트푸드점을 찾게 되는 것이 보통 사람들의 심리다.

시장을 어떻게 세분화할 것인가?

구매자 행동에서 다루지 않았던 문제지만 "우리의 고객은 누구인가?"라는 질문은 마케팅 과제의 핵심이다. 만약 어떤 상품이 모든 사람을 고객으로 한다면 대중 시장mass market 전략이 적합하다. 이때 자사의 상품이 일반 대중들의 욕구를 충족시키고 있다면 그대로 밀고 나가면 된다. 그러나 그렇지 못할 경우에는 타깃으로 하는 시장의 특정 세그먼트에 초점을 맞추어야 한다. 세그먼트란 유사한 요구와 욕구를 지닌 소비자들로 구성된 동질적 집단을 말한다. 코카콜라는 모든 사람에게 '진짜 콜라'real thing를 마시도록 하기 위해 대중시장 접근 방식을 활용한다. 반면 음료업체 스내플Snapple은 보다 협소한 세분 시장에 초점을 맞추고 있으며 일반 음료에 비해 가격도 비싸고 병 모양도 색다르다. 스내플이 관심을 호소하고 있는 대상은 청량음료 시장의 일부 특정 세그먼트라고 할 수 있다.

시장의 세분화Segment는 다음과 같은 기능을 제공한다.

- 수익성이 보장될 만한 대규모의 세그먼트를 식별한다.
- 마케팅 활동을 통해 효율적으로 접근할 수 있는 세그먼트를 식별한다.
- 마케팅 프로그램 개발에 도움을 준다.

마케팅 관리자는 명확한 세그먼트를 염두에 두고 있어야 최고의 매출과 이익을 올리기 위해 효과적인 목표를 설정하고 효율적인 마케팅 활동을 수행할 수 있다. 판매 대상이 될 세그먼트가 없다면 자사의 상품에 아무 관심도 없는 사람들에게 쓸데없이 마케팅 비용을 낭비하게 될 수 있다. 다음은 소비자 시장을 세분화할 때 사용되는 네 가지의 주요 변수다.

- 지역
- 인구통계
- 심리학
- 행동 패턴

지역적 세분화

지역적 세분화Geographic Segmentation는 국가, 주, 도시, 시골 등의 지역 단위로 시장을 분할하는 것을 말한다. 미국의 연방 인구통계청은 미국 내 310개의 주요 인구밀집 지역을 선정해 표준도심통계지역SMSA, Standard Metropolitan Statistical Areas으로 규정했다. 또한 미디어 리서치 회사인 아비트론Arbitron은 이른바 지배적영향권역ADI, Areas of Dominant Influence이라는 유사한 측정 단위를 설정해 210개의 주요 텔레비전 시장을 파악하고 있다. 아비트론의 경쟁사인 A. C. 닐슨A. C. Nielson 역시 지정시장지역DMA, Designated Market Areas이라는 유사한 측정 단위를 가지고 있다.

인구통계학적 세분화

인구통계학적 세분화Demographic Segmentation는 다음과 같은 변수에 근거해 전체 인구 집단을 각각의 동질적인 집단으로 분할한다.

- 나이 : 세대별로 다른 각각의 1차적 요구와 2차적 욕구
- 성별 : 성별에 따른 용도와 구매 패턴
- 소득 수준 : 구매 능력
- 결혼 여부 : 가족과 관련된 요구
- 가족 라이프 주기 : 결혼 및 출산을 통한 가족 형성기, 자녀의 출가로 인한 가족 해체기 등
- 학력 및 직업 : 소비자의 안목을 나타내는 지표
- 민족, 종교, 인종적 배경 : 특별한 취향 및 기호

심리학적 세분화

심리학적 세분화Psychographic Segmentation는 소비자의 심리적 개성에 따라 시장을 분할한다.

- 라이프스타일 : 각종 활동, 관심사, 견해
- 성격 : 보수적, 도전적, 신분추구적, 충동적, 야망적, 권위적, 집단적 등

성격 유형에 따라 구매 심리를 촉발하는 지점이 서로 다를 수도 있다.

시장을 심리학적으로 세분화하는 일은 상당히 어렵다. 특히 성격적 변수를 구별하고 양적으로 나타내는 일은 인구통계학적 변수에 비해 훨씬 까다롭다. 그러나 그만큼 매우 중요한 변수이다.

행동 패턴에 따른 세분화

행동 패턴에 따른 세분화Behavioral Segmentation는 관측 가능한 구매 행동을 토대로 시장을 분할한다.

- 이용 : 이용량, 이용 태도, 원하는 혜택
- 구매 동기 : 선물, 휴가, 계절 등
- 브랜드 충성도 : 한 상품에 대한 충성도를 통해 다른 상품에 대한 수용 여부를 알 수 있다.
- 가격 및 판촉 반응도 : 집단에 따라 특별한 마케팅 활동에 대한 반응이 다르다. 예를 들어 주부들은 전문직 미혼 여성에 비해 쿠폰을 많이 활용한다.

마케팅 전문가는 '적합한' 변수 집단을 선정하고 몇 개의 변수를 사용할 것인지 결정해야 한다. 적절한 수의 '유용한' 변수 집단을 채택함으로써 가장 구체적이지는 않더라도 가장 접근하기 쉽고 수용 가능성이 큰 목표 시장을 식별할 수 있을 것이다. 예컨대 스포츠카 쉐보레 콜벳Chevrolet Corvette의 타깃 세그먼트는 갈색 머리, 남성, 25~65세 사이, 7만 5,000달러 이상의 소득 등의 조건을 갖춘 집단으로 묘사될 수 있다. 하지만 단지 갈색 머리 남성들만을 대상으로 효과적인 광고를 한다는 것은 거의 불가능하며, 그 유용성 또한 불확실할 것이다. 과연 갈색 머리가 필수불가결한 세분화 변수일까? 현실적으로 갈색 머리 남성만을 대상으로 하는 잡지는 존재하지 않는다. 게다가 금발이나 빨간 머리 남성들 역시 콜벳의 고객이 될 수 있다. 대상 고객층이 마케팅 노력을 기울일 만한 가능성이 있는 세그먼트인지를 평가하기 위해서는 다음과 같은 기준을 활용해야 한다.

- 측정 가능성 : 세그먼트, 즉 대상 고객층을 식별할 수 있는가? 그 규모를 측정하여 수치화할 수 있는가?
- 접근성 : 광고, 영업사원, 판매 대리점, 운송, 창고 등을 통해 해당 세그먼트에 접근할 수 있는가?
- 실재성 : 공략할 만한 가치가 있을 만큼 세그먼트의 규모가 큰가? 세그먼트가 포화 상태로 줄어들고 있는가? 성숙기인가? 성장 추세인가?
- 수익성 : 목표 시장으로 삼을 만큼 잠재적 수익성이 충분한가?
- 경쟁사와의 공존성 : 경쟁업체가 해당 세그먼트에 관심을 가지고 있는가? 경쟁업체가 현재 같은 세그먼트를 조사 중인가? 혹은 그럴 만한 가치가 없는 세그먼트라고 생각하는 것은 아닌가?
- 유효성 : 회사가 해당 세그먼트에 충분한 서비스를 제공할 만한 능력을 가지고 있는가?
- 방어 능력 : 경쟁업체의 공격을 방어할 수 있는가?

다음 사례는 위의 이론적 배경을 바탕으로 한 슈퍼마켓 기업 구어메이Gourmet 커피 구매자들의 인구통계학적 특성으로 마케팅 전문가들이 실제로 활용하고 있는 자료이다.

- 연령 : 25~54세
- 학력 : 대졸
- 직업 : 전문직 종사자 혹은 기업 임원

- 가족 : 무자녀
- 가구 소득 : 10만 달러 이상

위와 같은 세분 시장은 측정과 접근이 가능하고 규모가 크며 수익성도 있다. 따라서 많은 대형 커피 회사들이 이 세그먼트를 계속해서 목표 시장으로 삼고 있다.

한편, 전혀 가능성이 없어 보이는 시장에도 다른 업체들이 간과하고 있는 세그먼트가 존재할 수 있다. 1970년대에 제록스Xerox는 복사기 시장의 88퍼센트를 장악하고 있었다. 매출의 대부분을 차지하는 것은 대형 및 중형 복사기였다. 하지만 1985년에는 시장 점유율이 절반 이하로 급락했다. 무엇 때문이었을까? 이유는 제록스가 소형 복사기 시장을 무시했기 때문이었다. 당시 복사할 일이 많지 않은 수천 개의 소규모 기업들은 사소한 복사물이 생길 때마다 인근 복사 가게로 달려가야만 했다. 캐논Canon, 샤프Sharp, 리코Ricoh 등의 복사기 업체는 소규모 기업들을 대상으로 저가의 소형 복사기를 판매해 시장을 잠식하기 시작했다. 그리고 이 일본 경쟁업체들은 소형 복사기를 발판으로 이미 흔들리기 시작한 제록스의 영역을 공략해 대형 복사기 시장으로 진출했다.

소비자 분석은 종합적인 마케팅 전략을 세우는 작업을 촉진하는 '기폭제' 역할을 한다. 전략 개발의 기초 작업 가운데 하나인 계량적인 분석은 자칫 창의성을 억제할 수도 있으므로 그에 앞서 소비자 분석부터 시작하는 것이 좋다. 첫 번째 단계에서 '직관적으로' 목표 세그먼트를 선택할 수도 있으며, 소비자 분석은 그 외의 단계들을 모두 완료하고 난 후에 마케팅 전략의 전개 상황에 따라 다시 수정할 수 있다.

시장 분석

소비자 → **시장 분석** → 경쟁사 → 유통채널 → 마케팅 믹스 → 경제성 → 수정

세분화 분석이 개인으로서의 소비자에게 초점을 두고 있다면 시장 분석은 잠재적 소비자를 보다 폭넓은 관점에서 분석하면서 시장의 규모와 동향을 포괄한다. 경쟁 및 규제 환경에 대한 검토도 시장 분석에 포함된다. 마케팅 담당자는 면밀한 시장 조사를 통해 선정된 세그먼트가 온 힘을 다할 가치가 있는지를 결정하게 된다. MBA들은 시장을 분석할 때 다음과 같은 세 가지 주요 질문을 던진다.

- 관련 시장은 무엇인가?
- 상품이 상품수명주기상 어느 위치에 있는가?
- 업계 내의 주요 경쟁 요인은 무엇인가?

관련 시장은 무엇인가?

가장 흔히 범하기 쉬운 실수는 관련 시장이 그 상품이 속한 범주의 총 매출을 모두 포함한다고 생각하는 것이다. 필자는 MBA 2년차에 들어가기 전 방학 기간 동안 한 무역회사에서 일한 적이 있다. 그리고 멕시코산 구어메이 분말 원두커피를 미국의 슈퍼마켓에서 판매하는 것이 타당한지 여부를 조사하는 업무를 맡았다. 그 과정에서 필자는 모든 커피 매출이 관련 목표 시장 내에서 이루어지는 것으로 오인할 뻔했다. 1990년 미국에서는 대략 110억 달러의 커피가 판매되었다. 하지만 그 가운데 60퍼센트만이 상점에서 판매되었고 나머지 40퍼센트는 식당과 자판기 등을 포함한 기관 시장에서 판매되었다. 결국 소매 시장의 매출 규모는 66억 달러인 셈이었다.

하지만 그러한 대규모 커피 시장에는 별도의 하위 시장이 있기 때문에 그

부분까지 조사한 후에야 최종 관련 시장을 파악할 수 있다. 구어메이 커피 시장은 7억 5,000만 달러 규모로 소매 시장 매출의 약 11퍼센트를 차지했다. 또한 인공 향료를 첨가하지 않은 커피의 시장은 그 중에서도 60퍼센트에 불과했다. 필자가 분석해야 할 멕시코산 커피는 생산업체의 인공향료 사용 거부 방침에 따라 아무런 첨가제도 사용하지 않은 상품이었다. 따라서 관련 시장은 다시 4억 5,000만 달러 규모로 줄어들었다. 또한 그 중에서도 겨우 55퍼센트만이 슈퍼마켓에서 판매되고 있었다. 결국 멕시코산 구어메이 분말 원두커피의 최종 관련 시장은 2억 4,800만 달러 규모인 것으로 파악되었다.

일단 세분 시장을 파악하고 나면 그 시장이 마케팅 활동을 시도해도 좋을 만큼 규모가 큰지 또한 그에 대한 접근이 가능한지를 자문해야 한다. 그 질문에 대한 답이 부정적이라면 생산은 가능하지만 시장에 팔 수는 없는 상품이라고 판단해야 할 것이다. 오직 팔 수 있는 상품만이 매출에 기여한다.

하지만 그러한 질문은 쉽게 답하기가 어렵기 때문에 마케팅 리서치를 필요로 한다. 더군다나 신상품의 경우에는 즉각 답을 구할 수 없다. 시험판매를 이용해 정보를 구해야 하는 경우도 있다. 또한 그 과정을 통해 세그먼트에 대한 심층 조사가 이루어지기도 한다.

시장 내의 소비자 세그먼트가 성장하고 있는지 혹은 감소하고 있는지에도 주목해야 한다. 시장이 성장 추세에 있을 때는 신규 혹은 기존의 이용자를 통해 매출이 발생한다. 반면 시장의 규모가 감소하는 추세라면 자사의 매출을 확대하기 위해 경쟁업체의 몫을 빼앗아야 한다. 여기에서 시장 점유 경쟁이 시작되는 것이다. 센트럼Centrum 비타민의 제조업체인 화이자Pfizer는 인구분포의 변화 추세에 따라 점차 확대되고 있는 노년층 시장을 겨냥해 기존 상품의 성분 함량을 소폭 조정한 '실버' 상품을 출시하여 큰 호응을 얻고 있다.

상품이 상품수명주기상 어느 위치에 있는가?

상품은 그 상품이 현재 상품수명주기PLC, Product Life Cycles 상 어느 단계에 있는지에 따라 그 특성이 결정되기도 한다. 상품수명주기는 단순한 시간적 요소가 아니라 새로운 소비자층이 상품을 인지하고 구매를 하기 시작하면서 상품 판매가 어떻게 신장되는가를 보여 준다. 예를 들어 휴대전화는 1970년대 초에 1만 명도 채 안 되는 이용자들을 상대로 서비스를 시작했다. 그러나 1990년대 이후 가격이 낮아지면서 많은 사람들이 카폰을 구입할 수 있게 됨에 따라 가입자가 600만 명이 넘는 멀티 세그먼트 시장으로 부상했다. 그리고 지금은 거의 모든 사람이 휴대전화를 사용하고 있다.

상품수명주기의 개념이 중요한 이유는 사용자들에 의해 상품이 채택되거나 확산되는 과정에 상품의 판매 방식에 대한 매우 중요한 의미가 함축되어 있기 때문이다. 모든 상품은 성숙기로 진행하면서 각기 독특한 수명주기를 만들어 낸다. 상품수명주기를 이해하면 경쟁자들이 갖추지 못한 MBA다운 통찰력을 지닐 수 있다.

상품수명주기의 네 가지 일반적인 단계와 그에 따른 행동 방침은 다음과 같다.

1단계 _ 도입기 : "어떤 상품일까?"

상품에 대한 소비자의 인지가 필요한 단계다. 이 단계에서 할 수만 있다면 시험판매를 하는 것이 좋다. 상품을 널리 알리기 위해 엄청난 광고비가 필요할 수도 있다. 판매업자에 따라서는 우선 몇 군데 판로를 선정해 상품을 독점적으로 유통시키는 방법을 택하는 경우도 있다. 이를 통해 소비자의 요구를 파악하고 기업은 이를 반영하여 상품에 변화를 가한다. 이때 첫 구매자들을 혁신자innovator(신상품을 처음 발견하고 사용하는 혁신적 소비자—옮긴이)라고 하며, 그 뒤를 이어 구매하는 사람들을 초기 수용자early adopter라고 한다. 그들이 별다른 부담 없이 신상품 구매의 위험을 감수하는 것은 그들 나름의 개인적 성격이나 경제적인 여유 덕분이다. 또한 기업이 새로운 상품을 출시할 때에는 비교할 만한 근거가 없기 때문에 가격 결정에 고심하게 된다. 상품의 초기 설정 가격은 이윤의 수준을 결정하며, 이는 기업의 부가적인 연구개발은 물론 후발업체들과의 경쟁 결과에도 영향을 미치기 때문에 매우 중요한 의미를 지닌다. 나노 봇nanobot, 고급 패션couture fashion, 맨발에 신는 런닝화barefoot running shoe 등의 상품이 그 예다.

2단계 _ 성장기 : "어디에서 구입할 수 있나?"

상품에 대한 교육이 여전히 필요하면서도 경쟁이 심화되는 단계이다. 상품의 성장기에는 초기 다수자early majority(초기 수용자 다음의 다수 구매자들 — 옮긴이)들이 관심을 갖게 된다. 보다 많은 소비자들이 상품에 친숙해짐에 따라 소비자들은 이제는 구매 여부가 아닌 어느 상품을 선택할 것인지를 고민한다. 매장에 들어서면 소비자들은 상품의 특징을 비교하기 시작한다. 따라서 마케팅 담당자는 소비자들이 보다 손쉽게 상품을 접할 수 있도록 '선택적 유통'을 통해 다양한 형태의 수많은 매장들을 확보해야 한다. 성장기 단계에서는 경쟁사보다 앞서 판매량을 신장시킴으로써 생산 및 광고 효율을 통해 비용을 절감하는 것이 중요하다. 다음 단계에서 경쟁 우위를 차지하는 데에 도움이 되기 때문이다. 3D TV, 태블릿 PC, 전자책 단말기e-readers 등의 상품이 그 예다.

3단계 _ 성숙기 : "왜 이 상품이어야 하는가?"

3단계에서는 대중 시장의 후기 다수자late majority에 속하는 소비자들이 구매에 참여한다. 사람들이 상품 구입에 익숙해지고 상품 간의 차이도 크지 않기 때문에 상표 충성도가 지배적인 역할을 하는 단계다. 자사의 점유율 상승은 곧바로 경쟁기업의 점유율 하락으로 이어지므로 안정된 시장에서도 종종 가격경쟁이 가열되기도 한다. 성장 단계에서는 매우 중요했던 상품의 특성도 거의 규격화되기에 이른다. 이처럼 상품 사이의 특성 구분이 희미해지면 상품을 차별화하는 수단으로 광고가 이용된다. 마케팅 관리자는 목표 시장을 최대한 세분화함으로써 아직 충족되지 않은 소비자들의 구체적 욕구를 만족시키고

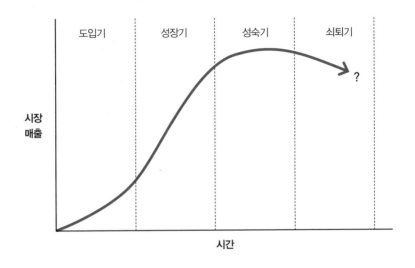

[도표 1-3] 상품수명주기

도입기　성장기　성숙기　쇠퇴기

시장
매출

?

시간

자 한다. 성숙기에 접어든 시장에서는 경쟁사들이 가능한 모든 세그먼트를 찾아내려고 하며, 대량생산 판매 전략을 펼치기 위해 가능한 모든 유통채널을 활용한다. GPS 내비게이터, 휴대용 컴퓨터, 콤팩트 형광램프Compact Fluorescent 등의 상품이 그 예다.

4단계 _ 쇠퇴기 : "가격이 얼마인가?"

상품수명주기상의 단계가 높아질수록 경쟁기업들은 유사한 상품을 출시하게 된다. 가장 소심한 소비자인 최후 수용자laggards조차도 이쯤에서는 안심하고 상품을 구매할 수 있다. (상품이 암을 유발한다는 소문이 있었다 해도 대개 이 무렵이면 식약청FDA에서 진상을 이미 밝혀낸 뒤다.) 소비자들은 이제 모든 경쟁 상품들이 다 비슷하다는 것을 알기 때문에 광고에 무감각해진다. 쇠퇴기에는 경쟁 상태에 따라 많은 기업들의 가격 정책이 달라진다. 즉, 경쟁이 수그러들지 않을 때는 가격 인하에, 경쟁이 약화된 경우에는 가격 인상에 노력을 집중하게 된다. 또한 이 시점에서 평소의 거래 관계에 따라 소매점이 계속 상품을 취급할 것인지 여부가 결정된다. 이제 기존 상품에 대한 신기함이나 호기심이 사라진 만큼 소매업자들은 보다 새롭고 수익성이 높은 상품을 판매하기를 원하기 때문이다. 이 경우 단골 관계를 이용해 계속 상품을 팔고자 하는 활동을 관계 마케팅relationship marketing이라고 한다. 음반, 사진, 35mm 카메라 등이 그 예다.

상품에 따라서는 성숙기가 반드시 사멸을 의미하지 않는 경우도 있다. 성숙기 이후에도 상품 판매가 다시 활기를 띠며 새로운 성장기에 접어들 수도 있다. 예컨대 베이스볼 트레이딩 카드 게임Baseball Trading Card game은 1980년대에 톱스Topps의 마케팅 활동에 힘입어 대단한 기세로 인기 부활의 영예를 누리다가 1990년대에야 그 열기가 사그라졌다.

수명주기가 다해 가는 상황에서도 끝까지 버틴 제조업체는 막대한 이익을 얻는다. 일례로 구형 텔레비전과 라디오 및 기타 장치에 사용되는 전기 진공관을 공급하는 리처드슨 전자Richardson Electronics는 한때 GE, RCA, 웨스팅하우스Westinghouse, 실바니아Sylvania 등이 지배했던 진공관 업계에서 살아남은 최후의 생존자다. 마지막까지 살아남은 이들 제조업체들은 막판 전략end game strategy을 이용해 그 부품을 필요로 하는 고객들을 독점하여 엄청난 이익을 얻을 수 있었다.

업계 내의 주요 경쟁 요인은 무엇인가?

업계나 시장에 따라 경쟁의 기반은 다르기 마련이다. 그러한 경쟁 요인은 각각의 시장을 공략하는 방법을 정하는 데 가장 큰 영향을 미치는 요소다. 대부분의 업계에서 경쟁 구도는 주로 다음 다섯 가지 요인으로 구성된다.

- 품질
- 가격
- 광고

- 연구개발
- 서비스

예를 들어 패스트푸드 업계는 집중적인 광고와 판촉이 중요한 반면 원자재 공급 업계에서는 가격과 서비스가 중요하다. 필자가 조사했던 커피 업계의 경쟁 기반은 가격과 품질에 있었다. 마케팅 계획을 개발할 때 경쟁 기반을 자사에 유리하게 바꾸고 싶겠지만 저변에 깔린 경쟁 요인들을 무시해서는 안 된다.

자사 및 경쟁기업 분석

소비자 → 시장 → **경쟁 분석** → 유통채널 → 마케팅 믹스 → 경제성 → 수정

지금까지 마케팅 활동의 대상인 소비자 세그먼트에 관련된 단계를 우선적으로 살펴보았다. 이제 경쟁에서 이길 수 있는 전략을 세워야 할 단계다. 자사와 경쟁사를 똑같이 객관적인 관점에서 바라보아야 한다. 자사의 강점은 무엇인가? 무엇을 잘할 수 있는가? (이것이 바로 MBA들이 말하는 이른바 핵심 역량 core competencies이다.) 또한 자사의 약점은 무엇인가? 자사의 강점을 최대한 활용할 수 있는 방법은 무엇이며 경쟁사의 약점을 이용할 수 있는 방법은 무엇인가? 다음 질문을 통해 문제 해결을 위한 도움을 구하도록 하자.

자사의 SWOT과 경쟁기업의 SWOT을 어떻게 비교할 것인가?

SWOT은 MBA들이 앞서 제시한 질문, 즉 자사가 어떻게 경쟁기업에 대항할 것인가 하는 질문을 체계화할 때 사용하는 틀이다. SWOT은 강점Strength, 약점Weakness, 기회Opportunity, 위협Threat의 네 가지 요소를 의미한다. 강점과 약점은 내부적인 요인이며 기회와 위협은 외부적인 요인이다. 이 네 가지 요인

은 경쟁기업은 물론 자사를 분석하는 데 있어서 없어서는 안 될 요건들이다. 다음 문제들을 검토함으로써 SWOT 분석에 필요한 요점을 찾아 보자.

- 자사의 강점은 무엇이며 경쟁기업의 강점은 무엇인가?
  - 유통(예 : 프리토레이Frito-Lay)
  - 신상품 개발 및 출시(예 : 3M)
  - 광고(예 : 게이코Geico)

- 시장에서 자사는 어디에 위치하고 있는가?
  - 시장의 규모와 상대적 시장 점유율
  - 재무 상태
  - 과거 실적 및 평판

- 경쟁사와 비교하여 자사가 보유하고 있는 자원은 무엇인가?
  - 인력
  - 기술과 연구 실적
  - 영업 인력
  - 현금
  - 거래 관계
  - 제조

새로운 경쟁 세력에 대한 시장의 진입 장벽은 다른 경쟁 기업들을 평가하는 데 중요한 역할을 한다. 진입 장벽이란 새로운 경쟁 세력이 시장에 진입하기 전에 극복해야 하는 각종 여건이나 장애물을 말한다. 현금 가용 능력이나 전문지식 등이 진입 장벽이 될 수 있다. 예컨대 소수의 기업이 지배하고 있는 제약 업계에 진입하기 위해서는 대규모의 영업 인력, 연구소 그리고 그 모든 것을 지원할 수 있는 거액의 은행 잔고 등이 있어야 한다. 대부분의 중소기업들이 전망이 확실한 신약을 개발하고도 대기업과 손을 잡는 이유는 바로 그러한 장벽 때문이다. 온라인 경매 시장 이베이eBay가 가지고 있는 두터운 고객층과 판매상층 그리고 기반 조직 등의 강점은 새로운 진입업체에게 막강한 장벽으로 작용한다. 반면 구글Google의 경쟁업체들이 극복해야 하는 진입 장벽은 한결 낮다고 할 수 있다. 인터넷 검색엔진 업체들은 쉽게 서비스를 바꿀 수 있으며 야후Yahoo나 빙Bing 등 경쟁업체들이 새로운 검색 기법을 개발할 수도 있기 때문이다. 따라서 구글은 경쟁업체들의 접근이 불가능한 독점적 정보 데이터베이스를 개발해 진입 장벽을 높이고 있다. 게다가 지메일Gmail과 같은 사용자 서비스를 제공하고 있다. 마이스페이스MySpace는 선도적인 소셜 플랫폼social platform이었다. 그러나 2008년, 보다 사용자 친화적이고 개방적인 플랫폼이었던 페이스북Facebook에 제압당하고 말았다.

업계 내의 진입 장벽이 낮으면 경쟁업체들이 많아지게 된다. 유능한 마케팅 담당자라면 신규 진입업체가 쉽게 모방할 수 없는 마케팅 전략을 구축함으로써 만일의 결과에 대비하도록 해야 한다. 이러한 전략에 관해서는 아홉째 날 강의에서 보다 자세하게 다루게 될 것이다.

앞서 말한 바 있는 커피 시장 조사에서 필자도 우리 회사가 어떤 강점을 지녔는지 살펴보았다. 그러나 내세울 만한 것이 없었다. 미국에서의 사업 경험도 전혀 없었고 유통망이나 광고 지식, 인지도, 자금력 등도 모두 부족한 형편이었다. 우리 회사가 가지고 있는 것은 오직 고품질의 포장 커피뿐이었다. 하찮은 중소기업이 폴저스Folgers나 맥스웰 하우스Maxwell House와 같은 대기업에 맞서 할 수 있는 일이 무엇일까? 수없이 자문하고 고심하는 날들을 보낸 끝에 합작 사업을 원하는 식품 대기업이 분명히 있을 것이라는 희망을 갖게 되었다. 우리 측에서 커피를 공급하고 상대방은 유통과 마케팅을 담당하는 방법도 가능했다. 결국 적은 이익이나마 전혀 없는 것보다는 낫다는 생각으로 중소 제약회사들이 했던 것처럼 대기업과 손을 잡을 수 있었다.

주요 기업들의 시장 점유율은 어느 정도인가?

NPD그룹NPD Group이나 인포스캔Infoscan등의 수많은 조사 기관을 이용하면 소비재 상품 판매에 관한 정보를 얻을 수 있다. 또한 계산대의 스캐너나 입출고 추적 장치warehouse tracking 등을 통해 슈퍼마켓의 판매 데이터를 수집하는 것도 가능하다. 정보의 접근성이 다소 떨어지는 생산설비와 같은 산업재의 경우에는 업계의 협회를 통해 정보를 구할 수 있다.

시장 점유 세력은 업계 내의 시장 점유율을 평가할 때 가장 먼저 고려해야 하는 사항이다. 경쟁업체들에 비해 높은 점유율을 확보한 기업들이 더 높은 이익을 올리기 마련이다. 규모가 큰 기업은 보다 많은 수량의 상품에 비용을 분산할 수 있기 때문에 상품의 개별 생산 단가를 낮출 수 있다. 반면 규모가 작은 기업은 판매량이 부족해 연구개발이나 보다 효율적인 설비에 투자할 만한 경제적 부담을 감당하지 못한다. 만약 필자에게 새로운 인스턴트커피 판매 업무가 주어졌다면 틀림없이 시장 참여를 재고했을 것이다. 당시 인스턴트커피 시장은 저비용을 바탕으로 크래프트Kraft, 네슬레Nestle, 폴저스, 이 세 기업이 지배하고 있었고, 이미 쇠퇴기에 접어들었기 때문이다. 다행히도 필자가 멕시코산 커피 판매를 추진했던 1989년에는 분말 원두커피 시장의 18퍼센트를 중소기업들이 장악하고 있었으며 그 수치는 1986년의 16퍼센트에서 2퍼센트 포인트 성장한 것이었다. 그러한 변화 덕분에 필자의 멕시코산 분말 원두 커피와 같은 신규 진입 상품에게는 한결 유리한 여건이 조성될 수 있었다.

경쟁 상품에 비해 자사 상품은 어떻게 지각되고 있는가?

지각도 기법perceptual mapping 은 자사 상품과 경쟁업체 상품을 비교 관찰하기 위한 도식적 방법이다. 흔히 가격과 품질을 좌표로 사용하는 경우가 많지만 그 외의 여러 요인들 역시 좌표축이 될 수 있다. 도표map는 상품에 대한 마케팅 아이디어를 창출하기 위해 MBA가 사용하는 기법 가운데 하나다. 지각도는 상품의 판매실적과 상관없이 소비자들이 경쟁 상품들을 어떻게 지각하고 있는지를 보여 줌으로써 공략할 여지가 남아 있는 세분 시장을 파악할 수 있게 해준다. 마케팅에서의 지각은 정치학에서와 마찬가지로 대단히 중요한 의미를 지닌다. 예를 들어 종이타월 업계의 경우 소비자의 지각에 중요한 영향을 끼치는 요인은 타월의 강도와 문양이다. 다음 [도표 1-4]는 필자의 판단을 기초로 작성한 가설적 도표로서 바운티가 수익성 높은 세분 시장을 차지하게 된 것은 자사 종이타월의 강한 질감과 예쁜 문양 덕분이라는 사실을 알려 준다.

자사 상품과 경쟁 상품이 도표상의 어느 지점에 위치하는지를 시각적으로 파악하면 상품을 어떻게 판매하고 어떻게 변경할 것인지 또는 포괄적인 마케팅 전략에서 차후에 다른 상품을 어떻게 추가할 것인지에 대한 통찰력을 얻을 수 있다.

[도표 1 – 4] 종이타월 브랜드의 가상 지각도

한 회사가 같은 범주에 속하는 상품을 많이 보유하고 있다면 제품 라인의 깊이depth of product line가 있다고 말한다. 종이타월 시장에서는 한 업체가 여러 브랜드의 상품으로 시장을 장악하고 있지는 않다. 그러나 애완견 사료 시장에서는 네슬레 퓨리나Purina가 도그 차우Dog Chow, 퍼피 차우Puppy Chow, 하이프로HiPro, 오엔이O.N.E., 베네풀Beneful, 알포Alpo 등 최소한 여섯 개 이상의 브랜드와 더불어 제품 라인의 깊이를 갖추고 있어 진열대를 거의 독차지하고 있다.

한편 한 업체가 다양한 범주에 걸쳐 여러 가지의 상품을 판매하는 경우에는 제품 라인의 폭breadth of product line이 넓다고 말한다. 킴벌리 클라크Kimberly-Clark를 예로 들면, 비바Viva 종이타월, 크리넥스Kleenex 티슈, 코텍스Kotex 생리대 그리고 하기스Huggies(유아용), 디펜드Depend(성인용), 풀 업스Pull-Ups(아동용)와 같은 각종 기저귀에 이르기까지 여러 범주의 상품을 시판하고 있어 제품 라인의 폭이 광범위하다. 이러한 제품 라인의 깊이와 폭을 요령껏 이용하면 경쟁 기업들의 유통채널 접근을 막는 차단 전략으로 활용할 수 있다. 경쟁업체가 매장 진열대를 차지하지 못하게 되면 결국 상품을 판매할 수 없게 될 것이기 때문이다.

애완견 사료 시장의 경쟁 기업들은 네슬레 퓨리나의 차단 전략에 맞서기 위해 우회 통로를 개척해 고객들에게 접근했다. 콜게이트 파몰리브Colgate-Palmolive의 힐스 펫 프로덕트Hill's Pet Product 사업부의 경우 동물 병원을 대상으로 사이언스 다이어트Science Diet라는 애완동물 사료와 기타 상품을 판매함으로써 22억 달러의 매출을 올렸다.

경쟁 상품들에 맞서는 자사 상품의 위치는 어떠한가?

1950년대 마케팅의 관건은 오직 상품의 특징과 소비자의 혜택에 초점을 맞춘 '독특한 판매 제안'USP, Unique Selling Proposition을 만들어 내는 데에 있었다. 1960년대와 70년대에는 상품의 '이미지'에 역점을 둔 마케팅이 추세였다. 1972년, 앨 리스Al Ries와 잭 트라우트Jack Trout가 개발한 '포지셔닝'positioning이라는 개념은 마케팅계에 전무후무한 폭풍을 일으켰다. 그들은 사실상 소비자의 마음속에 자리 잡은 상품에 대한 지각도가 상품의 속성이라는 물리적 현실보다 훨씬 중요하다고 믿었다. 소비자들이 믿는 것은 그들의 현실이다. 앨 리스와 잭 트라우트에 따르면 다음의 열 가지 포지셔닝 규칙을 통해 상품이나 서비스에서 경쟁업체보다 우위에 설 수 있다.

1. 소비자의 머릿속에 하나의 어구를 남겨라. 소비자의 마음에 하나의 혜택을 심어 주게 되면 소비자는 그 상품에 다른 긍정적인 면도 있다고 생각한다. 예를 들어 페덱스FedEx라는 브랜드는 '익일배송'overnight delivery을 떠올리게 한다. 오직 하나의 회사만이 하나의 어구를 가질 수 있으며 일단 그 이미지가 확립되고 나면 다시 바꾸기 어렵다.

2. 포지셔닝은 상품의 이름과 함께 시작된다. 상품의 성격을 나타내는 묘사적인 이름을 선택함으로써 소비자의 마음속에 상품의 주요 혜택을 각인시켜야 한다. 드레이노Draino라는 이름은 막힌 배수구drain가 뚫린다는 것open을 잘 묘사하고 있다.

3. 당신의 회사에서 독특한 신상품을 개발했다면 새로운 브랜드 네임을 창조하라. 애플Apple은 자사의 신상품인 MP3 플레이어에 애플 미니 맥Apple Mini Mac이라는 이름 대신 아이팟iPod라는 이름을 붙였다.

4. 하나의 어구로 기억되는 가장 쉬운 방법은 1등이 되는 것이다. 소비자들은 자신에게 도움이 되는 상품을 고수하기 마련이다. 크리넥스는 무엇인가를 닦는 데clean 도움이 된다.

5. 전달하고자 하는 주요 메시지에서 벗어나지 마라. 즉, 모든 마케팅 활동에 있어서 '본래의 개념을 강화'하도록 한다. "코카콜라 클래식, 진짜 콜라입니다!"

6. 새로운 경쟁 상품에 대응하는 가장 좋은 방법은 새로운 브랜드를 도입하되 본래의 브랜드 이미지를 흐리지 않는 것이다. 생수가 유행하기

시작하자 코카콜라는 자사의 생수에 코크 워터Coke water가 아니라 다사니Dasani라는 이름을 붙였다.

7. 후발주자의 첫 번째 선택안은 새로운 범주를 개설하는 것이다. 이미 자리 잡은 브랜드들을 이기는 일이 쉽지는 않지만 소비자들은 새로운 범주를 훨씬 쉽게 채택할 것이다. 찰스 슈왑Charles Schwab은 할인 중개업discount brokerage이라는 새로운 범주를 만들어냈다.

8. 후발주자의 두 번째 선택안은 소비자의 머릿속에서 빈 자리를 찾아내는 것이다. 스타벅스Starbucks의 경우 신속한 서비스를 상징하는 고급 커피 브랜드가 되었다.

9. 후발주자의 세 번째 선택안은 경쟁 상품의 위치를 재배치함으로써 선두주자의 개념이나 상품, 상품 설명자 등의 위상을 약화시키는 것이다. 타이레놀Tylenol은 다음과 같은 말로 아스피린aspirin의 위상을 흔든다. "속이 편치 않을 땐 아스피린을 복용하기 전에 의사와 상의하세요."

10. 자신이 택한 포지셔닝에 대해 일관성을 유지한다.

유통채널 분석

> 소비자 → 시장 → 경쟁사 → **유통채널 분석** → 마케팅 믹스 → 경제성 → 수정

상품을 소비자에게 전하는 경로를 마케팅 용어로 유통채널channels of distribution이라고 한다. 애완동물용 사료 판매의 예에서 보았듯이 소비자에게 접근하는 방법은 다양하다. 유통채널 분석이 중요한 이유는 어떤 채널을 선택하느냐에 따라 가격은 물론 그에 따른 이윤이 달라질 수 있기 때문이다. 유통채널 결정에 대한 기본 근거를 마련하기 위해서는 먼저 다음 사항을 검토해야 한다.

- 어떤 방법으로 상품을 소비자에게 전달할 것인가?
- 각 채널에서 유통업자들이 얻는 마진은 어느 정도인가?
- 각 유통채널의 지배 세력은 누구인가?

어떤 방법으로 상품을 소비자에게 전달할 것인가?

통신판매 카탈로그 방식은 판매자와 최종 소비자를 직접 연결할 수 있다. 따라서 카탈로그 판매 방식을 이용하는 의류업체의 경우 매출과 반품, 가격, 소비자 취향 등에 대한 직접적인 반응을 감지할 수 있다. 반면 식품업체의 브랜드 관리자는 소비자에게서 멀리 떨어져 있다. 도매업자와 소매업자를 모두 거친 다음에야 소비자에게 도달하게 되기 때문이다. 이처럼 업체와 소비자 사이에 존재하는 중간 상인들을 중간 유통업자channel intermediaries라고 한다. 마케팅 관리자는 전략가이다. 따라서 소비자에 이르는 모든 경로를 검토한 후 계획을 수립해야 한다.

일반적으로 상품은 소비자에게 이르기까지 다음과 같은 중간 유통업자들을 거치게 된다.

- 도매업자
- 총판
- 판매 대리점
- 영업 인력
- 소매업자

각 채널에서 유통업자들이 얻는 이익은 어느 정도인가?

상품을 판매할 수 있는 방법을 검토하기 위해서는 먼저 소비자에게 이르는 모든 경로를 이해해야 한다. 종이 위에 가능한 모든 경로들을 그려 보자. 그림을 통해 전반적인 채널을 파악하게 되면 소매가를 어떻게 책정해야 이익을 얻는지 파악할 수 있다.

　상품을 취급하는 사람은 누구나 이른바 판매 마진margin이라는 이윤을 취하게 된다. 유통 과정에 참여하는 사람들은 제조업자로부터 마진을 취하기 마련이다. 하지만 상품을 제조하는 입장에서는 당연히 유통 마진을 최소화하려 한다. 대다수 업계의 유통업자들은 이윤markup을 판매가로 나누어 마진율을 계산한다. 캐나다와 미국의 일부 제약업체들은 판매가가 아닌 원가를 기준으로 이윤을 계산하기도 하지만 이는 예외적인 경우에 해당한다. 여기서 말하는 판매가란 최종 소매가격이 아니라 중간상이 유통 과정 내에서 다음 중간상에게 넘기는 가격을 뜻한다. 최종 소비자가 지불하는 상품 가격은 소매가격이라고 한다.

　커피 업계를 조사한 바 있는 필자의 경험을 근거로 커피 소매업의 사례를 통해 유통채널의 경제성을 평가해 보자. 유통 과정의 각 단계에 있는 중간상인들은 전 단계에서 커피를 구입해 다음 단계로 넘기는 가격을 기준으로 이윤을 취하게 된다. 원가 기준이 아니라는 것을 명심하자.

$$\text{마진율}(\%) = \left(\frac{\text{이윤}(\$)}{\text{판매가격}(\$)} \right) \times 100$$

　바로 이와 같은 과정을 통해 [도표 1-5]에서 보듯이 1달러짜리 원두커피가 6달러라는 가격으로 소비자에게 전달되는 것이다. 유통 과정에 참여하는 모든 업자들은 커피를 볶고 분쇄하고 포장하는 일, 브랜드에 대한 판촉활동, 배포, 진열 등을 통해 각 단계마다 상품의 가치를 더하고 비용을 발생시키게 된다. [도표 1-5]는 맥스웰 하우스의 구어메이 프라이빗 컬렉션 커피Gourmet Private Collection Coffee의 유통 과정에 대한 경제적 채산성을 추산한 개요도이다.

　유통채널의 모든 참여자는 자신의 단계에서 해야 할 일을 하고 그 대가로 유통 마진을 취한 뒤 소비자에게 한 단계 더 가까운 참여자에게 상품을 넘기게 된다. 만약 크래프트 푸드와 같은 커피 가공업자가 맥스웰 하우스의 구어

채널 참여자	채널 기능	다음 단계의 판매가	마진율 (이윤을 판매가로 나눈 값)
후안 발데즈 씨	커피 재배업자 ↓	파운드당 $1.00	
웨스트웨이 머큐리아 Westway Merkuria	커피 중개업자 ↓	파운드당 $1.05	4.8% ($0.05/$1.05)
크래프트 푸드	가공업자 ↓	파운드당 $4.20	75%
식료품상연합 Associated Grocers, Inc.	식료품 도매상 ↓	파운드당 $4.62	9%
밥스 마켓 Bob's Market	소매상 ↓	파운드당 $6.00 (소매가)	23%
모카 자바 씨	소비자		

메이 프라이빗 컬렉션 커피의 소매가격이 파운드당 6달러가 아닌 4달러가 되어야 한다고 여긴다면 채널의 경제성도 바뀔 수밖에 없다. 채널을 역으로 거슬러 올라가서 그러한 변화가 각 단계의 판매가격에 어떤 영향을 미치게 되는지 살펴보자.

$$판매가격 \times (1 - 마진율) = 전\ 단계의\ 판매가격$$

유통 경로를 역으로 거슬러 올라가게 되면 다음과 같은 결과를 얻게 된다.

소비자에 대한 소매가격 $4.00 \times (1 - 소매\ 마진율\ 23\%) = \$3.08$

소매상에 대한 도매가격 $3.08 \times (1 - 도매\ 마진율\ 9\%) = \$2.80$

결국 가공업자인 크래프트 푸드가 도매업자에게 판매하는 커피 가격은 2.80달러가 될 것이다.

소매가격을 4달러로 책정할 경우, 크래프트 푸드의 브랜드 관리자는 파운드당 1.75달러(2.80달러 − 1.05달러)의 판매 차액으로 생산원가를 제하고도 적정 이윤을 남길 수 있을지 검토해야 한다. 만약 그것이 불가능하다면 마케팅 계획의 유통 손익 계산을 재검토해야 한다. 마케팅 전략은 순환적 과정이기 때문에 여타의 가격이나 제조 과정, 원가 등 역시 변경해야 할 것이다. 그러한 변화는 마케팅 계획의 나머지 모든 구성 요소에도 영향을 미친다.

채널 참여자들이 가진 상대적 세력은 선택된 유통채널의 경제성을 기초로 결정되는 가격을 좌우할 수도 있다. 크래프트 푸드의 브랜드 관리자는 식료품 가게의 소매가격을 4달러로 결정할 수도 있었지만 자신이 원하는 이익을 얻기 위해 6달러의 가격을 택했다.

그리고 크래프트 푸드는 식료품 매장 외에 별도의 유통채널을 추가하기로 결정했다. 자사의 게발리아Gevalia 커피 브랜드를 식료품 중개 거래상들을 배제한 우편주문 판매 방법을 이용해 파운드당 8달러 이상의 가격으로 커피 애호가들에게 직접 판매한 것이다. 대부분의 상품들은 일반적으로 매우 다양한 방법을 통해 소비자에게 전달된다. 각각의 유통채널에는 유통 마진에 대한 나름의 산정 방식이 있다. 각 채널의 유통 마진 산정 방식을 이해해야 보다 효율적인 채널을 선정할 수 있게 된다.

각 유통채널의 지배 세력은 누구인가?

채널 세력에 대한 질문은 판매할 곳을 선정할 때 대단히 중요한 역할을 한다. 상품이 독특하고 수요가 많으면 거래 조건에 대한 결정권은 일반적으로 제조업자가 갖게 된다. 그렇지 않은 경우에는 채널의 중간상인들이 거래 조건에 대한 결정을 좌우하고 가능한 한 많은 마진을 얻고자 노력한다.

과거에 제조업자가 쥐고 있었던 식료품 업계의 채널 지배권은 슈퍼마켓 체인점으로 옮겨졌다. 1980년대에 소규모 슈퍼마켓 체인점들이 대형 슈퍼 체인을 형성하게 되면서 대규모 체인의 경영진들은 그들에게 '진열 공간'이라는 매우 훌륭한 부동산이 있다는 사실을 깨달았다. 상품들은 재고 유지 단위SKU, Stock Keeping Unit(한 장소에 저장되는 물품의 품목별 저장 단위―옮긴이)별로 진열대 공간을 차지한다. 그리고 그에 따라 각 상품의 매입과 매출, 진열, 재고 관리 등이 제대로 이루어져야 한다. (세 종류의 크기로 생산되는 마졸라Mazola 식용유는 세 개의 SKU를 차지하게 된다.) 점포 및 창고 공간의 제약으로 인해 진열대라는 부동산의 가치는 점점 높아지고 소매업자들은 각각의 SKU에 따라 제조업자들로부터 사용료를 받고자 할 것이다. 심지어 각 기업의 마케팅 전문가들은 건축가처럼 플래노그램planogram(진열한 제품의 색깔, 크기, 방향, 메이커, 과거의 판매 실적, 소비자의 구매 편리성 등을 최대한 반영한 선반 배치―옮긴이)을 이용하여 그들의 진열대를 도표로 그리며 최고의 진열 위치를 차지하기 위해 각축전을 벌이기도 한다.

규모가 크건 작건 포장재 회사들은 신상품 및 기존 상품의 진열 공간을 보장받기 위해 진열대 사용료slotting fee를 지불해야 한다. 1970년대에는 포장재 재벌들이 유통 업계에 자사 상품의 진열을 강요할 수 있는 위치에 있었다. 또 당시 많은 소규모 식료품 체인들 사이에서 P&G와 크래프트 푸드는 자신들의 인기 상품의 공급을 중단하겠다고 위협함으로써 유통 체인 간의 경쟁을 유발하여 이득을 얻었다. 하지만 그러한 예는 이제 더 이상 찾아볼 수 없다.

신상품을 출시하는 경우에는 진열비만 무려 수백만 달러에 이르기도 한다. 결국 진열대 사용료 때문에 소규모 제조업체들은 슈퍼마켓을 통한 판매활동을 사실상 저지당하고 있는 셈이다. 중서부 지방의 매우 훌륭한 피자 제조업체 하나는 진열 공간 확보에 필요한 뇌물을 제공할 여유가 없어 결국 사업에 실패하고 말았다. 진열대 사용료는 이제 소매업계의 '쟁점 사안'으로 부상했다. MBA들의 대화에서 얼마든지 거론해도 좋을 만한 주제다.

유통채널로서 인터넷의 역할은 무엇인가?

인터넷은 매우 훌륭한 상품 판로가 될 수 있다. 인터넷에는 4C라고 불리는 네 가지의 소비자 의사전달 채널 기능이 있다. 웹사이트의 상거래Commerce 기능을 통해 상품을 판매할 수 있다는 것도 중요하지만 그보다도 소비자가 자신의 스케줄에 맞추어 상품을 쇼핑하고 훑어보고 비교할 수 있는 온라인상의 진열 공간을 제공할 수 있다는 점이 더욱 중요하다. 웹사이트 '콘텐츠' 역시 상품이라고 할 수 있다. 훌륭한 콘텐츠 덕분에 재구매가 일어나거나 가치가 상승될 수 있으며, 소비자의 관심을 자극하는 콘텐츠는 새로운 시장을 창출할 수도 있다. 아이튠스닷컴iTunes.com은 애플의 아이팟 MP3 플레이어와 연계되어 2010년까지 100억 곡 이상을 판매했다. 판매자가 자신의 웹사이트를 통해 소비자들이 바로 자신의 계좌에 접속할 수 있게 하고 배송 상태를 확인시켜주고 자주 묻는 질문들FAQs에 답변함으로써 '소비자에 대한 배려'를 제공할 수도 있다. 이러한 서비스는 소비자들에게 만족을 주는 동시에 당면한 소비자 서비스 비용도 절감할 수 있게 해준다. 웹사이트는 최근 텔레비전, 라디오, 판매촉진, 홍보 등의 모든 마케팅 활동 가운데 선두로 나서기 시작했다.

마케팅 믹스 개발

소비자 → 시장 → 경쟁사 → 유통채널 → **마케팅 믹스 개발** → 경제성 → 수정

마케팅 관리자는 소비자와 시장, 경쟁업체, 유통채널 등의 분석을 통한 판단을 기초로 실질적인 사안들을 결정해야 한다. 여기서 얻어진 결정 사항들을 MBA 용어로 '실행 계획'action plan이라고 한다. 마케팅 관리자는 각종 마케팅 활동을 어떻게 혼합할 것인지를 결정한다. 그러한 혼합이 바로 흔히 마케팅의 4P라고 일컬어지는 마케팅 믹스다.

마케팅 믹스의 개발은 내부적인 일관성과 상호 보완성을 갖춘 계획을 수립하는 것을 목적으로 하는 하나의 진화 과정이다. 마케팅 믹스 개발의 중요성은 아무리 강조해도 지나치지 않다. 마케팅 믹스의 4P 가운데 어느 한 요소를 변경한다는 것은 나머지 요소들 역시 어떻게든 변경해야 한다는 뜻이다. 4P의 각 요소들은 서로 영향을 미치기 때문이다.

상품 Product   유통 Place   판촉 Promotion   가격 Price

상품 결정: 무엇을 팔 것인가

먼저 '무엇을 팔 것인지'를 결정해야 한다. 이 질문은 다음과 같은 세 가지 질문으로 나눌 수 있다.

- 기존 상품들과 어떻게 조화를 이룰 것인가?
- 상품을 어떻게 차별화할 것인가?
- 상품수명주기는 마케팅 계획에 어떤 영향을 미치는가?

기존 상품들과 어떻게 조화를 이룰 것인가?

이 질문의 목적은 상품 간의 시너지 효과를 얻을 수 있는 영역을 식별하거나 마케팅 활동에 대한 제약 요소를 찾아내는 것이다. 만약 메이택Maytag의 디펜더빌리티 피플Dependability People 브랜드가 세탁기 등의 상품 라인에 식기세척기를 추가한다면 새로운 상품, 소비자, 소매업자를 기존 상품 라인에서도 공유할 수 있다. 식기세척기는 기존 상품의 계열 확장에 적절한 상품이다. 하지만 헤어드라이어는 기존 상품들과 조화를 이루기 어려울 것이다.

상품을 어떻게 차별화할 것인가?

차별화는 매우 광범위한 주제로서 경쟁 상품들 속에서 자신의 상품을 돋보이게 할 수 있는 모든 방법을 말한다. 따라서 차별화를 위한 방법 역시 매우 다양하다.

- 특징 : 능력
- 적합성 : 개별 맞춤
- 스타일링 : 기능적, 시각적
- 신뢰성 : 보증 기간, 반품 정책
- 포장 : 색깔, 규격, 형태, 파손 방지 기능
- 규격 : 의류, 가전제품, 컴퓨터, 여행용 가방 등의 규격
- 서비스 : 적시성, 예의, 정확성
- 브랜드 네이밍 : 상표 짓기

랄프 로렌Ralph Lauren이 그의 본명인 랄프 리프쉬츠Ralph Lifshitz를 상표명으로 사용했다면 랄프 로렌 폴로Ralph Lauren Polo라는 상표로부터 파생되는 심리적 혜택은 누리지 못했을 것이다. 랄프 로렌 폴로는 의류, 향수, 침구류 등을 통해 2011년 한 해 동안 50억 달러를 벌어들였다. 리프쉬츠라는 이름으로 영국 귀

족층의 이미지를 전달하려 했다면 불가능한 일이었을 것이다.

상품군에서 자사의 상품을 차별화시킬 수 있는, 브랜드 또는 상품 확장 전략을 실시할 때 기존 상품이 가진 브랜드 에쿼티brand equity(브랜드 이름이 제품에 부여하는 부가적 가치를 말한다.)가 신상품으로 전이될 수 있다. 크래프트 푸드는 새로 시판하는 푸딩과 아이스크림에 젤로Jell-O라는 이름을 붙이기로 했다. 젤로라는 브랜드 네임을 통해 모브랜드가 수십 년에 걸쳐 쌓아 올린 모든 신뢰와 브랜드 이미지(브랜드 에쿼티)를 신상품에 부여한 것이다. 젤로 브랜드의 브랜드 에쿼티가 확립되기까지는 오랜 세월에 걸쳐 막대한 광고비가 소요되었을 것이다. 1987년 이후 출시된 수천 가지의 신상품 가운데 약 90퍼센트는 계열 및 브랜드 확장에 속한다. 한편 확장 범위가 지나치게 넓을 경우에는 브랜드 에쿼티가 희석되는 동시에 소비자들에게 미치는 효과 역시 낮아질 수 있다.

이들 상품 차별화 기법 가운데 어느 것을 선택하든 그 선택은 마케팅 과정 전체에 영향을 미치게 된다. 선택된 기법에 의해 판촉활동의 기본 토대가 마련되기 때문이다. 실제로는 다른 경쟁 상품들과 동일한 상품이라 해도 창의적인 광고와 판촉을 통해 타사 상품들과 차별화될 수 있다.

'지각도 기법'과 '포지셔닝'은 상품 차별화에 도움이 된다. 상품을 수식하는 모든 특성은 시장에서의 위치에 영향을 미친다. 마케팅 담당자는 채산성을 벗어나지 않는 한도 내에서 언제든 생산 기술자에게 상품의 물리적 특성을 개발하도록 요구할 수 있다. 앞서 종이타월의 지각도에서 볼 수 있듯이 소비자들은 상품군 내에서도 특정한 요구를 가지며 각 상품에 대해서도 서로 다르게 지각한다. 따라서 (필요하다면 지각도 기법을 이용해) 상품을 독특하게 자리매김함으로써 시장에서 상품 나름의 위치를 확고하게 다지는 것이 바로 마케팅 담당자의 임무다. 이 경우 상품의 위치를 가리켜 흔히 상품의 시장 내 '틈새'niche라고 한다. 종이타월의 지각도에서 나타난 바와 같이 제지회사 조지아 퍼시픽Georgia Pacific의 브라우니 브랜드는 찌든 때를 닦아 낼 때 필요한 질기고 내구성 있는 타월로 자리 잡고 있다. 브라우니의 브랜드 관리자는 상품에 가장 적합한 세분 시장을 겨냥해 최고의 매출과 이익을 달성할 수 있는 틈새 시장을 택하고자 할 것이다. 포지셔닝은 소비자 분석과 시장 분석을 통해 선정된 세분 시장과 도저히 뗄 수 없는 불가분의 관계에 있다.

상품수명주기는 마케팅 계획에 어떤 영향을 미치는가?

상품수명주기상의 위치를 파악해 보면 상품이 지닌 다양한 측면은 경쟁 상황에서 더욱 중요하다는 것을 알 수 있다. 앞서 말했듯이 성장 단계에서 상품을 차별화하는 데에는 무엇보다도 상품의 특성이 중요한 반면, 성숙 단계에서는 점차 브랜드의 중요성이 커진다. 예컨대 어떤 CD 플레이어의 광고가 상품의 다양한 기능상의 특징을 강조하고 있다면 그 상품은 현재 상품수명주기상 성장 단계에 있음을 알 수 있다. 그에 반해 성숙기에 접어든 카세트데크 시장에서 자동되감기 기능이나 노이즈제거 돌비와 같은 기능 경쟁은 이미 오래전에 끝난 상태다. 어떤 것을 선택하든 상품의 결정은 마케팅 믹스의 나머지 3P에 분명한 영향을 미친다.

| 상품 Product | 유통 Place | 판촉 Promotion | 가격 Price |

유통 결정 : 어디에 팔 것인가?

유통채널을 검토하는 목적은 어떤 유통 경로들이 있으며 어느 정도의 판매 마진이 가능한지를 결정하는 것이다. 마케팅 담당자는 먼저 상품을 결정하고 목표 시장을 선택한 후에 어떤 채널이 상품과 구매 대상자들에게 적합할지 결정해야 한다.

- 어떤 유형의 유통 전략을 사용해야 하는가?
- 어떤 유통채널을 선택할 것인가?

어떤 유형의 유통 전략을 사용해야 하는가?

- 독점적 유통 : 시장별로 단 한 곳만의 판매점을 활용
- 선택적 유통 : 시장별로 두세 곳의 판매점을 활용
- 대량 혹은 광역 유통 : 가능한 한 많은 판매점을 활용

판매 장소는 상품의 인지도에 영향을 미친다. 유통채널의 선택은 상품수명 주기에 맞추어 상품을 의도한 대로 확산시키기 위한 하나의 진화 과정이라 할 수 있다. 유통 전략은 자사 상품을 많은 경쟁 상품들과 차별화시키는 데에 이 용될 수도 있다. 예를 들어 신규 디자이너 브랜드가 자사의 상품을 고급 백화 점인 니만 마커스Neiman Marcus에서만 독점 판매한다면 상품에 확실한 품격이 부여될 것이다. 소비자들은 상품이 지닌 스타일, 품질, 가격 등의 특성을 구매 시점에 근거해 인식하는 경향이 있기 때문이다. 만약 앞서 말한 신규 디자이 너 브랜드가 초기에 보다 많은 매출을 올리고자 한다면 두세 곳의 고급 백화 점만을 골라 선택적으로 상품을 유통시킬 수도 있다. 하지만 캘리포니아의 차 량용 햇빛가리개 판매업자는 다른 전략을 써야 한다. 그들은 '대량' 유통 전략 을 선택해 가능한 한 광범하고 신속하게 상품을 유통시키는 것이 좋다. 햇빛 가리개는 디자이너 의류와는 달리 신분을 상징하는 상품도 아닐뿐더러 쉽게 복사하고 제조할 수 있는 상품이기 때문에 대량 유통 전략을 선택하는 것이 합당하다.

각각의 유통 방식에 따라 제조업자와 소매업자는 일정한 의무를 떠맡게 된 다. 선택적 유통 방식을 택할 경우 제조업자는 고품질과 양질의 서비스에 대 한 의무는 물론 경우에 따라서는 판촉 지원을 위한 자금 분담cooperative payments 의무까지 져야 할 수도 있다. 이때 제조업자가 소매업자와 광고비용을 분담하 는 것을 공동 광고cooperative advertising라고 한다.

제조업자의 지원이 있는 유통 관계에서는 소매업자에게도 그에 상응하는 의무가 있다. 즉, 소매업자는 위치 우선 선정, 특별 판촉, 전시, 매출 부분에서

특별히 주의를 기울여야 하는 의무를 지니게 된다. 그러한 의무가 충족되지 않을 시에는 계약이 파기되고 관계가 악화될 것이다. 랄프 로렌이 디자인 브랜드 가운데 최초로 백화점 측에 자신의 독립 매장을 요구할 수 있었던 것은 그가 개발한 폴로 의류의 독특한 디자인 덕분이었다. 랄프 로렌은 소매업자들이 원하는 이미지와 이윤을 제공할 수 있었으며 소매업자들은 최상의 위치를 제공하고 매출 신장을 위해 노력함으로써 그에 보답했다.

어떤 유통채널을 선택할 것인가?

유통채널의 선택은 다양한 요인에 의해 결정된다. 대개 하나 이상의 유통채널을 택하지만 하나의 채널이 상호 보완적이고 내부적으로 일관성 있는 전략과 융합한다면 그 외의 많은 채널들 역시 성공할 가능성이 높다. 채널 선택의 기본 지침이 될 수 있는 세 가지 요소는 다음과 같다.

상품의 특정성

유통채널을 선택할 때는 상품을 판매하는 데 필요한 주의력 수준을 고려해야 한다. 이것은 상품의 복잡성, 참신성 그리고 가격수준과 연관된다. 상품에 따라 비용을 감수하고라도 영업 인력들을 써야 하는 경우가 있는가 하면 사탕이나 음료수처럼 단순히 도매상이나 유통업자를 거쳐 소매점으로 넘어가는 경우도 있다. 특별히 주의를 기울이지 않아도 되는 단순한 상품들의 경우에는 제조업자가 상품 소개나 판매에 직접 관여하지 않아도 된다.

통제의 필요성

상품을 유효적절하게 공급하도록 동기를 부여하는 능력은 유통채널 결정의 중요한 사항이다. 제조업자와 소비자의 거리가 멀수록, 즉 유통업자, 도매업자, 중개상 등의 개입이 많을수록 상품 판매 방식에 대한 제조업자의 통제력이 약화된다. 일반적으로 제약회사는 자체 판매 인력을 두고 있다. 이러한 전속

영업사원들은 회사의 철저한 교육에 의해 의사들에게 신뢰할 만한 정보를 제공한다. 만약 머크Merck나 화이자가 외부의 판매 인력에 의존해야 했다면 상품 교육이나 영업활동에 관한 절대적 통제권을 발휘할 수 없었을 것이다.

희망 마진

유통채널에 대한 분석은 잠재적 이익을 결정하는 데 도움이 된다. 따라서 각 유통 단계의 판매 마진은 어느 정도인지, 해당 채널을 선택할 경우 경쟁력 있는 가격으로 상품을 판매하면서도 충분한 이윤을 확보할 수 있는지 등을 검토하도록 한다. 채널의 선택은 이윤의 크기에 따라 결정된다. 오디오 전문 브랜드 보스Bose의 프리미엄 가격의 헤드폰과 스테레오의 경우 직영점과 인쇄 광고, 그 외 기타의 직접 마케팅 등 선택적 활동을 통해 수익을 유지하고 브랜드의 프리미엄 이미지를 관리하고 있다.

| 상품 Product | 유통 Place | **판촉**Promotion | 가격 Price |

판매촉진 결정 : 어떻게 팔 것인가?

판매촉진Sales Promotion은 마케팅 계획에서 광고 및 판매활동 등을 포괄하는 말이다. 판촉 캠페인 개발 과정에서 무엇보다 중요한 것은 목표 설정이다. 먼저 자신이 완수하고자 하는 임무를 확실히 숙지하고 난 후에 판촉 예산을 세우거나 집행해야 하기 때문이다. 판촉활동의 최종 목표는 소비자의 행동에 영향을 미치는 것이다. 따라서 자신이 소비자로부터 어떤 행동을 기대하는지부터 확실히 알아야 한다. 모든 상품이 상품수명주기상의 위치가 제각기 다르고 관여 수준과 복잡성 역시 다르므로 각각 다른 판촉활동을 통해 각각 다른 임무를 수행해야만 한다. 상품을 위해 선택된 판촉 임무는 소비자 분석을 통해 초안된 구매 과정과 서로 조화를 이루어야 한다.

구매 과정	판촉 임무
인지	상품에 대해 알리고 욕구 메시지를 부추긴다.
관심	주의를 끄는 메시지를 제공하고 욕구를 해결한다.
시험 사용	실행 동기를 부여한다.
재구매	구매 신호를 보내고 사용을 늘리도록 한다.
충성도	브랜드나 이미지를 강화하고 특별 판촉활동을 보강한다.

풀 전략과 푸시 전략

유통과 마찬가지로 판촉활동 역시 전략에 따라 전개되어야 한다. 풀 전략pull strategy은 자사 상품을 취급하는 매장으로 구매자들을 끌어들이는 전략이다. "'퍼듀 치킨 주세요'라고 꼭 찍어 말하세요."라는 텔레비전 광고는 상품 취급 매장으로 소비자를 끌어들이기 위한 풀 전략의 한 예다. 판촉활동의 또 다른 주요 임무는 유통채널로 하여금 재고를 비축하고 소비자에게 상품을 팔도록 권장하는 것이다. 그러한 활동을 푸시 전략push strategy이라고 한다. 맥주 유통 업자는 술집 주인들에게 자신이 취급하는 맥주를 비축하고 판매하도록 설득 하는 데 많은 시간을 투자한다. 대부분의 판촉 계획에는 풀 전략과 푸시 전략 이 모두 포함된다. 맥주 업계에서는 주류 유통업자들을 포섭하고 브랜드를 광 고하는 데 막대한 비용을 투입한다.

소비자를 매장으로 끌어들이거나 유통채널을 압박해 자사 상품을 취급하 도록 하는 판촉활동은 일반적으로 다음의 다섯 가지 범주로 나누어진다.

- 광고
- 대인 판매
- 판매촉진
- 홍보 및 선전
- 직접 판매

광고

광고는 텔레비전과 라디오, 옥외 광고판, 잡지, 키워드 인터넷 검색, 배너, 팝업, 이메일, 신문 등을 통해 다양한 형태로 소비자들에게 제공된다. 광고와 관련해 유념해야 할 두 가지 주요 사항은 목표하는 바 임무가 무엇인지 그리고 그 임무를 완수하기 위해 얼마나 많은 양의 광고가 소비자에게 노출되어야 하는지를 측정해야 한다는 점이다.

다음의 측정 용어들은 꼭 기억하도록 하자. 엄청난 광고 제작비를 들여서 얻는 대가는 이 용어뿐이라고 해도 과언이 아니다. 경험이 부족할 경우에는 제대로 이해하지도 못하면서 광고계 사람들의 말만 믿고 광고를 제작하기 쉽다. 광고 제작을 의뢰할 때는 마케팅 리서치를 의뢰할 때와 마찬가지로 자신이 무엇을, 왜 의뢰하는지를 알고 있어야 한다. 즉, 의뢰자 스스로 경계태세를 갖추어야 한다는 뜻이다.

'도달률'reach 과 '노출빈도'frequency 는 대중매체의 목표를 측정하는 가장 중요한 양적 단위다. 도달률은 목표 시장 가운데 해당 광고나 판촉 내용을 접한 사람들의 백분율을 뜻하며 노출빈도는 그들이 그 내용을 보거나 들은 횟수를 말한다. 마케팅 담당자는 소비자가 광고 메시지에 노출된 횟수를 '시청자에게 제공된 전체적인 인상'으로 간주한다. 소비자의 구매 행동은 상품에 따라 다르기 때문에 구매를 유도하기 위해서는 도달률과 노출빈도의 믹스 역시 상품에 따라 달라져야 한다. 도달률과 노출빈도를 곱하면 종합 시청취율GRP, Gross Rating Points 이 되며 종합 시청취율을 모두 합하면 총 시청취율TRP, Total Rating Points 을 구할 수 있게 된다. GRP와 TRP는 라디오, 텔레비전, 옥외 광고를 판매하고 구입하는 기준이 되는 평가 수단이다.

매체의 시청자와 구독자의 인구통계학적 변수와 시장 세분화 변수 역시 앞의 등식에 훌륭하게 적용될 수 있다. 10만 달러 이상의 소득을 가진 활동적인 중년 남성들의 인기를 끄는 남서부 지역 TV 방송국의 골프 프로그램은 다양한 상품 광고에 효과적으로 이용될 수 있다. 시청자 구분 없이 다양한 인구 집단의 인기를 끄는 TV 프로그램은 개별 시청자에 대한 광고 효과가 떨어진다. 또한 적합한 광고 매체를 선택한 경우에도 목표 고객에게 메시지를 전달하기 위해서는 광고 일정 역시 반드시 고려해야 한다.

GRP가 높다고 해서 매출이 보장되는 것은 아니다. 전달되는 메시지 또한 중요한 요인이다. 광고계 종사자들은 광고의 내용이나 문안, 레이아웃을 '크리에이티브'creative라고 하며, 광고 아이디어를 개발하는 광고 대행인을 '크리에이티브스'creatives라고 부른다.

신문 및 잡지의 광고는 발행 부수의 규모와 세분화 변수를 기준으로 평가한다. 잡지는 장기간에 걸쳐 판매된다는 장점이 있는 반면 신문은 훨씬 더 즉각적이고 집중된 지역 독자층에 접근할 수 있다는 장점을 가지고 있어 최고의 판촉 수단으로 꼽는다. 인쇄매체의 광고는 구독자 1,000명당, 즉 1,000부당 투여된 비용CPM, Cost Per Thousand을 기준으로 거래된다. 미디어 정보 업체인 SRDSStandard Rate and Data Service(정기간행물, 라디오, 텔레비전, 교통광고에 대한 광고 요율이나 기타 자료들에 대한 내용을 담고 있는 기준 자료집을 간행하는 회사—옮긴이)에서는 미디어 및 우편물의 광고요율을 알려 주는 종합 목록을 전화번호부 분량의 책자로 출간하고 있다.

미디어에 대한 경쟁적 평가 수단 가운데 하나는 여론 점유율share of voice이다. 여론 점유율 평가를 이용할 경우 광고주는 같은 범주 내의 모든 경쟁업체들이 미디어에 지출한 광고비의 비율을 통해 해당 미디어를 평가할 수 있다. 광고주들은 경쟁적인 미디어 잡음media clutter(복잡하고 혼란스러운 광고의 홍수—옮긴이)과 소음 속에서도 광고 효과를 내기 위해서는 광고비의 절대적 지출 액수 못지않게 상대적 지출 수준 역시 중요하다고 생각한다.

만약 필자가 방학 중에 실습했던 소규모 커피 브랜드의 판촉을 위해 TV 광고를 냈더라면 결국 헛된 일이 되었을 것이다. 바로 미디어 잡음 때문이다. 소규모 기업들로서는 P&G, 크래프트 푸드, 네슬레 등 광고비로 수백만 달러를 쏟아 붓는 대기업에 맞서는 것은 불가능하기 때문이다. 소규모 기업의 커피 브랜드가 감당할 만한 저예산 광고는 결국 이들 대기업의 엄청난 광고에 파묻혀 아무런 효과도 내지 못했을 것이다.

매체마다 시청자 혹은 독자를 끌어들이는 고유한 장점이 있다는 것을 명심해야 한다. 유난히 광고주들의 인기를 끄는 매체도 있다. 마케팅 담당자는 가능한 한 효율적으로 자신의 타깃 고객층에게 접근해 원하는 구매 행동을 이끌어 내는 것을 목표로 한다.

대인 판매

구매자와 직접 접촉해야 할 경우 마케팅 담당자는 대인 판매 방식Personal Selling을 택한다. 영업사원은 기업의 마케팅 메시지를 개별 구매자의 요구와 상황에 맞추어 전할 수 있으며 또한 상호 접촉 과정을 통해 구매자의 이의와 질문에 응답할 수 있다. 대인 판매는 높은 인건비와 수수료를 지불해야 하기 때문에 일반적으로 모든 마케팅 믹스 가운데 가장 비용이 많이 드는 방식이다.

하지만 신상품이나 값비싼 상품 혹은 기능이 복잡한 상품을 취급하는 마케팅 관리자는 대인 판매의 장점을 통해 그러한 고비용이 충분히 상쇄된다는 것을 깨닫게 될 것이다. 또한 그 외의 다른 매개 수단으로는 접근이 불가능한 일부 목표 시장의 경우에는 대인 판매만이 소비자에게 접근할 수 있는 유일한 수단이 되기도 한다. 마케팅 믹스에서 대인 판매 방식을 널리 활용하는 상품들로는 정수기, 의약품, 복사기, 산업재 등이 있다. 한편 최근에는 전화 수신 거부 리스트do-not-call list를 도입하면서 텔레마케팅을 이용한 판매는 크게 감소하고 있는 추세다.

학계에서는 대인 판매를 '문제 해결problem solving 및 상담consultation'을 위한 과정으로 풀이한다. 버지니아 대학 다든 스쿨의 데릭 뉴턴Derek A. Newton 교수는 지난 수십 년에 걸친 대인 판매 발달 과정을 '뮤직 맨Music Man → 움직이는 카탈로그Animated Catalog → 마법의 공식Magic Formula → 문제 해결사Problem Solver'의 4단계로 나누어 설명한다. 제1차 세계대전 이전에는 '뮤직 맨' 방식의 판매야

말로 성공의 열쇠라고 여겨졌다. 이는 고객의 마음을 움직여 물건을 구매하게 하는 것은 영업사원 개인의 인성에 따라 좌우된다는 주장이다. 1차 대전 이후에는 '움직이는 카탈로그' 유형을 가장 적합한 판매 방식으로 생각했다. 예를 들면 청소기 영업사원은 상품에 관한 모든 정보를 속속들이 파악한 후 고객 앞에서 카탈로그 내용을 그대로 시연했다. 1930년대에는 교묘한 언변이나 마법의 공식이 최고의 판매 방식으로 생각되었다. 당시 백과사전 외판원들은 상품 소개의 주도권을 쥔 채 공식화된 각본에 따라 소비자의 구매를 이끌어 내곤 했다. 오늘날 서점에 진열된 채 팔리지 않고 있는 수많은 책들을 보면 당시 외판원들에게 뭔가 비결이 있었다는 것을 알 수 있다. 지금도 학계는 대인 판매에는 여전히 약간의 선동적 요소와 상품에 대한 카탈로그식의 지식이 필요하다는 데에 동의한다. 그러나 영업사원이 성공을 거두기 위해서는 그 외에도 잠재 고객의 욕구와 구매 과정에 대한 광범위한 지식을 갖추어야 한다. 영업사원들은 단순히 일개 상품을 파는 사람이 아닌 소비자의 문제를 해결해 주는 '혜택'을 판매하는 사람이어야 하기 때문이다.

판매촉진

판매촉진 계획의 목표는 소비자와 영업사원 그리고 여타 유통채널 참여자들로부터 원하는 행위를 끌어내는 것이다. 판매촉진은 여타의 다른 판촉 활동 중에서도 특히 광고 활동의 보완과 강화를 목표로 둔다. 판촉은 그 유형에 따라 각기 다른 관련 용어를 사용하는데, MBA를 공부하기 위해서는 반드시 알아 두어야 한다. 물론 마케팅 담당자가 아닌 이상 그 용어를 안다고 해서 전문가가 될 수 있는 것은 아니지만, 마케팅에 관련된 대화에 참여해야 할 경우에는 틀림없이 도움이 될 것이다. 판촉활동은 직접적으로 소비자를 대상으로 하는 유형과 유통채널을 대상으로 하는 유형으로 나눌 수 있다.

소비자 판매촉진으로 활용할 수 있는 수단에는 쿠폰, 환불, 샘플, 프리미엄, 콘테스트 등이 있다.

쿠폰

소비자에게 직접 가격 할인 혜택을 전달하는 방법이다. 당신이 제조업자의 입장이라면 소비자에게 가격 할인 혜택이 전달되기를 바라는 의도로 소매업자에게 가격을 할인해 주는 일은 실망스러운 결과를 가져올 수도 있다. 마케팅 담당자는 소비자의 시험 사용을 유도하거나 단골 브랜드를 자사 상품으로 바꾸거나 자사의 단골을 그대로 유지시키려 할 때 쿠폰 판촉을 이용한다. 미국 일요 신문의 특별 쿠폰 섹션인 별쇄 광고판FSI, Freestanding Insert에 가장 자주 등장하는 쿠폰은 식료품 쿠폰이다. 별쇄 광고판의 선두주자는 일요일마다 배포되는 쿠폰의 연간 액면가 총액인 3,320억 달러의 절반을 차지하는 밸라시스 인서트Valasis Insert였다. 쿠폰은 회사 홈페이지를 통해서도 보급될 수 있는데 그 경우에는 비용이 더 절감된다. 소셜미디어 쿠폰 사이트인 그루폰Groupon은 다양하고 저렴한 상거래 서비스를 제공한다.

리베이트

리베이트(판매 금액의 일부를 환급해 주는 제도—옮긴이)는 소비자에게 드는 인지 비용perceived cost을 절감하기 위해 고가 품목, 특히 전자상품의 판촉에 많이 활용되는 방법이다. 리베이트를 받기 위해 구매자는 필요한 서류를 작성하고 영수증을 첨부하여 우편으로 보내야 한다. 사실 그러한 잡무 때문에 리베이트 액수가 50달러가 넘는 경우에도 실제 상환액은 별로 크지 않다. 마케팅 담당자는 상환율과 순비용을 미리 추산하고 그에 따르는 순비용을 마케팅 예산에 포함시켜야 한다.

환불

환불refund 판촉은 일반 소비자의 구매 주기를 단축시킴과 동시에 구매자를 부추겨 상품을 비축해 두도록 함으로써 구매량과 구매 횟수를 늘리기 위해 사용된다. 환불은 특히 건전지 제조업체들이 자주 사용하는 판촉 수단이며 경쟁

기업의 판촉활동이나 상품 출시에 앞서 자사 상품을 구매해 비축하게 하려는
의도에서 행해진다.

샘플

샘플sample 판촉은 보통 신상품을 소개하기 위해 쓰이며 비용도 많이 소요
된다. 샘플용 소형 포장물을 제작하고 보관하는 일에는 현금이 투입되어야 하
기 때문이다. 샘플 판촉은 상품의 효능이 '실제 감각'을 통해 감지되며 광고를
통해서는 효과적으로 전달될 수 없을 경우에 적합하다. 또한 소비자들이 새로
운 브랜드로 바꾸는 데 부담을 느끼거나 사용 후에 입소문WOM, Word of Mouth이
전개될 가능성이 높은 상품에 효과적이다. 많은 샴푸 제조업체들이 무료로 신
상품 샘플을 제공하는 이유는 샴푸의 효과는 실제로 사용하고 나서야 입증되
기 때문이다. 검증되지 않은 새로운 샴푸를 써 보기 위해 값비싼 대형 용기의
상품을 선뜻 구매하는 소비자는 별로 없다. 그러한 시험 사용의 부담을 덜어
주기 위한 것이 바로 샘플 판촉이다.

프리미엄

프리미엄Premium 판촉은 구매자에게 염가 혹은 무료로 제공되는 상품을 말
한다. 자기 변제 프리미엄self-liquidating premium은 가격이 겨우 원가에 미치는 것
을 말한다. 허쉬Hersey의 경우 정기적인 프리미엄 판촉으로 소비자에게 시계와
크리스마스 장식품을 제공해 왔다. 소비자는 그러한 상품을 받기 위해 상품을
구입했다는 증거로 포장지를 우송한다.

콘테스트와 경품

콘테스트contest와 경품sweepstakes을 통한 판촉은 인기가 가장 높지만 법적 규
제 역시 가장 심하다. 사행심을 조장할 수 있다는 것이 그 이유다. 이 판촉활동
은 대부분 회사 홈페이지에 고객을 초대해 게임을 즐기고 콘테스트에 참가하

게 하는 방식으로 진행된다. 이때 법적 불이익을 당하지 않기 위해서는 게임 규칙과 관련 법규에 대한 철저한 분석이 선행되어야 하며, 승인을 얻기에 앞서 도박법에 저촉되지 않는지 잘 살펴야 한다. 또한 게임 규칙과 당첨 확률 등도 확실히 검토해 판촉비용이 예산을 초과하지 않도록 해야 한다. 일례로 1984년 맥도날드는 판촉의 일환으로 하계 올림픽 메달 게임을 실시했다. 미국이 메달을 획득할 때마다 그 종목의 메달이 그려진 쪽지를 가진 사람에게 무료 식사나 다른 상품을 제공한다는 내용이었다. 그런데 공교롭게도 공산권 국가들이 참가를 거부하는 뜻밖의 사태가 벌어졌고, 그 결과 미국이 대부분의 메달을 차지하게 되었다. 결국 대부분의 게임 쪽지가 당첨되는 어처구니없는 사태가 벌어져 맥도날드는 예상 외의 초과비용을 부담해야 했다.

소매업자를 대상으로 하는 판촉

한편, 상인(소매업자)들을 대상으로 하는 판촉trade-directed sales promotion에는 판매 경진 대회, POP, 딜러 인센티브, 산업 전시회, 점포 내 시연 판매 등이 있다.

POP 방식에는 많은 변수가 따른다. 점포 내에 POP를 설치하기 위해서는 소매업자의 협조가 필요하다. 소매점 진열대에서는 셸프토커shelf-talker가 일종의 POP라 할 수 있다. 셸프토커는 상품 진열대 앞의 끝머리에 부착되어 있는 소형 게시판을 말하며, 상품에 대한 간단한 광고를 통해 소비자의 관심을 끌기 위해 사용된다. 점포 내 통로의 별도 전시물과 진열대의 붙박이 전시물들 역시 또 다른 형태의 POP라 할 수 있다. 고객의 눈에 쉽게 띄는 통로 끝에 설치하는 전시물을 엔드 캡end cap이라고 한다. 엔드 캡과 같은 최상의 위치를 차지하기 위해서는 소매업자에게 유리한 조건을 제시해야 한다. 품목당 높은 판매 마진을 제공하거나 마진이 낮은 상품에 대해서는 회전율을 높여 주는 조건 등을 제안할 수 있다.

직원 인센티브 판매

딜러 및 직원 인센티브는 판매를 지원하기 위해 딜러에게 지급되는 장려금으로서 판매 보조금spiff이라고도 한다. 이들 보조금은 입점비(진열대 사용료), 대량 구입 할인, 현금 지불, 사은품, 상금 등의 형태로 지원된다. 딜러는 보조금을 받음으로써 할인판매와 판촉활동을 할 수 있게 되거나 상품 취급을 거부할 수 없게 된다. 그 외에도 제조업자는 딜러의 점포 진열을 맡은 직원에게 인센티브를 제공하거나 판매 목표를 달성하는 경우 상금을 주기도 한다.

무역박람회

무역박람회trade show는 도매업자와 딜러, 소매업자, 분배업자 등에게 신상품이나 기존 상품을 판촉하기 위한 방법이다. 무역박람회를 통한 판촉의 목적은 행사 참여자들에게 자사 상품을 취급하도록 권장하는 것이다. 당신의 회사가 갓 설립된 가정용품 제조회사라면 무역박람회에 참가해 상품의 판로가 될 수도 있는 유통업체들과 널리 접촉해야 할 것이다. 만약 거래 교섭이 없는 상태라면 반드시 교섭 관계를 발전시켜야 한다.

점포 내 시연 판매

점포 내 시연 판매In-store demonstration는 숙련된 전문가를 이용한 판촉 수단으로 다른 방법으로는 소비자의 관심을 유발할 수 없거나 업계에 진입할 수 없는 경우에 사용된다. 한 소규모 주방용품 판매업자는 점포 내에 시연 공간을 마련해 흔한 야채를 재료로 멋진 장식물을 만듦으로써 평범한 주방용 칼에 생명을 불어넣었다. 또한 흰 가운을 걸친 크리니크Clinique 화장품 회사의 미용 전문 직원들은 백화점 화장품 코너의 고객들 앞에서 자연스러운 화장법을 시연하는 임무를 수행한다. 현장 시연 판매가 여건에 맞지 않을 경우에는 DVD 플레이어를 이용해 녹화된 시연 장면을 보여 주기도 한다.

마케팅 믹스 과정을 통해 어떤 판촉 수단을 선택하든 간에 각 요소들은 그

비용을 정당화할 수 있는 분명한 마케팅 임무를 지녀야 한다.

홍보 및 언론 노출

홍보, 즉 PR Public Relations 은 보다 광범위한 고객층에게 정보를 전달할 때 이용되는 전형적인 판촉 수단이다. PR은 직접적인 상품 판매가 아닌 상품에 대한 호의적인 분위기를 조성하는 것을 목표로 하며, 기업이 자리 잡고 있는 지역사회는 물론 정치가까지도 PR의 대상이 될 수 있다. PR 메시지에는 기업에 대한 호감을 창출하고 그릇된 인상이나 상황을 바로잡으며 기업의 활동을 설명하는 의도가 포함될 수 있다. 대부분 유명 행사나 자선 행사의 후원 혹은 복지 향상을 위한 후원 활동 등의 PR을 활용해 기업과 그 기업의 상품에 대한 긍정적 이미지라는 후광 효과 halo effect 를 노리곤 한다. 홀마크 카드 Hallmark Card 는 〈홀마크 명예의 전당〉Hallmark Hall of Fame 이라는 TV 프로그램을 후원함으로써 회사와 상품을 품질과 문화 그리고 선량한 시민이라는 이미지와 연결시키는 데 성공했다.

PR의 목표는 판매 목표에 비해 명확하게 규정하기가 어려우며 따라서 그 결과 또한 측정하기가 쉽지 않다. 흔히 여론조사나 법적 승리를 통해 PR의 성공 여부를 평가하게 된다.

PR에는 또한 바이럴 마케팅 Viral Marketing 도 포함된다. 마케팅 담당자는 여론을 선도하는 오피니언 리더 opinion leader 와 접촉함으로써 텔레비전에 광고하지 않고도 상품에 대한 선풍을 일으킬 수 있다. 즉, 블로그, 팟캐스트, 유튜브, 페이스북의 '좋아요', 트위터의 '트위트', 단체 회보, 대학 캠퍼스 등을 이용해 상품에 대한 긍정적 의견을 창출함으로써 상품을 알리는 것은 물론 판매 돌풍까지도 일으킬 수 있다. 인터넷의 출현과 더불어 바이럴 마케팅은 눈에 보이는 판매 매출로 곧장 연결될 수 있게 되었다.

PR의 일종인 언론홍보 publicity 는 대중매체를 통해 대가를 지불하지 않고 기업이나 상품을 알리는 모든 형태의 홍보 활동을 말한다. 보통 기사 형식으로 보도되며 상품의 사진까지 소개되는 경우도 있다. 흔히 양날의 칼로 비유되는 언론홍보는 유료 광고가 아니기 때문에 대중들의 신뢰를 얻을 수 있다는 장점과 더불어 메시지에 대한 통제력이 떨어진다는 단점도 가지고 있다. 기업들은 기자회견, 보도자료 배포, 유명인사의 상품 사용, 무대 행사 등을 통해 대중매체의 관심을 끌고자 한다. PR 대행사를 이용하면 대중매체와의 접촉이 한결 용이해져 고객 확보와 기업이나 상품에 대한 이미지 관리에 도움이 된다.

테니스 스타인 로저 페더러Roger Federer나 라파엘 나달Rafael Nadal이 US 오픈에 나이키 신발과 운동복을 착용하고 출전하면 그들이 서브나 발리를 할 때마다 텔레비전 화면에 나이키 브랜드가 비춰질 수밖에 없다. 그러한 네트워크 방송의 홍보 가치는 실로 엄청나다. 그 운동선수들이 저녁 뉴스나《스포츠 일러스트레이티드》잡지에 등장할 경우 각각 30초당 5만 달러와 한 페이지당 32만 달러라는 엄청난 광고비를 지불해야 한다는 것을 생각해 보면 그러한 무료 노출의 값어치가 얼마나 대단한 것인지는 말할 필요도 없다.

따라서 PR 담당 임원들은 대중매체에 방영된 시간이나 게재된 지면의 가치를 측정함으로써 그들의 PR 효과를 파악한다. 버렐Burrelle과 같은 조사업체는 고객사와 관련된 언론 내용들을 스크랩하여 고객사의 전국적인 매체 노출을 보고한다. 버렐은 고객사의 경쟁 업체에 대해서도 같은 방법으로 조사해 보고한다. 흔히 언론홍보는 마케팅 믹스에서 간과되는 경우가 많지만, 요령 있고 창의적으로 조화시킬 경우에는 엄청난 효과를 창출해 낼 수 있다.

직접 판매

직접 판매Direct Sales에는 인터넷, 광고 우편물, 카탈로그, 쇼핑 네트워크, 장시간 방영되는 TV 정보광고informercial 등이 포함된다. 직접 판매의 시장 규모는 실로 대단하다. 2010년 인터넷 판매는 1,650억 달러를 넘어섰고, 지금까지도 급속한 속도로 성장하고 있다. 카탈로그 판매는 2009년도에 1,110억 달러의 매출을 기록했으며 8,000개 이상의 회사들이 약 200억 장의 카탈로그를 발송했다. 또한 2010년 홈쇼핑 네트워크의 선두주자인 QVC 네트워크는 80억 달러가 넘는 판매 수입을 거두었다.

우편 판매의 승부는 첫째도 둘째도 시장 세분화에 달려 있다. 우편 판매를 하는 업자들은 그들이 점찍은 수취 대상자 명부에 오른 고객들의 관심을 끌 만한 우편물을 발송한다. 이때 대상 가구 명단은 자체적으로 만들어 내거나 SRDS가 발행하는 DM 목록 등급 및 데이터Direct Mail List Rates and Data 명부에 게재된 판매업자들로부터 구입할 수 있다. 명단의 내용이 보다 명확하고 풍부하며 원하는 대상 인구를 많이 포함하고 있을수록 CPM이 올라간다. 결과는 수익률ROR, Rate Of Return과 주문당 금액에 의해 파악된다. 한편 텔레비전 시청자는 선별성이 부족하기 때문에 텔레비전을 통한 판매 광고는 우편 판매만큼 목표 고객을 직접적으로 겨냥하지는 못한다.

인터넷 마케팅은 성장 추세에 있는 대규모 판매 수단이며 소비자와의 직접 접촉을 통해 즉각적인 반응을 확인할 수 있다. 2011년 한 해 동안 마케팅 담당자들은 인터넷 광고에 500억 달러를 투자했다. 구글이나 야후의 인터넷 검색 엔진을 통한 키워드 광고는 클릭 횟수를 기준으로 광고비가 책정된다.(CPCCost Per Click 방식) 사람들이 키워드에 관심을 보일 때 그 관심 정도를 분석하여 목표 고객을 선정할 수도 있다. 사람들이 가장 많이 찾는 단어에 대해서는 경쟁 입찰을 통해 시장가격이 형성된다. CPC는 확실하게 규정되어 있기 때문에 주력 매출 전환(배너를 클릭해서 들어온 방문자들의 실제 구매로 발생하는 매출—옮긴이)과 그에 따르는 이익을 꼼꼼히 계산할 필요가 있다. 만약 고객이 잔여가치CV, Continuing Value를 지니고 있을 경우에는 그 고객의 평생가치도 함께 고려해야 한다. 그 외 인터넷 마케팅 기법에는 타깃 고객층을 겨냥한 배너 광고, 팝업 광고, 소셜미디어 광고, 메시지나 이메일을 통한 광고 등이 있다.

또한 DM, 인터넷 쇼핑 그리고 TV 홈쇼핑을 통한 판매에서 빼놓을 수 없는 구성 요소는 주문 이행fulfillment이다. 주문 이행은 주문 기재order entry → 주문 처리order processing → 재고 관리inventory management → 발송mailing → 고객 서비스

customer service로 이어지는 과정을 말한다. 수집용 인형을 구매하려는 HSN Home Shopping Network(케이블 TV 프로그램 제작 회사—옮긴이)을 시청하는 소비자들의 주문 또한 위와 같은 과정을 통해 이행되어야 한다. 이행 업무는 판매업체 자체 내에서 처리하거나 주문 건수를 기준으로 수수료를 받는 외부 대행업자에게 하청을 주어 해결하기도 한다. 소규모 기업의 경우에는 후자의 형태를 통해 자체 이행 여건을 갖추는 데 필요한 초기 투자비용을 절약할 수 있다. 직접 판매 비중이 시장에서 점점 높아지고 있으며, 직접 판매는 소비자에게 가깝게 접근할 수 있는 유통 경로임을 주지해야 한다. 이러한 판매 방법의 취약점은 대량 메일 발송으로 인해 극히 개인적인 정보를 유출시킬 수 있다는 점이다. 이 역시 입점비slotting fees(프리미엄 광고 위치 또는 독점적 광고 게재를 위해 지불하는 수수료—옮긴이)와 마찬가지로 MBA들 사이에서 뜨거운 논란이 되고 있는 사안이다.

광고, 대인 판매, 판매촉진, 홍보, 직접 판매 등 각각의 판촉 수단들은 상품, 유통, 가격 전략에 따라 별개의 임무를 완수할 수 있다. 재능 있는 마케팅 담당자라면 다양한 선택사항들을 결합해 상품을 효율적으로 판매할 수 있는 조화로운 판촉 전략을 만들어 낼 것이다.

| 상품 Product | 유통 Place | 판촉 Promotion | 가격 Price |

가격 결정 : 가격은 어떻게 책정할 것인가?

가격 결정은 상품 결정과 마찬가지로 유통 경로나 광고 전략을 제시함으로써 마케팅 믹스에 막대한 영향을 미칠 수 있다. 또한 가격 자체만으로도 자사 상품과 경쟁 상품을 차별화시키는 수단으로 이용할 수 있다. 기아Kia와 롤스로이스Rolls-Royce는 다양한 자동차 브랜드의 가격과 관련하여 극과 극으로 차별화된다. 각 재화와 서비스의 가격 설정 이면에는 수많은 이론적 근거가 존재한다. 예를 들어 나이키 운동화를 60달러가 아닌 59.95달러에 판매하는 것은 심리적 효과를 노린 전략이라고 할 수 있다. 이러한 심리적 가격 책정 방법 이외에 연구 및 사례 분석을 통해 제시된 여덟 가지의 주요 가격 설정 방법과 전략을 소개한다.

원가 가산 방식

생산원가에 원하는 이윤을 부가하는 단순한 가격 책정 방식을 원가 가산 방식Cost Plus이라 한다. 고속도로 계약업자들이 흔히 이러한 간단한 방식을 사용하는데, 적절한 가격 설정 방법이라고는 할 수 없다.

소비자 인지 가치 방식

원가에 상관없이 상품이 제공하는 가치를 기준으로 소비자 가격을 산정하는 방식을 소비자 인지 가치 방식Perceived Value to the Consumer이라고 한다. 대표적인 예로 교환부품을 들 수 있다. 볼트나 너트는 가격이 싸지만 주문 제작의 경우에는 터무니없이 비싼 가격이 부과된다. 필자가 MBA 과정에 있을 때 당시 후원업체인 설비 제조공장을 견학하는 수업이 있었다. 당시 공장주가 털어놓은 바에 따르면, 회사 이익의 대부분은 대규모의 자동 생산 조립라인이 아니라 4평도 채 안 되는 교환부품 제작실에서 창출되고 있었다. 상품이 제공하는 효용가치가 상품의 가격에 상응한다면 소비자들은 그만한 가치가 있다고 여길 것이다. 그러나 아무리 독점적인 상황에서도 가격에 대한 상한선이 있다는 점을 명심해야 한다.

고가 정책

고가 정책Skimming이란 상품이 상품수명주기상 도입 단계에 있을 경우 기업이 새롭고 신기한 상품이나 서비스에 높은 가격을 매김으로써 큰 폭의 이윤을 취하는 것을 말한다. 이때의 이윤은 첨단기술 산업에서 볼 수 있듯이 연구개발에 투자되거나 유행 상품을 출시한 데에 대한 즉각적인 보상으로 기업주에게 돌아가기도 한다. 1960년대에 컬러텔레비전을 출시했던 RCA, 2011년에 3D TV를 처음 소개했던 소니Sony 역시 이러한 고가 전략을 활용했다.

침투가격 전략

상품수명주기상의 도입 단계나 후기 단계에 사용할 수 있는 방식이다. 침투가격 전략Penetration은 낮은 가격을 이용해 시장에 침투하고자 하는 전략으로 그 최종 목표는 대량생산을 통해 원가를 낮추어 결국 더 낮은 원가를 바탕으로 시장을 장악하는 데 있다.

가격/품질 연관 방식

가격/품질 연관 방식Price/Quality Relationship은 소비자의 상품에 대한 인식이 반드시 물리적 특성에만 기초하는 것은 아니며 때로는 가격이 소비자의 인식에 영향을 주기도 한다는 사실을 바탕으로 한다. 의류, 향수, 보석 등은 가격 자체가 상품의 특성을 인식하는 데 영향을 주는 대표적인 사례이다. 소비자들은 흔히 상품이 고가라는 이유만으로 상품의 스타일과 기능도 뛰어나다고 여기는 경우가 많다.

경쟁 대응 전략

경쟁적인 시장 환경하에서 시장 점유율을 확보하고 유지하기 위해서는 경쟁 상품과 비슷하거나 혹은 더 유리한 가격을 채택하는 전략이 사용된다. 이러한 경쟁 대응 전략Meet Competition은 특히 휘발유, 철강 상품, 항공권 등 일용적인 상품이나 용역에서 흔히 볼 수 있다. 유통채널과 관련해 설명한 바 있듯이 유통 과정의 경제적 채산성은 유통채널에 대한 제조업자의 판매가격은 물론 나아가 최종 소매가격에까지 막대한 영향을 미치게 된다.

시장 규모를 감안한 수익 목표 설정 방식

시장의 규모가 한정되어 있는 경우에는 판매 및 제조에 소요된 비용을 상쇄하고 이익을 남길 수 있는 수준에서 가격을 책정해야 한다. 이익이 남을 만한 가격을 설정할 수 없다면 원가를 낮추기 위해 새로운 시장을 개척하거나 제조 방식을 개선해야 한다.

수요의 가격탄력성에 기초한 가격 결정 방식

가격탄력성이란 가격의 변화에 따른 소비자의 수요 변화를 말한다. 탄력적 수요를 지닌 구매자는 가격 인상을 쉽게 받아들이지 못하며 가격에 따라 수요가 증가하거나 감소한다. 반면에 가격 인상에 개의치 않는 비탄력적 수요를 지닌 구매자는 가격의 변화와 상관없이 일정 수준의 구매 빈도나 구매량을 유지한다. 담배나 코카인에 빠진 사람들은 가격 인상을 수용하고 계속 담배와 코카인을 구입하게 되는데, 그 이유는 중독으로 인해 수요의 탄력성을 상실했기 때문이다. 만약 탄력적 수요를 지닌 구매자라면 일정 가격 이상에 대해서는 값을 지불하지 않고 구입을 중단하거나 욕망의 강도와 가처분 소득 또는 심리적 가격 한계선에 따라 훨씬 적게 구입할 것이다. 예컨대 항공권 가격이 저렴할 경우에는 그로 인해 비행기 여행객의 수가 증가하지만, 항공권이 비싸지면 자동차를 이용하거나 여행을 하지 않는 사람들이 늘어나게 된다.

어느 상품을 막론하고 다양한 마케팅 믹스가 가능하다. 구어메이 포장 커피의 사례에서 보았듯이 특별한 커피 '상품'에는 특별한 포장과 높은 '가격', 타깃 고객을 겨냥한 '판촉' 활동, 선택적 '유통'이 필요할 것이다. 그러나 무엇보다도 중요한 것은 경제적 채산성이다. 과연 그러한 마케팅 믹스를 통해 돈을 벌 수 있을지 따져 봐야 한다.

경제성 평가

소비자 → 시장 → 경쟁사 → 유통채널 → 마케팅 믹스 개발 → **경제성 평가** → 수정

경제성을 평가하는 것은 마케팅 계획의 마지막 단계가 될 수도 있다. 그런가 하면 경제성 평가의 결과에 따라 마케팅 계획을 처음부터 다시 검토해야 하는 경우도 있다. 소비자 분석이 아무리 훌륭하고 마케팅 믹스가 나무랄 데 없다 해도 수익을 올리지 못할 수도 있다는 뜻이다. 예컨대 원가는 지나치게 높은데 판매가격이 너무 낮을 경우 거의 불가능할 정도로 많은 양을 판매해야만 겨우 손익분기점에 도달할 수 있다. 그러한 불행한 사태가 발생하면 채산성을 맞출 수 있는 해결책을 찾기 위해 마케팅 전략의 모든 순환적 과정을 처음부터 다시 반복해야 한다. 자신이 만들어 낸 계획의 수익성과 합리성을 진단하기 위해서는 다음과 같은 사항들을 고려해야 한다.

- 비용은 고정비용인가, 변동비용인가?
- 손익분기점은 어디인가?
- 투자액을 회수하는 데 소요되는 기간은 얼마나 되는가?

비용은 고정비용인가, 변동비용인가?

"어느 것이 변동비용이고 어느 것이 고정비용인가?" 이러한 질문은 마케팅 관리자가 비용과 관련해 제일 먼저 제기해야 할 질문이다. 짐작하겠지만 회계학적 지식이 필요한 부분이다.

변동비용variable cost은 상품의 판매 또는 생산과 비례해 변동하는 비용을 말하며 재료비와 인건비가 그에 해당한다. 상품 단위가 더 많이 판매되고 제작됨에 따라 총 재료비와 인건비도 증가하게 된다. 고정비용fixed cost은 생산량에 따라 변화하지 않는다. 예컨대 임차 비용과 감독자 급료는 생산량이 아무리

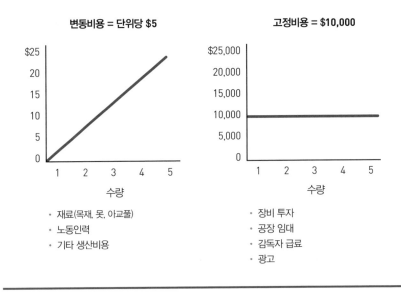

변동비용 = 단위당 $5

$25
20
15
10
5
0

1 2 3 4 5
수량

· 재료(목재, 못, 아교풀)
· 노동인력
· 기타 생산비용

고정비용 = $10,000

$25,000
20,000
15,000
10,000
5,000
0

1 2 3 4 5
수량

· 장비 투자
· 공장 임대
· 감독자 급료
· 광고

변동해도 유효 범위relevant range 내에서는 변하지 않는다. 판매 매출이 세 배로 증가해 새 공장을 임대하는 등의 유효 범위를 벗어날 경우에는 고정비용이 늘어날 수도 있다. 광고비와 같은 판촉비용도 마케팅 계획의 고정비용으로 간주된다. 그 이유는 상품 판매가 비록 실패로 끝났다 해도 광고비용은 이미 소요되었기 때문이다. 그런 비용을 매몰비용sunk cost이라고 한다. 일단 광고가 텔레비전에 방영되고 나면 그 비용은 이미 텔레비전이라는 바다 속에 '잠기고' 만다. 총비용은 변동비용과 고정비용을 합산한 비용이다.

총비용 = 단위당 변동비용×판매 단위＋고정비용

총비용을 그래프로 나타내면 [도표 1-7]과 같다. 그림을 보면 고정비용은 생산량과 관계없이 일정액을 유지하고 있다. 실제로 상품을 생산하게 되면 고정비용에 변동비용이 추가되어 함께 총비용을 이루게 된다.

	비용	비용의 종류
소매가격	파운드당 $6.00	
유통업자 인도가격	파운드당 $4.20	
커피 원두 원가	파운드당 $1.00	변동비용
가공처리비용	파운드당 $0.44	변동비용
포장비용	파운드당 $0.55	변동비용
선적비용	파운드당 $0.25	변동비용
판매보조금 및 입점비	$50,000	고정비용
생산시설 임대료	$12,000	고정비용
판촉비용	$150,000	고정비용

손익분기점은 어디인가?

손익분기점이란 매출을 통해 고정비용은 상쇄되지만 이익은 남지 않는 시점을 말한다. 판촉과 제조에 소요되는 비용이 막대하므로 투자비용을 회수할 수 있는 방법을 모색해야 한다. 비용을 상쇄하고 이익을 남기는 것, 그것이 바로 마케팅의 핵심이다.

$$손익분기점\ 판매량 = \frac{고정비용}{단위당\ 공헌이익(판매가격-변동비용)}$$

커피 업계의 자료를 이용해 실제 사례를 살펴보자. 멕시코산 구어메이 커피에 대한 마케팅 제안서에서 판매가격과 원가는 [도표 1-8]과 같이 결정되었다. [도표 1-8]의 자료에 따르면 손익분기점에 해당하는 판매량은 다음과 같이 계산된다.

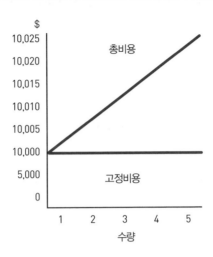

[도표 1 - 9] 고정비용 + 변동비용 = 총비용

$$\frac{\$(50,000 + 12,000 + 150,000)}{\${4.20 - (1.00 + 0.44 + 0.55 + 0.25)}} = 108,163파운드(손익분기점 판매량)$$

따라서 손익분기점의 매출액은 다음과 같이 산출될 수 있다.

108,163파운드 × $6(파운드당 단가) = $649,978(손익분기점의 소매 매출액)

같은 공식을 이용해 원하는 이익을 얻기 위한 목표 판매량을 계산할 수도 있다.

$$목표\ 판매량 = \frac{(고정비용 + 목표\ 이익)}{단위당\ 공헌이익}$$

3만 달러의 이익을 발생시키는 판매량을 구하기 위해서는 분자의 고정비용에 목표 이익을 더하기만 하면 된다.

$$\frac{\$(212,000 + 30,000)}{\$(4.20 - 2.24)} = 123,469파운드(목표 판매량)$$

$$123,469파운드 \times \$6.00 = \$740,814(목표 소매 매출액)$$

손익분기점 분석에서 한 가지 명심해야 할 점은 상품 개발이나 광고 캠페인 등에 이미 비용이 지출되었다면 그 매몰비용은 분석에 포함되지 않는다는 점이다. 경제성의 평가는 언제나 현재 시점에서 수행된다. 이미 엎질러진 물을 두고 왈가왈부할 필요는 없으며, 앞으로 지출될 마케팅 비용으로 이익을 낼 수 있을지 여부를 결정해야 한다. 예컨대 혼합커피 개발에 수백만 달러의 연구비를 투입했다 해도 그 돈은 앞으로 판매비를 투입할 것인지 여부를 결정하는 것과는 전혀 무관하다고 할 수 있다. 만약 수백만 달러의 연구비를 손익분기점 계산에 포함한다면 전혀 가능성 없는 결론이 나올 것이다. 하지만 매몰

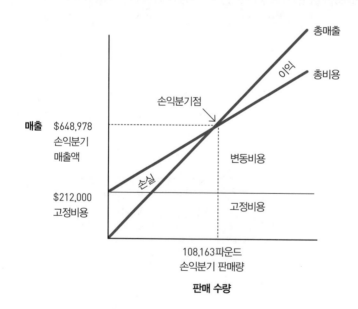

[도표 1 - 10] 구어메이 커피 마케팅 계획의 경제성

비용을 제외할 경우에는 마케팅 활동에 추가 자금을 투자해도 수익을 얻게 될 가능성이 있다. [도표 1-10]은 구어메이 커피의 마케팅 계획에 대한 경제성을 표로 나타낸 것이다.

손익분기점이 관련 시장에 비추어 합당한가?

손익분기점을 산출하고 나면 손익분기점이 관련 시장에 비했을 때 적정한 수준인지 검토해야 한다. 커피 사례에서 산출된 손익분기점 소매 매출액 64만 8,978달러는 앞에서 커피 시장 규모를 파악할 때 설명했던, 슈퍼마켓을 통해 판매되는 2억 4,800만 달러의 구어메이 무가공 커피 시장의 0.26퍼센트에 해당한다. 소매업자에 대한 목표 판매액 74만 814달러는 관련 시장의 0.3퍼센트다. 그 정도의 수준에서 15만 달러의 판촉비와 5만 달러의 딜러 인센티브로 74만 814달러의 매출을 달성할 수 있다고 믿고 계획을 실행했다면 성공할 가능성이 있었을 것이다. 겨우 0.3퍼센트의 시장 점유율로 목표를 달성할 수 있다는 것은 실로 대단한 일이라고 할 수 있다.

유감스럽게도 점유율 목표가 낮으면 목표 달성이 쉬울 것이라고 오인하는 경우가 많다. 식료품 가게의 진열대를 차지하기 위한 경쟁은 대단히 치열하다. 구어메이 커피가 진열대를 차지했다면 다른 회사의 커피는 밀려나야 한다는 말이다. 그때 상대 회사는 어떤 반응을 보일까? 자사 상품의 진열 공간을 경쟁 기업에 빼앗긴 뒤에도 회사는 상품에 대한 지원을 기꺼이 계속할 것인가? 필자의 경험에 의하면 커피 시장 조사를 의뢰했던 그 회사는 장기적 지원에 대해 적극성을 보이지 않았다.

투자액을 회수하는 데 소요되는 기간은 얼마나 되는가?

투자 회수 기간payback period 역시 기업들이 마케팅 프로젝트를 평가할 때 흔히 검토하는 과제 가운데 하나다. 기업 측은 자신들의 투자를 회수하기까지 기간이 얼마나 소요되는지를 알고 싶어한다. 물론 이때 투자 회수란 이익을

포함하지 않는 순수 투자금액의 회수를 의미한다. 투자 회수 기간을 산출하는
공식은 다음과 같다.

$$투자 회수 기간 = \frac{초기 투자액}{연간 이익}$$

앞서 말한 커피의 자료 수치를 이용하면 다음과 같은 결과를 얻게 된다.

$$\frac{\$212,000}{\$30,000} = 7년$$

그러나 연간 이익이 매년 다를 경우에는 어떠한 공식도 적용할 수 없다. 손
익분기점은 마케팅 계획에 따른 초기 투자액을 회수하는 시점이다.

7년이라는 기간은 위험 부담이 있는 사업에는 다소 긴 시간이다. 결국 마케
팅 개발 과정을 전면적으로 다시 시작해야 한다는 의미일 수도 있다. 필자의
경우에는 실제로 마케팅 계획을 수정해야 했다.

마케팅 계획의 수정

소비자 ➔ 시장 ➔ 경쟁사 ➔ 유통채널 ➔ 마케팅 믹스 ➔ 경제성 ➔ **계획의 수정**

계획 수정에 대해 설명하기 전에 앞서 개괄한 바 있는 마케팅 전략 개발 과정
을 다시 언급하기로 하자. 필자가 직면했던 상황과 비슷한 경우에는 계획을
변경하거나 전면 폐기해야 한다. 어느 정도 살릴 만한 것이 있다면 운이 좋다
고 할 수 있다. 먼저 다음과 같은 어려운 질문에 답해야 한다. 필자가 커피 프
로젝트에서 고심했던 문제들이다.

- 목표 세그먼트를 새롭게 설정할 것인가?
- 우편 판매 채널을 추가로 선택할 것인가?
- 광고를 포기하고 저가 판매에 의존할 것인가?

　위의 질문에서 알 수 있듯이 마케팅 전략 개발 과정은 쉽게 정의할 수도 없고 실행도 어렵다. 뚜렷한 정답도 없다. 소비자 반응 또한 쉽게 예측할 수 없다. 타당성과 조화를 갖춘(내부적으로 일관적이고 상호 지원적인) 마케팅 전략을 개발하기 위해서는 창의력과 경험, 기술, 직관 등이 필요하다. 마케팅에 성공하기 위해서는 숫자에도 세심한 주의를 기울여야 한다. 지금까지 우리는 문제 해결 구조와 전문용어를 익힘으로써 장차 맞닥뜨리게 될 마케팅 난제들에 대처할 수 있는 기초를 갖추었다. 물론 여러분은 이러한 기술을 습득하는 데 등록금을 납부한 적도, 강의실로 달려간 적도, 고액의 경영진 세미나에 참석한 적도 없다. 이러한 투자의 손익분기점은 어떻게 측정될 수 있을까?

마케팅 요점 정리

마케팅 전략의 개요

1. 소비자 분석

- 만들 수 있는 상품인가? 팔 수 있는 상품인가?
- 누가 구매하고 누가 사용하는가?
- 어떤 구매 과정을 거치는가?
- '영향력'을 행사할 수 있는 사람은 누구인가?
- 상품이 소비자에게 얼마나 중요한가?
- 상품을 필요로 하는 사람은 누구이며 왜 필요로 하는가?
- 최종 사용자에게 주는 가치는 무엇인가?
- 계획구매인가, 충동구매인가?
- 소비자는 자사 상품에 대해 어떻게 인지하고 있는가?
- 상품이 소비자의 욕구를 충족시키는가?

2. 시장 분석

- 시장의 특성은 무엇인가? (시장의 규모와 성장성, 세그먼트, 상품수명주기 등)
- 경쟁 요소는 무엇인가? (품질, 가격, 광고, 연구개발, 서비스 등)
- 시장의 추세는 어떠한가?

3. 경쟁 분석

- 자사의 강점과 약점은 무엇인가?
- 자사의 시장에서의 위치는 어떠한가? (규모, 점유율, 평판, 과거 실적 등)
- 자사의 가용자원은 무엇인가? (거래관계, 판매인력, 현금, 기술, 특허, 연구개발 등)
- 시장 점유율이 증가하거나 감소하고 있는 기업은 어디인가?
- 경쟁 기업의 강점은 무엇인가?

- 자사와 경쟁 기업의 가용 자원은 어떻게 다른가?
- 진입 장벽으로 작용하는 것은 무엇인가?
- 자사의 목적과 전략은 무엇인가?
- 돌발사태에 대한 대비책은 마련되어 있는가?
- 장단기 계획과 목표는 수립되어 있는가?

4. 마케팅 믹스

- 어느 집단을 목표로 하는가?
- 상품은 다른 상품들과 조화를 이루는가? (차별화, 상품수명주기, 인지, 포장, 특징 등)
- 세그먼트에 접근하기 위한 최상의 경로는 무엇인가? (채널 채산성, 유통망 설계)
- 독점적, 선택적, 집중적 유통 가운데 상품에 적합한 경로는 무엇인가?
- 누가 영향력을 지니는가?
- 유통채널에 어떻게 동기를 부여할 것인가?
- 소비자가 어떤 구매 과정을 거치는가?
- 풀 전략과 푸시 전략
- 매체의 유형, 측정 수단, 메시지
- 딜러 인센티브는 어느 정도인가?
- 소비자 판촉(쿠폰, 경연대회 등)
- 가격 전략은 무엇인가? 초기 고가 전략인가, 침투가격 전략인가?
- 판매량과 이익 가운데 무엇을 추구할 것인가?
- 가격 책정 방식은 무엇인가? 인지 가치 방식인가, 원가 가산 방식인가?
- 가격은 시장과 규모, 상품수명주기, 경쟁업체 등과 어떠한 관계가 있는가?

5. 경제성 평가

- 손익분기점 판매량
- 고정비용/(판매가격-변동비용). 고정적인 마케팅비용과 판촉비용은 계획 수립 시 고정비용에 포함시킬 것
- 손익분기점 분석 : 관련 시장과 연계할 것
- 회수 기간 : 매몰비용은 제외할 것
- 각 목표는 합리적이며 실현 가능성이 있는가?

반드시 챙겨야 할 마케팅 용어

마케팅 전략 개발의 7단계

1. 소비자 분석

2. 시장 분석

3. 자사 및 경쟁기업 분석

4. 유통채널 분석

5. 마케팅 믹스 개발

6. 경제성 평가

7. 마케팅 계획의 수정

- **요구 범주**Need Categories : 상품이나 용역이 사용될 수 있는 모든 용도
- **구매 과정**Buying Process : 상품 구입 시 거치게 되는 모든 단계
- **상품 관여도**Product Involvement : 소비자가 상품에 대해 느끼는 중요도
- **세그먼트 변수**Segment Variables : 유리한 목표 시장을 찾기 위해 인구 집단을 구분하는 각종 방법
- **관련 시장**Relevant Market : 상품과 관계가 있는 시장 부분
- **상품수명주기**Product Life Cycle : 상품의 첫 출시에서 단종(때로는 재출시)되기까지의 주기
- **SWOT 분석** : 강점Strength, 약점Weakness, 기회Opportunity, 위협Threat, 네 가지 요소를 통한 경쟁 분석
- **지각도 기법**Perceptual Mapping : 경쟁 상품들 간의 다양한 변수를 토대로 한 도표
- **유통채널 마진 채산성**Channel Margin Mathematics : 각 유통 단계에서 다음 단계로 넘기는 판매가격을 통해 취하는 마진
- **마케팅 믹스의 4P** : 상품Product, 유통 장소Place, 판촉Promotion, 가격Price
- **유통 전략**Distribution Strategy : 독점적 유통, 선택적 유통, 대량 시장 유통
- **유통채널 지배 세력**Channel Power : 유통 체인에서 거래 조건을 좌우할 수 있는 통제권을 지닌 측

- **광고 측정 수단**Advertising Measures : 도달률Reach, 노출빈도Frequency, 총 노출률GRP, 목표 시장 총 노출률TRP, 광고 점유율SOV, 현명한 광고 구매
- **가격 전략**Price Strategy : 원가 가산 방식, 침투가격 전략, 소비자 인지 가치, 고가 정책
- **손익분기점**Break Evens : 마케팅 계획의 고정비용을 회수하는 데 필요한 판매량

둘째 날

윤리학

Ethics

상대주의 Relativism
이해관계자 분석 Stakeholder Analysis

MBA 과정의 대다수 교과목들은 채택된 지 수십 년이 넘었지만 윤리학은 뒤늦게 채택된 새로운 분야다. 초기에는 단지 선택과목에 불과했던 윤리학이 이제 하버드, 와튼, 다든 등 유수 경영대학원의 핵심 MBA 교과 가운데 하나가 되었다. 1980년대에 내부자 거래insider trade가 법원의 유죄판결을 받게 됨에 따라 1990년대부터 경영대학원들이 기업의 윤리 문제에 관심을 갖고 변화에 따르게 된 것이다. 21세기에 들어 엔론Enron, 월드콤WorldCom, 아서 앤더슨Arthur Andersen 등의 붕괴와 버나드 매더프Bernard Madoff의 다단계 금융사기Ponzi Scheme, 서브프라임 모기지 사태subprime mortgage fraud 그리고 회계 부정 폭로 등 연이은 사건들로 윤리성은 늘 화제의 중심이 되어 왔다.

윤리적 딜레마와 관련된 주제는 수업 시간을 열띤 토론 분위기로 이끈다. 토론 시간에 논란 주제를 대하는 동료 학생들의 태도를 살펴보는 것도 상당히 유익한 일이었다. 뛰어난 정치적 감각을 지닌 학생들은 교수와 동료 앞에서 무리 없는 견해를 전개하며 매우 윤리적인 입장을 견지하는 한편, 명확한 견해나 자신감이 없는 학생들은 아예 아무런 의사도 표현하지 않으려 했다. 그런가 하면 주변의 반응이나 상황에 전혀 개의치 않고 자신이 생각하는 바를 주저 없이 발표하는 학생들도 있었다. 필자 역시 그런 부류에 속했는데 토론의 분위기를 보다 활성화하고자 하는 의도에서 일부러 환영받지 못하는 견해를 펼친 경우가 많았다. 윤리성은 공개토론을 위한 바람직한 주제인 동시에 기사거리나 논문의 소재로서도 매우 훌륭하다. 또한 윤리적 문제는 명확한 해답이 없는 경우가 많기 때문에 앞으로도 많은 학문적 연구가 활발히 진행될 수 있는 분야라고 할 수 있다.

MBA 과정에 윤리학을 포함시킨 목적은 학생들을 기업 시민의 모델로 양성하기 위한 것이 아니라 그들이 의사결정을 내릴 때 윤리적 의미를 자각하도록 하기 위한 것이다. 학생들은 사례 연구와 역할극을 통해 장차 직장에서 직면하게 될 윤리적 난관과 흡사한 각종 문제들을 경험하게 된다.

상위권 경영대학원들은 미래의 산업계 지도자가 될 학생들이 어떠한 난관에도 대처할 수 있도록 철저하게 교육한다. 사회적 논란이 되었던 다음의 쟁점 사안들은 빠지지 않고 윤리학 수업의 토론 주제가 되었다.

- 환경 문제 : 오염, 유독 폐기물 처리, 동물 권리 보호
- 기업구조 개선 : 정리해고
- 직원 사생활 보호 문제 : AIDS, 약물 검사
- 다양성 문제 : 인종, 소수민족, 남녀, 성적 취향
- 성희롱
- 다국적기업 경영 : 뇌물
- 기타 : 반독점 방침, 약탈적 가격 설정predatory pricing, 내부자 거래

기업의 사회적 책임

기업 윤리에 관한 논의는 기업이 사회적 책임social responsibility 의식을 가지고 의사결정에 임해야 한다는 가정을 전제로 한다. 이러한 사회적 책임 접근법을

주장하는 사람들은 기업에게는 이익의 극대화보다 그에 우선하는 사회적 의무가 있다고 생각한다. 그리고 경영대학원에서는 '정치적으로 올바른'politically correct 철학을 수용하도록 가르친다. 기업은 실로 막강한 힘을 지니고 있는 만큼 사회적 책임을 져야 할 의무가 있다. 기업의 운영은 주주뿐만 아니라 고객, 납품업체, 직원, 지역사회 등 모든 이해관계자들에게 이익이 되어야 한다. 따라서 기업의 지도자들에게는 모든 이해관계자들에 대한 수탁자 의무fiduciary responsibility가 따른다.

시카고 대학의 밀턴 프리드먼Milton Friedman 교수는 대부분의 경영대학원에서 가르치는 '정치적으로 올바른' 철학에 대해 전면적인 이의를 제기한다. 기업의 유일한 의무는 이익 창출에 있다는 것이다. "기업의 존재 목적은 법이 허용하는 범위 내에서 부족한 조직의 자원을 분별 있게 사용함으로써 주주의 이익을 최대화하는 데에 있다." 프리드먼에 따르면, 법의 범위를 결정하는 것은 전적으로 정부의 일이다. 기업은 흑자 경영을 통해 일자리를 창출하고 주주와 직원의 생활수준을 높임으로써 사회에 공헌하며 각종 세금을 납부함으로써 정부의 사회적 활동을 지원한다. 프리드먼은 경제학 분야에서는 자본주의의 수호자로 칭송받고 있지만 필자가 다녔던 다든 스쿨의 윤리학 수업에서는 그의 견해가 별로 환영받지 못했다.

윤리학 과정에서 공부해야 할 주요 주제는 상대주의relativism와 이해관계자 분석stakeholder analysis이다. 상대주의를 통해서는 의사결정 과정에서 흔히 윤리적 측면을 소홀히 하게 되는 이유를 검토하고, 이해관계자 분석을 통해서는 윤리적 의사결정에 직면할 경우에 필요한 문제 해결 구조를 제공할 것이다.

상대주의

상대주의를 지지하는 사람들은 문제의 옳고 그름이나 선악을 판정하는 일이 불가능하다고 생각한다. 사실 흑백이 분명한 일은 매우 드물며, 그보다는 회색 성격을 띠는 경우가 많다. 따라서 상대주의자들은 우리가 처한 개인적, 사회적, 문화적 환경에 따라 서로 다른 윤리가 적용될 수 있다고 주장한다. 그들은 윤리적 딜레마로 인한 갈등을 겪지 않는다. 자기 성찰을 통해서는 '진실'을 발견할 수 없다고 생각하기 때문이다. 교수들은 학생들이 상대주의를 방어할 수 있도록 하기 위해 상대주의를 가르친다. 상대주의를 제대로 이해하려면 다음의 네 가지 유형을 인식할 수 있어야 한다.

- 순수 상대주의Naive Relativism
- 역할 상대주의Role Relativism
- 사회적 상대주의Social Group Relativism
- 문화적 상대주의Cultural Relativism

순수 상대주의

모든 사람은 자신만의 선택 기준을 가지고 있으며 어느 누구도 타인의 행동에 관해 도덕적인 평가를 내릴 수 없다는 이론이다. 우리의 행동은 너무도 많은 변수들에 의해 영향을 받기 때문에 외부자의 입장에서는 의사결정과 관련된 모든 요소들을 속속들이 파악할 수 없다는 것이다. 그러한 견해에서 볼 때 시밀락Similac의 경영진은 개발도상국에서 유해물질이 함유된 아기 분유를 판매하고 있는 네슬레 CEO의 행동에 대해 도덕적 판단을 내릴 만한 확실한 근거가 없다는 주장도 가능하다.

역할 상대주의

역할 상대주의는 우리의 개인적인 입장과 공적인 역할을 구별한다. 공적인 역할을 위해서는 개인으로서 의사결정을 내리는 것과는 다른 '특수한' 도덕성이 요구된다. 예컨대 수산회사 사장의 경우, 우연히 자기 회사의 참치 어망에 돌고래가 걸려 죽은 것을 개인적으로는 안타까워할 수도 있겠지만 회사를 경영하는 입장에서는 그러한 감정으로 인해 회사의 이익에 손해를 끼쳐서는 안 된다는 주장이다.

사회적 상대주의

소위 사회적 규범에 비추어 윤리적 판단을 내리는 것을 말하며, 순수 상대주의와 유사하다. 업계 관행, 단체 규정, 업무행정 지침, 일반적 관행 등은 모두 사회적 상대주의자들이 책임 회피를 위해 만든 구실이라 할 수 있다. 가령 노동법을 무시하고 어린이들을 고용해 학교에 결석하고 제조 현장에 근무하게 하는 것 역시 '업계의 관행'이 될 수 있다.

문화적 상대주의

다른 사회의 윤리 도덕 기준을 판단할 수 있는 보편적 도덕률은 존재하지 않는다는 개념이다. 만약 사회 전체의 문화가 특정한 신념에 기초하고 있다면 다른 문화권에 속하는 사람이 과연 판단자의 위치에 설 수 있을까? 문화적 상대주의는 이른바 "로마에서는 로마법을 따르라."라는 개념으로 설명할 수도 있다. 문화적 상대주의는 기업들의 활동 범위가 전 세계로 확장됨에 따라 그 의미가 더욱 중요해지고 있다. 다국적기업들이 준수하는 현지 법규와 관습은 그들 자국 내의 윤리적 기준에 저촉될 수 있는 경우도 적지 않다. 예를 들어 남아프리카공화국의 인종차별 정책이 문화적 상대주의의 주요 이슈로 떠오른 바 있다. 당시 문화적 상대주의를 채택한 다국적기업은 남아프리카 공화국의 금광이나 다이아몬드 광산 사업에 참여해 갱 속에 '노예' 노동자들을 투입하는 일조차도 합리화할 수 있었을 것이다.

미국은 경우에 따라 자국의 기업이나 시민들이 현지 국가의 사업 관행에 따르는 것을 금하기도 한다. 일부 국가에서는 업체와 정부의 우호적인 대우를 받기 위한 뇌물 공여 행위가 일상적인 사업 관행으로 간주되는 경우도 있다. 그러나 1977년 제정된 해외 부정관행 방지법Foreign Corrupt Practices Act에 의해 해외에서의 뇌물 공여 및 수수 행위가 금지되고 있다.

　상대주의 개념은 윤리 도덕적 문제들에 대해 나태해지지 않도록 MBA들에게 늘 깨어 있는 의식과 지침을 제공하는 역할을 한다. 또한 현재의 신념과 행동 양식을 넘어설 수 있는 기본 의식구조를 제시한다. 이들 상대주의 개념은 또한 MBA들의 모임에서 훌륭한 화제 역할을 하기도 한다.

기타 윤리 이론

　상대주의만이 윤리적 의사결정에 접근할 수 있는 유일한 철학적 이론은 아니다. 그 외에도 자연법natural law, 공리주의utilitarianism, 보편주의universalism 등의 이론이 있다.

　자연법을 지침으로 삼는 사람들은 자연의 섭리나 성경의 내용에 따르는 것이 '옳은' 행동이라고 믿는다. 공리주의는 최대 다수의 사람에게 최대의 혜택을 제공한다면 어떤 행동도 정당화될 수 있다는 입장을 견지한다. 끝으로 보편주의는 사람의 행동은 흔히 그 자신의 통제를 벗어난 결과를 가져오기 마련이기 때문에 본래의 동기가 옳다면 어떠한 행동도 용인될 수 있다고 주장한다.

이해관계자 분석

윤리적 딜레마를 해결하기 위한 왕도는 없지만 자신의 생각을 정리하기 위한 기본 체계를 갖춘다면 도움이 될 것이다. 이해관계자 분석은 바로 그러한 기본 체계로서 다양한 요소들의 비중을 검토하고 의사결정에 도달하는 데 필요한 도구를 제공한다.

　우선 잠재적으로 영향을 받을 수 있는 모든 관계자들의 명단을 작성한 다음 특정 행동으로 인해 이해관계자들에게 미칠 '득과 실'을 평가하도록 한다. 다음 단계의 분석 작업은 모든 이해당사자들의 권리와 책임을 정하는 일이다. 예컨대 직원들에게는 정당한 임금과 안전한 작업 환경을 요구할 권리도 있지만 그와 더불어 회사의 생산성을 높여야 하는 책임도 있다. 다음은 전형적인 이해관계자 분석에 등장하는 잠재적 이해당사자들의 목록이다.

- 의사결정권자
- 경영진, 이사회
- 고객 및 그들이 일하고 있는 업계
- 주주, 채권자
- 협력업체 및 업계
- 직원과 부양 가족
- 정부 : 연방정부, 주정부, 지방정부 및 산하기관
- 특수 이익단체 : 산업단체, 소비자단체, 환경단체, 정치단체, 노조단체
- 관련 지역사회
- 환경 : 식물, 동물, 천연자원
- 미래 세대(MBA가 특히 좋아하는 부분)
- 경쟁기업
- 변호사와 법관

물론 실제 이해관계자 명단은 이보다 훨씬 광범위할 수도 있다. 분석 단계에서는 일단 주요 당사자들로 범위를 좁힌 후 상황 분석을 끝내면 마침내 의사결정에 도달하게 된다. 분석 단계는 다음과 같은 순서로 정리할 수 있다.

1. 주요 이해관계자를 파악한다.
2. 각 이해관계자들의 득과 실을 측정한다.
3. 이해관계자들의 권리와 책임을 규정한다.
4. 각 이해관계자들의 상대적 힘을 고려한다.
5. 대안 시나리오의 단기 및 장기적 결과를 고려한다.

6. 돌발사고 대비책을 세운다.

7. 판정을 내린다.

위에 개괄된 단계에 따라 이해관계자 분석을 연습하고자 한다면 《타임》Time 의 최근 호나 구글 뉴스 브라우저를 통해 윤리 관련 주제를 하나 선택하도록 하자. 백지의 맨 위쪽에 이해관계자들을 차례로 나열한 다음, 왼쪽에 먼저 '손실과 이득'이라고 쓰고 그 아래에 '권리와 책임'이라고 쓴다. 이제 도덕적 딜레마를 해결할 수 있는 MBA식 기본 체계를 갖추게 된 것이다.

예를 들어 올빼미 서식처를 보존하기 위해 연방정부 소유의 벌목을 줄여야 한다는 주제의 기사를 택했다면 [도표 2-1]과 같은 이해관계자 분석표가 작성될 것이다.

올빼미 문제를 [도표 2-1]과 같이 정리하는 방식에 동의하지 않는 독자도 있을 것이다. 윤리적 문제에 대한 접근 방식에는 '정해진' 길이 없기 때문에 상황에 접근하는 방식이 사람마다 다를 수 있다. 또한 이해관계자들의 입장이 충분히 대변되지 못했다고 생각하는 사람도 있을 것이다. 이러한 상황에서 목재 회사의 경영진은 적어도 이해관계자들을 먼저 고려한 뒤에 올빼미 숲을 벌목해야 한다. 이해관계자 분석 도구를 활용하게 되면 생존 위협에 처한 올빼미 문제는 물론 그 밖의 윤리적 사안들도 해결할 수 있으며 정보에 근거한 분별 있는 의사결정을 내릴 수 있다.

사베인스 옥슬리 법안

1990년대 말과 2000년 초에 걸쳐 불거진 기업 스캔들로 인해 의회는 미국이라는 기업에 대해 윤리 관련 법안을 제정하지 않을 수 없게 되었다. 정부규제와 자율규제로는 불충분했기 때문이다. 그 불명예 전당에 이름이 오른 기업은 타이코Tyco, 제록스, 퀘스트Qwest, 선빔Sunbeam, 월드콤, 아델피아Adelphia, 엔론,

이해관계자			
	목재회사	벌목공	벌목 지역사회	올빼미와 나무
손실과 이득	• 높은 비용 • 수익 감소 • 사유지 가치 상승	• 일감 감소 • 자유시간 증가	• 고용 감소에 따른 지역경제 손실 • 사업 유치 실패	• 생존
권리와 책임	• 법의 한도 내에서 소유권 가치 극대화	• 천연자원의 합리적 이용 • 생계 유지	• 천연자원의 합리적 이용	• 생명

	소비자 집단	정치가	환경단체	환경청
손실과 이득	• 높은 비용 • 여가선용 지역의 확보	• 주요 캠페인 사안	• 영향력 • 매체 커버 범위 취재 보도	• 권한과 영향력
권리와 책임	• 공공지역으로부터 누리는 혜택	• 공공재 • 입법	• 언론의 자유	• 환경보호 • 산업규제

글로벌 크로싱Global Crossing, 헬스 사우스Health-South, 임클론ImClone, 크레디트 스위스 퍼스트 보스턴Credit Suisse First Boston, 아서 앤더슨 등이다. 그 외에 악덕 증권업자들을 중심으로 한 국제적 스캔들에 의해 수백만 달러의 거래 손실이 발생했다. 이들 악덕 증권업자들의 고객으로는 베어링스Barings의 닉 리슨Nick Leeson(12억 달러 손실), 스미토모Sumitomo의 야수오 하마나카Yasuo Hamanaka(18억 달러 손실), 올퍼스트Allfirst의 존 러스낙John Rusnak(7억 5,000만 달러 손실) 등이 포함된다.

물론 직원이나 회계사, 변호사 등이 의도적으로 부정을 저지르고자 할 경우에는 아무리 많은 법이 있다 해도 소용이 없을 것이다. 하지만 의회로서는 최소한 비윤리적인 사건의 발생을 어렵게 하고 비윤리성에 대한 경종을 울리는 것이 최선이라고 생각할 것이다. 2005년 발효된 사베인스 옥슬리 법안The

Sarbanes-Oxley Act의 새로운 규정과 관련 기관 조례에는 네 가지 광범한 범주의 법규들이 포함된다.

재무회계 규칙

- 감사위원회는 1인 이상의 재무 전문가를 포함한 사외 감사들로만 구성되어야 한다.
- CEO와 CFOChief Financial Officer(최고재무책임자)는 재무제표상의 회사 재정 상태와 경영 성과가 공정한 것임을 증명해야 한다.
- 증권거래위원회SEC, Securities and Exchange Commission는 실패한 기업의 자율 규제를 폐지하기 위해 새로운 공개기업 회계감독위원회PCAOB, Public Com-pany Accounting Oversight Board를 설립할 수 있는 권한을 갖는다.

내부 관리 규칙

- CEO와 CFO는 재무보고에 관한 내부 통제 제도를 책임지고 운영해야 한다.
- 외부 회계 감사관은 내부 통제 제도의 실행력에 대한 운영 평가를 입증하고 보고해야 한다.
- 제404항에 따르면 대기업은 연간 감사를 해야 한다.

경영진의 윤리 행동 수칙

- 공개기업은 고위 경영진과 고위 재무 담당자들에 대한 윤리 행동 강령을 채택해야 한다.
- 공개기업은 임원이나 이사들에게 개인 자금을 대출할 수 없다.
- 중대한 규정 사항을 알리지 않음으로 인해 재무제표를 수정해서 다시 공표해야 하는 경우, CEO와 CFO는 그에 따른 적정한 보상을 할 책임이 있다.

- 연금기금 매매 금지 기간pension-fund blackout periods 중에는 임원과 이사, 그 밖의 '내부자'들의 회사 주식 매매를 금한다.
- 내부고발자의 기업 부정 폭로에 대한 경영진의 징벌을 금한다.

관련자들에 대한 윤리 행동 수칙

- 변호사에 대한 직무상의 새로운 책임
- 재무분석가를 위한 새로운 이권 충돌 조정 원칙

이들 규칙 외에도 뉴욕 증권거래소NYSE와 나스닥NASDAQ에 상장되어 있는 공개기업들에게는 기업 지배 기준과 관련된 여러 가지 기준이 적용된다. 그 기준들은 사베인스 옥슬리 법안에서 간과된 부분들을 보완하기 위한 것이다.

부정부패를 통제하기 위해 사베인스 옥슬리 법안이 요구하는 내부 통제 제도는 매우 복잡하다. 공인 감사위원회가 제시하는 내부 감사 체계COSO, The Committee of Sponsoring Organizations of the Treadway Commission 는 내부 통제 통합 체제 Internal Control-Integrated Framework라는 기업 내부 통제에 대한 포괄적인 연구 보고서를 마련했다. 증권거래위원회는 이 COSO 보고서를 기업 임원이나 회계 감사관, 특별 감사 책임자들이 사베인스 옥슬리 법안을 따르게 하기 위해 인증된 체제로 채택하고 있다.

스콧 그린Scott Green의 저서《관리자를 위한 사베인스 옥슬리법 지침서》 Manager Guide to the Sarbanes-Oxley Act 는 내부 통제의 포괄적인 제도를 이행하기 위한 우수한 체제에 대한 내용이 담겨 있다. 이 책은 특별 감사 책임자에게 '불건전한 접근의 통제'Control Smart Approach라는 실제적인 방법론을 제공함으로써 여러 권으로 나뉜 COSO 체제를 실천할 수 있도록 돕고 있다.

1. 조직의 내부 및 외부로부터 받을 수 있는 협박을 검토한다.
2. 회사 내의 모든 절차들을 검토한다.

3. 통제 평가 도구의 사용 과정에서 나타나는 취약점을 검토한다.

4. 취약점을 보강하기 위해 내부 통제를 이행하고, 강력한 통제 절차로 취약점을 보완한다.

5. 성과 및 관리 통계에 대한 조기 경보 시스템을 통해 통제 상태를 감시하고 검사한다.

사베인스 옥슬리 법안 시행 등 온갖 노력도 기업들의 반윤리적 행동들을 막지는 못했다. 사베인스 옥슬리 법안이 시행된 이후에도 많은 기업들의 스캔들이 터졌다. 2003년의 급속한 개방형 투자신탁 거래(퍼트남Putnam Investments, 인베스코Invesco Asset Management, 야누스Janus fund), 2004년 보험 업계의 몸집 불리기(마시 앤 맥레넌Marsh & McLennan[미국 최대의 보험 브로커—옮긴이]), 2004년 파니매Fannie Mae(연방주택저당공사—옮긴이)의 엄청난 회계 부정 등이 그것이다. 심지어 2005년에는 예일 대학의 국제 기업 지배 연구소International Institute for Corporate Governance까지도 지출 회계와 관련된 스캔들로 법망에 걸렸다. MBA는 자신이 어떤 윤리 환경에서 일하고 있는지 또한 어떤 윤리 환경을 창출하도록 이바지해야 하는지 늘 자각하고 있어야 한다.

2008년 서브프라임 모기지 사태는 신용평가기관, 모기지 브로커, 은행, 투자자, 주택 소유자 측의 도덕적 해이가 낳은 총체적 대재앙이었다. 의회는 2010년에 결국 이러한 끔찍한 사태의 재발 방지를 위한 이른바 '도드 프랭크 법안'Dodd-Frank Wall Street Reform and Consumer Protection Act(정식 명칭은 '도드 프랭크 월스트리트 개혁 및 소비자 보호를 위한 법안')을 통과시켰다. 모름지기 MBA는 자신이 일하는 환경의 윤리 수준이 어느 정도인지를 알아야 하고 또 어떻게 하면 윤리적 환경을 조성하는 일에 조금이나마 이바지할 수 있는지를 늘 고민해야 한다.

반드시 챙겨야 할 윤리학 용어

- **기업의 사회적 책임**Social Responsibility of Business : 기업의 책임 범위는 자사의 주주들에게만 국한되지 않는다.
- **상대주의**Relativism**와 상대주의의 네 가지 유형** : 윤리적 결정을 피하기 위한 다양한 변명
- **이해관계자 분석**Stakeholder Analysis : 사업적 결정에 의해 영향을 받는 당사자들을 고려하기 위한 기본 작업
- **2002년 사베인스 옥슬리 법안**Sarbanes-Oxley Act of 2002 : 미국 기업에 윤리를 도입하고자 제정된 연방법

셋째 날

회계학

Accounting

회계는 경영의 언어다. 기업은 경영 성과를 세상에 알려야 한다. 기업의 성과 발표에 대한 청중으로는 직원, 투자가, 채권자, 고객, 납품업자, 지역사회 등이 해당된다. 기업 내부에서 회계정보는 경영활동을 통제하고 평가하고 계획하는 수단을 제공한다. 기업의 청중이나 기능에 상관없이 회계는 숫자다. 회계 담당자accountants(a-count-ants, 숫자를 세는 개미들)가 꼼꼼하게 숫자를 세기 때문에 경영활동이 기록되고 정리되고 분석될 수 있는 것이다. 회계 담당자들의 존재는 인류의 기원과 더불어 시작되었으며, 이는 회계학 교수들이 늘 되풀이하여 강조하는 부분이다.

구약성서에 따르면 당시의 회계 담당자들이 마을 창고에 저장된 곡식의 양을 항상 파악하고 있었음을 알 수 있다. 솔로몬 왕이 어떻게 가뭄 시기에 겨우 30일분의 식량밖에 남지 않았다는 사실을 알 수 있었겠는가? 다름 아닌 회계 담당자 덕분이었다. 오랜 세월을 거치면서 회계 담당자들은 손가락, 주판, 계산기를 통해 그들의 임무를 수행해 왔다. 현대에 들어서면서 회계는 단지 창고 속의 식량을 물리적으로 계산하는 것 이상의 기능을 하고 있다. 회계를 통해 알 수 있는 기본적인 사업 내용은 다음과 같다.

- 기업의 소유 자산은 무엇인가?
- 기업의 부채는 얼마인가?
- 기업의 경영 성과는 어느 정도인가?
- 기업의 자금 조달 방법은 무엇인가?

기업의 모든 활동은 궁극적으로 돈으로 평가되어야 하며, 그것이 바로 좋든 싫든 간에 회계가 존재해야 하는 이유다. 지루해 보이는 분야이지만 회계 업무에 대한 지식을 갖추지 못하면 사업 세계에서 제 역할을 다하기 힘들다. 아는 것이 힘인 만큼 MBA들은 회계의 기능을 이해하기 위해 회계지식을 알고 활용할 줄 알아야 한다. 무엇보다 의사결정을 위해 회계정보를 요청하고 이용할 수 있어야 한다. 가령 회계지식을 갖춘 변호사라면 재무제표 분석을 통해 유용한 정보를 얻을 수 있을 것이다. 재무제표는 분쟁 해결을 위한 협상에서 영향력 있는 자료로 간주된다. 또한 직원의 근무고과 역시 회계 데이터를 통해 평가되는 경우가 많기 때문에 회계에 관한 지식은 필수적이라 할 수 있다.

그렇다고 해서 복잡한 회계 원칙에 대해 전문가 수준의 지식을 갖추는 것이 MBA 과정의 목표는 아니다. 따라서 이 책에서 회계학을 공부하는 이유 역시 회계에 관한 기초 지식을 갖추기 위한 것일 뿐 공인회계사가 되기 위한 것은 아니다. 재무, 생산관리, 마케팅을 포함한 기업의 모든 기능에 회계 담당자들이 생성해 낸 숫자 정보가 이용되므로 회계의 기본을 이해하는 일은 매우 중요하다. 오늘 강의를 공부하는 데 각별한 주의를 기울이도록 하자.

GAAP 원칙

회계에는 무수히 많은 원칙들이 있다. 굳이 회계 원칙을 암기할 필요는 없지만 공인회계사들과 수월하게 의사소통하기 위해서는 그러한 원칙들에 친숙해지는 것이 좋다. 동일한 근거하에서 기업들의 재무보고를 비교하기 위해서는 회계 원칙에 따라 그 기준을 설정해야 한다. 회계에 적용되는 지배적 원칙들을 '일반회계규정'GAAP, Generally Accepted Accounting Principles이라고 한다. 오랜 기간에 걸쳐 발전해 온 GAAP는 법조계의 판례와 유사하다 할 수 있다.

새로운 분야의 경영활동들이 새롭게 등장하게 되면 재무회계기준위원회FASB, Financial Accounting Standard Board는 그러한 상황에 적용하기 위한 추가 원칙들을 제정한다. 오랜 세월에 걸쳐 100개 이상의 FASB 원칙들이 제정되었으며, 회계 담당자들은 이 원칙에 번호를 붙여 분류한다.

지난 수년간 회계에 관한 기본 원칙과 규정을 꾸준히 발표해온 2009년에 FASB는 마침내 '회계기준집'會計基準集, ASC, Accounting Standards Codification을 내놓았다. ASC는 기존 회계 규정을 완전히 뒤엎은 것이 아니라 회계 관련자들이 좀 더 쉽게 그 내용을 참조할 수 있도록 모든 규정을 주제별로 정리하는 방향으로 전체 내용을 재정비한 것이다. 현재 GAAP는 이 ASC를 근간으로 한다. 그런데 회계 담당자들에게는 이전의 FASB 조항이 아직은 더 익숙한 듯하다.

회계는 국내 기업만의 관심사는 아니며 다국적 기업은 특히 더 그러하다. 이러한 맥락에서 국제회계기준위원회IASB, The International Accounting Standards Board가 국제회계기준IFRS, International Financial Reporting Standards을 마련했다. 회계인들은 이를 세부 규정을 상세히 정리한 것이라기보다는 '기본 원칙에 기반을 둔' 큰 틀의 회계 규정집으로 이해했다. 따라서 각 기업은 전체 규정을 재량적으로 해석할 수 있는 여지를 갖는다. 이와는 대조적으로 미국의 GAAP는 '세부 규정에 기반'을 둔다. 따라서 각 기업은 이를 철저히 준수해야 한다.

2002년에 FASB와 IASB는 양 회계 기준 체계를 합치시키자는 데 의견의 일치를 보았다. 그러나 현재까지 체계 합치에 관한 세부 사항이 정해지지도 않았고 합치 체계의 실행 일자에 관해서도 합의를 보지 못하고 있다.

회계의 기본 개념

회계를 이해하기 위해서는 숫자를 접하기에 앞서 기본 개념에 친숙해져야 한다. 회계 원칙들을 안다고 해서 회계의 모든 것을 알 수 있는 것은 아니다. 다음에 소개하는 일곱 가지 개념과 용어들은 법칙이라기보다는 모든 회계 원칙과 보고서의 근간이 되는 정책 지침이라고 할 수 있다.

- 회계실체entity
- 현금주의 회계와 발생주의 회계Cash Basis and Accrual Accounting
- 객관성Objectivity
- 보수주의Conservatism
- 계속기업Going Concern
- 일관성Consistency
- 중요성Materiality

회계실체

회계보고서는 회계상 실체의 활동 내용을 외부에 알리는 의사전달 수단이다. 회계 담당자의 보고서에 기재되는 모든 요소들은 명확해야 한다. 회계실체는 식료품 가게에서 생산 공장, 기업, 복합 재벌 기업에 이르기까지 다양하다. 예를 들어 레스토랑 체인 업체인 다든 레스토랑Darden restaurants을 하나의 회계 실체로 간주할 수 있다. 그리고 다든 레스토랑에 속한 레드 랍스터Red Lobster와 올리브 가든Olive Garden 또한 각각 하나의 회계 실체를 구성한다.

현금주의 회계와 발생주의 회계

거래를 기록하는 방식은 매우 중요하다. 현금주의 회계 방식을 사용할 경우에는 현금이 교환될 때만 거래가 기록된다. 따라서 규모가 아주 작은 사업체는 금전등록기 하나만으로도 필요한 모든 회계정보를 얻을 수 있다. 예를 들어 2012년에 2년 치의 임차료를 한꺼번에 지급하는 상점이 있다고 하자. 모든 임차료는 2012년의 비용으로 기재되며, 향후 2년 동안에는 임차료에 대한 비용이 전혀 기재되지 않을 것이다. 소규모 기계 제작소에서 동력기를 구입하는 경우 역시 동력기에 대한 원가는 구입 당시에만 기재될 뿐 사용 기간 내내 기재되는 것이 아니다. 결국 종합해 보면 현금주의 회계는 언제 얼마만큼의 현금이 들어오고 나가는지에 대한 정보를 줄 수 있을 뿐 사업상의 운영비를 관련 매출에 대비시키지는 못한다.

어느 정도 규모를 갖추고 있는 회사에서는 대부분 발생주의 회계 방식을 사용한다. 발생주의 회계는 현금의 이동 여부와는 상관없이 일단 경제활동으로 발생하는 재정적 효과를 인정한다. 건물의 임차료는 건물 점유에 따른 수익과 함께 매달 기록되는 식이다. 보잉Boeing의 항공기 제조공장에서 구입하는 공구의 구입 원가는 현장에서 그 공구가 사용되는 한, 즉 공구의 수명이 다할 때까지 사용 기간 내내 비용으로 기재된다. 이때 현금주의 회계를 사용한다면 구입 시에 동원하는 현금의 규모로 인해 재무제표가 왜곡될 수 있다. 한편 발생주의 회계에서는 결과적으로 배분allocation과 대응matching이라는 두 가지 문제가 초래되는데, 이는 경영활동과 현금 이동이 동시에 발생하지 않는 경우가 많기 때문이다.

회계기간별 배분

손익계산서는 특정 기간 동안의 경영활동을 반영하기 때문에 기간에 대한 인식이 매우 중요하다. 가령 IBM이 2012년 12월 31일 포드Ford 자동차에 대형 컴퓨터를 외상 판매할 경우, 발생주의 회계에 따르면 포드로부터 실제 대금을 지급받는 시점인 2013년이 아니라 구속력을 갖는 계약 체결 시점인 2012년으로 매출이 기재된다. 판매 시점이 2012년으로 기록되어야 하는 이유는 포드가 컴퓨터를 인수함으로써 법적 구속을 받게 되는 시점이 2012년이기 때문이다. 또한 2012년은 IBM의 회계보고서를 통해 판매 및 그에 따르는 비용과 수익이 인정되는 기간이기도 하다. 반대로 포드는 컴퓨터의 사용 기간에 걸쳐 컴퓨터 사용에 따르는 비용을 배분하거나 인정하게 된다.

수익과 비용의 대응

배분에서 사용된 논리를 똑같이 적용할 경우, 한 기간에 이루어진 매출은 동일 회계기간 내의 관련된 매출원가COGS, Cost Of Goods Sold에 대응된다. 매출액과 관련 원가를 대응시킴으로써 기업이 실제 달성한 이익을 계산할 수 있다. 예를 들면 슈퍼마켓 체인업체인 세이프웨이Safeway가 2012년 12월 31일에 신선한 상품을 판매했지만 납품업자에게 2013년까지 대금을 지급하지 않은 경우에도 발생주의 회계는 2012년에 매출 관련 원가를 기재하게 된다. 세이프웨이의 2012년도 매출로 인해 비용이 야기되었으므로 같은 해의 매출에 대해 배분되는 관련 비용이 따른다는 원칙이 적용된 것이다. 만약 배분과 대응에 대한 정책이 확립되어 있지 않다면, 저조한 실적을 은폐하거나 다음 기로 미루기 위해서 매출이나 비용의 기재 시점을 임의로 선택해 손쉽게 재무보고서를 조작할 수 있을 것이다.

객관성

회계 기록에는 오직 '완전히 마무리되고' '수량화할 수 있는' 화폐가치만 포함된다. 확실하다고 생각되는 매출도 거래가 완료되지 않으면 기재될 수 없다. 가령 케이스IH Case IH(미국의 농기구 제조업체 CNH의 브랜드―옮긴이)의 실력 있는 영업사원이 존이라는 농부가 틀림없이 콤바인(수확과 탈곡 기능을 겸비한 농기구―옮긴이)을 살 것이라고 맹세한다 해도 회계 담당자는 그것을 매출로 올리지 않는다. 케이스IH가 농기구를 인도하지도 않았고 농부가 법적 효력이 있는 계약서에 서명을 하지도 않았으므로 회계상으로는 아직 매출이 발생했다고 볼 수 없기 때문이다.

상황이 불명확할 경우 회계 담당자는 객관성을 원칙으로 일을 처리한다. 거래를 뒷받침할 수 있는 타당성 있고 검증 가능한 증거가 있어야만 하며, 그렇지 않을 경우에는 거래로 기재되지 않는다.

예컨대 공익광고로 인해 발생되는 소비자의 호감은 회계장부에 기재될 수 있는 성질의 것이 아니다. 금전적인 가치를 부여할 수 없기 때문이다. 미국의 세계적인 곡물기업인 아처 대니얼 미들랜드ADM, Archer Daniel Midland 는 주기적인 텔레비전 홍보를 통해 미국의 식품 가격이 세계 다른 나라들에 비해 매우 싸다는 것을 고객에게 알린다. 하지만 그에 대해 감사함을 느끼는 미국인들이나 현직 국회의원들의 ADM에 대한 호감을 어떻게 객관적인 금전 가치로 산정할 수 있겠는가? 특허와 발명의 경우도 마찬가지다. 예컨대 듀퐁Du Pont이 발명가로부터 새로운 화학상품에 대한 특허를 100만 달러에 구입한다면 장부에는 100만 달러의 거래가 기입될 것이다. 특허는 수량화가 가능한 시장가격이 있기 때문이다. 그러나 듀퐁의 과학자가 실험을 통해 새로운 제조공정을 개발한 경우에는 그 혁신 기술에 대한 판매가 이루어지기 전에는 아무것도 장부에 기입될 수 없다. 회계 담당자가 장부에 거래를 기재하기 위해서는 반드시 계약서와 지급 완료 수표가 있어야 하기 때문이다.

2002년 월드콤의 사례를 보면, 그들의 네트워크 자산은 장부상으로 33억 달러나 과대평가되었다. 고객 서비스를 위한 장거리 전화비는 경상비로 처리되어야 하는데 회계 담당자가 지역전화 접속비용을 회사의 네트워크 가치에 합산했기 때문이다.

보수주의

기업이 개연성 있는 손실이나 합리적으로 추산될 수 있는 손실을 입을 경우 회계 담당자는 실제로 손실이 실현되지 않았다 하더라도 그것을 손실로 기재한다. 반면에 이득이 기대될 경우에는 실제로 이득이 실현될 때까지 장부 기입을 보류한다. 2010년 인터내셔널 제지International Paper Company 의 경영진은 맨해튼에 위치한 본사 건물의 매각을 통한 2012년의 대규모 이익을 미리 예상하고 있었음에도 2012년까지는 그 이익을 장부에 기입할 수 없었다. 멤피스 Memphis로의 본사 이전이 확실한 상태가 아니었기 때문이다. 경영진의 의사가 바뀌거나 부동산 시장이 불안해질 수도 있었다. 예를 들어 2010년 인터내셔널 제지가 2년 후 자사 건물 지하의 유독 폐기물을 치워야 한다는 사실을 알게 되었다고 가정해 보자. 경영진은 컨설턴트를 고용해 청소비용을 추산할 것이며 그 비용을 장부에 기입해야 할 것이다. 그에 따라 재무제표를 접하는 사람들은 2012년까지 이 회사가 지불하게 될 막대한 비용에 대해 미리 경고를 받을 것이다. 이와 마찬가지로 많은 회사들이 골머리를 앓고 있는 석면 관련 소송 역시 재무제표를 읽는 사람이 기업 자산의 손실 가능성을 파악할 수 있도록 매년 재무제표를 재발표해야 한다.

보수주의는 재무제표 작성을 위한 하나의 지침이다. 상황이 불확실할 경우에는 보수적인 회계 처리가 최선이다. 회계 기록에는 오직 측정할 수 있고 검증할 수 있는 자산과 부채, 매출, 비용만이 포함된다.

또한 보수주의에 따르면 거래는 취득원가로 기재되어야 한다. 인터내셔널 제지의 뉴욕 본사 사옥은 1980년대에 부동산 붐을 통해 그 가치가 급등했다. 하지만 1600년대에 인디언에게 겨우 장신구 몇 개를 줘어 주고 취득한 이 부동산에 대한 엄청난 이득은 회계상으로 기록되지 않는다. 회계장부상의 부동산 가격은 여전히 토지 구입 당시 인디언에게 준 목걸이 값으로 기록된다. 건물을 매각할 시점에는 그 가치가 하락할지도 모른다고 보는 것이 회계 담당자의 사고방식이다.

자산 가치가 장부상의 원가 이하로 떨어질 경우에는 상황이 달라진다. 보수주의에 따르면 손실은 '현시점에서' 인정되어야 한다. 그렇지 않을 경우 재무제표를 읽는 사람은 제시된 자산의 가치가 최소한 취득원가에 해당되는 것으로 오인할 수도 있기 때문이다.

재고상품의 가치 역시 취득원가로 기재된다. 가격이 변한다 해도 객관적인 가격은 매입 당시의 취득원가로 간주되는 것이다. 원가를 뒷받침하기 위해서는 이를 입증할 수 있는 구매 주문서와 명세서가 있어야 한다. 예컨대 스태플스 오피스 서플라이스Staples Office Supplies가 인터내셔널 제지가 생산한 편지지를 장부상의 재고로 갖고 있는 경우 스태플스는 매입 당시의 원가로 편지지 가격을 평가한다. 똑같은 편지지에 대한 재주문 원가가 상승한다 해도 원래 보유하고 있던 편지지의 원가는 취득원가로 장부상에 남아 있게 된다.

계속기업

재무제표에서는 기업을 계속 활동 중인 사업체로 파악한다. 따라서 회계 기록 항목의 가액들은 기업이 지속적으로 존재하고 있다는 가정하에 평가된 금액들이다. 회계 담당자는 가까운 장래에 기업이 운영을 중단하지 않을 것으로 가정하고 재무제표를 작성하므로 각 항목의 표시가액들은 '창고 정리 세일 가격'이 아니다. 이미 언급했듯이 재무제표에는 취득원가가 사용된다.

고가의 철강 압연기는 US 스틸US Steel과 같이 영업 중인 제조회사에게는 매우 큰 가치를 갖는 기계이다. 하지만 파산으로 인해 경매 물건으로 팔린다면 그 금전적 가치는 보잘것없는 액수에 불과하다. 관계가 없는 사람들에게는 대수롭지 않은 중고 산업장비에 불과하기 때문이다. 따라서 회계 기록은 기업이 자사 소유의 기계들을 생산적으로 사용하고 있다는 가정하에 취득원가를 사용한다.

일관성

회계의 일관성은 재무제표를 이용하는 사람들에게는 매우 중요한 개념이다. 보고 실체인 기업은 매년 동일한 회계 원칙을 사용해야 한다. 일관된 기준이 있어야만 회계 분석가가 과거와 현재의 경영 실적을 비교할 수 있기 때문이다. 일관성의 원칙 역시 앞서 제시된 다른 기준들과 마찬가지로 회계 조작으로 저조한 경영 실적을 은폐하려는 유혹을 최소화하기 위한 장치다.

일관성의 원칙에 따라 기업들은 매년 동일한 방식으로 재고를 평가해야 한다. 상품재고 평가에는 주로 선입선출법FIFO, First In First Out 과 후입선출법LIFO, Last In First Out 이 사용된다. 선입선출법은 가장 오래 전에 구입한 상품의 원가를 '우선' 원가로 인정하며 최근에 구입한 상품의 원가는 판매용 재고가액에 그대로 남아 있게 된다. 반면에 후입선출법을 사용할 경우에는 가장 최근에 구입한 상품의 원가를 우선 원가로 인정하고 이전에 구입한 상품의 원가는 재고가액에 그대로 포함시킨다. 이러한 회계 방식은 재고상품의 물리적 이동과는 아무런 관계가 없으며 단지 처리 방식만 다를 뿐이다. 따라서 당신이 회계 처리 방법을 마음대로 변경하면 영악한 회계 담당자들이 해마다 재무제표를 조작할 수도 있다는 사실을 짐작할 수 있을 것이다. 바로 그러한 이유에서 일관성의 원칙은 매년 동일한 회계 방식을 사용하도록 요구하고 있다.

빠른 이해를 위해 예를 들어 보자. 한 동전 판매상이 상품 진열대에 똑같은 금화 두 개를 진열해 놓았다고 가정하자. 하나는 1965년에 50달러에, 다른 하나는 2012년에 500달러에 구입한 것이다. 가게에 들른 한 동전 수집가가 그 가운데 하나를 1,000달러에 산다. 이때 선입선출법을 사용하게 되면 동전 판매상의 회계장부에는 매출 1,000달러, 매출원가 50달러, 이익 950달러로 기록되며 재고로는 취득원가 500달러의 금화 하나가 남게 된다. 선입선출에 따라 먼저 구입한 금화의 원가가 매출원가로 먼저 기록된 것이다. 반면 후입선출법을 사용하면 매출 1,000달러 가운데 매출원가가 500달러를 차지하므로 이익은 500달러로 기록되며 재고는 50달러의 가치를 지닌 동전 하나로 기록될 것이다. 최근에 구입한 금화의 원가가 먼저 사용되기 때문이다. 1965년과 2012년에 취득한 두 금화 가운데 실제로 어떤 금화가 판매되었는지는 중요하지 않다. 그것은 단지 하나의 회계 처리 방식에 불과하다. 그러나 한번 선택된 회계 방식은 기업의 이익과 상품재고를 계산하는 데에 매우 큰 영향을 끼치게 된다. 중요한 것은 바로 그 점이다.

만약 중대한 이유로 회계 처리 방법을 반드시 변경해야만 할 경우에는 재무제표의 하단에 위치한 주석 난에 그 이유를 명기해야 한다. 또한 회계 처리 방법의 변경으로 인해 그 해의 이익과 자산가액에 어떤 영향을 미치게 되었는지도 함께 밝혀야 한다. 회계 기록은 조작할 수 있어도 회계사는 속일 수 없다.

중요성

재무제표와 관련해 주의해야 할 사항은 재무제표상의 금액이 단돈 1원까지 100퍼센트 정확한 것은 아니라는 사실이다. 물론 아주 꼼꼼한 회계 담당자들은 정확한 재무보고서를 작성할 것이라고 기대하는 사람도 있을 것이다. 사실 재무제표는 중요성 면에서는 정확하므로 재무제표를 읽는 사람들이 기업 현황에 대한 공정한 정보를 얻기에 충분하다. 재무제표는 중요성에 따라 정확한 정보를 제공하므로 합리적인 사람은 이를 바탕으로 정보에 근거한 판단을 내릴 수 있다. 소규모 소다수 판매점의 재무제표에서 100달러의 오류가 발생한다면 재무제표상 중요성의 왜곡을 초래할 수도 있겠지만 10달러 정도의 오류는 문제가 되지 않을 것이다. 반면 코카콜라와 같은 다국적 거대기업은 재무제표상에 100만 달러 정도의 오류가 있다 해도 의사결정을 위한 정보가 중요성 면에서 왜곡되지는 않을 것이다.

지금까지의 내용을 통해 회계 담당자들이 어떤 관점에서 기업 경영을 바라보는지 그리고 그들 대부분이 개인적인 성격마저도 보수적인 이유가 무엇인지 자연스럽게 깨달았을 것이다. 필자가 회계감사관으로 근무했었던 아서 앤더슨은 2012년 엔론의 회계 부정에 연루되어 와해되고 말았다. 그로 인해 현재 남아 있는 대형 회계법인은 프라이스워터하우스쿠퍼스Pricewaterhouse Coopers LLP, KPMG, 딜로이트 앤드 투시 토마츠Deloitte & Touche Tohmatsu LLP, 언스트 앤드 영Ernst & Young LLP 등 네 개 회사뿐이다.

재무제표

MBA들이 받는 회계 교육은 컴퓨터에 거래를 입력하는 일, 즉 회계 업무 자체가 아니라 회계 담당자들이 제공하는 정보를 해석하는 일이다. 재무제표는 일정기간 동안 기록된 모든 개별 거래를 요약한 종합 자료이자 회계 기능의 최종 산물이라 할 수 있다. 기업의 내용에 관심이 있는 사람들은 재무제표를 통해 일목요연하게 정리된 경영 현황을 한눈에 살펴볼 수 있다. 기업의 내용을 파악하기 위해서는 다음 세 가지의 주요 재무제표를 읽고 이해할 수 있어야 한다.

- 대차대조표Balance Sheet
- 손익계산서Income Statement
- 현금흐름표Statement of Cash flows

대차대조표

정의

본론으로 들어가기 전에 우선 대차대조표와 관련된 기본적인 용어를 알아야 한다. 대차대조표에는 기업이 소유하고 있는 자산asset, 외부 투자가에게 갚아야 할 부채liabilities 그리고 기업 소유주의 총투자액 등이 기재된다. 대차대조표는 특정 일자에 나타난 그 세 요소의 대변과 차변의 대조를 보여 준다. 즉, 정해진 한 시점의 회사 재정에 대한 기록이라 할 수 있다. 또한 대차대조표는 모든 회계 기록의 기초가 되는 보고서이므로 반드시 익숙해지도록 해야 한다. 다음은 대차대조표의 구성 요소들이다.

자산 : 자산은 사업상의 이익을 위해 기업이 소유하고 있는 다음과 같은 자원을 말한다.

- 현금
- 상품재고
- 외상매출금
- 설비
- 건물

부채 : 부채는 차입금과 같은 금전상의 채무와 다른 기업에게 제공해야 하는 재화나 용역의 의무를 말한다.

- 은행차입금
- 외상매입금
- 재화나 용역을 제공하기에 앞서 고객으로부터 받은 선수금
- 각종 미지급 세금
- 직원에게 지불해야 할 급여

자기자본owner equity : 소유주가 기업에 투자한 모든 것을 화폐가치로 환산한 것을 말한다. 소유주의 투자 형태로는 현금이나 그 외 자산 또는 기업의 재투자 잉여금 등이 있다.

- 보통주 : 소유주가 투자한 자금
- 추가납입자본 : 소유주가 추가로 투자한 자금
- 이익잉여금 : 소유주가 기업에 재투자한 이익금

회계의 기본 등식

대차대조표는 말 그대로 '대차 균형'을 맞추는 가장 기본적인 보고서다. 회계의 대차 균형을 좌우하는 기본 등식은 다음과 같다.

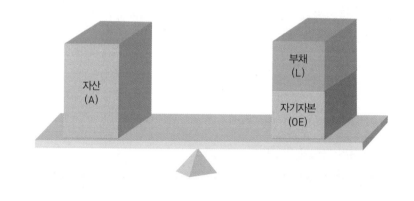

[도표 3 - 1] A = L + OE

$$자산(A) = 부채(L) + 자기자본(OE)$$

자신이 소유하고 있는 것(자산)은 자신이 빌린 것(부채)과 그것을 갚기 위해 투자한 것(자본)의 합과 일치한다. 이러한 등식을 통해 한 기업의 장기간에 걸친 모든 회계 기록 내용이 설명될 수 있다. 자산은 부채와 자본의 합이라는 사실을 반드시 기억하자!

대차 균형의 예

밥스 마켓Bob market이라는 새로 생긴 동네 슈퍼마켓의 사례를 통해 대차 균형이 이루어지는 세 가지 원리를 알아보도록 하자.

1. 밥Bob은 영업을 개시하면서 금전등록기를 구입했다. [도표 3-1]에 보이는 저울의 왼쪽, 즉 자산이 증가하자 저울의 오른쪽, 즉 부채에 해당하는 은행차입금도 함께 증가했다. 자산의 증가가 부채의 증가에 의해 균형을 이룬 예다.

	부채 계정	
	차변 감소	대변 증가
자산 계정		
차변 증가	자기자본 계정	
대변 감소	차변 감소	대변 증가

2. 밥은 슈퍼마켓을 열기 위해 자신이 가진 돈을 투자하고 아버지의 돈도 일부 끌어들였다. 이때 저울의 오른쪽에 있는 자기자본이 증가하면서 그와 더불어 저울의 왼쪽에 있는 자산의 현금도 함께 증가해 거래는 균형을 이루게 된다.

3. 슈퍼마켓이 번창해 금전등록기 구입을 위해 빌린 은행차입금을 갚을 수 있게 되면 오른쪽의 부채가 감소하게 될 것이다. 그때 은행차입금을 갚기 위해 사용한 왼쪽의 자산(현금)도 함께 줄게 됨으로써 거래의 대차 균형이 이루어진다.

모든 거래는 이러한 대차 균형 개념에 입각해 이루어진다. 서로 균형을 이루지 않고 대차대조표의 한쪽에만 영향을 미치는 회계 기록 방법은 존재하지 않는다. 따라서 자산이 부채와 자기자본의 합과 일치(A=L+OE)할 때 회계 기록이 대차 균형을 이뤘다고 말할 수 있다. 만약 대차 기록의 균형이 맞지 않는다면 회계 담당자가 기장을 잘못한 것이다.

계정과목	유형	차변	대변	효과
		[도표 3 – 3] 대차대조표 분개 1		
현금	자산	15,000		증가
보통주	자기자본		15,000	증가

계정과목	유형	차변	대변	효과
		대차대조표 분개 2		
은행차입금	부채	15,000		감소
현금	자산		15,000	감소

회계 과정 : 복식 부기

회계 담당자는 장부상의 분개를 통해 각종 개별 거래를 기록하게 되는데, 그 장부를 일컬어 총 계정원장general ledger이라고 한다. 또한 각종 계정의 목록을 계정과목 일람표chart of accounts라고 한다. 회계의 기본 등식에서와 마찬가지의 균형 개념을 이용해 자산의 증가는 차변debit이라고 하는 왼쪽에 기입되고 부채와 자기자본은 대변credit이라고 하는 오른쪽에 기입된다. 대부분의 경우 분개장에는 차변과 대변이라는 두 개의 데이터가 존재하게 된다. 자산이 감소하는 경우에는 오른쪽인 대변에 기장이 이루어지고 부채와 자기자본의 감소는 왼쪽인 차변에 기장하게 된다. 각 계정의 거래를 장부에 기입하는 이와 같은 좌우 기입 방식이 영문자 T를 닮았다는 이유로 'T계정'이라고도 한다.

밥과 그의 아버지가 슈퍼마켓에 1만 5,000달러를 초기 투자하기 위해 주식 1,000주를 발행했다고 하자. 이때 [도표 3-3]과 같은 분개를 통해 거래 내용이 기록된다.

부채를 갚을 때도 이와 유사하게 분개된다.

2012년 12월 31일 현재 (단위 : 달러)

영업 첫해

자산		부채	
유동자산		**유동부채**	
현금	5,000	외상매입금	80,000
외상매출금	10,000	미지급 급여	5,000
재고상품	100,000	미지급 법인세	2,000
총유동자산	115,000	총유동부채	87,000
고정자산		**고정부채**	
설비	30,000	은행차입	10,000
1년치 감가상각	(3,000)	총부채	97,000
순장기자산	27,000		
		자기자본	
		보통주(1,000주)	15,000
		이익잉여금	30,000
		총자기자본	45,000
총자산	**142,000**	**총부채 및 자기 자본**	**142,000**

이처럼 각 분개가 대차 균형을 이루므로 해당 분기 말에 개별 '계정들'을 모아 요약하는 전체 대차대조표의 최종 대차 균형 역시 균형을 이루게 된다.

대차대조표의 예

계속해서 밥스 마켓의 예를 통해 영업 첫해에 어떤 대차 균형이 나타나게 되는지 살펴보도록 하자.밥스 마켓의 대차대조표는 많은 소매업체나 제조회사들이 사용하는 일반적인 대차대조표와 유사하다. 여기에서 다음 세 가지 사항에 특히 유념해야 한다. 첫째, 자산 총계는 부채와 자기자본의 총계와 일치한다. 둘째, 분개의 대차변과 마찬가지로 자산은 왼쪽에, 부채와 자기자본은 오른쪽에 위치한다. 셋째, 대차대조표는 특정한 시점, 즉 2012년 12월 31일과 같은 특정 일자 현재의 재무 상태를 나타낸다. 기업의 경영 상태는 오랜 기간에 걸친 매입과 매출의 결과를 나타내는 것이지만 대차대조표는 단지 특정 시점에서 자원과 채무에 대한 '순간적인 양상'만을 나타낼 뿐이다.

유동성 : 유동과 고정의 분류

대차대조표의 중요한 특징 가운데 하나는 자산과 부채가 유동성liquidity이 높은 것에서 낮은 순서대로 나열된다는 것이다. 유동성이란 자산을 현금으로 전환할 수 있는 능력을 말한다. 현금과 고객으로부터 받을 외상매출금과 상품재고는 유동자산으로 분류되며, 대차대조표의 제일 첫 부분에 나열된다. 이는 통상적으로 1년 이내인 다음 영업 분기 내에 현금으로 손쉽게 전환될 수 있기 때문이다. 기계 장치와 같은 설비는 쉽게 매각될 수 있는 것이 아니므로 고정자산, 장기자산 또는 비유동자산으로 분류되며 유동성 항목보다 아래에 기록된다. 밥스 마켓의 대차대조표를 통해 이들 항목의 위치를 확인해 보도록 하자.

부채의 경우, 공급업자에 대한 외상매입금, 직원들에 대한 미지급 급여, 미지급 법인세 등이 유동부채에 해당된다. 그러한 부채들은 1년 내에 지급해야 할 단기부채다. 반면에 은행차입금은 여러 해에 걸쳐 상환되므로 고정부채에 해당된다.

운전자본

운전자본working capital이라는 용어는 회계학은 물론 재무관리에서도 자주 사용된다. 운전자본은 기업이 일상적인 기업 운용을 위해 늘 사용하는 자산과 부채를 말한다. 또한 운전자본은 대부분 유동자산이며, 재무제표를 보는 사람들은 이 유동자산을 근거로 기업의 변제 능력을 판단한다. 결과적으로 운전자본 항목을 좌우하는 것은 기업의 유동자산과 유동부채이다. 기업의 상환 능력을 측정하는 순운전자본net working capital은 총유동자산에서 총유동부채를 뺀 것을 말한다.

$$총유동자산 - 총유동부채 = 순운전자본$$

따라서 밥스 마켓의 순운전자본은 2만 8,000달러(11만 5,000달러[총유동자산] - 8만 7,000달러[총유동부채])이므로 유동자산이 유동부채보다 많다는 사실을 알 수 있다. 밥스 마켓의 대차대조표를 검토한 은행은 밥스 마켓의 신용상태가 양호하다고 평가할 것이다. 상당량의 순운전자본을 보유하고 있으므로 차입금에 대한 상환 능력이 있다고 보기 때문이다. 반면 기업 매수자나 경영 분석가는 가게 주인이 금전등록기에 현금을 너무 많이 보유하고 있거나 상품을 지나치게 많이 진열함으로써 재고 관리를 제대로 하지 않고 있다고 평가할 수도 있다. 요령 있는 경영자라면 재고 수준과 보유 현금을 더 효율적인 수준으로 줄이고 그 차액을 배당금으로 처리할 것이다. 적정한 운전자본의 규모는 업계에 따라 다르다.

자기자본

자기자본은 기업이 지분 소유자에게 갚아야 할 장기 채무라고 할 수 있다. 기업은 사업 성과에 따라 소유주에게 투자에 대한 대가를 지급해야 할 의무가 있다. 자기자본은 은행 대출금과는 달리 정해진 이율이나 만기일이 없으므로 부채 항목과 구분해 그 아래 부분에 별도로 명기하게 된다. 소유주에 대한 투자수익은 기업의 모든 부채가 상환된 후에 지급되므로 소유주의 수익은 회사의 성공 여부에 따라 좌우된다. 부채를 상환하지 못했을 때에는 기업에 대한 파산이 강요될 수 있지만 투자자들에게 배당금을 지불하지 못한다고 해서 제재가 따르는 경우는 없다. 기업이 높은 수익을 올릴 경우에는 소유주 역시 많은 이득을 얻게 되는 반면 그렇지 못할 경우에는 투자한 모든 것을 잃게 될 수도 있다. 그것이 바로 소유권에 따르는 위험이다.

'자산 = 부채 + 자기자본'이라는 등식을 '자기자본 = 자산 - 부채'로 바꿔 보면 자기자본이 자산에서 부채를 차감한 회사의 잔여 이익이라는 사실을 알 수 있다. 자기자본은 또한 '순자산'net worth이라고도 하는데, 다른 모든 채무를 충당한 후 남는 순가치net value이기 때문이다. 1980년대의 악명 높은 부동산 재벌 도널드 트럼프Donald Trump는 재산이 수십억 달러에 달했지만 1990년에 뉴욕과 애틀랜타에 보유하고 있던 자산 가치보다 부채가 훨씬 많아짐에 따라 일시적으로 순자산이 마이너스가 되기도 했다.

자기자본은 사업을 운영함에 따라 증가한다. 기업은 서비스를 사고팔며 주고받는다. 그러한 활동과 더불어 일정기간이 지난 후 기업의 부는 증가한다. 시간이 지나면서 순자산이 증가했다면 자기자본 역시 증가했을 것이다.

대차대조표의 자기자본 항목에 영향을 미치는 것은 두 가지이다. 투자자들이 더 많은 자금을 출자하는 경우와 이익을 유보하기로 결정하는 경우가 그것이다. 대차대조표상의 이익잉여금RE, Retained Earnings 항목이 바로 후자의 경우에 필요한 것이다. 소유주들이 이익잉여금을 분배하고자 할 경우에는 배당금 지급을 결의하게 된다. 그 경우 배당금을 지급함에 따라 축적된 이익잉여금이 감소하게 된다.

회계 담당자들은 정보가 유용하다고 판단되는 경우 재무제표를 이용해 소유지분표Statement of Owner Equity를 작성하기도 한다. 이 상세한 소유지분표에는 당해 연도에 있었던 소유주의 투자와 주식 거래, 배당금 수령 등의 내용이 포함된다. 그와 같은 거래 내역은 대차대조표에 있는 자기자본 항목에 영향을 미치게 된다. 주주지분변동명세서Statement of Changes Shareholders' Equity로도 불리는 소유지분표는 주요 재무제표라고 할 수는 없지만 소유주의 활동 내역이 많은 기업의 경우에는 중요한 자료가 될 수도 있다. 대기업들은 항상 주주지분변동명세서를 작성하는데, 그 이유는 일반 대중들이 소유주의 활동 내역에 많은 관심을 보이기 때문이다. 손익계산서로 넘어가기 전에 다시 한 번 밥스 마켓의 대차대조표를 통해 지금까지의 내용을 복습하기 바란다.

손익계산서

대차대조표가 특정 시점의 대차 균형을 보여 주는 반면, 손익계산서는 특정 기간 동안에 발생한 거래와 활동의 '흐름'을 보여 준다. 그 기간은 1개월, 1분기 혹은 1년이 될 수도 있다. 판매활동에는 '수익'이 따르며 그러한 수익이 있기까지는 그와 관련된 '비용'이 투입되기 마련이다. 발생주의 회계 방식으로 수익과 비용을 적절히 대응시키면 그 둘 사이에 발생하는 차액이 바로 '이익'이 된다.

다음 쪽에 있는 [도표 3-5]를 보면서 개업 첫해에 가게가 어떻게 운영되었는지 살펴보기로 하자.

$$수익 - 비용 = 이익$$

손익계산서 관련 용어

대차대조표와 마찬가지로 손익계산서에도 몇 가지 특징이 있다. 손익계산서에서는 비용을 분류하는 일이 무엇보다 중요하다. 비용을 분류하면 영업 성과를 한눈에 간파할 수 있는 각종 유형의 이익이 계산되기 때문이다. 밥스 마켓의 손익계산서를 참조하면서 다음 용어들을 공부하도록 하자.

매출총이익

손익계산서의 맨 윗부분에 표시되며 다음과 같은 방법으로 계산된다.

$$매출총이익 = 매출액 - 직접매출원가$$

매출총이익Gross Margin 을 보면 기업이 부담해야 할 각종 비용을 감안하지 않은 상태에서도 이익 실현 여부를 판단할 수 있다. 밥스 마켓의 매출총이익은 매출액에서 매출원가를 차감한 액수다. 매출원가에는 식료품의 원가와 식료

[도표 3 - 5] 밥스 마켓 연말손익계산서

2012년 12월 31일 현재 (단위 : 달러)

영업 첫해

매출		5,200,000
매출원가		3,900,000
매출총이익		**1,300,000**
판매 및 일반 관리비		
급여 총액	1,000,000	
임차료	150,000	
수도광열비	75,000	
광고비	18,000	
설비원가 할당비용(감가상각비)	3,000	
기타 제비용	10,000	
		1,256,000
법인세차감전이익(EBIT)		**44,000**
이자 비용		1,000
세전이익(IBT)		**43,000**
법인세		13,000
순이익		**30,000**
주당순이익(3,000달러/1,000주)		30.00

품 판매에 소요되는 모든 직접비용, 예컨대 도매상에서 물건을 가져오는 데 드는 운송비 등이 포함된다. 제조업체의 경우에는 생산비, 재료비, 노무비 등이 포함된다. 밥스 마켓과 같이 간단한 소매업의 경우에는 다음과 같은 공식을 통해 매출원가를 구할 수 있다.

기초상품재고액 + 당기순매입액 − 기말상품재고액 = 매출원가

한 기업의 매출총이익이 마이너스로 계산된다면 원가 관리가 불가능하거나 업계의 가격구조로 인해 수익 창출이 불가능하다는 뜻이다. 블루레이Blu-ray 제조업체가 소니Sony, 삼성Samsung, 샤프Sharp와 아시아의 대기업과 경쟁하려

할 경우 이와 같은 상황에 부딪히게 된다. 소규모 제조업체는 대기업만큼 효율적이지도 못하고 높은 생산비를 충당하기 위해 가격을 높게 책정할 수도 없기 때문이다.

영업이익

매출총이익 다음에는 지급이자와 법인세차감전이익EBIT, Earnings Before Interest and Taxes, 즉 기업의 영업이익Operating Profit 을 계산하게 된다. 손익계산서의 아래쪽으로 내려가면서 점점 더 많은 비용들이 차감된다. 영업 차원의 이익 측정에서는 수익 창출 과정과 직접적으로 관련된 기업의 모든 기타 비용들이 차감된다. 밥스 마켓의 경우에는 직원 급여, 임차료, 수도광열비, 광고비 외에 기타 잡다한 항목들이 포함되어 있다.

발생주의 회계에서는 상각amortization 혹은 감가상각depreciation이라 불리는 고정자산에 대한 원가 배분 비용을 이익 산출 과정의 관련 비용에 포함시킨다. 이때 대응의 원칙the principle of matching 을 적용해 기업의 생산, 즉 수익 창출을 위해 소요된 비용은 해당 영업기간의 수익과 대응시킨다. 회계 담당자는 설비, 공구, 건물 등과 같은 고정자산의 원가를 앞으로 사용할 수 있는 잔존 기간으로 나누어 수익 창출 과정에 필요한 자산 소모비용을 추정한다. 밥스 마켓의 경우 진열대, 쇼핑 카트, 금전등록기 등에 3만 달러를 지출했다. 밥스 마켓은 이 자산들을 10년 동안 사용할 수 있다고 추정하고 매출에 기여하는 10년 동안 사용 원가를 매년 3,000달러(3만 달러 ÷ 10년)씩 손익계산서상에 대응시켜 배분하고 있다.

'기타 비용'은 손익계산서에 별도의 항목을 설정하지 않아도 되는 잡다한 여러 항목들을 모두 합한 것이다. 밥스 마켓 손익계산서의 기타 제비용에 는 쇼핑 카트 바퀴 수리비와 불량 수표로 인한 손실 등이 포함될 것이다.

순이익

영업이익 아래 부분에는 영업활동과 직접적 관련이 없는 비용 항목들이 기재되며 그 비용은 이익 산출을 위해 차감된다. 첫 번째로 해당되는 것은 이자비용이다. 기업을 운영하다 보면 차입금이 필요할 수 있다. 그러나 기업의 자금 조달 활동은 영업활동과는 별개다. 영업이익을 산출하는 과정에 지급이자 부분을 포함시키지 않는 이유는 유사 업종의 기업들이 서로 다른 비율의 은행 차입금이나 투자 자금으로 자금을 조달하기 때문이다. 투자자들의 배당금은 손익계산 시 차감되지 않으며 손익계산서 아래 부분의 순이익Net Income에서 지급된다.

만약 영업이익의 계산에 지급이자가 포함된다면 비록 영업 실적이 비슷한 기업들이라 해도 자금을 조달한 방법에 따라 영업이익은 천차만별의 차이를 보일 수도 있다. 예컨대 필요한 자금을 소유주의 추가 투자를 통해 조달하는 회사는 소유주의 투자 자금에 이자 부담이 따르지 않으므로 영업이익은 그만큼 커진다. 한편 차입을 통해 필요한 자금을 조달하는 경우 이 기업의 영업이익은 이자비용만큼 줄어들게 된다. 결국 영업이익이 자금 조달 측면이 아닌 단지 기업의 일상적인 영업활동에 따르는 영업비용만을 반영하기 위해서는 이자비용을 계산에서 제외해야 한다.

지급이자가 영업이익 계산에 포함되지 않는 논리를 그대로 적용하면 법인세 역시 영업이익 부분에서 제외된다. 법인세의 규모는 산출 방법에 따라 크게 달라진다. 각종 세금은 흔히 실제 영업 성과보다는 노련한 세금 전문 회계 담당자의 능력에 의해 그 액수가 좌우되기 때문에 법인세는 영업 성과 계산을 끝낸 다음에 별도로 차감되며, 그 뒤를 이어 최종 이익 측정치인 순이익이 계산된다. 순이익은 기업의 최종 수익을 나타내는 수치로서 대중매체에 기업 성패를 판단하는 자료로 보고된다.

손익계산서의 분개 과정

회계 담당자들은 그들의 오랜 의무에 따라 한 해 동안의 순이익을 집계하기 위해 회사의 장부에 분개를 한다. 순이익은 일정기간 동안의 매출액에서 비용을 차감한 결과이자, 자산의 순증가액이라고도 할 수 있다. 모든 수익과 비용의 합계는 물론 자산의 증가와 감소 역시 항상 분개를 통해 기입된다. 회계 담당자들은 대차대조표를 작성하면서 손익계산서에 대한 분개도 함께 만든다.

한 회계연도 동안 누적된 하나하나의 수익과 비용의 임시 합계는 그 해 전체의 최종 순이익으로 계산된다. 연말에 최종 집계가 완성되어 순이익이 계산될 때 수익과 비용의 합계는 다음 해를 위해 0으로 설정되며 그 차액, 즉 순이익이나 순손실은 대차대조표의 이익잉여금 항목에 기입된다. 회계연도라고 불리는 회계 주기는 어느 달을 기준으로 시작해도 무관하므로 반드시 1월을 기점으로 할 필요는 없다.

손익계산서의 분개 방법은 앞서 대차대조표의 분개 방법과 동일하다. 손익계산서 작성을 위해 수익은 오른쪽의 대변에, 비용은 왼쪽의 차변에 기입한다.

손익계산서의 분개 방법은 대차대조표의 분개 방법과 연결된다. 매출은 비용이라는 가치를 투자한 대가로 자산이라는 가치를 획득하는 활동이라고 할 수 있다. 밥스 마켓의 경우, 매출은 식료품을 제공한 대가로 얻은 현금 유입을 의미한다. 밥스 마켓의 회계 담당자는 매출과 그에 대한 매출원가를 다음과 같이 주간 단위로 분개해 기록한다.

[도표 3-6]의 매출에 대한 매출원가는 [도표 3-7]과 같이 기록된다.

한 해 전체의 손익계산서 분개를 설명하기 위해 위의 두 분개를 한 해 매출과 매출원가의 전부라고 가정해 보자. 이 해의 순이익은 10만 달러의 총매출 수입에서 총매출원가 9만 5,000달러를 제한 5,000달러다. 이 순이익 액수는 동일한 분개를 통해 기록된 순자산상의 변화와 일치하게 된다. 즉, 현금이 10만 달러 증가하고 식료품은 9만 5,000달러 감소해 자산의 순가치 증가분은 5,000달러가 된다.

[도표 3 - 6] 손익계산서 분개장 1				
계정과목	(유형)	차변	대변	효과
현금	(자산)	100,000		증가
매출수익	(손익계산서)		100,000	증가

[도표 3 - 7] 손익계산서 분개장 2				
계정과목	(유형)	차변	대변	효과
매출원가	(손익계산서)	95,000		감소
상품재고	(자산)		95,000	감소

회계연도 말의 자산 순증가액 5,000달러는 같은 기간의 순이익 증가액인 5,000달러와 일치하게 된다. 밥스 마켓은 이 순자산의 변화를 대차대조표상에 이익잉여금의 증가로 기입하게 된다. 또한 [도표 3-8]과 같이 모든 수익과 비용 계정을 0으로 맞추거나 마감 분개를 통해 다음 해의 영업활동을 기록할 수 있도록 할 것이다.

분개장의 잔액을 확인해 보자. 손익계산서의 분개 내역들은 모두 상쇄되고 대차대조표상의 이익잉여금 항목에 추가되는 순이익만이 남아 있다. 연중에 우측 대변에 기입되었던 매출 10만 달러는 연말에 좌측 차변의 10만 달러 분개로 상계되었다. 대차대조표상의 자산, 부채, 자기자본의 잔액은 계속 누적되어 다음 회계연도로 이월된다.

이로써 손익계산서 분개에 대한 공부가 모두 끝났다. 단 몇 페이지의 약식 과정을 통해 1년간의 회계 순환 과정과 몇 시간에 걸친 MBA에서의 아연실색할 회계학 수업 내용을 훑어본 셈이다.

계정과목	(유형)	차변	대변	효과
매출수익	(손익계산서)	100,000		상쇄
매출수익	(손익계산서)		95,000	상쇄
이익잉여금	(대차대조표상의 자기 자본)		5,000	증가

손익계산서와 대차대조표의 관계

밥스 마켓의 실제 손익계산서를 살펴보면 1년간의 영업을 통해 약간의 이익을 남겼음을 알 수 있다. 밥스 마켓은 3만 달러의 순이익을 거두었다. 그러나 이익을 계산하는 것보다 손익계산서와 대차대조표가 어떻게 연관되는지를 이해하는 것이 훨씬 더 중요하다. 손익계산서는 한 해 동안의 영업활동 결과라고 할 수 있다. 자산과 부채는 한 해 동안의 많은 개별 거래들을 통해 영향을 받으며 증감을 반복한다. 대차대조표에 의해 합계된 밥스 마켓의 순자산이 변화한 것은 영업활동 때문이다. 또한 손익계산서에 의해 계산되는 순이익으로 순자산이 어떻게 변동했는지를 파악할 수 있으며 그 해의 영업 내용을 알 수도 있다. 밥스 마켓의 경우에는 이제 처음으로 1년간의 영업을 했을 뿐이므로 이익잉여금은 첫 영업연도의 순이익인 3만 달러가 된다. 다음 회계연도의 밥스 마켓의 이익잉여금은 다음 해의 순이익과 지급배당금에 의해 영향을 받게 될 것이다.

현금흐름표

현금의 중요성

'현금이 왕'Cash is King이라는 말이 있다. 현금 없이는 사업이 제 기능을 발휘할 수 없다. 일례로 밥스 마켓에 식료품을 공급하는 회사에 포장인쇄 장비를 판매하는 레너드Leonard, Inc.라는 회사를 살펴보자. 레너드가 500만 달러짜리 포장인쇄기 3대를 크래프트에 판매해 개당 200만 달러의 이익을 올릴 경우 레너드의 손익계산서에는 600만 달러의 이익이 기록될 것이다. 하지만 레너드가 기계를 제조하는 것은 여름이고 크래프트가 대금을 지급하는 시점은 기계를 인도받는 가을이다. 그 경우 레너드가 10월까지 현금이 들어오기를 기다리면서 공장 근로자들에게 7월 임금을 지급하지 않는다면 근로자들이 좋아할 리 없다.

현금은 기업의 운영에도 필요하지만 기업의 파산을 막는 데에는 가장 중요한 역할을 한다. 그 이유로 모든 재무제표에 현금흐름표를 포함한다. 현금의 '원천'과 '용도'를 파악하는 것은 경영에 있어 무엇보다도 중요한 일이므로 재무제표에 현금흐름표를 추가하는 일은 재무 분야의 큰 발전을 의미했다.

기업의 현금 수요 관리 능력 부족은 많은 '흑자' 기업들의 주요 파산 원인이 되곤 한다. 손익계산서상의 순이익만으로 성공을 장담했던 많은 기업들이 현금 부족과 채권자들의 부채 상환 요구에 직면하면서 느닷없이 낭패를 당한 경우도 있다.

일부 기업들은 손익계산서를 통해 근시안적으로 기업의 건실성을 가늠하려 하는 투자자들을 기만하기도 한다. 예컨대 군수업체인 보잉의 맥도넬 더글러스McDonnell Douglas는 큰 수익을 냈다고 발표했지만 손익계산서 뒤로 많은 문제점을 감추고 있었다. 《포브스》는 그 사실을 다음과 같이 보도했다.

표면상으로 보면 맥도넬 더글러스의 상태는 그다지 나빠 보이지 않는다. 맥도넬은 주당순이익을 전년도의 5.72달러를 훨씬 웃도는 10달러 이상으로 발표했다. 하지만 회계 보고 수치를 대충 살펴볼 때 당장은 문제가 되지 않는다 해도 이익잉여금이 상당히 불안한 상태임을 알 수 있다. 우선 현금흐름부터 살펴보자. 다음 해 삼사분기에 이르면 3,500만 달러의 현금이 부족하게 될 것이며…(중략) 이러한 현금 부족 현상은 한층 가속화될 가능성이 있다.

1980년대에 등장한 차입매수LBO, Leveraged Buyout(차입을 통한 기업 매수. 매수 기업의 자산을 담보로 차입금을 조달해 피매수 기업을 인수하는 기법—옮긴이)는 현금 운용 원리를 도구로 이용한 것이었다. 기업 사냥꾼들이 기업 매수를 위해 차입한 자금을 갚을 수 있었던 것은 현금 동원 능력 때문이었다. 현금흐름표에는 기업인수에 유용한 많은 정보들이 담겨 있다. 1989년 콜버그 크라비스 로버츠KKR, Kohlberg Kravis Roberts는 부채를 갚을 수 있는 현금 운용 능력을 토대로 264억 달러의 차입 자금을 마련하여 RJR 나비스코RJR Nabisco를 인수함으로써 당시로서는 최대 규모의 차입매수를 성사시켰다.

현금흐름표와 대차대조표의 관계

현금흐름표 역시 회계의 대차 균형 원리를 따른다. 우선 언뜻 복잡하게 보이는 현금흐름표의 논리를 수학적인 회계 등식을 통해 설명해 보자. 공식화된 방법을 활용하게 되면 현금흐름표의 예를 보다 쉽게 이해할 수 있다. 공식을 암기하기보다는 이해하는 것이 중요하다.

우리가 이미 알고 있는 회계의 기본 공식부터 다시 살펴보자.

자산 = 부채 + 자기자본

$A = L + OE$

자산과 부채는 모두 유동성current(단기) 항목과 비유동성noncurrent(장기) 항목으로 구성되므로 이 공식은 다음과 같이 바꿔 쓸 수 있다.

유동자산 + 비유동자산 = 유동부채 + 비유동부채 + 자기자본

$CA + NCA = CL + NCL + OE$

유동자산을 개별 구성 요소들로 세분화하게 되면 공식은 다시 아래와 같이

나타낼 수 있다.

$$현금 + 외상매출금 + 재고상품 + 비유동자산$$
$$= 유동부채 + 비유동부채 + 자기자본$$
$$Cash + AR + INV + NCA = CL + NCL + OE$$

현금만을 분리할 경우 공식은 다음과 같이 정리된다.

$$현금 = 유동부채 + 비유동부채 + 자기자본 - 외상매출금 - 재고상품 - 비유동자산$$
$$Cash = CL + NCL + OE - AR - INV - NCA$$

위의 등식을 통해 알 수 있듯이 오른쪽 항의 유동부채가 증가하면 왼쪽 항의 현금이 증가한다. 예컨대 납품업체에 대한 부채가 증가하게 되면 그만큼 다른 용도를 위한 현금 가용 능력이 증가하게 된다. 반대로 상품과 같은 자산의 증가는 현금의 감소를 의미한다. 당연한 얘기지만 상품을 매입하기 위해서는 현금이 필요하기 때문이다. 등식의 한쪽 항이 증가하거나 감소하면 다른 쪽 항의 합계 역시 영향을 받기 마련이다.

경영대학원 시절 필자가 속한 회계학 스터디 멤버들이 가장 까다롭게 여겼던 부분 중 하나가 바로 현금흐름표이다. 하지만 우리 스터디 멤버 가운데 관련 업무 경험이 전혀 없었던 평화봉사단 출신의 친구도 이해했던 것으로 미루어 독자들 역시 충분히 소화할 수 있으리라 확신한다. 지금까지의 기초적인 내용에 이어, 이제 밥스 마켓의 예를 통해 현금흐름표의 중요성을 설명하는 것으로 현금유출입에 대한 공부를 마무리하고자 한다.

현금흐름표의 용도

현금흐름표는 지급 불능과 같은 유동성 문제를 피하기 위한 관리 도구라 할 수 있다. 기업의 현금흐름표에는 손익계산서와 대차대조표가 모두 사용된다. 현금흐름표는 다음과 같은 주요 질문에 대한 해답을 제시한다.

- 현금유출입과 이익은 어떠한 관계를 갖는가?
- 배당금은 어떻게 조달되는가?
- 차입금은 어떻게 상환되는가?
- 영업에 의해 창출되는 현금은 어떻게 사용되는가?
- 경영진의 자금 조달 정책이 현금 운용에 반영되는가?

관리자들은 현금흐름표로 다음과 같은 세 가지 유형의 사업 활동을 통한 현금의 공급원과 수요에 대한 계획을 세우고 이것을 운용할 수 있다.

- 영업활동
- 투자활동
- 재무활동

이러한 활동들은 현금흐름표에 명확히 나타난다.

현금흐름표의 예

본격적인 이론을 전개하기에 앞서 밥스 마켓의 실제 현금흐름표를 살펴보도록 하자.

너무 숫자에만 얽매이게 되면 정작 흐름표 작성 이면의 논리를 놓치기 쉽다. 그러므로 모든 분개를 각각 분리해서 살펴보고 숨겨진 논리를 설명할 수 있어야 한다. 학부 과정의 회계학 수업이 경영자보다는 공인회계사를 배출하기 위한 회계 기법에 초점을 맞추는 반면, MBA 과정에서 다루는 회계학 교육은 숫자보다는 그 이면의 논리에 중점을 둔다.

밥스 마켓의 현금흐름표를 참조해 다음 내용들을 공부하도록 하자.

영업활동

회계 담당자들은 영업활동 부문의 현금유출입을 파악하기 위해 매일의 영업활동을 통해 창출된 현금을 계산한다. 손익계산서를 통해 밥스 마켓이 3만 달러의 '회계 이익'을 낸 것은 알 수 있지만 영업활동에 의해 현금이 얼마나 사용되고 창출되었는지는 파악할 수 없다. 앞에서 설명했듯이 대부분의 기업들이 밥스 마켓과 마찬가지로 발생주의 회계를 사용해 기업의 순이익을 결정한다. 현금흐름표를 작성하게 되면 발생주의 순이익을 현금주의 순이익으로 전환할 수 있다. 순이익은 다음과 같은 두 가지 방식의 조정을 거쳐 현금주의로 전환된다.

1단계 : 실제 현금이 사용되지 않은 비용에 대한 순이익 조정

현금유출입을 결정하기 위한 첫 번째 단계는 손익계산서상의 순이익을 조정하는 것이다. 현금이 사용되지 않았음에도 손익계산서에서 비용으로 공제된 영업 항목은 다시 가산하도록 해야 한다. 손익계산서에서 설명했듯이 감가상각비의 경우에는 실제로 기업의 현금이 '밖으로' 지출되는 것은 아니다. 밥스 마켓의 경우 쇼핑 카트나 금전등록기, 진열대 등의 고정자산과 관련해 현금이 사용된 시기는 오직 구입 당시뿐이었다. 이 자산이 사용되는 기간 동안 발생하는 감가상각비는 구입 시에 지출된 현금에 대해 판매 수익으로 대응하는 단지 '회계상의 비용'일 뿐이다. 즉, 실제로 현금이 사용되지 않았으므로 감가상각비는 다시 더해질 수밖에 없다. 한편 자산의 구입에 따르는 현금유출입은 투자활동 부분에 포함된다.

[도표 3 - 9] 밥스 마켓 현금흐름표

2012년 12월 31일 현재 (단위 : 달러)

영업활동으로 인한 현금흐름

  순이익   30,000

  현금이 사용되지 않는 비용

  감가상각비(슈퍼마켓의 장비 구입에 배분된 원가)   3,000

                                               33,000

  운전자본의 변화에 대한 조정

  당해 연도 동안의 증가와 감소

      유동자산

      외상매출금 (증가) 감소   (10,000)

      재고상품 (증가) 감소   (100,000)

      유동부채

      외상 매입금 증가 (감소)   80,000

      미지급 급여 증가 (감소)   5,000

      미지급 법인세 증가 (감소)   2,000

                                           (23,000)

                                         10,000

  투자활동으로 인한 현금흐름

  슈퍼마켓의 장비 구입   (30,000)

                                         (30,000)

  재무활동으로 인한 현금흐름

  은행 차입금   10,000

  주식 발행   15,000

  배당금 지급   0

                                         25,000

  당해 연도 동안의 현금 증가   **5,000**

  연초 현금잔고   0

  연말 현금잔고   5,000

2단계 : 운전자본 변화에 대한 순이익 조정

순이익은 당해 연도 동안 영업활동에 의해 영향을 받은 유동자산과 유동부채의 변화에 맞추어 조정되어야 한다. 순이익을 운전자본의 증감에 맞추어 조정하면 회계 기본 등식을 사용해 순이익이 현금에 미친 영향을 파악할 수 있게 된다.

밥스 마켓이 유동자산, 즉 가게에 진열된 재고상품 등을 늘렸다는 것은 현금을 사용해 식료품을 구입했음을 의미한다. 이것은 현금흐름표상에 현금 차감으로 나타난다. 만약 밥스 마켓에서 고객이 외상으로 상품을 구입한다면 현금 수령은 지연될 것이다. 만약 현금을 수령했다면 뭔가 다른 용도에 사용할 수 있었을 것이다. 이 역시 현금흐름표상에 현금 차감으로 나타난다. 반대로 재고상품의 감소, 즉 매출은 밥스 마켓의 현금을 증가시킨다. 또한 고객의 현금 지급을 뜻하는 외상매출금의 감소 역시 현금의 창출을 초래한다. 유동자산의 증가는 현금의 지출을 뜻하며 유동자산의 감소는 현금의 유입을 의미한다.

유동부채의 변화가 현금에 미치는 영향은 유동자산의 경우와는 정반대다. 밥스 마켓은 공급업자를 통해 8만 달러어치의 상품을 외상으로 매입했다. 밥스 마켓이 식료품 공급업자와 직원에게 지급해야 할 돈이 늘어났다는 것은 밥스 마켓의 부채가 그만큼 증가했으며 그 결과 다른 목적으로 쓸 수 있는 현금의 여유가 생겼음을 뜻한다. 어떤 의미로는 현금이 창출된 것이다. 한편 밥스 마켓의 부채가 감소했다는 것은 현금이 그만큼 지출되었다는 뜻이므로 현금의 감소를 의미하게 된다. 유동부채의 증가는 현금의 증가를 나타내며 유동부채의 감소는 현금의 감소를 나타낸다.

당해 연도의 순변화를 계산하기 위해서는 유동자산과 유동부채의 기말 잔고에서 기초 잔고를 빼면 된다. 밥스 마켓의 경우는 영업을 처음 시작한 첫해에 해당하므로 당연히 기초 잔고는 하나도 없으며 기말 잔고는 한 해 동안 유동자산과 유동부채가 증가한 금액이 된다. 유동자산의 증가는 현금의 '사용'을, 유동부채의 증가는 현금의 '공급'을 나타낸다.

밥스 마켓의 현금흐름표가 정확한지 직접 확인해 보자. 먼저 현금흐름표의 내역을 하나하나 검토한 다음 손익계산서와 대조하여 순이익을 확인한다. 또한 대차대조표를 다시 검토하고 운전자본 항목(유동자산+유동부채)의 변화와 현금흐름표상의 변화가 서로 일치하는지 확인하도록 한다. 모두가 정확히 들어맞을 것이다.

투자활동

현금흐름표의 투자활동은 기업의 장기 투자로 인해 야기되는 현금의 사용 및 창출을 의미한다. 따라서 투자활동 부분은 대차대조표상의 장기(비유동성) 자산의 거래에 따르는 현금 효과를 반영한다. 즉, 기업이 건물이나 장비 등의 장기자산을 매입 혹은 매도할 경우, 거래에 관련된 현금은 현금흐름표상의 투자활동 부문에 반영된다. 밥스 마켓은 현금흐름표에서 볼 수 있듯이 매장에 필요한 장비 구입에 3만 달러를 투자했다. 만약 밥스 마켓이 그 장비들을 매각했다면 그로 인한 현금 수취가 반영되었을 것이다. 대차대조표의 검토를 통해 장기자산의 변화가 현금흐름표의 투자 부분에 어떻게 반영되었는지 확인하도록 하자.

재무활동

기업이 자금을 조달할 수 있는 방법에는 두 가지가 있다. 바로 경영자들이 돈을 빌려오거나 투자자들을 통해 자금을 조성하는 것이다. 자금의 차입은 대차대조표상의 장기부채 항목에 변화를 가져오는 반면 투자자들의 자본 참여는 자기자본 계정에 변화를 초래한다.

밥스 마켓은 은행으로부터 1만 달러를 차입하여 현금이 증가했다. 대차대조표의 '은행차입금'은 0달러에서 1만 달러로 증가했고, 이는 현금의 공급으로 반영되었다. 반면에 이 은행 차입금을 갚게 될 경우에는 현금흐름표의 자금 조달 활동 부분에 현금 사용으로 반영된다.

밥스 마켓의 대차대조표를 다시 살펴보자. 오른쪽의 자기자본 계정을 통해 투자자들이 1만 5,000달러의 현금을 출자해 사업을 시작했음을 알 수 있다. 그러한 투자는 대차대조표상에 '보통주' 발행으로 기입되며 현금흐름표에는 현금의 창출로 반영된다.

자기자본을 구성하는 또 하나의 요소는 이익잉여금이다. 당해 연도에 순이익이 추가되거나 투자가들에게 배당금이 지급되면 이익잉여금에 변화가 발생한다. 밥과 그의 아버지는 밥스 마켓의 이익을 유보함으로써 계속 자금을 투입하기로 결정했다. 그 결과 자금 조달 부분에는 배당금 지급이 전혀 없는 것으로 나타나 있다. 만약 소유주들이 배당금을 지급하기로 했다면 그 액수만큼의 현금 사용이 기록되었을 것이다.

한 해 동안의 영업 결과 밥스 마켓의 현금은 개점 당시보다 5,000달러가 증가했다. 현금흐름표에서 그러한 결과가 나온 과정을 파악할 수 있을 것이다.

현금흐름표에 담긴 의미

한 걸음 물러나 생각해 보자. 그렇지 않으면 세부 항목의 계산식에 빠져 방향 감각을 잃게 될 수도 있다. 현금흐름표는 당해 연도의 현금의 순변화를 보여 준다. 현금흐름표의 맨 아랫부분에 등장하는 현금의 순변화를 살펴보도록 하자. 간단해 보이지만 함께 일했던 몇몇 신참 공인회계사들은 현금흐름표의 세부적인 사항들을 열심히 작성하면서도 그 내용의 실제 의미는 이해하지 못하고 있었다. 어떤 부분에서 현금의 변화가 발생했는가 하는 것은 MBA들에게는 매우 중요한 문제다.

- 외관상으로는 수익을 올리고 있지만 사업을 유지하기 위해서는 더 많은 자금을 차입해야 하는 상황인가?
- 손익계산서상으로는 손해를 보고 있지 않은 상황이지만 기업의 운영에 너무 많은 현금이 소요되고 있지는 않은가?

이러한 질문을 통해 대차대조표나 손익계산서만으로는 결코 판단할 수 없는 중요한 정보를 얻을 수 있다. 바로 현금흐름표가 그 정보를 제공해 준다.

기업이 건실할 경우에는 영업활동을 통해 현금이 창출될 것이다. 그러한 현금 창출은 운전자본의 변화에 맞추어 조정되는 순이익을 통해 확인할 수 있다. 그것이 바로 영업활동 부문의 기능이다.

기업이 새로운 장비나 기술과 같은 고정자산에 거액의 투자를 필요로 하는가? 밑 빠진 독에 물 붓기 식의 운영자금을 메우기 위해 자산을 헐값으로 매각하고 있지는 않은가? 이러한 정보는 현금흐름표의 투자활동 부문을 통해 얻을 수 있다.

쇠퇴 일로에 있는 기업들이 수익성 없는 사업에 자금을 조달하느라 자산을 축내 가며 버티는 경우가 있다. 한때 세계 최대의 항공사였던 팬암Pan American Airlines은 1991년 현금을 조달하기 위해 경쟁사들이 탐내던 유럽 항로를 매각했다. 그로 인해 기울기 시작한 팬암 항공은 결국 1992년에 파산하고 말았다.

기업이 거액의 차입금이나 투자자 영입을 통해 영업 혹은 투자활동 자금을 조달하고 있는가? 이와 같은 주요 정보들은 현금흐름표의 자금 조달 활동 부분을 통해 얻을 수 있다. 밥스 마켓의 현금흐름표에는 은행으로부터의 자금 차입 내역과 소유주 자신의 투자 내역이 기록되어 있다.

현금이 어떻게 공급되고 사용되든 간에 현금흐름표는 기업의 건실성에 대해 많은 정보를 제공하기 때문에 재무분석가들은 현금흐름표를 가장 중요한 재무제표로 여기고 있다.

회계의 기본 구도

기업의 재무제표를 구성하고 있는 숫자들이 아무리 뒤죽박죽이라 해도 '자산은 부채와 자기자본의 합'이라는 회계의 기본 등식만 알고 있으면 복잡한 문제를 더 쉽게 이해할 수 있다.

현금흐름표는 한 해 동안의 현금잔고의 변화가 자산과 부채, 자기자본의 변화에 따른 결과라는 사실을 보여 준다. 자산과 부채의 변화는 대차대조표를 통해 알 수 있으며, 자기자본의 변화는 순이익의 변화에 따른 것으로 상세한 내용은 손익계산서를 통해 알 수 있다. 따라서 이들 세 가지의 기본 재무제표는 서로 불가분의 관계라 할 수 있다.

회계의 기본 등식, 대차대조표 그리고 한 해 동안 작성된 수많은 분개장들은 항상 대차 균형을 이룬다. 바로 그러한 특성 덕분에 어느 한 부분의 알 수 없는 변화도 다른 부분에서의 변화를 보면 이해할 수 있게 된다. 재무제표의 상호관련성이라는 이 기본 개념을 파악함으로써 이제 회계의 본질을 터득했다고 할 수 있다. 진심으로 축하한다!

비율을 통한 재무제표 분석

회계 담당자들이 재무제표를 만드는 과정과 방법에 이어 이제 재무제표를 해석하는 몇 가지 도구, 즉 비율ratios 을 통한 분석에 대한 설명을 덧붙이고자 한다. 재무제표상의 절대 수치들은 본질적으로 그 자체만으로는 그다지 큰 의미를 갖지 못하는 경우가 많다. 즉, 다른 수치와의 상대적 관계나 동종 업계 내의 다른 기업과의 관계를 분석한 상호간의 비율을 통해 비로소 제대로 된 정보를 얻을 수 있게 된다. 식료품 업계의 경우 일반적으로 매출에 비해 이익이 적기 때문에 실질적인 이익을 얻기 위해서는 매우 많은 양을 판매해야 한다. 반면 보석상은 판매량보다 높은 이윤 폭을 바탕으로 사업을 유지한다. 바로 그런 이유에서 동종 업계 내의 기업들의 성과를 비교하고 동일 기업의 과거와 현재 실적을 비교하기 위해 비율 분석을 이용하는 것이다.

다음은 재무제표를 분석하기 위한 비율의 네 가지 주요 범주이다.

- **유동성 지표** : 대금 지급을 위해 현금화할 수 있는 자산이 얼마나 되는

가? (유동비율)

- **자본 지표** : 기업의 채무 부담이 심각한 상태인가? 투자자들을 통해 자금을 지원받고 있는가? 어떤 방식으로 자금을 조달하고 있는가? (재무레버리지, 자본에 대한 장기부채의 비율)

- **활동성 지표** : 기업의 자산이 얼마나 적극적으로 운용되고 있는가? (자산회전율, 재고자산회전율, 상품의 판매일수 : MBA들은 자산을 단순히 사용하기보다는 '전략적으로 운용'한다.)

- **수익성 지표** : 자산과 매출을 통한 기업의 수익성은 어느 정도인가? (매출수익률, 자기자본수익률)

비율을 통한 분석은 실제로 수백 가지의 방법이 있지만 대부분의 비율은 위의 네 가지 범주와 관련된 여덟 개의 기본적인 비율에 그 바탕을 두고 있다. 밥스 마켓의 재무제표를 이용해 그들의 영업 결과에 대한 여덟 개의 기본 비율을 계산하는 방법과 그들 비율이 의미하는 바를 설명해 보자.

1. 유동비율

$$유동비율 = \frac{유동자산}{유동부채}$$

기업이 어려움 없이 대금을 지불할 수 있는지를 보여 주는 비율을 유동비율 Current Ratio 이라고 한다. 비율이 1보다 크면 유동성이 있다고 평가한다. 다음의 결과는 유동자산을 통해 충분히 유동부채를 갚을 수 있음을 보여 주고 있다.

$$\frac{\$115,000}{\$87,000} = 1.32$$

2. 재무 레버리지

$$\text{재무 레버리지} = \frac{\text{총부채} + \text{자기자본}}{\text{자기자본}}$$

$$\frac{\$142,000}{\$45,000} = 3.155$$

소유주의 투자 금액보다 부채가 더 많은 경우를 가리켜 '레버리지되었다' 혹은 '자본차입율이 높다'고 말한다. 수익성이 높은 기업은 보다 많은 부채를 사용해 분모의 비율을 낮춤으로써 더욱 큰 성과를 거둘 수 있다. 즉, 같은 양의 이익을 보다 작은 지분으로 나누게 되기 때문이다. 재무 레버리지Financial Leverage가 2보다 높으면 부채 사용액이 상당히 많다는 것을 뜻한다. 레버리지에 대해서는 자기자본수익률 부분에서 다시 상세히 설명하게 될 것이다.

3. 자본에 대한 장기부채의 비율

$$\text{자본에 대한 장기부채비율} = \frac{\text{장기부채}}{\text{부채} + \text{자기자본}}$$

$$\frac{\$10,000}{\$142,000} = 0.07(7퍼센트)$$

부채는 투자자들에 대한 배당금과는 달리 반드시 갚아야 하는 확정 채무이기 때문에 부채의 수준은 기업의 위험을 측정하는 중요한 척도가 된다. 부채의 비율이 50퍼센트 이상이면 부채 수준이 높다는 것을 나타낸다. 기업의 현금유출입의 시기와 안정성에 따라 다르기는 하지만 일반적으로 50퍼센트의 부채비율은 위험 수준으로 평가된다. 안정성이 있는 공공 전기회사들은 매출과 현금유출입에 대한 예측이 가능하기 때문에 비율이 50퍼센트를 상회하는 경우도 적지 않다. 월스트리트의 투자분석가들은 그 정도의 부채는 상당히 건실한 수준이라고 생각한다.

4. 자산회전율

$$자산회전율 = \frac{매출액}{총자산}$$

$$\frac{\$5,200,000}{\$142,000} = 36.6회$$

자산회전율Asset Turnover per Period은 기업의 자산 활용도가 얼마나 활발한지를 알려 주는 비율이다. 주어진 자산으로 많은 매출을 올렸다면 기업이 자산을 효율적으로 운용했다고 할 수 있다. 회전비율은 업종에 따라 다르지만 36회의 자산회전율은 대부분의 업종에 있어 높은 수준에 속한다고 할 수 있다. 하지만 골동품점의 경우에는 3회만 되어도 회전율이 높은 것으로 평가된다. 독특한 개성을 지닌 골동품들은 자신에게 맞는 수집가가 나타날 때까지 진열대 위에서 계속 기다려야 하기 때문이다. 그에 비해 식료품 업종에서는 연간 36.6회라고 해도 보통 수준에 지나지 않는다. 슈퍼마켓의 진열대에 있는 상품들은 약 1주일 단위로 팔려 나가기 때문이다. 농산물과 우유, 화장지 등은 1주일에도 여러 번 회전되지만 외국산 양념은 판매되기까지 훨씬 오랜 시간이 걸린다.

5. 재고자산회전율

$$재고자산회전율 = \frac{매출원가}{일정기간 동안의 평균 보유재고}$$

(기초재고와 기말재고를 더한 뒤 2로 나누면 '평균 재고'를 쉽게 산출할 수 있다.)

$$\frac{\$3,900,000}{\$100,000} = 연간 39회$$

6. 상품의 판매일수

$$상품의 판매일수 = \frac{기말재고}{\left(\dfrac{매출원가}{365}\right)}$$

$$\frac{\$100,000}{\left(\dfrac{(\$3,900,000)}{365}\right)} = 9.36일$$

위의 두 가지 활동성지표는 기업의 재고상품이 얼마나 활발하게 회전되고 있는지를 말해 준다. 즉, 재고상품들이 먼지를 뒤집어 쓴 채 진열대 위에 놓여 있는지 혹은 진열되기가 바쁘게 팔려 나가고 있는지를 알려 주는 비율이다. 식료품 업종과 같이 회전율이 높은 사업의 경우에는 연간 상품 회전 횟수가 매우 잦으며 상품이 재고 상태로 있는 기간은 단 며칠에 불과하다. 대다수 품목의 식료품들은 소비와 구매가 수시로 이루어지기 때문이다.

7. 매출수익률

$$매출수익률 = \frac{순이익}{매출액}$$

$$\frac{\$30,000}{\$5,200,000} = 0.005769(0.58퍼센트)$$

수익률은 계산이 간단해서 투자분석가들이 자주 사용하는 비율이다. 투자분석가들은 대차대조표와 손익계산서의 특정 부분에 관한 수익률을 계산한다. 매출수익률ROS, Return On Sales과 더불어 일반적으로 사용되는 수익률로는 자산수익률ROA이 있다.

8. 자기자본수익률

$$자기자본수익률 = \frac{순이익}{자기자본}$$

$$\frac{\$30,000}{\$45,000} = 0.6667(67퍼센트)$$

부채와 자기자본의 배합은 자기자본수익률ROE, Return On Equity에 큰 영향을 미친다. 예컨대 기업의 부채 수준이 높은 데 비해 자본이 적을 경우에는 자기자본수익률에 막대한 영향을 끼친다. 그런 경우를 재무 레버리지라고 하는데, 이는 앞서 자본화지표 부분에서 언급한 바 있는 용어다.

2012년에 밥과 그의 아버지가 슈퍼마켓의 자기자본을 소액만 남겨 두기로 결정했다고 가정해 보자. 그래서 2012년에 벌어들인 3만 달러 상당의 순이익을 모두 배당금으로 인출하고 미래의 현금 수요에 대비해 자금을 차입했다고 하자. 이 경우 대차대조표에는 4만 달러(1만 달러+3만 달러)의 장기부채와 1만 5,000달러(4만 5,000달러-3만 달러)의 자기자본만이 반영될 것이다.

결과적으로 자기자본에 대한 부채비율은 7퍼센트에서 28퍼센트로, 자기자본수익률은 67퍼센트에서 200퍼센트(3만 달러/1만 5,000달러)로 증가할 것이다. 이와 같이 비율은 재무 레버리지의 사용에 의해 대단히 큰 영향을 받게 된다. 자기자본 수준을 낮춤으로써 상대적으로 자기자본수익률을 높일 수 있으며, 그러한 경우를 일컬어 자기자본수익률이 매우 높은 수준으로 '레버리지되었다'고 한다.

자기자본수익률은 경영 성과를 평가하는 데 광범하게 적용되는 척도다. 경영진의 목표가 레버리지를 통해 높은 수익률을 획득하는 데에 있는 경우에는 위험비용이 뒤따르게 된다. 부채가 많을수록 이자 지급액 또한 크기 때문에 사업성과가 부진할 경우에는 이자 부담을 감당하지 못할 수도 있다. 2008년 리먼 브라더스Lehman Brothers와 워싱턴 뮤추얼Wachington Mutual등의 몰락은 경영진이 높은 레버리지에 따르는 위험을 무릅쓰다 파산한 예다.

듀퐁 차트

학계에서는 단순한 개념에 이름을 붙이는 것을 좋아한다. MBA 관련 용어를 어느 정도 숙지했다고 하기 위해서는 반드시 듀퐁 차트The Du Pont Chart라는 용어를 알고 있어야 한다. 듀퐁 차트는 여러 주요 재무제표 비율들의 구성 요소를 전개함으로써 그러한 비율들이 서로 어떤 관련을 갖고 있는지를 보여 준

이익 폭		자산회전율		자산수익률
$\dfrac{\text{순이익}}{\text{매출액}}$	$\times$	$\dfrac{\text{매출액}}{\text{총자산}}$	$=$	$\dfrac{\text{순이익}}{\text{총자산}}$

자산수익률		재무 레버리지		자기자본수익률
$\dfrac{\text{순이익}}{\text{총자산}}$	$\times$	$\dfrac{\text{총자산}}{\text{자기자본}}$	$=$	$\dfrac{\text{순이익}}{\text{자기자본}}$

다. 또 각 비율들 사이의 상호연관성을 도표로 나타내어 한 비율의 구성 요소에 변동이 있으면 다른 비율에도 영향이 미친다는 것을 보여 주고 있다. 이들 비율은 똑같은 투입 요소를 함께 공유한다. 예컨대 총자산이 감소하면 자산회전율과 자산수익률이 동시에 증가하게 되는데, 이는 그들 두 비율의 분모가 모두 총자산이기 때문이다. 그와는 반대로 재무 레버리지 비율에서는 총자산(총부채+자기자본)이 분자로 사용되기 때문에 재무 레버리지를 감소시키게 된다.

비율은 산업 특성에 따라 다르다

다른 비율들과 마찬가지로 수익성 역시 산업 특성에 따라 다르다. 업계마다 그 업계의 물리적 수요에 따르는 나름의 이익수준이 있다. 제철회사와 같은 중공업들의 자산수익률은 10퍼센트를 밑돈다. 그들 회사는 대형 제철공장과 상당한 규모의 공장 설비 등의 자산을 갖추고 있기 때문이다. 그에 반해 헤드헌팅 회사와 같은 수익성 높은 전문 용역업체들의 자산수익률은 100퍼센트를 상회하는 수준이다. 그들에게 필요한 자산은 단지 현금과 사무용 가구 그리고 외상매출금뿐이다. 헤드헌팅 회사의 진정한 자산은 사람을 키우고 설득하기 위한 직원들의 재능이지만, 그러한 재능은 대차대조표상에 숫자로 나타낼 수 없다.

수익성은 또한 경쟁의 강도에 따라 달라진다. 식료품 업종의 경우, 업체간의 치열한 경쟁으로 인해 매출수익률이 1퍼센트 수준을 유지하는 실정이다. 밥스 마켓의 첫 영업연도 매출수익률은 0.58퍼센트로서 업계 평균을 밑도는 수준이다. 하지만 그것이 첫 영업연도의 수익률임을 감안하면 수익이 있다는 것만으로도 성공적이라 할 수 있다.

재무제표의 각 부분들 간에도 비율을 이용한 상호 비교가 가능하다. 물론 어떠한 숫자 사이의 비율도 계산할 수는 있지만 경영 성과를 통찰하는 데에 도움이 되는 비율만이 가치가 있다. 각종 비율의 진정한 가치는 동종 업계의 기업 간 비율을 서로 비교하거나 한 기업의 과거와 현재의 성과를 서로 비교할 수 있을 때 비로소 확인된다. 또한 비율을 다른 방법으로 활용할 수도 있다. 즉, 사업을 시작하기 위해 어떤 업종을 선택할 것인지 고민하고 있다면 다양한 업계의 평균 비율을 비교해 업종 간의 '매력'을 분석할 수 있다. 기업과 업계마다 그들 나름의 경영상의 주요 통계치가 있으며 이는 매우 의미 있는 정보가 될 수 있다.

로버트 모리스 어소시에이츠Robert Morris Associates에서 발간하는 〈연간 재무제표 연구〉Annual Statement Studies에는 이들 모든 비율에 관한 업계별 참고 자료가 수록되어 있다. 이 소중한 자료 서적은 미국 대부분의 도서관에 비치되어 있으며, 300개 이상의 제조업체와 도매업체, 소매업체, 용역업체, 도급업체, 금융회사 등에 대한 각종 재무 및 영업 비율이 수록되어 있다.

관리회계

관리회계 역시 비율 분석과 마찬가지로 회계 자료를 사용해 사업을 관리하고 분석한다. 관리회계는 운영에 초점을 맞추며 비율 대신에 기준과 예산, 변수 등을 사용하여 사업을 운영하고 경영 성과를 설명한다. 관리회계의 목적은 한 회계기간 동안의 기업 활동에 앞서 미리 예산을 세우고 또한 회계기간이 끝난 후에 애초의 계획과 실제 결과가 다른 이유를 찾아내는 데에 있다. 대부분의 제조 환경에 있어 월별 예산을 수립하고 분석하는 일은 경영진이 시기적절한 행동 조처를 취하기 위한 기준이 된다.

성과 측정을 위한 척도를 설정하기 위해서는 공장 인력들이 팀을 이루어 비교 기준을 마련해야 한다. 즉, 회계 담당자뿐 아니라 모든 구성원들이 함께 협조해야 한다. 자동차 제조업의 경우에는 생산관리자가 자기 나름대로 재료비와 노무비 및 여타 비용에 대한 표준 원가를 설정하며, 엔지니어들은 연구를 통해 관련 자료를 얻을 수 있도록 돕는다. 공장 관리자는 판매 관리자와의 공동 작업을 통해 예상 수요를 충당하고 조립라인의 효율성을 유지하기 위한 적정 생산량을 계획한다. 판매 관리자는 상품에 대한 표준 가격과 수량을 책정한다. 관리회계 담당자는 이러한 기준들을 척도로 실제 결과를 분석해 기업 구성원들이 개발한 예산과 기준을 통해 차이의 원인을 찾아내는 일을 한다. 완료된 차이 분석은 긍정적 혹은 부정적인 결과의 원인을 밝힘으로써 경영진의 의사결정을 돕는다.

가격 차이와 수량 차이

두 가지 기본적인 유형의 차이로 가격 차이와 수량 차이를 들 수 있다. 이 두 가지 차이는 재무제표 비율과 마찬가지로 간단한 수학적 공식을 통해 구할 수 있다.

매출가격 차이 Sales Price Variance : 매출가격의 변동으로 인한 예산상의 표준 매출수입과 실제 매출수입 간의 차이를 말하는 것으로 다음과 같은 공식을 통해 구할 수 있다.

(실제 매출가격 − 표준 매출가격) × 실제 매출수량 = 매출가격 차이

매출수량 차이 Sales Volume Variance : 가격 변화가 없다는 가정 아래 표준 매출수량(예산상의 계획 매출수량)과 실제 매출수량의 차이로 인한 손익 차이를 알 수 있게 해준다.

표준 매출가격×(실제 매출수량 – 표준 매출수량) = 매출수량 차이

예컨대 다임러 크라이슬러Daimler Chrysler에서 2012년 7월 닷지 캐러밴을 대당 3만 달러에 1만 대를 판매함으로써 총 3억 달러의 매출을 올리기로 계획했다고 하자. 8월에 분석가에게 전달된 회계 자료에 의하면 7월의 실제 매출액은 5억 8,000만 달러였고, 실제 판매량은 2만 대였으며, 평균 단가는 1,000달러의 리베이트를 제한 2만 9,000달러였다. 따라서 매출 차이는 총 2억 8,000만 달러{(2만 대 × 2만 9,000달러) – (1만 대 × 3만 달러)}에 달했다. 어떻게 이러한 매출 차이가 발생했는지 분석을 통해 알아보도록 하자.

가격으로 인한 차이, 즉 매출가격 차이는 마이너스 2,000만 달러{(2만 9,000달러 – 3만 달러) × 2만 대}다. 그러나 계획보다 1만 대가 더 판매된 덕분에 매출수량 차이는 플러스 3억 달러{(2만 대 – 1만 대) × 3만 달러}가 된다. 이 두 값의 차이(–2,000만 달러 + 3억 달러 = +2억 8,000만 달러)는 총매출 예산의 차이(5억 8,000만 달러 – 3억 달러 = +2억 8,000만 달러)와 일치한다. 이러한 차이 분석을 통해 크라이슬러의 캐러밴 사업부 책임 경영자는 전반적인 매출 신장의 원인이 가격의 상승보다는 판매수량의 증가에 있었음을 알 수 있게 된다. 한편 리베이트로 인한 마이너스 값의 가격 차이는 폭발적인 판매량에 의해 충분히 상쇄되고도 남음을 알 수 있다. 이들 가격 차이와 수량 차이를 합한 차이 값은 예산상의 '총월간매출 차이'와 일치한다. 바로 이러한 차이 분석을 이용해 닷지 캐러밴 사업부의 책임경영자는 자신의 목표가 어떻게 달성되었는지 설명할 수 있게 된다.

구매가격 차이, 효율성 차이, 수량 차이

생산부서는 매출가격 차이와 매출수량 차이의 두 가지 기본 공식을 이용해 관리 통제를 위한 각종 차이를 계산해 낼 수 있다. 그 가운데에는 구매 및 생산 원자재의 사용에 따른 구매가격 차이도 포함된다.

> 구매가격 차이 = (표준 가격 − 실제 가격) × (실제 구매수량 또는 실제 사용수량)

또한 상품 생산에 소요되는 원자재와 노동의 양 역시 표준량과 다를 수 있다. 매출수량 차이와 마찬가지로 이들 차이를 효율성 차이라고 한다. 일례로 제화공이 동물의 가죽에서 계획했던 것 이상의 피혁을 얻게 되었다면 그만큼 더 효율적이라고 할 수 있을 것이다. 또 다른 예로 자동차 공장의 조립라인에 약물 중독자가 근무할 경우에는 자동차를 생산하는 데 계획보다 더 많은 시간이 소요되어 효율성에 차이가 생길 수도 있을 것이다.

> 원자재 또는 노동 효율성 차이 = (표준 사용량 − 실제 사용량) × (표준재료비 또는 노무비)

다시 캐러밴의 예로 돌아가 보자. 공장장이 세운 7월 예산에 따르면 조립된 캐러밴의 단위당 페인트 표준 사용량은 8갤런이며 갤런당 단가는 10달러였다고 하자. 하지만 실제로 캐러밴 2만 대를 생산하는 과정에서는 자동차 한 대당 갤런당 12달러짜리 페인트 7갤런이 들었다. 그 경우 회계 담당자는 닷지 캐러밴 사업부 책임경영자에게 다음과 같은 페인트 가격 차이를 보고하게 된다.

> 원자재 가격 차이 = (갤런당 10달러 − 갤런당 12달러) × (2만 대 × 7갤런) = −28만 달러

이것은 갤런당 단가를 계획보다 더 비싸게 지불한 데 따른 결과다. 닷지 경영진은 마이너스 값의 차이에 당황하기보다는 이러한 정보를 이용해 구매 담당자에게 다음 달에는 더 나은 거래 협상을 성사시키도록 요구해야 할 것이다.

$$원자재 효율성 차이 = (8갤런 - 7갤런) \times 2만\ 대 \times 갤런당\ 10달러$$
$$= 20만\ 달러$$

이것은 계획보다 페인트를 덜 사용한 데 따른 결과다.

각종 비율의 경우와 마찬가지로 위와 같은 각종 차이 역시 무한정 만들어내느라 회계 분석가들이 계속 분주한 나날을 보낼 수도 있다. 하지만 기본 유형의 차이는 오로지 두 가지, 바로 가격 차이와 수량 차이뿐임을 명심하자. '관리회계'라는 말을 듣게 되면, '차이'라는 용어를 동시에 떠올릴 수 있어야 한다.

원가 계산과 활동 기준 원가 계산

원가 계산Cost Accounting은 상품이나 용역의 생산원가를 비교적 단순하게 책정하는 과정이라 할 수 있다. 원가 계산은 관리회계와 밀접한 연관을 갖고 있는데, 원가 계산 담당자들이 수집한 자료를 근거로 하여 관리회계에서 사용하는 온갖 기준들이 만들어지기 때문이다. 공산품에 투입되는 직접임금과 직접재료비는 비교적 간단하게 상품 원가에 배분될 수 있다. 하지만 간접비의 원가배분은 훨씬 더 까다롭다. 더욱 중요한 것은 그러한 비용들을 원가에 제대로배분하지 못할 경우 개별 상품의 수익성과 각종 부서들의 수익성이 잘못 판단될 수도 있다는 점이다. 간접비는 반드시 간접경비의 실제 지출을 기준으로배분되어야 하며, 그런 이유에서 활동 기준 원가 계산ABC, Activity-Based Costing이라고 말한다. 간접비는 상품을 생산해 고객에게 전달하는 데에 소요된 비용에근거해 배분되어야 한다. 예전에는 각종 간접경비가 재료비나 노무비에 비해 상대적으로 부수적인 위치에 있었지만 오늘날에는 전화통화, 청구서 발송, 자문, 컴퓨터 시스템 등에 소요되는 간접경비가 막대한 수준에 달한다.

만약 회사 내의 고수익 부서가 적은 주문 건수를 통해 소수의 점포에게만 판매를 한다면, 판매고는 낮지만 많은 소규모 고객들에게 수시로 주문을 받는 부서보다 청구서 발송원가가 적게 배분되어야 한다. 만약 회계 담당자가 거래 건수가 아닌 매출액 기준으로 배분할 경우에는 수익 계산이 왜곡될 것이다. 또한 첨단 자동화 제조공정을 갖춘 상품과 그렇지 못한 상품을 모두 생산하는 공장에서 컴퓨터 시스템 경비를 직접 노동 시간에 근거해 배분한다면 그 역시 잘못된 결과를 초래하게 된다. 회계업체에서 파견된 회계 담당자가 자기 임의대로 기업의 간접경비를 할당하는 일은 어느 기업에서나 흔히 있는 일이다. 하지만 그로 인한 재무 결과의 왜곡은 회사 경영진의 생사를 좌우하는 엄청난 문제를 야기할 수도 있다. 활동 기준 원가 계산을 무시하고 간접비 배분을 대수롭지 않게 결정함으로써 모든 계열의 상품 생산과 여타 부서 활동이 중단되거나 외부 하청에 의존하게 되는 결과가 초래될 수도 있다.

회의적인 회계정보 소비자

'윤리학' 부분에서 설명했듯이 2002년 사베인스 옥슬리 법안은 회계 담당자들을 보다 정직하게 만들고자 하는 취지에서 제정되었다. 《10일 만에 끝내는 MBA》를 수료하는 독자들은 회계 담당자들이 장부를 조작할 수 있는 주요 방법에 대해 각별히 유의해야 한다. 대규모 회계 사기나 파산이 발생할 경우 '법회계학자'들은 과정상의 잘못을 찾아내는 데에 주의를 집중한다. 그들이 흔히 문제점을 발견하는 부분들은 다음과 같다.

회계 담당자들이 이익을 허위 기재할 수 있는 열 가지 방법

1. 비용을 자산으로 분류한다. 월드콤은 경상비용인 지역 전화 접속 비용을

네트워크를 통한 투자로 분류했다.

2. 수익, 할인, 가격인하에 대한 매출에누리를 저평가한다. 한도를 저평가하면 수익이 높아진다.

3. 외상매출에 대한 불량채무 한도를 저평가한다. 불량채무비용에 대한 한도를 저평가할 경우 수익이 증가한다.

4. 대차대조표상에 나타나지 않는 부채를 만들어 낸다. 대차대조표상에 나타나지 않는 엔론의 '특수목적법인'SPE, Special Purpose Entity 은 수백만 달러에 달하는 부채를 만들어 냈고, 그로 인해 2002년 파산했다.

5. 허위 수입을 실수입으로 인정한다. 퀘스트 통신Qwest Communication은 다른 통신업체들의 광섬유 서비스 구매에 대한 11억 달러의 매출 가능성을 네트워크 사용권 판매에 대한 실수입으로 인정했다. 그 거래는 실제로 전혀 발생하지 않았지만 양측 모두 수입과 이윤을 주장했다.

6. 자산의 감가상각 기간을 지나치게 길게 잡는다. 1998년 폐기물 관리회사인 웨이스트 매니지먼트Waste Management, Inc.는 자사 소유 매립지의 감가상각 기간을 늘려 연간 35억 달러의 감가상각비를 낮추어 보고한 사실이 발각되었다.

7. 재고 정산을 조작한다. 폐기해야 할 재고상품의 액수를 저평가해 폐기 비용을 줄이면 기업의 수익이 증가한다.

8. 임시손익unusual gains and losses을 미리 계획한다. 회계 담당자는 구조조정 비용을 낮게 기록하거나 자산 매출수익을 과대평가함으로써 수익을 부풀릴 수 있다. 특정한 상황 하에서 그들 항목은 손익계산서 내에서 따로 분리되어 '영업이익'에 영향을 미치지 않을 수도 있다.

9. 미래 비용을 과대평가함으로써 특별적립금을 창출한 뒤, 평가금액을 다시 하향 조정함으로써 수익을 증대시킨다. 똑같은 방법을 이용해 수익을 부풀리게 되면 수익이 높을 경우에 비용 한도 과대평가를 통해 수익을 축소시킬 수 있다. 그에 따라 매년 이익금이 크게 변동하는 것을 막기 위해 수익

이 떨어질 때를 대비한 '쿠키 자 계정'cookie jar reserve(회사가 미래의 채무를 고의로 과대 계산할 때 발생하는 예비비를 일컫는 말—옮긴이)이 창출된다. 기업이 가외 수익이 필요한 경우 회계 담당자는 이전의 비용 평가를 다시 하향조정해 수익을 기록하면 된다.

10. 주요 경영진의 상여금을 좌우하는 실적 측정치를 조작한다. 상여금의 계산 방법에 따라 경영진과 재무 회계 담당자의 공모로 재무 자료를 조작해 미지급 상여금을 생성함으로써 실제 순이익을 감소시킬 수 있다.

회계학 요점 정리

지금까지 회계학 강의를 공부하면서 너무 좌절하지 않았기를 바란다. 필자의 취지는 공인 회계사로서의 경험과 MBA 과정 경험을 토대로 짧은 지면을 통해서나마 회계의 본질을 전달하고자 하는 것이었다. 회계에 관한 사전 지식이 전혀 없었던 독자는 내용을 완전히 소화하기 어려웠을 것이다. 하지만 다음 내용만큼은 반드시 기억해야 한다.

- 자산 = 부채 + 자기자본
- 기본 재무제표 세 가지는 대차대조표, 손익계산서, 현금흐름표이며 이들은 서로 상호종속적인 관계에 있다
- 회계의 분개와 재무제표들은 항상 대차 균형을 이룬다.
- 재무제표의 내용은 비율을 통해 분석할 수 있다.
- 경영 성과를 분석하고 관리하기 위해 차이를 이용할 수 있다.

이상은 회계학의 핵심 내용들이다. 회계학은 경영학을 전공하지 않은 일반 학부 출신의 학생들이 MBA 과정에서 가장 두려워하는 과목이기도 하다. 이 책에서 소개한 내용은 MBA 학생들이 밤새 씨름하는 힘든 과정을 이해하기 쉽게 단순한 형태로 요약한 것이다.

반드시 챙겨야 할 **회계 용어**

....

- **현금주의 회계**Cash Basis Accounting : 실제로 현금 출납이 있을 때에만 거래를 기입하는 회계 방식
- **발생주의 회계**Accrual Basis Accounting : 현금유출입의 변동에 상관없이 수익과 비용을 상계시키는 거래 기입 방식
- **대차대조표**Balance Sheet : 일정 시점을 기준으로 작성한 기업 소유의 자산과 채무에 대한 목록
- **회계의 기본 등식**Fundamental Accounting Equation : 자산 = 부채 + 자기자본
- **순운전자본**Net Working Capital : 단기유동자산에서 단기유동부채를 차감한 값
- **손익계산서**Income Statement : 한 영업기간 동안의 수익 창출 활동을 요약한 재무제표
- **총이익**Gross Margin : 수익에서 직접 매출원가를 차감한 값
- **현금흐름표**Statement of Cash Flows : 기업의 현금 유입 및 유출 과정을 요약한 재무제표
- **감가상각비**Depreciation : 장비의 원가를 총 사용 기간에 걸쳐 평균적으로 배분한 장비 사용 비용
- **재무제표 분석을 위한 여덟 가지 기본 비율**The Eight Basic Ratios for Financial Statement Analysis : 재무제표를 분석해 그 내용을 업계 표준과 비교하기 위한 주요 기법들
- **가격 차이와 수량 차이**Price & Volume Variances : 영업 성과를 설명하기 위한 도구로서 애초의 예산과 결과 사이의 가격 차이와 수량 차이를 분리하는 기법
- **활동 기준 원가 계산**ABC, Activity-Based Costing : 간접비용을 임의적 측정이 아닌 실제 사용에 근거해 배분하는 방법

넷째 날

조직행동론

Organizational Behavior

다음의 대화를 보자.

> **MBA 출신 신입사원 :** 해결책을 찾았습니다! 엑셀로 분석한 결과 우리 회
> 사는 상품보다는 지역별로 조직을 개편하는 것이 바람직하다는
> 결론에 도달했습니다. 불필요한 인원과 출장을 줄이면 연간 최
> 소 300만 달러를 절약할 수 있습니다. 경영대학원 수업에서 이
> 와 유사한 계획을 브랜든 리Brandon Lee 회사에 가상 적용한 바 있
> 었는데 큰 성과를 냈었습니다.
>
> **관리자 :** 괜찮은 생각이군. 근무한 지 7개월 만에 근본적인 조직 개편을
> 이야기하다니 훌륭해요. 그렇다면 그 불필요한 인력의 명단까지
> 도 이미 작성해 놓았을 것 같은데요?
>
> **MBA 출신 신입사원 :** 저, 아직 거기까지는 생각하지 못했습니다.

MBA의 조직행동론OB, Organizational Behavior 수업이 학생들에게 가르치고자 하
는 것은 직장 내의 인간적 문제에 대처하는 방법이다. 수업 시간에는 계량적

분석 기술로 마술처럼 이론적 해결책을 제시할 수 있었다. 허나 현실은 이론과 다르다. 조직행동론은 사회 경험이 많지 않은 학생들에게 인간적 감성을 주지시킴으로써 자신의 MBA 기법을 현실 세계에 적용할 수 있도록 돕는다.

대부분의 조직 이론들은 서점에서 흔히 볼 수 있는 자아 인식 및 감성 훈련에 관한 책들의 내용과 크게 다를 바 없다. 그들 대다수 책의 저자들이 바로 MBA 교과과정에 나오는 학술 이론을 주창한 교수들이기 때문이다. 차이점이라면 기업 재창조 이론이나 관리자 능력 계발 등에 관한 서적들이 난해한 학술지에 발표되는 논문에 비해 돈벌이가 훨씬 낫다는 점이다.

조직행동론은 수업 중에 학생들의 본성이 드러나는 과목이기도 하다. 개방적인 태도를 표방하던 학생들이 당면한 사례를 다루는 과정에서 성차별, 편견, 탐욕 등의 부정적인 성향을 드러내기도 한다. 한편 조직행동론 수업은 과중한 학업에 시달리는 학생들에게 휴식이 되는 과목이기도 하다. 복잡한 계량 분석이나 광범한 독서가 필요하지 않기 때문이다. 여타 MBA 과목과 마찬가지로 관련 용어를 숙지하고 이를 적시에 활용해 직장에서 신뢰를 쌓기까지는 다소 시간이 걸린다. 그러나 조직행동론의 강의 내용을 자기 것으로 소화한다면 MBA들의 경력이 크게 달라질 수도 있을 것이다. 대인관계 기술이 없는 MBA는 전선 없는 전기제품이나 다름없기 때문이다.

조직행동론의 문제 해결 모델

마케팅 과목에 전략 개발의 7단계가 있듯이 조직행동론 과목에는 조직 문제를 해결하는 3단계 기법이 있다.

- 문제 정의
- 분석
- 실행 계획

문제 정의

조직 문제를 해결하기 위한 첫 단계는 문제 정의Problem Definition, 즉 문제의 근원을 파악하는 일이다. 문제의 본질은 외적 증상에 의해 가려지는 경우가 많다. 따라서 문제의 근원 대신 그 증상만을 해결하는 오류를 범할 수도 있으며, 문제의 근원이 치유되지 않는 이상 또다시 새로운 갈등이 불거질 것이 자명하다. MBA 과정에서 지도하는 여러 가지 분석 기법은 문제의 근원을 확실히 제거하는 데에 도움을 준다.

요구와 결과 사이의 갭

관리자가 '당연히' 그렇게 되어야 한다고 예상한 결과와 실제로 나타난 결과 사이에 갭이 존재할 때 문제가 발생한다. 문제 정의는 모든 참여자의 관점에 의한 상황 분석과 함께 요구와 결과 사이의 갭에 대한 개요를 수반해야 한다.

예를 들어 보자. 한 대형 서비스 업체는 매우 중요한 컴퓨터 신기술을 도입하고자 하는 계획이 실패로 돌아가자 행크 헬풀Hank Helpful이라는 인물을 부사장으로 영입해 전산부서의 문제를 해결하고자 했다. 신임 부사장은 문제의 원인이 부서 간 알력에 있다고 판단했다. 전산부서는 고립되어 있으며 회사 내의 다른 모든 부서들과 항상 불화를 일으키고 있었다. 그는 다음과 같은 갭을 확인했다.

내가 요구한 것 → 갭 ← 내가 얻은 결과

(예)부서 간 협력 → 갭 ← 부서 고립

부사장은 또 다른 갭도 존재한다는 사실을 알게 되었다. 전산부서는 회사의 운영 세력들이 자신의 부서를 무시하고 부서 직원들을 2류 취급한다고 느끼고 있었다. 그러한 부사장의 지적은 모두 사실이었다. 한편 판매 및 운영부서 역시 그들 나름의 갭을 가지고 있었다. 그들은 적절한 비용으로 적기에 컴퓨터 서비스를 받을 수 있기를 원했지만 실상은 그렇지 못했기 때문이었다.

대부분의 경우 조직 문제는 다른 문제에 비해 쉽게 진단되지 않는다. 종종 관리자들이 갭을 정확히 파악하지 못하는 경우도 있다. 갭이 존재하기는 하는 것인가? 이 같은 관리자의 인식이 실제로 일어나고 있는 갈등을 덮어 버릴 수도 있다. 보통 여기에서 문제가 시작된다.

문제의 수준

갭이 존재하는 것을 인지했다면 그것이 어떻게 조직에 영향을 미치는지 파악하는 일이 중요하다. 문제가 기업에 영향을 미치는 방법은 다음 세 가지 형태로 분류할 수 있다.

- 특정 인물들 내부 또는 특정 인물들 사이의 문제
- 집단 내부 또는 집단 간의 문제
- 전체 조직 내의 문제

앞서 예시한 전산부서의 문제는 세 단계 모두에서 발생하고 있다. 따라서 문제를 제대로 해결하기 위해서는 각각 단계별로 접근해야 한다. 직원 간의 불편한 감정은 개인적 차원의 문제이며 부서 간 갈등은 집단 간의 문제라고 볼 수 있다. 또한 경쟁력 있는 신기술 도입의 실패는 조직적 차원에서 발생한 문제에 해당한다.

근원 문제와 인과 사슬

유능한 MBA는 가장 중요한 문제들을 찾아내어 우선적으로 해결하는 것을 목표로 한다. 그러한 문제를 일컬어 근원 문제라고 한다. 먼저 문제의 근원을 없애고 그 다음에 증상을 없앤다. 전산부서를 무시하는 태도 등의 근원 문제는 또 다른 다양한 문제들을 유발하게 된다.

근원 문제에 접근하기 위해 사용되는 도식적 방법은 인과 사슬을 그리는 것이다. 앞서 말한 업체의 부서 간 문제는 인과 사슬을 이용해 다음과 같이 도식화할 수 있다.

문제의 발단 → 근원 문제 → 사업 문제

(예) 상호작용의 결핍, 인성 차이 → 기술자에 대한 존경심 부족
→ 프로젝트 실패

분석

갭을 정확히 찾아내고 인과 사슬을 이용해 도식화 작업을 끝낸 후에 MBA들은 문제와 원인을 연결하는 방법을 배운다. 분석 단계에서는 인과 사슬을 그리는 것 외에도 문제의 원인을 이해하려는 노력이 필요하다. 그러한 문제들이 존재하는 이유는 무엇인가? 어떤 환경적 요인이 작용하는가? 이러한 질문들을 통해 조직관리를 통해 해결될 수 있는 문제의 원인을 점차 파악할 수 있다.

문제 해결이 어려울 때는 다양한 해결책을 시도하도록 해야 한다. 앞에서 언급한 사례의 경우에는 비협조적인 직원들을 해고하는 것도 부사장이 취할 수 있는 방법이 될 수 있다. 감성 훈련과 부서 간의 토론 역시 한 가지 방법이 될 수 있다. 마케팅 계획을 수립할 때와 마찬가지로 성공적인 문제 해결에도 다양한 실행 방법이 존재한다.

실행 계획

MBA는 결단력 있고 혁신적인 태도를 갖추도록 교육받는다. '결단력 있는'과 '혁신적인'이라는 단어는 MBA의 태도와 관련해 자주 사용되는 수식어이다. MBA는 철저한 분석 작업을 거쳐 확실한 계획을 수립할 수 있어야 한다.

실행 계획Action Planning 은 여섯 가지 주요 단계를 거치게 된다.

1단계 : 구체적인 목표를 설정한다.

2단계 : 필요한 활동과 자원, 책임 소재 등을 정확히 규정한다.

3단계 : 실행에 옮기기 위한 일정표를 작성한다.

4단계 : 결과를 예측하고 긴급 대책 계획을 세운다.

5단계 : 시간 순서대로 세부 실행 계획을 수립한다.

6단계 : 계획을 이행하고 실행 과정을 감독하며 1단계의 목표에 근거해 결과를 평가한다.

MBA식 문제 해결 방법은 결코 간단하지 않으며 적잖은 시간과 노력을 필요로 한다. 또한 지금까지 습득한 MBA 지식을 바탕으로 가능한 온갖 행동 조치들을 실행 수단으로 고려해야 한다. 이러한 문제 해결 방법은 상당히 강력하고도 진보적으로 보인다. 보상, 통제 혹은 계획 수립을 위한 시스템 등이 실행 수단으로 작용할 수 있다. 조직행동론이 MBA 과정에 포함된 배경에는 MBA들이 인적 요소를 간과하여 전술상의 과실을 범하지 않도록 훈련시키고자 하는 취지가 담겨 있다. MBA 교과과정은 난제 해결을 위한 기본 구도를 통해 각종 이론과 방법들을 되풀이하여 가르침으로써 학생들이 그러한 지식을 실제로 활용할 수 있도록 지도한다.

개인 및 조직 차원의 조직행동론 주제

지금까지는 문제를 분석하고 해결책을 실행하는 데 이용되는 구조에 대해 살펴보았다. 이제부터는 그 과정의 배경을 설명하고자 한다. MBA 교과과정은 개인 차원의 문제를 다루는 이론과 주제부터 시작해서 보다 많은 사람들의 개입에 따라 복잡해지는 보다 큰 조직 차원의 주제까지 확장된다. 그 과정을 따라 학생들에게는 새로 습득한 문제 분석 및 해결 방안 기술을 적용해 문제를 분석하고 해결 방안을 계획하도록 점점 더 복잡하고 난이도 높은 사례들이 과제로 주어진다.

MBA의 심리학 강의 : APCFB 모델

직장 내에서 사람들의 행동 요인을 살펴보기 위해 MBA 과정에는 [도표 4-1]과 같은 APCFB 모델 수업이 포함된다. 이 모델은 외부 환경 요인(외적 사건)과 직원의 행동을 연관시키는 인지적 과정을 설명하는 데에 이용된다. 가정Assumption은 사람들의 지각Perception에 영향을 미친다. 지각은 다시 결론Conclusion에 영향을 미치며, 결론은 감정Feeling을 자극한다. 마침내 그러한 감정

[도표 4 - 1] APCFB 심리학적 모델

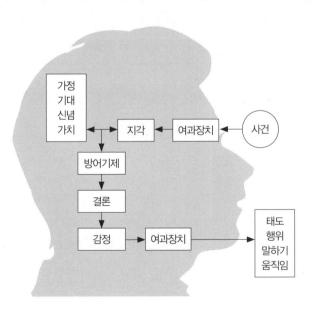

출처 : "Why People Behave the Way They Do", Case UVA-OB-183, Figure 5. Copyright ⓒ 1986 by the Darden Graduate Business School Foundation, Charlottesville, Virginia.

은 관리자의 눈에 비치는 행동Behavior으로 표출된다. 이러한 과정을 이해하면 MBA는 동료 직원들의 행동은 물론 자신의 행동에도 긍정적인 영향을 줄 수 있을 것이다.

분석 기법만 있으면 MBA들은 무엇이든 이해할 수 있다고 자신한다. 하지만 사람들의 내면에 존재하는 혼란스러운 힘은 완벽한 의사전달과 이해를 방해한다. 우리는 사건의 정확한 인식을 방해하는 여과장치filter를 통해 사물을 본다. 여과장치는 또한 진정한 욕구대로 행동하는 것을 가로막기도 한다. 우리 모두의 내면에는 추가 여과장치 역할을 하는 방어 기제가 있어 심리적 충격으로부터 자신을 보호한다. 그러한 여과장치 역시 타인의 심리를 정확히 파악하는 데에 방해가 된다. 예컨대 숫자에 밝지 못한 감독자는 자기방어 기제로 분석자의 기술적 설명에 대한 오류를 찾으려고 한다. 그러한 행동은 자신의 산술적 능력의 부족함을 감추는 데에 도움이 될 것이다.

MBA는 세상과 타인 또는 우리 자신에 대해 마땅히 그러하거나 그래야만 한다고 믿는 사람들의 신념, 다시 말해 가정에 영향을 미칠 수 있다. 우리의 가치체계는 그러한 가정들로 구성된다. 다음은 가정에 포함되는 개념을 접근이 용이한 순서대로 나열한 것이다.

- 기대expectation
- 신념belief
- 가치value

기대와 어느 정도의 신념은 투명한 운영 계획과 조치를 통해 바뀔 수 있다. 그러나 가치는 여간해서는 바뀌기 힘든 내면 깊숙이 자리한 가정이며 바뀐다 해도 오랜 시간을 필요로 한다.

관리자가 부하직원의 가치를 활용할 수 있는 능력을 갖추었다면 생산성을 향상시킬 수도 있다. 필자는 개인적으로 창의성과 자유에 높은 가치를 두고 있다. 나의 가치를 제대로 파악하고 있는 관리자라면 최고의 업무 성과를 이끌어 낼 것이다. 예를 들어 상사가 심도 있는 마케팅 분석을 요구한다면 나에게 창의성을 발휘할 기회를 제공한 셈이다. 상사와 나는 모두 같은 것을 지향하고 있기 때문에 결국 양자의 목표가 일치한다고 할 수 있으며, 그에 따라 바람직한 행동이 도출될 수 있다. 조직 내 개인들 사이에 목표가 일치할 때 집단의 생산성은 높아진다. 목표 일치성goal congruence이란 MBA 과정에서 자주 언급되는 용어다. 듣기에도 근사할 뿐만 아니라 실제로도 매우 의미 있는 말이다.

전략기획 관리자를 예로 들어보자. 그는 팀의 창의성을 발휘해 발전 단계에 있는 시장을 공략할 경쟁 전략을 수립하고자 했다. 과거에는 온갖 창의적인 업무는 그 혼자서 전담했으며 다른 구성원들은 단지 숫자를 계산하는 일에만 투입되었다. 그는 팀원들의 행동 변화를 끌어내기 위한 창의적 과정의 일부로 시행착오를 감수해야 했다. 과거에는 팀원이 오류를 범하면 해고되거나 주위의 비웃음을 샀기 때문에 창의성을 요구하는 그의 바람은 당연히 호응을 얻지 못했다. 팀원들의 부정적인 가정이 장벽이 되었던 것이다. 결국 그가 바라는 변화를 이끌어 내기 위해 팀원들의 창의적 행동에 대한 꾸준한 보상을 통해 신뢰를 쌓는 노력을 해야 했다. 직원들에게 의욕을 불어넣고자 한다면 약간의 심리학적 지식이 필요하다.

동기기대 이론

모든 조직들에게 동기는 잡고 싶지만 붙잡기 힘든 동물과 같다. 기대 이론은 개인에게 의욕을 고취시킬 수 있는 여러 요인들을 개괄적으로 설명해 준다. 관리자나 실무직원 또는 당신도 직원의 행동을 파악하기 위해 동기기대 이론Expectancy Theory of Motivation을 활용할 수 있다.

동기 = 작업 성과에 대한 기대 × 기대성과에 대한 보상 × 보상의 가치

위의 등식은 문제의 근원을 분리해 내는 데에 도움이 된다. 또한 등식의 각 구성 요소들은 동기의 일부 측면을 설명할 수 있다. 사세가 기우는 자동차 제조업체가 제조와 판촉 면에서 보다 우수한 경쟁기업에게 시장을 잠식당하고 있을 경우, 그 업체의 마케팅 관리자는 자신이 어떤 방법을 동원한다 해도 결국 경쟁에서 패할 것이라고 생각할 것이며 그러한 생각은 당연히 그의 의욕을 위축시키게 된다. 또한 회사가 직원의 우월한 성과에 대해 전혀 보상하지 않는 경우에도 불만이 야기된다. 보상이 있다 해도 그것이 회사 임원용 화장실을 쓸 수 있는 열쇠 꾸러미 같은 것이라면, 그 마케팅 관리자는 심각하게 이직을 고려하게 될 것이다.

프레드 허츠버그Fred Hertzberg, 에이브러햄 매슬로Abraham Maslow, 데이비드 맥클리랜드David McClelland 등과 같은 저명한 학자들은 행동은 욕구를 충족시키고자 하는 충동에 의해 유발된다고 주장한다.

허츠버그는 업무상의 동기유발 요인motivator 또는 만족 요인satisfiers을 극대화하거나 불만족 요인dissatisfiers 또는 유지 요인maintenance factor을 극소화함으로써 동기를 강화할 수 있다고 단정한다. 승진이나 상금은 만족 요인이 될 수 있다. 유지 요인은 행복과 직결되지는 않지만 직원들이 기대하는 부분이다. 안전이 보장되는 작업장과 생계가 보장되는 임금은 전형적인 유지 요인에 속한다. 한편 매슬로는 동기를 직원의 욕구 단계를 충족시키는 함수라고 해석한다. 욕구 단계는 흔히 피라미드로 묘사된다. 피라미드의 최하위를 차지하는 것은 음식과 물에 대한 생리적인 욕구이며, 그 위로 차례로 안전에 대한 욕구, 소속과 애정에 대한 욕구, 자기존중에 대한 욕구 단계를 거쳐 마지막으로 자아실현 욕구가 최상위에 위치한다. 이러한 욕구들은 어려운 목표를 달성함으로써 개인적 성장 및 자아성취감을 경험할 때 충족된다.

끝으로 맥클리랜드는 인간은 성취 욕구need for achievement, 권력 욕구need for power, 친화 욕구need for affiliation 등 세 가지 기본적 욕구를 지니고 있다고 말한다. 이론이 무엇이든 간에, 관리자는 직원의 욕구를 반드시 간파할 수 있어야 한다.

직무 설계

직원 동기를 강화하기 위한 또 다른 방법은 직무 설계Job Design 방식을 살펴보는 일이다. 모든 업무에는 특정한 핵심 업무 범위가 있으며 여기에 속하는 일들은 반드시 해야만 하는 임무이다. 이러한 핵심 임무는 직원들의 심리 상태에 중대한 영향을 미치며 그로 인해 다양한 결과가 야기된다. 심리적 상태는 사람들의 마음속에 감춰져 있지만 그 결과는 작업 성과를 통해 가시적으로 나타난다. 인간적인 요소가 무시될 경우 품질과 효율은 저하되기 마련이다.

MBA가 인사 문제에 어려움을 겪고 있다면 직무 설계의 결과와 관련이 있을 것이다. 핵심 직무 차원을 면밀히 연구하면 막대한 비용을 들이지 않고도 큰 성과를 거둘 수 있다. 예를 들어 LA의 록히드Lockheed 부품공장은 소수민족 출신의 미숙련공들을 고용해 다른 공장에서 제작된 점보제트기의 부품을 조립하도록 훈련시켰다. 그러나 그들은 업무에 대해 어떠한 동기도 부여받지 못

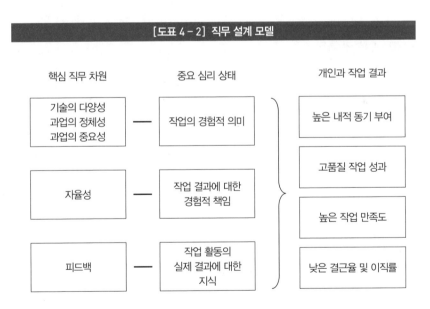

[도표 4 - 2] 직무 설계 모델

출처 : "Introduction to Job Design," by Professor William Zierden, Case UVA-OB-91R, Figure 1. Copyright © 1975 by the Darden Graduate Business School Foundation, Charlottesville, Virginia.

했고 조립품의 품질은 엉망이었다. 관리자는 작업자들과의 대화를 통해 부품을 조립하는 업무가 그들에게 아무런 의미도 없다는 사실을 깨달았다. 그들은 자신이 무엇을 제작하고 있는지도 이해하지 못했다. 잘못된 상황을 개선하기 위해 관리자는 작업자들을 비행기 조립공장으로 데려가서 그들이 만든 부품이 비행기의 어느 부분에 설치되는지를 직접 보여 주었다. 또한 불량품으로 인해 불편을 겪는 사람들을 직접 만나 보게 했다. 결국 작업자들은 자신들이 담당하는 작업의 중요성을 깨닫게 되었고, 그 결과 생산성이 높아지고 불량 조립품은 줄어들었다. 이전의 무의미했던 조립 업무는 중요한 의미를 갖게 되었고 직원들의 반응은 보다 나은 성과로 나타났다. 결국 이전의 미숙련자들은 직무에 자부심을 느끼며 행복하게 일하는 작업 인력으로 바뀌었다. 이와 같은 직원의 행복을 근로 생활의 질, 즉 QWL_{Quality of Work Life}이라고 한다. 또한 직원들에게 업무에 대한 재량권을 부여하는 것을 권한 부여_{empowerment}라고 한다. 오늘날의 경영서적을 읽기 위해서는 반드시 알아야 할 용어들이다.

MBA 인성의 특질

경영대학원에서는 젊은 남녀 학생들에게 경영기법을 가르치는 것은 물론 동기부여를 통해 그들의 잠재력을 극대화시키고자 노력한다. 그러한 맥락에서 MBA들은 혁신적 리더가 되기 위한 교육을 받는다.

리더십

일류 경영대학원들은 장래의 기업 리더를 육성해 내는 기관임을 자처한다. 이를 추구하고자 조직행동론 수업에서는 리더십과 그 책임에 관한 주제를 심도 있게 다룬다. 일부 대학원들은 아웃워드 바운드_{Outward Bound}(항해와 등반, 카누 여행과 사막 횡단을 체험할 수 있는 프로그램을 제공하는 단체—옮긴이)에 참가하도록 학생들을 숲 속으로 보내 내부에 잠재된 리더 기질을 발휘하고 팀워크 능력을 계발할 수 있도록 돕는다. 리더는 목표를 수립하고 새로운 아이디어를 개발한다. 또한 사람들과의 접촉을 통해 그들의 감정을 움직인다. 그에 반해 관리자는 사건 자체에 대응한다. 관리자는 문제를 해결하는 사람이고 리더는 난제에 도전하는 사람이다. 물론 유명 경영대학원의 학생들은 누구나 자신이 미래의 산업계를 이끌 리더가 되는 꿈을 꾼다. 이 책 끝부분에 있는 열째 날 강의 중 10분 리더십 코치는 성공을 위한 도우미가 되어 줄 것이다.

리더십 VCM 모델

VCM 리더십 모델이 제시하는 리더의 개인적 자질에는 다음 세 가지 특성이 포함된다.

- 비전vision
- 헌신commitment
- 관리 기술management skill

리더들이 갖추고 있는 이 세 가지 자질의 비율은 각기 다르다. 최고의 리더십 능력을 나타내는 황금 배합률이 있는 것은 아니다. 최적의 배합률은 전적

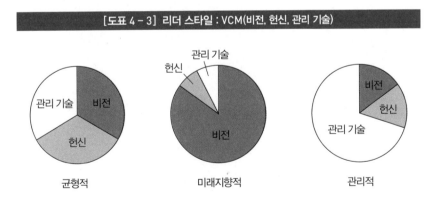

[도표 4 - 3] 리더 스타일 : VCM(비전, 헌신, 관리 기술)

출처 : "Survey of Managerial Style," by Professor James Clawson, Case UVA-OB-358, p.14. Copyright ⓒ 1988 by the Darden Graduate Business School Foundation, Charlottesville, Virginia.

으로 개인과 직무 환경에 달려 있을 뿐이다.

1980년대에 사용하기 편리한 개인 컴퓨터의 잠재력을 누구보다 먼저 간파했던 스티브 잡스Steve Jobs는 높은 '비전'을 품고 있는 인물이라고 볼 수 있다. 반면 회계학 분야에서는 비전보다는 '관리 기술'과 장기간에 걸친 '헌신'이라는 자질이 성공의 열쇠가 된다.

리더십의 유형

직원들을 통솔하는 방법은 십인십색이라고 할 만큼 리더마다 다르다. 리더십 유형은 리더 중심적 유형에서 부하 중심적 유형에 이르기까지 다양하다. 1960년대 경영자들은 서로 앞 다투어 자신이 그 가운데 어디에 속하는지를 테스트받고자 했다. 매너지리얼 그리드managerial grid(관리자의 유형을 나타내는 격자도—옮긴이)에 따라 누군가는 '독재자' 또는 '무능력자'로 분류되기도 했다. 일부 고용주들은 자신의 직권을 이용해 부하들에게 행동을 강요하기도 한다. 즉, 사고하는 일은 자신이 하고 발로 뛰는 일은 직원들에게 넘기는 식이다. 그런가 하면 부하에게 재량권을 주고 그들 나름의 능력을 발휘해 일의 체계를 세우고 과업을 달성하도록 하는 리더들도 있다. 리더의 역할은 전반적인 방향을 제시하는 데에 있다. 리더가 어떤 리더십 스타일을 선택하는가는 다음 세 가지 요소에 의해 규정된다.

- 관리자의 힘
- 부하직원의 힘
- 상황의 힘

리더가 부하직원을 신뢰하지 못하는 경우에는 업무를 위임할 수 없다. 혼자 힘으로 일을 처리할 능력이 없는 직원에게 업무에 대한 전권을 맡기는 것도 부적절한 행위다. 직원이 업무 상황과 접근 방법을 명확히 이해하고 있을 때에 업무 권한을 위임하는 것이 가장 현명하다.

리더가 자신의 인성 특질을 이해하는 것은 대단히 중요한 일이다. 확신이 부족한 리더는 상황에 관계없이 권위주의적인 태도를 취할 가능성이 있다는 것은 쉽게 짐작할 수 있다. 자아 인식이 중요한 이유는 바로 그 때문이다. 자기 자신을 제대로 인식한다면 부적절한 관리 방식에서 벗어날 수 있기 때문이다. 조르지오 아르마니Giorgio Armani는《포브스》에서 다음과 같이 말했다. "나의 결점과 장점은 동일하다… 나에게는 어떤 것도 결코 충분하지 않다. 나는 매사를 점검해야만 한다. 그것이 바로 나의 문제점이다. 사람들은 내가 아무도 믿지 않는다고 생각한다. 하지만 나는 모든 진행 상황을 알아야만 한다."

창의성

경영대학원에서는 학생들에게 리더십을 이해하는 것을 뛰어넘어 자신의 창의성을 발휘해 리더가 될 수 있도록 가르친다. 비전은 VCM의 한 요소이므로 MBA는 자신의 창의력을 길러야 한다. 누구에게나 아이디어가 솟구치면서 창의력이 풍부해지는 시간이 있다. 어떤 사람은 샤워 중에, 어떤 사람은 화장실에서, 어떤 사람은 운전 중에 창의적인 순간이 찾아온다. 창의적인 생각은 대개 순간적으로 스쳐 가기 때문에 생각이 막 시작되는 순간에 바로 붙잡을 수 있어야 한다. 칙 톰슨Chick Thomson은 그의 저서《위대한 아이디어》What a Great Idea에서 자신이 자주 찾는 주변 장소에 항상 펜, 녹음기, 유성 연필(샤워할 때를 위해) 등을 비치해 두어야 한다고 충고한다.

또한 마인드 매핑Mind Mapping(머릿속의 생각을 마치 거미줄처럼 지도를 그리듯이 핵심어를 이미지화해 펼쳐 나가는 기법—옮긴이)을 이용할 수도 있다. 어려운 창의적 문제에 대한 생각을 시작할 때 백지 위에 그 주제를 적고 원을 그려 보자. 완벽하게 아무런 제약 없이 자유자재로 주제어와 관련해 떠오르는 온갖 생각들을 적고 동그라미를 그린 다음 타이어 바퀴살처럼 서로 선을 그어 연결한다. 각각의 선들은 주위에 다른 선들과 연결되어야 한다. 쓸모없어 보이는 생

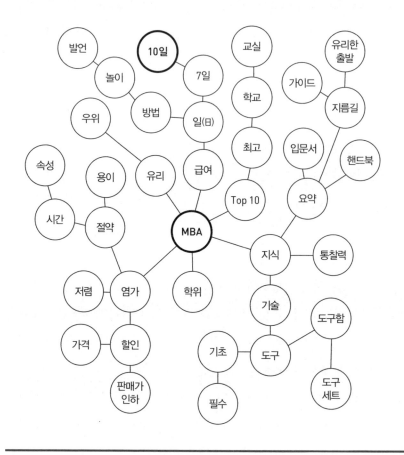

각도 상관없다. 작업을 다 마치고 나면 자유롭게 연상된 단어들의 집합 속에서 무언가 떠오를 수 있을 것이다. 필자 역시 이 책의 제목과 광고 문구, 기획 아이디어 등을 생각해 내기 위해 마인드 매핑 기법을 활용했다. 각자 직접 해 보도록 하자. 이 책의 제목을 짓기 위한 마인드 매핑은 [도표 4-4]와 같이 나타낼 수 있다.

기업가 정신

리더십과 창의성이라는 특성은 MAB의 최대 화두인 기업가 정신Entrepreneur-ship으로 자연스럽게 귀결된다. '기업가 정신'이란 것이 과연 가르쳐서 습득할 수 있는 특성인지에 관해서는 여전히 논란의 여지가 있으나 이른바 일류 경영 대학원 대다수가 과감히 이를 시도하고 있다. 성공한 기업인을 대상으로 한 연구 결과 이들 모두 다음과 같은 특성을 공유한 것으로 드러났다.

- 모호성과 불확실성을 다루는 탁월한 역량
- 자신의 운명은 스스로 개척 및 통제할 수 있다는 믿음
- 임무를 완수하는 끈기
- 실패에 대한 두려움이 낮음
- 기회를 포착하는 능력

MBA 기업인 육성 과정에는 벤처 창업에 관한 수업과 사업 계획 경연 대회가 포함돼 있다. 이 과정을 통해 기업인으로 성공한 동창생을 초빙하여 생생한 경험담과 유익한 조언을 들으며 사업 영감을 얻을 수 있다. 또 이러한 기회를 사업상의 인맥을 쌓는 데 필요한 연결 고리로 삼을 수도 있다.

A형 행동과 B형 행동

조직행동론 교수들은 개인을 파악하기 위한 추가 도구로서 행동 유형의 개념을 교과과정에 도입했다. 미국 내 상위 10위 안에 속하는 명문 경영대학원에 재학 중인 대부분의 학생들은 자신들이 가지고 있는 A형 인성 덕분에 학부에서 우수한 성적을 기록해 대학원 입학이 가능했다고 볼 수 있다. 따라서 자신들의 A형 행동Type A Behaviors 측면을 잘 이해해야 한다. A형 행동은 1959년 심장학자인 마이어 프리드먼Meyer Friedman과 레이 로즈먼Ray Roseman에 의해 처음 확인되었다. 이들은 극심한 관상동맥 심장질환을 앓는 환자들에게 다음과

같은 특징이 있다는 것을 알아냈다.

- 경쟁적인 성취 욕구
- 조급증
- 공격성
- 타인과 세상에 대한 적대감

A형 행동을 하는 사람들의 또 다른 특징은 과격함, 빠른 말투, 타인의 말을 가로막는 행위, 인생에 대한 조급한 태도, 성급함 등이다. 그들은 언제나 한 번에 하나 이상의 일을 하려고 든다. A형 행동을 하는 사람들은 인생에 대해 곧잘 불만을 느끼며 막연한 적개심을 표출하곤 한다. 그들은 자신이 성취한 외적 업적을 통해 자신의 가치를 평가한다. 또한 한 가지 확실한 것은 비경쟁적 상황에서도 타인에게 경쟁의식을 느낀다는 점이다. 필자는 경영대학원 시절 친구로부터 다음과 같은 말을 들은 적이 있다.

"면접을 보러 다니다가 한 피자회사 임원 때문에 아연실색한 적이 있었어. 면접 중에 그 회사 정기 건강검진 결과에서 그 사람이 다른 동료보다 러닝머신 테스트 점수가 더 높게 나왔다고 엄청 자랑을 하는 거야."

그 임원은 전형적인 A형 행동 인간이다.

이와 대조적으로 B형 행동Type B Behaviors 을 하는 사람들은 삶을 만끽하며 보다 여유를 보인다. 물론 B형에 속하는 사람들도 경영대학원에 입학할 수 있다.

대부분의 사람들은 양극단 사이의 중간에 해당하는 행동 유형을 보인다. 부디 저돌적인 MBA들이 A형의 징후를 깨닫고 자신의 행동을 조절하는 훈련을 통해 심장질환을 면할 수 있기를 바라마지 않는다. 그렇게 하지 않는다면 유형별 행동은 심장질환을 향해 달려가는 MBA들에게 안주거리 정도로 전락하고 말 것이다.

MBA에서의 조직행동론 교육

조직행동론 교수들은 학생들 자신의 잠재력과 결점을 일깨워 줄 뿐 아니라 직장 생활의 성공 요소 중 하나인 실질적인 대인 기술도 가르친다.

경청

가장 중요한 대인 기술 가운데 하나는 남의 말에 제대로 귀 기울일 줄 아는 것이다. 그러한 태도는 상황을 명확히 인식할 수 있게 해주며 그에 따라 효과적으로 대처할 수 있게 해준다. 경청은 다음의 측면에서 대화와 구분된다.

- 정보에 반응을 보이되 대화를 주도하지는 않는다.
- 개인적 정보에 반응을 보이되 조언은 하지 않는다.
- 말하는 사람의 이야기 내용뿐 아니라 감정까지도 파악하도록 한다.

남의 말을 경청하는 사람은 대화의 주도권을 상대방에게 양도한다. 상대방에게 충분한 여유를 줌으로써 진정한 동기와 감정, 신념 등을 표출할 수 있도록 하는 것이다. 경청 과정을 마치고 나면 다시 MBA다운 언행을 할 수 있다.

직무수행 평가

조직 개선 도구 가운데 가장 관리가 안 되는 부분 중 하나가 직무수행 평가Per-formance Appraisal이다. 평가 결과는 이따금 시기적절한 피드백과 개인적 발전을 위한 효과적인 자료로 사용되기도 한다. 그러나 평가 작업이 너무 늦어짐으로 해서 무용지물이 되는 경우가 많다. 효과적인 평가를 위해서는 다음 세 가지 형태의 목적을 갖춰야 한다.

- 조직을 위한 감정
- 피드백과 평가를 위한 감정

• 지도 및 개발을 위한 감정

조직의 목표는 적절한 행동과 성과, 배치, 승진, 급여 수준 등을 보장하는 것이다. 피드백과 평가는 직원과 고용주 모두 성과에 대한 공식적인 절차와 문서 자료를 통해 이루어진다. 그러나 직무수행 평가의 궁극적인 목적은 무엇보다도 지도와 개선에 있다고 할 수 있다. 성과가 만족스럽지 못할 경우에 징벌 대신에 쓸 수 있는 개선 방법은 무엇일까? 우선 관리자와 부하직원이 함께 노력하여 개선을 위한 구체적 목표와 일정 계획에 대해 합의해야 한다. 미래를 위한 이러한 계획들을 통해 견고한 초석이 마련되어야만 효과적인 후속 작업이 가능하다.

문제는 관리자들이 이러한 평가 과정을 기피하는 경향이 있다는 점이다. 부하직원들의 자세가 방어적인 것도 문제다. 평가는 적시에 이루어져야 하며 평가하는 사람과 평가받는 사람 모두 사전 준비가 필요하다. 관리자는 쌍방의 의사전달이 가능하도록 개방적 분위기를 조성하고 평가의 목적을 명확히 해야 한다. 평가 방식이 단순할수록 원하는 결과를 얻기 힘들다.

평가는 개선을 위한 가능성과 더불어 직원을 합법적으로 해고할 수 있는 증거 자료를 제공하기도 한다. 증거 자료 없이 직원을 해고하는 고용주는 해고 직원에 의해 근거 부족을 사유로 기소될 수도 있다.

질책

MBA 과정의 학생들은 누군가를 엄격하게 질책하는 일을 최대한 자제하도록 교육받기도 한다. MBA 교육에 따르면 관리자가 부하직원을 질책할 때는 다음의 4단계 과정을 거쳐야 한다.

1. 먼저 사실을 충분히 검토한다. 자신이 문제의 원인을 제공하지는 않았는지 자문해 본다.

2. 문제에 관해 미리 이야기할 필요가 있었다는 주의를 준다.

3. 불쾌함을 표시하기에 앞서 잠시 말을 멈춘다. 자신이 생각하는 바를 있는 그대로 정확하게 말한다. 언성을 높이는 행동은 역효과를 유발한다는 점을 명심하자.

4. 배려하는 태도를 보인다. "자네의 행동이 옳았다고 생각하지는 않지만, 괜찮네.", "이번 일을 통해 공부한 셈 치고, 이제 묻어 두도록 하세."와 같이 태도를 확실하고 분명하게 한 다음 새로운 일로 넘어가는 것이 바람직하다.

훌륭한 관리자가 되려면 칭찬과 질책을 잘 조화할 수 있어야 한다.

상급자 관리

MBA라고 해서 바로 회사의 고위 관리직에 앉을 수 있는 것은 아니다. 대부분은 분석 담당이나 기획 담당, 보조 직원 등의 낮은 직책으로 직장 생활을 시작한다. 애꿎게도 그러한 직책들은 기업의 군살 정리에서 1차 감원 대상으로 지목되곤 한다. 또한 MBA가 고위 관리직이더라도 상사는 있게 마련이다. 심지어 사장조차도 회장을 상대해야 한다.

상급자와의 관계를 잘 유지하는 것은 부하직원들과 좋은 관계를 유지하는 것만큼이나 중요한 일이다. 이 책에서 굳이 이 문제를 거론하고 있는 이유도 바로 그 때문이다. MBA들의 교과과정에는 '상사를 대하는 방법'도 포함되어 있다. 《하버드 비즈니스 리뷰》Harvard Business Review 1980년 1월호에 실린 존 가바로John Gabarro와 존 코터John Kotter의 〈상사 관리하기〉Managing Your Boss라는 논문은 상급자 관리 지침을 명쾌하게 보여 주고 있다. 잠시 그 내용을 살펴보도록 하자.

업무를 성공적으로 수행하기 위한 첫 번째 단계는 상사와 내가 처한 상황 그리고 다음과 같은 사항을 이해하는 것이다.

- 상사의 공식 및 비공식적 목표와 목적
- 상사에 대한 심리적 압박 요소들
- 상사의 강점, 약점, 맹점
- 상사가 선호하는 업무 스타일

두 번째 단계는 자기 성찰을 통해 자기 자신과 자신의 욕구 그리고 다음과 같은 사항을 평가하는 것이다.

- 자신의 강점과 약점
- 자신의 개인적 스타일
- 직권 상급자에 대한 의존 또는 저항 성향

세 번째 단계는 앞의 두 단계를 결합해 다음과 같은 관계를 설정하고 유지하는 것이다."

- 자신의 욕구와 스타일을 업무에 적용한 관계
- 서로 간의 기대를 통해 특화된 관계
- 상사에게 늘 주요 사항을 미리 알리는 관계(상사들은 갑작스러운 것을 싫어한다.)
- 신뢰와 정직에 기초한 관계
- 상사의 시간과 자원을 선택적으로 활용하는 관계

이처럼 관계가 형성되는 초기 단계에서 미리 몇 가지 사항을 확인해 두면 장차 터무니없는 실수를 면할 수 있다. 상사에 따라 공식적인 관계, 메모, 일정에 따른 회의를 좋아하는 유형이 있는가 하면 비공식적인 전갈이나 계획하지 않은 회의를 선호하는 유형이 있다. 명석한 MBA라면 임의적으로 짐작하기보다는 자발적 질문을 통해 상사가 어떤 식의 의사전달을 선호하는지 직접 물어 봄으로써 적극적인 인상을 심어 줄 수 있을 것이다. 상사가 어떤 유형의 업무 방식을 선호하는지 모르는 상태에서는 솔선해서 미리 물어보는 것이 좋은 방법이다. 가바로와 코터의 논문은 아직도 필자의 책상 위에서 상사를 대하는 지침 역할을 하고 있다.

직무 권력에 대한 이해

권력을 원하는 MBA는 자신이 추구하는 그 권력에 대해 보다 많이 알아야 한다. 권력에는 다섯 가지 유형이 있다.

- 강압적 권력coercive power
- 보상적 권력reward power
- 준거적 권력referent power
- 합법적 권력legitimate power
- 전문적 권력expert power

강압적 권력 : 강압적 권력은 두려움을 바탕으로 한다. 요구를 제대로 이행하지 못하면 징벌을 당하는 결과가 초래된다. 직원에게 영향력을 행사하거나 해고, 강등 또는 전근 등의 징벌을 내릴 수 있다는 말이다. 예를 들어 소방서 서장은 근무조를 편성하는 권력을 가지고 있다. 따라서 그의 비위를 건드린다는 것은 곧 휴일에 근무하게 될 수도 있다는 뜻이다.

보상적 권력 : 보상적 권력은 칭찬이나 인정, 소득에 대한 기대 등을 바탕으로 하며 강압적 권력과 반대되는 개념이다.

준거적 권력 : 준거적 권력은 회사 내 공식적인 직위에 관계없이 다른 사람들

의 찬탄을 받는 사람이 되고자 한다. 이러한 유형의 권력에게는 일종의 카리스마가 있어 사람들을 고무시키고 능동적으로 일하도록 만든다. 판매조직에서 판매왕으로 유명한 인물들이 바로 이러한 권력으로 작용한다고 할 수 있다.

합법적 권력 : 합법적 권력은 조직계층 내에 유지되고 있는 공식적 지위에 기인하는 권력이다. 이러한 유형의 권력을 지닌 사람은 권력을 이용해 조직 내 구성원들에게 보상이나 파면 혹은 그 밖의 영향력을 행사할 수 있다. 예를 들어 근무 조장은 조립라인의 작업을 할당할 수 있는 권력자라고 할 수 있다.

전문적 권력 : 전문적 권력은 개인이 소유한 기술이나 지식, 경험 등에 기인한다. 전문적 권력을 지닌 사람은 다른 사람들을 다룰 수 있는 능력을 가지고 있으며 이는 회사 내의 직위와는 무관하다. 예컨대 하위직 컴퓨터 기사가 자신의 비좁은 근무 공간으로 고위 임원을 불러들일 수 있는 것은 그의 전문적 권력 덕분이라 할 수 있다. 아무리 상사라 해도 도움이 필요할 때는 저자세를 취할 수밖에 없다. 영악한 전문 기사의 경우에는 자신만이 데이터베이스에 접근할 수 있도록 컴퓨터를 조작하기도 한다. 자신의 전문적 권력을 유지하기 위한 행동이다. 따라서 관리자는 그 전문 권력이 조직 내에서 독점적 영향력을 행사하지 못하도록 다중 인력cross-train people 들을 양성해 두어야 한다.

기업의 정치 게임에서는 자신의 입지를 좌우할 만한 권력을 지닌 모든 인물들을 반드시 파악하고 있어야 한다,

목표관리와 현장순회경영

MBOManagement By Objective(목표관리)와 MBWAManagement By Walking Around(현장순회경영)는 MBA들 사이에서 자주 사용되는 용어다. MBO란 목표에 의한 관리를 의미하는 용어로서 조직관리의 대가로 불리는 피터 드러커Peter Drucker에 의해 1950년대에 대중화된 관리 개념이다. 이는 상사가 부하직원에게 업무를

위임할 때 '목표에 대한 지시사항만을 협의'할 뿐 구체적인 이행 방법은 지시하지 않는 방식을 말한다. 목표관리 방식의 관리자들은 행위가 아닌 결과에 초점을 둔다. 일례로 제과업체인 프리토레이의 부사장은 지역 판매 관리자들에게 판매 목표만 설정해 준다. 그 뒤 목표 달성에 필요한 전략과 전술을 결정하는 것은 지역 판매 관리자들의 몫이다.

목표관리는 실무 직원들이 유능한 경우 적합한 관리 방식이다. 다국적기업의 최고경영진들은 해외 각국의 책임자들을 관리할 때 목표관리 방식을 이용한다. 미국 내에만 있는 고위 관리자들은 해외 시장에서 성공하는 데에 필요한 지식이 부족한 경우가 많기 때문이다. 목표관리는 직원의 관리 기술을 강화하고 그들의 창의성과 자발성을 끌어내고자 할 때 적합하다. 목표관리의 결점은 과정을 제대로 협상하고 문서화하는 데 많은 시간이 소요된다는 점이다. 따라서 목표관리는 적합한 상황이 갖춰진 상태에서 도입되어야 한다.

현장순회경영은 컴퓨터 대기업인 HP Hewlett-Packard에서 적용하고 있는 이론이다. HP는 자사의 임원들로 하여금 사무실을 벗어나 현장 직원들과의 관계를 증진하고 동기를 유발시키며 영업활동에 직접 나서도록 권장하고 있다. 비교적 단순한 개념이기는 하지만 현장순회경영 역시 주요 관리 이론 가운데 하나로 자리 잡고 있다.

조직 차원의 주제

조직행동론 과목은 심리학 및 일련의 MBA 근무 절차 등에 대한 강의를 통해 보다 넓은 시각으로 조직을 바라보는 것을 목표로 한다. 바라보는 시각이 넓을수록 그에 따른 이론과 용어들 또한 방대하기 마련이다.

기본적인 조직 모델

조직을 이해하기 위해서는 조직의 온갖 구성 요소들을 고려해야 한다. 조직

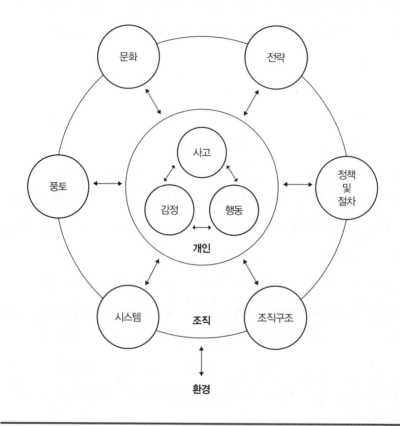

[도표 4 - 5] 기본적인 조직 모델

은 관련 부서들로 구성된 네트워크다. 각 요소들은 서로간의 협력을 통해 조직이 효율적으로 운영되도록 지원한다. MBA들은 이를 일컬어 조직 설계 organizational architecture 라는 새로운 유행어를 만들어 냈다.

[도표 4-5] 다이어그램에서 주목해야 할 특징은 개인이 조직의 중심에 위치한다는 점이다. 조직은 벽돌이나 시멘트가 아닌 사람들로 구성된 집합이기 때문이다. 조직은 그들 구성원 개개인에게 영향을 미친다. 한편 [도표 4-5]와 같이 조직은 여섯 개의 요소로 정의된다.

전략

전략Strategy은 시장에서 성공하기 위한 명시적 혹은 묵시적 계획을 말한다. 예컨대 항공사가 고객을 확보하기 위해 저가 운임이나 보다 나은 서비스를 제공하기로 한 결정 등을 기업 전략이라 할 수 있다. (아홉째 날 강의에서 MBA 주요 주제인 전략에 대해 자세히 설명할 것이다.)

정책 및 절차

정책Policies은 조직의 공식 규정으로서 소규모 기업을 제외한 모든 기업들이 자체 편람을 통해 그 내용을 명시하고 있다. 반면 절차Procedures는 기업이 사업을 하면서 준수해야 할 업무 수행 방침이다. 휴가와 후생복지 등은 성문화된 정책이라 할 수 있다. 하지만 재활용을 위해 폐휴지를 분리하는 등의 일상 업무는 절차에 해당되므로 문서화하지 않는다. 절차는 상식적으로 이해할 수 있는 내용이기 때문이다.

조직구조

조직구조Organizational Structures는 MBA 교과과정에서 빼놓을 수 없는 용어다. 조직구조는 기업 회의 시간에 가장 많이 거론되는 주제이며, 동시에 조직의 행동을 관리하기 위한 중요한 도구이기도 하다. 구조는 조직 내의 직권 및 책임 체계를 설명해 준다. 이러한 공식적 구조 관계는 흔히 조직도를 통해 도표화된다. 대부분의 회사들은 목표 달성을 위해 몇 가지 혼합 구조를 활용한다. 기업의 직원들은 두 부류로 나눌 수 있다. 상품이나 서비스를 생산 혹은 판매하는 데 직접적으로 관여하는 사람들을 일선 직원line employee이라고 하며, 그러한 일선에 조언이나 자문, 지원을 제공하는 사람들은 간부급 직원staff employee이라고 한다.

일선 및 간부급 직원들은 다음과 같이 조직화될 수 있다.

- 직능별Functional
- 상품별Product
- 고객별Customer
- 지역별Geography
- 사업부문별Division
- 매트릭스Matrix
- 무정형Amorphous

직능별 : 직능별 조직은 광고, 회계, 재무, 판매 등과 같이 과업별로 업무가 분할되며, 이들 각 부서는 상위 임원들에게 업무를 보고한다. ([도표 4-6] 참조)

상품별 : 상품별 구조는 특정 상품을 생산 판매하는 데 필요한 모든 기능을 한 조직 속에 결집시킨다. 상품 관리자는 개별 상품을 회사 내의 소형 사업으로 취급하여 관리한다. 예를 들어 블랙 앤 데커Black & Decker 는 별도의 개별 사업

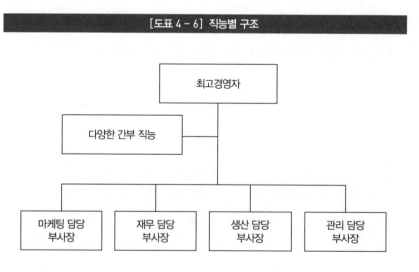

[도표 4 - 6] 직능별 구조

출처 : "Organizational Structure," written by Professor James Clawson, Case UVA-OB-361, Figure 1-8
Copyright ⓒ 1988 by the Darden Graduate Business School Foundation, Charlottesville, Virginia

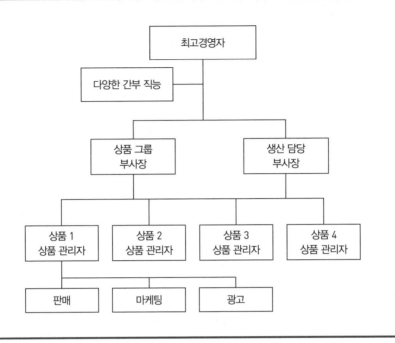

[도표 4 - 7] 상품별 구조

최고경영자

다양한 간부 직능

상품 그룹 부사장

생산 담당 부사장

상품 1 상품 관리자

상품 2 상품 관리자

상품 3 상품 관리자

상품 4 상품 관리자

판매

마케팅

광고

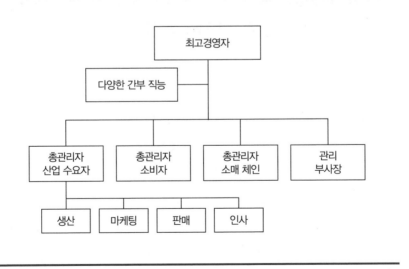

[도표 4 - 8] 고객별 구조

최고경영자

다양한 간부 직능

총관리자 산업 수요자

총관리자 소비자

총관리자 소매 체인

관리 부사장

생산

마케팅

판매

인사

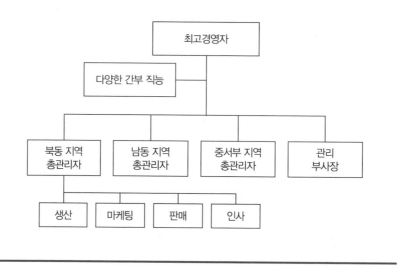

단위들을 통해 동력 장치, 소형 가전, 기타 부속물 등을 각각 전담하고 있다.

고객별 : 고객별 구조는 용어를 통해 짐작할 수 있듯이 고객에게 중점을 두는 구조다. 생산이나 마케팅 등의 활동을 여타 기능 부문과 결합시킴으로써 고객의 특정한 요구를 충족시키고자 하는 구조로서 주로 서비스 산업에서 많이 볼 수 있다. 은행의 경우에는 흔히 고객 유형별로 업무를 분담하곤 한다. 예 컨대 대부계의 고위 직원들은 기업 고객을 상대하도록 특별 교육을 받은 직원과 개인 고객을 상대하는 직원으로 나누어진다. 그들은 모두 담당 고객의 구체적인 요구를 처리할 수 있는 '전문' 지식을 가지고 있다.

지역별 : 조직을 고객과 상품에 상관없이 지역별로 분할하는 구조다. 지역별 조직은 지역 사무소를 통해 사업을 관리한다. 지역별 조직은 특히 다국적기업들이 많이 택하고 있으며 각국 사무소들은 그들 나름의 구조를 채택한다.

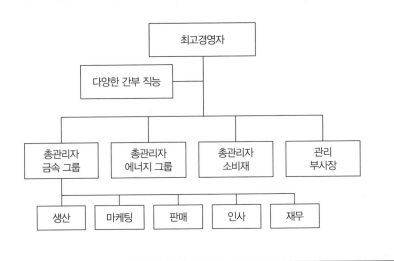

[도표 4 - 10] 사업부문별 구조

사업부문별 : 사업부는 모기업의 관리 하에 운영되는 독립 사업 조직이다. 앞의 네 조직과는 달리 다소 자율적으로 운영된다. 사업부는 원자재 구입에서부터 마케팅에 이르기까지 모든 기능을 자체적으로 해결한다. 그러나 대다수 사업부의 경우 모기업을 통해 자금을 조달한다. 예컨대 제너럴 일렉트릭GE에 NBC 방송, GE 에너지, GE 캐피털, GE 홈앤비즈니스 솔루션GE Home&Business Solution, GE 기술기반 사업부문GE technology Infrastructure 등이 포함된 사업부문별 기업 구조를 가지고 있다. 이들은 모두 본사 소유의 사업체지만 운영 체제는 분리되어 있다. 각 사업부 내의 조직구조는 서로 다를 수도 있다.

매트릭스 : 매트릭스 구조는 '명령 체계 단일화의 원칙'principle of unity of command, 즉 직원에게는 오직 한 사람의 상사가 있을 뿐이라는 원칙을 벗어나 두 개 이상의 직권 계열을 갖는다. 매트릭스 조직은 고도의 전문기술을 요하는 대형 프로젝트 관련 사업에서 흔히 볼 수 있다. 매트릭스 형태의 구조에는 상품별 조직과 직능별 조직이 공존한다. 따라서 직원들은 해당 상품을 담당하는 프로

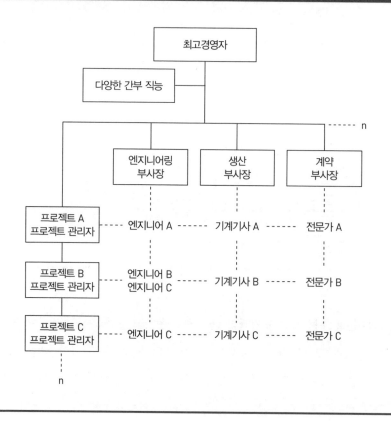

젝트 관리자와 제조, 재무, 마케팅 등의 특정 활동을 통제하는 직능부문 관리자, 두 사람에게 업무를 보고하게 된다. 이러한 조직 형태는 자칫 혼란을 야기할 수도 있기 때문에 융통성과 전문성을 갖춘 직원을 필요로 한다. 방위산업이나 컴퓨터 업계에서는 대형 개발 프로젝트를 처리하기 위해 종종 매트릭스 형태의 조직을 구성하기도 한다.

무정형 : 필자가 개인적으로 선호하는 조직 형태다. 무정형 조직은 형식적 구조가 전혀 없는 자유 조직이다. 이러한 구조의 회사에서는 자발적이고 생산적인 관리자가 과업의 특성에 따라 보고 체계를 구축하거나 해체한다. 이들 회사

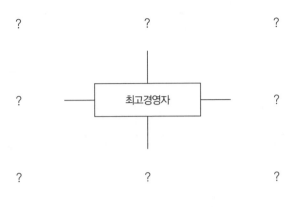

[도표 4 – 12] 무정형 구조

내의 조직구조는 사업의 성격에 따라 점차 성장하게 된다. 페이스북_{Face book}이
이런 조직 형태로 시작했다.

　절충형 : 절충형 조직은 혼합된 조직구조로 이루어진다. 대부분의 회사들이
이 범주에 속한다. GE는 앞에서 언급한 것처럼 사업부문별 기업 구조를 가지
고 있다. 하지만 각 사업부 내의 조직은 지역별 제조부문, 매트릭스형 연구 인
력, 고객별 판매조직 등으로 구성되어 있다. [도표 4-13]과 같이 단일 사업체
가 직능별 구조와 상품별 구조의 혼합 형태로 조직되기도 한다. 브랜드 관리
자의 경우 상품 및 마케팅부문에 대한 권한은 갖고 있지만 재무나 생산관리까
지 완전히 통제하지는 못한다.
　어떠한 조직구조를 선택하느냐에 따라 기업의 운영이 좌우될 수 있다. 반드
시 수행되어야 하는 사업 활동과 상품 생산 및 서비스 전달을 위해 구성된 조
직은 서로 조화를 이루어야 한다.
　관리자는 자신의 목표와 전략이 반영되는 조직구조를 선택해야 하며 또한
조직구조는 각 구성원들 간의 상호작용을 통해 목표를 효과적으로 달성할 수

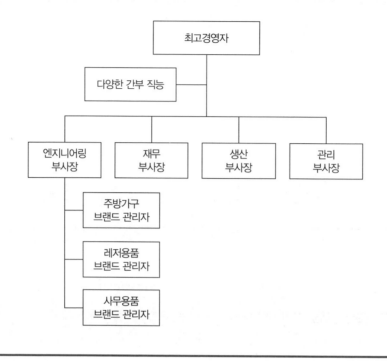

[도표 4 - 13] 절충형 구조

있도록 짜여져야 한다. 한편 비공식적 보고 체계는 자연적으로 계속해서 형성되지만 인사부에 비치되어 있는 조직도상에는 나타나지 않는다. 실행 계획을 제대로 이행하기 위해서는 공식 조직과 비공식 조직 모두를 정확히 파악하는 것이 중요하다.

보고 관계와 관련한 주요 사항으로는 관리의 범위span of control 를 들 수 있다. 범위란 관리자가 업무 보고를 받는 직원의 숫자를 말한다. 구조조정restructuring 이나 감량 경영downsizing, 경기 침체 등의 시기에는 관리의 범위와 관련된 주제들이 많은 관심을 끌게 된다. 대기업들은 흔히 관리의 범위를 축소한다는 명목으로 MBA 출신의 중견 간부들을 해고하기도 한다. 그에 따라 남은 중견 간부들은 더 많은 직원들을 관리해야 한다. 가령 판매조직이 정책을 바꾸어 지역 관리자의 관할 지역을 세 곳에서 네 곳으로 확대할 경우, 결국 지역 관리자의

25퍼센트가 직장을 잃게 된다. MBA에서는 이러한 해고를 일컬어 인력 감축 RIF, Reduction In Force이나 구조 개편이라고 하며, 관리자가 대량의 인원 해고를 합리화하기 위해 쓰는 간략하고 냉정한 방식을 말한다. 관리의 범위 정책은 상당히 강력한 조직 운영 도구라 할 수 있다.

시스템

모든 조직은 각종 시스템을 개발해 자금, 물자, 인력 등의 경영 자원을 배분하고 통제하고 점검한다. 시스템은 또한 관련 이용자들에게 정보를 수집하고 전달하는 정보활동을 수행한다. 모든 시스템은 다음 여섯 가지 범주에 속한다.

- 자금의 배분, 통제, 점검 : 회계, 투자, 예산 시스템
- 물자의 배분, 통제, 점검 : 재고 및 생산 시스템
- 인력의 배분, 통제, 점검 : 인적 자원 계획, 직원 관련 자료 및 평가
- 미래 예측 : 전략계획 수립, 판매 계획 수립, 사업 개발 기능
- 보상 및 인센티브 : 보상 계획, 보너스 계획, 이익 배분 계획
- 종합적 시스템 : 앞의 다섯 가지를 혼합한 시스템. 관리 능력이 우수한 기업에서는 종합 시스템을 이용해 판매를 예측하고 그에 따라 생산일정 계획을 수립함으로써 판매 수요를 충당하게 된다.

조직의 시스템을 반드시 이해해야 하는 이유는 시스템이 바로 변화의 도구이기 때문이다. 시스템은 기업의 변화를 위한 수단이 되기도 하지만 때로는 장벽이 되기도 한다.

풍토

풍토Climate 는 조직 구성원들의 정서 상태를 지칭하는 모호한 용어다. 많은 기업들이 조직 풍토를 파악할 목적으로 고액의 컨설턴트를 고용해 만족도 조

사를 실시함으로써 풍토를 개선하고자 노력한다. 법률회사, 투자은행, 컨설팅 회사 등과 같이 인적 자원이 가장 소중한 자산인 서비스 업계의 경우에는 회사의 풍토가 서비스 품질을 결정하는 매우 중요한 요소로 작용한다.

문화

문화Culture 역시 애매한 용어이다. 문화란 시간이 지나면서 조직 전체의 구성원들 사이에 전파되는 행동, 사고, 신념, 상징, 인공 산물 등의 혼합체다. 그러한 문화에는 모든 남성이 흰색 옥스퍼드 버튼다운 셔츠를 입어야 한다거나 옷깃에 회사 배지를 반드시 착용해야 한다는 등의 어색하고 우스워 보이는 불문율까지 포함될 수도 있다. 또한 바람직한 직원상에 대한 신념도 문화에 포함될 수 있다. "고위 간부 직원은 늘 6시 이후까지 근무해야 한다.", "언제나 바쁜 것처럼 보여야 한다." 등이 그 예이다. 직원 채용 시에 주요 기준이 되는 것은 지원자에게서 느껴지는 조직에 대한 적합성이다. 기업 문화에 어울리지 않는 듯한 응시자는 면접관들의 눈에 부적합한 인물로 비춰질 것이다.

이러한 조직의 여섯 가지 요소(전략, 정책, 조직구조, 시스템, 풍토, 문화)는 상호 간에 지대한 영향을 미친다. 기업이 목표를 향해 나아가는 동안 각 요소들은 주위 환경과 상호작용을 한다. 관리자는 문제를 정의하고 실행 계획을 수립하는 과정에서 조직 모델의 여섯 가지 요소를 모두 살펴본 후 어떤 행동 조치 action levers를 취해 긍정적 변화를 모색할지 결정해야 한다. 환경이 바뀌면 조직의 구성 요소들 역시 그에 적응해야 한다. 그렇듯 변화하는 기업을 가리켜 학습 조직learning organization이라 부른다.

과거와 동일한 사고와 행동 패턴에 갇혀 있는 조직에 대해서는 내부 패러다임(가치기준) 혹은 사고방식에 빠졌다고 말한다. 고액의 보수를 받는 컨설턴트들은 정체된 기업에게 그들의 낡은 패러다임을 타파하는 방법을 제시하여 변화와 성공을 이끌어 내도록 조언한다. 이제부터 대화 중에 패러다임이라는 단어를 자주 사용한다면 MBA가 되는 길에 한 걸음 더 가까워지게 될 것이다.

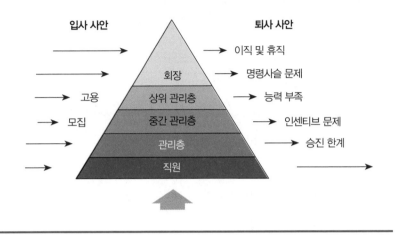

[도표 4 - 14] 인력 흐름 피라미드

입사 사안 / 퇴사 사안

회장 / 상위 관리층 / 중간 관리층 / 관리층 / 직원

이직 및 휴직 / 명령사슬 문제 / 능력 부족 / 인센티브 문제 / 승진 한계

고용 / 모집

인력 흐름 피라미드

기업의 조직구조는 직원의 배치 방법뿐 아니라 승진 방식에도 영향을 미친다. 직급이 상승할 때마다 개인이 행사하는 권한의 폭도 넓어지게 된다. 직원들 가운데는 스스로 회사를 그만두는 사람, 해고를 당하는 사람 혹은 승진하는 사람 등이 있기 마련이다. 그러한 인적 자본의 흐름을 추적하는 간편한 MBA 도구가 바로 피라미드 도표pyramid diagram이다.

조직에서 유출입되는 인력 흐름을 파악하면 이직, 능력 부족, 자기 방어적 관리 등의 문제를 명확히 규명할 수 있다. 피라미드 도표는 조직 내 인력 흐름의 '누출'leakage과 '차단'blockage을 한눈에 이해할 수 있도록 돕는다. 도표에서 묘사되었듯이 직원들은 피라미드의 좌측을 통해 조직의 각 계층으로 들어와 피라미드의 상부로 이동한다. 만약 상층으로의 이동이 어려운 환경이라면 이러한 차단 장치로 인해 많은 사람들이 좌절을 경험하고 피라미드 우측으로 이동하여 회사를 떠나게 된다. 이 도표를 활용하여 직장 내에서 소수자인 여성과 소수민족의 승진을 막는 정책인 '유리 천장'glass ceiling과 같은 차별 문제도 분석해 낼 수 있다.

시스템 이론과 조직 분석

시스템 이론은 조직을 살아 있는 유기체에 비유하는 개념이다. 학계에 따르면 동물들이 내분비계, 소화계, 신경계 등의 조직을 갖추고 있는 것처럼 조직체 역시 자신을 살아 움직일 수 있게 하는 유사한 하부 시스템을 가지고 있다. [도표 4-15]에 나타낸 조직의 모습은 마치 짚신벌레와도 같다.

관리 하부 시스템management subsystem은 목표와 계획, 통제 등을 설정하는 기관으로 우리 몸의 두뇌와 유사하다. 바로 임원들이 맡아야 할 역할이다.

적응력이 있는 하부 시스템adaptive subsystem은 기업의 눈eye과 같은 역할을 하며 주위 환경을 감시한다. 또한 기업의 상품과 서비스가 변화하는 환경에 적합한지를 확인하여 계속 살아남을 수 있도록 한다. 시장 조사 담당자, 고객 서비스 담당자, 영업사원 등을 통해 수집된 정보는 기업의 적응력을 높여 준다.

내부 유입 하부 시스템boundary spanning in subsystem은 신체 중 입에 해당하며 조직의 음식물 섭취를 통제하는 역할을 한다. 기업의 경우에는 직원 채용, 원자재 구매, 자금 동원 등이 이에 해당한다.

기업의 내장 기관은 생산 하부 시스템production subsystem이라 할 수 있다. 생산 하부 시스템은 투입물을 상품과 서비스로 전환시킨다. 제조기업의 경우, 생산 공장이 이에 해당한다.

내장 기관은 외부 배출 하부 시스템boundary spanning out subsystem으로 연결된다. 마케팅 담당자들은 기업의 상품과 서비스 생산에 기여하며 인사부서는 회사의 인사 기준에 부응하지 못하는 직원들의 전직 알선 업무를 담당한다. 끝으로 홍보부서는 기업의 활동을 대외적으로 미화하는 일에 힘을 쏟는다.

조직의 호흡과 움직임이 원활할 경우, 유지관리 하부 시스템maintenance subsystem은 기타 하부 시스템들의 상호작용이 효과적으로 지속되도록 돕는 역할을 한다. 소뇌 기능을 담당하는 유지관리 하부 시스템은 신체의 모든 움직임을 조정함으로써 조직의 균형을 유지하도록 한다. 유지관리 하부 시스템의 예로는 직원 인센티브와 회사의 사보 등이 있다.

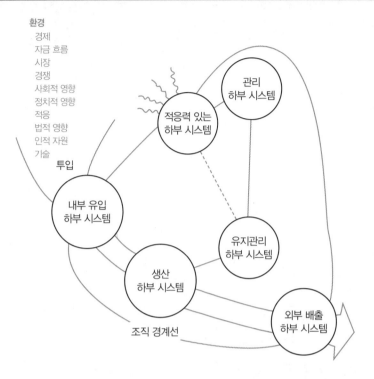

[도표 4 – 15] 시스템 이론

환경
경제
자금 흐름
시장
경쟁
사회적 영향
정치적 영향
적응
법적 영향
인적 자원
기술

투입

내부 유입
하부 시스템

적응력 있는
하부 시스템

관리
하부 시스템

유지관리
하부 시스템

생산
하부 시스템

외부 배출
하부 시스템

조직 경계선

출처 : "Systems Theory and Orgnizational Analysis," by Professor james Clawson, Case UVA-OB-214, Figure 1,
Copyright ⓒ 1983 by the Darden Graduate Business School Foundation, Charlottesville, Virginia.

시스템 이론은 조직 분석을 위한 또 다른 방법이며 조직의 건강 상태를 측
정하거나 체질을 개선하고자 할 때 활용될 수 있다.

조직의 발전에 따르는 성장과 혁신

하버드 경영대학원의 래리 그라이너Larry E. Greiner는 1972년 7월 《하버드 비
즈니스 리뷰》에 조직이 겪는 성장통에 대해 설명한 〈조직의 발전에 따르는 성
장과 혁신〉Evolution & Revolution as Organizations Grow이라는 유명한 논문을 기고했다.

그라이너의 주장에 따르면 조직은 성장evolution이라 불리는 예측 가능한 발

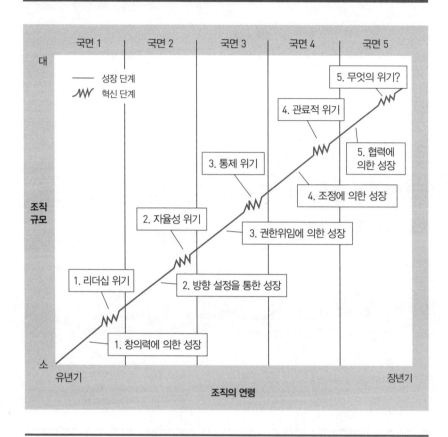

[도표 4 - 16] 조직의 발전과 혁신

국면 1   국면 2   국면 3   국면 4   국면 5

대

—— 성장 단계
ⅣⅣ 혁신 단계

5. 무엇의 위기?

4. 관료적 위기

3. 통제 위기

5. 협력에
의한 성장

조직
규모

2. 자율성 위기

4. 조정에 의한 성장

3. 권한위임에 의한 성장

1. 리더십 위기

2. 방향 설정을 통한 성장

1. 창의력에 의한 성장

소

유년기

장년기

조직의 연령

전의 다섯 단계와 혁신revolutions이라 불리는 위기의 다섯 고비를 겪게 된다. 그의 이론은 대부분의 조직에 쉽게 적용될 수 있다. 성장 패턴은 조직 내부와 외부 환경의 변화에 대응하며 관리의 고삐를 당기거나 늦춤에 따라 결정된다.

성장과 혁신 패턴은 애플 컴퓨터의 사례에서 볼 수 있듯이 기업의 역사를 MBA의 관점으로 전환할 수 있는 탁월한 방법이다. 애플 컴퓨터의 돌연한 성공은 스티브 잡스와 스티브 워즈니악Steve Wozniak의 창의력 덕분이었다. 1976년 설립된 애플 컴퓨터는 그 두 기업가에 의해 급속히 성장해 가던 중, 1983년에 이르러 조직이 너무 거대해진 나머지 통제 불능 상태에 이르게 되었다. 이른바 성장 기업의 '리더십 위기'에 직면한 것이었다. 그러한 위기는 일상적인 조업을 효과적으로 관리할 만한 인재가 미처 마련되지 않은 상태에서 기업이 너무 급속하게 성장할 경우에 나타난다. 잡스는 높은 이상을 지닌 능란한 웅변가였고 워즈니악은 놀라운 재능의 천부적 기술자였지만, 두 사람 모두 유능한 관리자라고는 할 수 없었다.

창의력이 고갈되어 가면서 회사의 성장 동력도 떨어지기 시작했다. 애플II 의 매출은 부진했으며 신상품인 리사Lisa 컴퓨터는 아무런 관심도 얻지 못했다. 그때 펩시콜라로부터 영입된 존 스컬리John Sculley(1993년 와튼 MBA 취득)는 회사를 이끌기 위한 새로운 방향을 제시했다. 스컬리는 애플의 조직을 재구성하고 비대해진 본사의 운영비를 삭감했다. 스티브 잡스와 직원들은 혁신적인 상품을 개발할 수 있도록 '자율권'을 부여해 달라고 요구했고 스컬리는 이에 동의했다. 그러한 권한 위임의 결과로 마침내 매킨토시Macintosh가 탄생하게 되었다.

매킨토시 덕분에 애플은 또 한 번의 폭발적인 성장기를 맞게 되었다. 그러나 잡스는 관료적 색채가 강해진 회사 분위기를 견디지 못하고 넥스트NeXT라는 새로운 회사를 만들어 독립했다. 1989년 이미 구형이 된 매킨토시는 치열한 경쟁에 직면했고 1990년 이익이 대폭 감소하면서 이번에는 애플에 '통제 위기'가 조성되었다. 그러자 애플은 마이클 스핀들러Michael Spindler를 사장으로 임명해 스컬리 회장을 보좌하게 함으로써 회사를 제 궤도에 올려 놓고 수익을 회복하고자 했다. 1992년을 전후해 다시 한 번 성공을 거둔 그들은 1995년이 되자 또다시 위기에 빠졌다. 그 뒤 스티브 잡스가 다시 돌아오면서 1998년에는 아이맥iMac과 G3 컴퓨터로, 2002년에는 아이팟 MP3 플레이어로 2007년에는 아이폰iPhone, 2010년에는 아이패드iPad로 회복세를 이어 갈 수 있게 되었다.

변화 관리를 위한 전략

MBA들은 기업 구조와 사고방식에 관한 이론 외에도 어려운 상황에서 취할 수 있는 조치에 대해 실질적인 지도를 받는다. 실행 계획이 아무리 완벽하다 해도 변화에 대한 저항은 늘 존재하기 마련이다. 예컨대 오늘 강의 첫머리에 소개한 바 있는 신입 MBA가 상사에게 제안했던 계획서와 같이 매우 면밀하게 조사된 용의주도한 계획조차도 벽에 부딪칠 수 있다. 존 코터와 레너드 슐레진저Leonard A. Schlesinger는 《하버드 비즈니스 리뷰》 1979년 3월호에 〈변화를 위한 전략의 선택〉Choosing Strategies for Change 이라는 논문을 통해 이와 관련된 공식화한 모델을 게재하여 MBA들에게 많은 도움을 주었다. 적절한 조치 과정은 전적으로 상황에 의해 좌우된다.

상황 → 변화를 위한 조치

정보가 부족할 경우 → 교육 및 의사전달 전술

솔트레이크 시에 위치한 한 제조업체의 경우를 예로 들어 보자. 그 기업의 경영 상태는 매우 부실했으며 직원들은 회사의 수익에 관해 전혀 무지한 상태였다. 단지 사장의 값비싼 고급승용차만 보고 모든 일이 순조롭게 진행되고 있다고 여겼다. 하지만 불행하게도 회사는 적자에 시달리고 있었고 생산성이 향상되지 않는 이상 일시 해고가 불가피한 상황이었다. 이러한 상황에서 작업의 효율성을 더 높이고 직원들의 전적인 협조를 얻기 위해서는 먼저 직원들에게 회사의 실정을 정확하게 알려야 한다.

정보를 얻어 낼 수 있는 영향력이 없는 경우 → 참여와 가담 전술

캔자스 시에 소재한 금속 조립공장에서는 직원들의 결근율 문제를 해결하기 위해 컨설턴트를 고용했다. 컨설턴트는 직원들의 성격이나 공장이 위치해 있는 도시에 관해 전혀 아는 바가 없었으며 국외자이기 때문에 조사 활동에 대해 협력을 요구할 만한 권한도 없었다. 그는 우선 작업자들의 신뢰를 얻고 난 다음에야 며칠씩 병가를 낼 수밖에 없는 문제에 관해 이야기를 꺼낼 수 있었다. 컨설턴트가 노사 양측의 문제를 정확히 규명하고 해결하기 위해서는 작업자들의 협조와 참여가 필수적이다.

적응 문제 → 지원 및 설비 전술

컴퓨터를 통한 사무 자동화와 더불어 비서 업무도 변화했다. 사무실에 타자기가 사라졌으며 비서들에게는 컴퓨터 프로그램을 이용한 워드 프로세서 능력이 요구되었다. 기업들은 새로운 일손을 고용하기보다는 기존의 실무직원들을 재교육해야 하며, 따라서 컴퓨터 지원 인력을 고용해 직원들이 컴퓨터에 적응할 수 있도록 도와야 한다.

자신이 바라던 변화가 손실을 초래하고 상대가 자신을 방해할 만한 힘을 지닌 경우 → 협상 및 협정 전술

1980년대 미국의 자동차 업계에 로봇 기술이 도입되었다. 일본산 수입차들은 해외 시장을 장악하고 있었다. GM, 포드, 크라이슬러는 막강한 미국 자동차 노조가 신기술로 인한 작업 규정 변경 사항을 수락하도록 하기 위해 새로운 협약에 대해 협상하는 쪽을 택했다. 만약 이들 3개 사가 강경한 태도로 자동차 노조에 기업 측의 생각만을 강요했다면 노조는 파업에 돌입하고 결국 양측 모두 손실을 입었을 것이다. 협력을 통해 양측 모두가 생존 기회를 얻었다고 할 수 있다.

대안도 없고 자금도 없는 경우 → 조종(선택의 여지를 주지 말 것)

곤경에 처한 기업으로서는 별다른 대안 없이 임시 해고나 임금 삭감이 불가피한 경우가 종종 있다. 뉴저지 주 트렌턴 시에 소재한 한 전자식 스위치 제조업체는 경영이 어려워지자 직원들에게 임금 삭감과 퇴직 가운데 하나를 선택하도록 했다. 직원들은 임금 삭감을 택했지만 회사는 결국 망하고 말았다.

신속함이 요구되는 상황에서 자신이 권한을 쥐고 있는 경우

→ 노골적인 명령 위압 전술

컨설팅이나 법률, 공인회계 등의 분야에서 흔히 볼 수 있는 상황이다. 예컨대 프로젝트 만기가 '어제'였기를 원하는 고객이 있다고 하자. 그러면 고위 간부는 곧 중간 관리자들을 소집하여 프로젝트가 '그저께' 완료되었어야 한다고 주장한다. 이 경우에는 고위 간부가 시키면 시키는 대로 따르는 것이 관행이다. 고위 간부가 권력을 쥐고 있는 것이다. 문제는 지칠 대로 지친 직원들이 직장을 떠난다는 데에 있지만 회사의 입장에서는 그다지 큰일도 아니다. 열의에 찬, 갓 대학을 졸업한 수많은 인력들이 그 자리를 대체하기 위해 기다리고 있기 때문이다. 위압 전술을 사용할 때에는 자신이 권한을 갖고 있는지 그리고 결과를 감당할 수 있는지에 대한 확신이 있어야 한다.

조직행동론 요점 정리

무엇보다도 MBA는 실행에 옮기기 전에 충분히 숙고해야 한다. 실행 조치를 취해야 할 경우에는 개인적인 관점과 조직을 위한 관점에서 상황을 철저히 분석하고 조화롭고 효과적인 실행 계획을 수립해야 한다. 물론 MBA의 교육이 결코 조직 전문가를 양성하기 위한 것은 아니다. 하지만 어느 정도의 이론과 기본적인 접근 방식을 전수함으로써 효과적인 행동을 취하기 위한 보다 나은 기회를 접할 수 있을 것이다.

반드시 챙겨야 할 **조직행동론 용어**

- **요구와 결과 사이의 갭**Want Got Gaps : 조직적인 문제
- **인과 사슬**Causal Chains : 문제 상호간의 관계
- **실행 계획안**Action Planning : 조직 문제를 해결하기 위한 일련의 구체적인 활동들
- **APCFB 모델** : 인간의 심리학적 모델
- **목표 일치**Goal Congruence : 유사한 목표를 가진 사람들끼리는 협조가 보다 잘 이루어진다.
- **기대 이론**Expectancy Theory : 동기부여는 직원의 행동과 보상 사이의 함수다.
- **VCM 리더십 모델** : 비전, 헌신, 관리 측면의 리더십
- **경청**Active Listening : 상대에 대한 통찰력을 얻기 위해 진지하게 듣는 자세
- **다섯 가지 유형의 권력** : 권력은 직책뿐 아니라 보다 많은 요소에서 비롯된다. (강압적 권력, 보상적 권력, 준거적 권력, 합법적 권력, 전문적 권력)
- **조직의 기본적 모델** : 전략, 정책, 구조, 시스템, 풍토, 문화
- **구조**Structure : 회사의 조직 체계
- **관리의 범위**Span of Control : 한 사람의 관리자가 직접적으로 통제하는 부하직원들의 수
- **패러다임**Paradigm : 기업의 가치 기준 혹은 업무 수행 패턴
- **시스템 이론**System Theory : 조직의 기능이 유기체의 기능과 흡사하다는 이론
- **성장과 혁신 패턴**Evolution and Revolution Pattern : 조직은 일련의 발전 기간과 위기 기간을 거친다는 개념

계량분석

Quantitative Analysis

계량분석은 MBA 과정 가운데 가장 힘들면서도 중요한 과정이다. 이 과정을 통해 재무관리와 회계학, 마케팅, 생산관리 등에서 활용되는 기본 지식을 얻을 수 있기 때문이다. 계산이나 통계 쪽에 익숙하지 않다는 이유로 계량분석 부분을 그냥 넘어가려 해서는 안 된다. 일단 부딪혀 보자!

MBA들은 각종 계량기법을 업무에 적용함으로써 MBA 출신이 아닌 사람들 사이에서 두각을 나타낼 수 있는 기회를 얻게 된다. 또한 정교한 도표와 그래프를 제시하고 인상적인 언어를 구사하면 쉽게 직장 상사의 눈에 띈다. 업무 결과가 상사의 마음에 들 경우에는 더욱 말할 필요도 없다. MBA의 주요 업무는 계량기법 이론을 이용해 경영 문제를 해결하는 것이다. 계량분석은 MBA들이 복잡한 문제를 해결할 때 객관적인 태도를 유지할 수 있도록 해준다. 각종 계량기법을 뒷받침하는 이론들은 그다지 중요하지 않다. 중요한 것은 그 기법을 적용해 실제 경영 문제를 해결하는 것이다. 하지만 계량분석 기법이 아무리 수학적으로 정확하게 보일지라도 자신의 판단을 대신할 수는 없음을 명심해야 한다.

의사결정 이론

의사결정 이론Decision Theory 은 복잡한 문제를 여러 조각으로 분해해 쉽게 처리하는 법에 대해 설명한다. 어려운 상황을 타개하기 위한 기본 공식이 없는 경우에는 복잡한 문제들을 다루기가 힘들다.

예를 들어 유전 채굴업자가 석유 시추 여부를 결정할 때 계량분석을 이용할 수는 있지만 그렇다고 해서 석유 탐사에 내재된 위험이 제거되는 것은 아니다. 이때 의사결정 트리decision trees를 이용하면 문제의 대안과 위험, 불확실성 등을 체계화할 수 있다.

의사결정 트리 분석은 다음 5단계로 이루어진다.

1. 상황과 관련된 가능한 모든 대안과 위험을 파악한다.
2. 각 대안들의 금전적 성과를 계산한다.
3. 각 대안들과 관련된 불확실성을 파악한다.
4. 앞의 세 단계를 의사결정 트리 형태로 결합한다.
5. 최상의 대안을 결정하고 문제의 비금전적 측면을 고려한다.

[도표 5 – 1] 행동 가지와 사건 가지

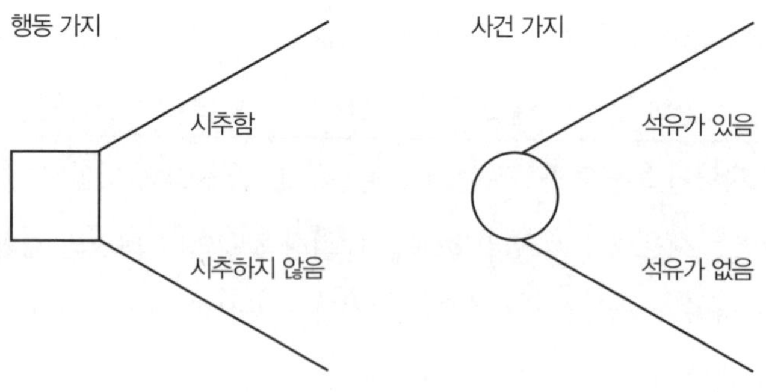

의사결정 트리는 다른 대안이 가능한 시점에서 행동 가지activity forks와 사건 가지event forks로 나뉘게 된다. 예를 들어 의사결정 트리에서 석유 시추 여부에 대해 결정을 내리는 것은 석유 채굴업자의 행동 가지로 나타낸다. 행동 가지는 의사결정 트리에 사각형(□)으로 표시된다. 반면 두 개의 상이한 대안이 불확실한 것으로 판단되면 의사결정 트리의 사건 가지로 나타낸다. 유전의 불확실한 성과는 사건event으로 간주되며 의사결정 트리에 원(○)으로 표시된다.

의사결정 트리의 예

의사결정 트리가 필요한 상황의 예로 텍사스의 샘 휴스턴Sam Houston의 사례를 살펴보자. 휴스턴은 석유가 있을 것이라고 예상되는 곳에서 시추권을 행사하려 한다. 과연 시추를 해야 할까? 유전을 찾게 될 경우 발생하는 이익은 약 100만 달러로 추정된다. 샘 휴스턴은 모든 대안들을 따져 보면서 다음과 같은 목록을 만들었다.

1. 석유 시추에 대한 권리를 얻는 데 2만 달러를 지불했다.
2. 지질학자를 고용해 지질 탐사를 실시한다면(비용은 5만 달러) 실패에 대한 위험을 줄일 수 있을 것이다. 탐사를 실시할 경우 시추 결과에 대한 성공 여부를 보다 정확히 예측할 수 있으며 시추비용을 낭비하는 위험 또한 낮출 수 있을 것이다.
3. 성공에 대한 안전성을 높여 줄 지질 평가를 시행하지 않고 결과를 운에 맡긴 채 20만 달러의 비용을 들여 시추를 할 것인가?
4. 석유 전문가들과 상의한 결과 아무런 탐사를 하지 않은 상태에서 해당 구역에 석유가 매장되어 있을 가능성은 60퍼센트라고 한다.
5. 또한 전문가들의 경험에 의하면 지질 탐사 결과가 긍정적일 경우에는 상당량의 석유가 존재할 가능성이 90퍼센트에 달하며, 반대로 실패할 확률은 10퍼센트이다.

6. 만약 지질 탐사 결과가 부정적인 상황에서도 시추를 강행한다면 성공 확률은 10퍼센트이며 실패 확률은 90퍼센트가 된다.

7. 아예 시추를 하기 않기로 결정할 수도 있다.

위의 각 정보는 의사결정 트리에 반영되어 샘이 취할 수 있는 대안들을 도식적으로 정리해 준다.

의사결정 트리 그리기를 본격적으로 시작하기에 앞서 먼저 의사결정과 무관한 정보를 확인해야 한다. 해당 사례의 경우 샘이 시추권을 얻기 위해 지불한 2만 달러는 향후 의사결정과는 무관한 매몰비용이라고 할 수 있다. 이 돈은 이미 지불된 비용이며 샘이 어떤 결정을 내리든 간에 회수가 불가능한 돈이다. 그러므로 매몰비용은 의사결정 트리의 고려 대상에서 제외된다.

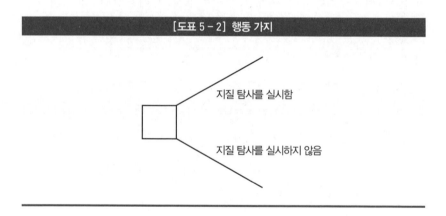

[도표 5 - 2] 행동 가지

의사결정 트리 그리기

의사결정 트리를 그리기 위한 첫 단계는 첫 번째 의사(혹은 의사결정 트리의 가지)를 결정하는 것이다. 샘 휴스턴의 의사는 시추에 앞서 지질 탐사를 할 것인지 결정하는 것이다. 만약 지질 탐사를 하기로 결정했다면 그 선택은 이후의 모든 행동에 우선하게 된다. 따라서 의사결정 트리의 첫 번째 가지에 사각형으로 나타난다.

지질 탐사에 대한 결과는 긍정적인 사건(60퍼센트의 가능성)이 될 수도 부정적인 사건(40퍼센트의 가능성)이 될 수도 있다. 탐사를 하지 않을 경우에도 시추를 할 것인지 하지 않을 것인지를 선택(사각형)할 수 있다. 또한 지질 탐사의 결과와 상관없이 여전히 시추를 할 것인지 말 것인지에 대한 '선택'의 여지는 있다. 그러나 일단 시추가 시작되면 석유의 존재 여부는 '제어하기 어려운' 사건이 된다. 단지 대박을 터뜨릴 사건인지 아닌지의 가능성만이 있을 뿐이다.

[도표 5 - 3] 지질 탐사에 대한 사건 가지

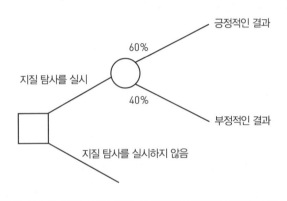

다음 단계는 금전적 성과를 추가하는 것이다. 나뭇가지에서 잎사귀가 돋아나는 것과 같다. 앞서 말했듯이 석유가 있을 경우 금전적 성과는 100만 달러에 달할 것이다. 유정의 개당 시추비용은 20만 달러이고 탐사비용은 5만 달러다.

각 의사결정에 대한 잠재적인 금전 소득 성과를 알고 싶다면 획득 가능한 금액에 '사건'(원)이 일어날 확률을 곱하여 구한다. 따라서 석유가 존재할 경우 획득 가능한 금액은 {(100만 달러 × 성공할 확률 90퍼센트) + (0달러 × 실패할 확률 10퍼센트) = 90만 달러}이다. 이 값이 바로 사건의 기대금전가치EMV, Expected Monetary Value이며, 개인의 실제 소득은 EMV의 범위에 한정된다. [도표 5-4]를 보면 어떠한 원의 경우에도 확률의 합은 100퍼센트(90퍼센트+10퍼센

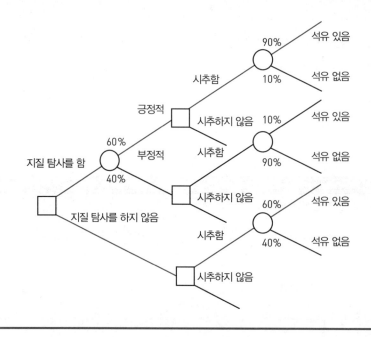

[도표 5 - 4] 석유시추 의사결정 트리

트=100퍼센트)가 되어 모든 가능성이 감안되었음을 나타낸다. 각 가지는 다른 대안들과 상호배타적Mutually Exclusive이며 각 대안 내의 확률의 합은 100퍼센트이거나 전체 집합에서 빠진 부분이 없는 상태Collectively Exhaustive여야 한다.

사각형의 행동 가지에서 의사결정자는 최상의 성과를 선택할 수 있는 능력을 갖게 된다. 최상의 대안을 결정하기 위해서는 대안의 이익금에서 적절한 비용을 차감해야 한다. 먼저 가장 오른쪽에서 시작해 왼쪽으로 이동하면서 금전적인 성과를 계산한다. 이와 같은 과정은 나무의 가지를 쳐서 최상의 실행계획을 이끌어 내기 위한 과정으로 '가지치기'folding back 또는 pruning라고 한다. 사각형의 행동 가지에서는 가장 높은 금액이 보상되는 대안을 선택하고 원형 가지에서는 획득 가능한 금액과 확률을 곱하도록 한다.

[도표 5-5]에 의하면 대담하게 시추를 결행하되 지질 탐사는 피하라는 결론이 나온다. 지질 탐사 후에 시추를 하는 경우의 EMV는 37만 달러{(90만 달

(단위 : 1,000달러)

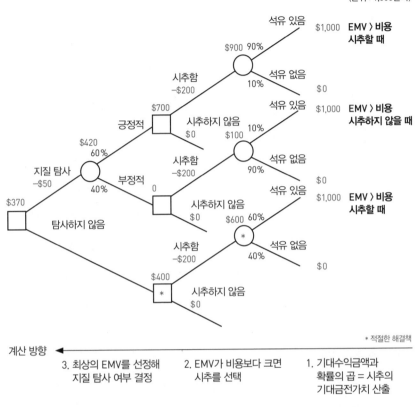

* 적절한 해결책

계산 방향 ◄──────

3. 최상의 EMV를 선정해   2. EMV가 비용보다 크면   1. 기대수익금액과
   지질 탐사 여부 결정   시추를 선택   확률의 곱 = 시추의
                                                     기대금전가치 산출

러[기대금전가치] − 20만 달러[시추비용]) × 60퍼센트 − 5만 달러[탐사비용])인데에 반해 지질 탐사를 하지 않고 시추하는 경우의 EMV는 40만 달러(60만 달러[기대금전가치] − 20만 달러[시추비용])이다. 따라서 EMV가 가장 높은 쪽, 즉 탐사를 하지 않고 시추하는 쪽을 선택하도록 한다. 비교적 간단한 개념의 이 기본 공식은 신상품 개발, 부동산 개발, 재고 수준 등을 결정할 때 적용될 수 있다. 의사결정을 위해 고려해야 할 내용이 무엇이든 간에 의사결정 트리를 이용하면 모든 대안들을 포괄적으로 검토하고 불확실성을 평가할 수 있으며 (그 확률을 알기 위해서는 최대한 추측해 보는 수밖에 없을 때도 있다.) 금전적 성과

를 얼마나 얻을 수 있는지도 명확히 계산할 수 있다. 의사결정 트리를 그릴 경우 의사결정자는 자신이 가정한 것을 분명하게 밝혀야 한다. 탐사 결과가 틀리게 나와서 석유가 나올 확률에 대해서 다시 검토해야 하는 상황이 발생할 수도 있고, 서로 다른 가정을 이용해서 정반대의 해결책이 나오는 상황이 발생할 수도 있다. 같은 상황도 보는 사람의 시각에 따라 달라질 수 있기 때문이다. 분석가들은 그러한 의사결정 트리를 비교함으로써 체계화된 방식을 통해 특정한 가정을 논의할 수 있다.

MBA들 사이에서는 '의사결정 트리와 관련된 시험에서는 트리만 제대로 그려도 B학점은 딴다'는 말이 있다. 외견상 단순하게 보이는 문제도 의사결정 트리를 그려 보면 그 복잡성을 알 수 있게 된다. 네 시간에 걸친 시험 시간 동안 의사결정 트리의 정확한 기본 윤곽만을 그리는 것조차도 쉬운 일이 아니다. 의사결정 트리를 능숙하게 그리기 위해서는 많은 연습이 필요하다.

현금흐름 분석

현금흐름은 재무분석의 기본이며 차입매수와 관련하여 자주 사용된다. 월스트리트의 투자 전문가들은 자신들의 투자 결정의 질적인 측면만 간략하게 숙고하지만 궁극적으로 볼 때 투자 결정과 관련하여 가장 중요한 것은 현금이다. 현금흐름을 분석하기 위한 근거 자료는 회계사가 현금흐름표를 작성하기 위해 쓰는 자료와 동일하다. 현금흐름을 분석하면 다음 질문에 대한 답을 얻을 수 있다.

• 투자비용은 얼마이며, 매년 어느 정도의 현금이 창출될 것인가?

기업에 의해 창출되는 현금은 부채 상환이나 배당금 지급, 연구개발, 장비 구입, 부동산 개발 투자 등에 사용될 수 있다. 현금흐름 분석의 목적은 주어진 계획안 내에서 언제 얼마나 많은 현금이 들어오고 나가는지를 파악하는 것이다.

투자를 할 경우에는 여러 가지 요소를 고려해야 하지만 현금흐름 분석의 관심 대상이 되는 것은 오로지 현금뿐이다. 어떤 기업의 광고가 아무리 일반 대중들의 호감을 불러일으킨다 해도 그러한 성과가 금전적인 가치로 측정될 수 없다면 현금흐름 분석은 불가능하다.

현금흐름 분석은 기계를 구입할 때에도 기업을 인수할 때 적용되는 것과 똑같은 방식으로 적용된다. 그렇다면 앞에서 던졌던 질문을 다음과 같이 바꾸도록 해보자.

• 현재의 투자는 무엇이며 그에 따른 향후의 수익은 무엇인가?

그에 대한 답은 다음과 같은 단계를 거치게 된다.

1. 투자가치를 정의한다.
2. 수익의 크기를 계산한다.
3. 수익 시기를 결정한다.
4. 수익의 불확실성을 계량화한다.
5. 기다리는 시간이 충분히 보상될 만한 수익인지를 판단한다.

이때 한 가지 명심해야 할 점은 현금흐름 분석은 이익이 아닌 현금흐름을 나타낸다는 점이다. 예컨대 실리콘밸리의 한 유망한 신진 컴퓨터 회사가 '회계상' 300만 달러의 이익을 낼 것으로 예상된다고 하자. 하지만 만약 연구개발에 2,000만 달러를 투자해야 하고 공장 건설에 3,000만 달러를 들여야 한다면 사실상 이 회사의 현금 창출 능력은 전혀 없다고 봐야 한다. 이 컴퓨터 회사의 이익이 실현되는 시점은 미래라고 할 수 있다.

손익계산서에 보고되는 회계 이익은 투자 수명보다 짧은 기간 동안의 단기 투자 측정치인 반면 현금흐름 분석은 개별 프로젝트의 기간 내내 그 프로젝트를 평가하는 데 사용되는 기술이다.

현금흐름 분석에 필요한 정보

다음은 프로젝트의 초기 현금흐름을 계량화하는 데 필요한 구체적인 정보들이다.

현금 사용처

- 건설비용
- 초기 상품재고
- 장비 구입
- 외상매출금의 증가(거래처에서 판매한 물품의 대금을 바로 받지 않음으로 인해 발생)

현금 유입원

- 장비의 매각
- 외상매입금의 증가(공급자에게 매입물품에 대한 지급을 바로 하지 않음으로 인해 발생)

프로젝트 기간 동안 현금 사용을 결정하기 위한 정보들은 다음과 같다.

현금 유입원

- 수익 또는 매출
- 로열티 수입

현금 사용처

- 매출원가
- 판매비
- 일반 관리비
- 각종 세금

손익계산서에 나타나는 감가상각비는 현금흐름 분석과는 관계가 없다. 가령 사용 연한이 5년인 장비의 경우 1년간의 사용에 대해 원가의 5분의 1이 이익에서 차감된다는 점에서 감가상각비는 회계 충당금account allowance이라고 할 수 있다. 현금흐름 분석상으로는 기계 구입에 현금을 지불하므로 구입 시점에 현금을 사용한 것으로 기록된다. 감가상각비는 '회계 이익'Accounting Income 을 감소시킬 수 있는 정도까지 적절하게 사용할 수 있다. 회계 이익의 감소에 따라 법인세로 지출될 현금을 절약할 수 있다. 회계학 부분에서 언급했던 밥스 마켓은 금전등록기와 쇼핑 카트 구입 대금을 개업할 당시 이미 지불했지만 10년에 걸쳐 비용으로 처리했다.

다음으로 중요한 점은 자본 조달 비용 역시 현금흐름 분석에 포함되지 않는다는 사실이다. 투자를 결정하는 것과 자본 조달을 결정하는 것은 별개의 문제다. GE에는 수천 건의 프로젝트와 더불어, 부채(회사채 발행, 은행차입)와 주식 발행 등 여러 유형의 자본 조달 방법이 있다. 부채와 각종 개별 프로젝트를 서로 대응시킨다는 것은 거의 불가능한 일이다. 실제로 기업의 총체적 자금 수요를 맞추기 위해 자금을 차입하는 것은 재무부서의 일이지만, 어떤 프로젝트를 채택할 것인가 결정하는 것은 예산부서의 일이다. 물론 자금 차입과 프로젝트 투자 결정이 서로 정확히 연계된다면 모든 프로젝트의 비용이 현금으로 선불로 지급되는 경우보다는 부채로 자금이 조달되어 자금의 유동성이 훨씬 더 나은 것처럼 보일 것이다. 그러나 현실적으로는 두 경우 모두 현금흐름과는 상관이 없다.

현금흐름의 예

퀘이커 오츠Quaker Oats는 캔자스 시에 위치한 자사 공장의 시리얼용 기계설비를 위한 10만 달러의 투자 계획을 고려하고 있다. 섬유질 식품의 유행으로 오트밀에 대한 수요가 급증해 기존 생산설비로는 감당할 수 없는 지경에 이르렀기 때문이다. 기계를 구입할 경우 시리얼의 매출은 한 해 8만 달러 정도 신장될 것으로 예상된다. 매출원가는 2만 달러이며 창출된 이익의 30퍼센트는 세금으로 부과될 것이다. 또한 매출 신장을 고려해 1만 달러의 상품재고를 확보해야 한다. 그러나 원료인 귀리oat와 포장용기에 대한 8,000달러의 외상매입금 증가로 현금 사용이 일부 상쇄되므로 추가적인 현금 투자액은 2,000달

[도표 5 – 6] 현금유출입 시기 – 퀘이커 오츠의 충전 포장기 구입 프로젝트

(단위 : 1,000달러)

	0년	1년	2년	3년
투자	-100			
수익		+80	+80	+80
매출원가		-20	-20	-20
법인세*		-9	-9	-9
재고증가	-10			
외상매입금 증가	+8			
기계 매각				+10
총 현금유출입	-102	+51	+51	+61

* 법인세 계산

수익	80	
비용	− 20	
매출총이익	60	
감가상각비	− 30	(100-10)/3
법인세 차감전 순이익	30	
법인세율	× 30%	
법인세	9	

러가 된다.

3년 후에는 기계가 노후화되겠지만 멕시코에 있는 제분회사에서라면 여전히 사용될 수 있을 것이다. 따라서 퀘이커는 기계를 몰리노 그란데Molino Grande에 1만 달러에 매각할 계획이다.

이 경우 현금유출입 시기는 프로젝트의 가치를 결정하는 매우 중요한 요소이다. 현금유출입 시기는 보통 막대그래프로 나타낸다. 각 기간에 누적된 현금을 표시하는 막대가 직선 아래에 위치하면 현금 투자를 나타내고, 직선 위에 나타나면 수익을 나타낸다. 퀘이커의 사례는 다음과 같은 막대그래프를 통해 나타낼 수 있다.

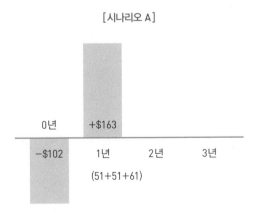

이번에는 현금유출입 액수는 같지만 다음과 같이 시기가 앞당겨졌다고 가정해 보자.

[시나리오 A]

또는 다음과 같이 시기가 뒤로 미뤄졌다고 가정해 보자.

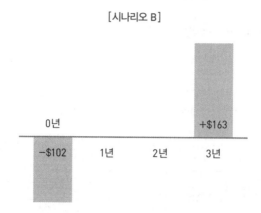

[시나리오 B]

이러한 그림들은 현금유출입 시기 선택의 중요성을 강조하고 있다.

누적가치

제분기를 매각하여 현금이 창출되면 퀘이커는 그것을 유휴자금으로 두지 않고 재투자하게 된다. 따라서 시나리오 A에서는 1년차에 각각 5만 1,000달러, 5만 1,000달러, 6만 1,000달러를 회수하므로 시나리오 B보다 향후 2년 동안 더 많은 현금 수익을 얻을 수 있다.

회사가 10퍼센트의 수익을 창출할 수 있는 투자 기회를 얻게 되면, 다음 쪽 [도표 5-7]에서 보는 바와 같이 시나리오 A는 시나리오 B에 비해 3만 4,230달러를 더 창출할 것이다.

시나리오 A의 현금흐름은 3년 말에 16만 3,000달러에다 3만 4,230달러의 이자 수익을 합쳐 19만 7,230달러의 누적가치accumulated value를 갖게 되므로 분명히 월등한 시나리오라고 할 수 있다.

누적가치를 계산하는 보다 간단한 방법은 화폐의 누적가치 또는 미래가치 future value 공식을 이용하는 것이다.

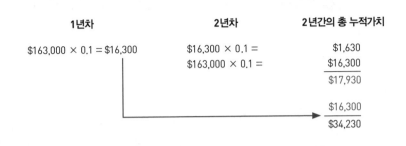

[도표 5 - 7] 누적가치 계산

1년차	2년차	2년간의 총 누적가치
$163,000 × 0.1 = $16,300	$16,300 × 0.1 =	$1,630
	$163,000 × 0.1 =	$16,300
		$17,930
		$16,300
		$34,230

x기간 후 1달러의 미래가치 = (현재 달러 가치) × (1+재투자수익률)^{기간수}

연이율이 10%일 때,

1달러 × (1+0.1)^1 = 1.1

매번 수식의 요소들을 외우거나 계산할 필요는 없다. 이 책의 부록에 있는 현재가치분석표를 이용하거나 일반적인 계산기를 이용하면 된다. (개인적으로 HP가 가장 우수한 계산기라고 생각하는데, MBA의 상징 가운데 하나인 HP 계산기를 갖고 있으면 숫자 개념이 남다른 사람이라는 인상을 주게 된다.)

[부록 1]에 있는 표를 보면 연이율이 10퍼센트일 때 다양한 수익률과 투자 기간에 따른 누적가치 계수는 다음과 같다.

누적 이자 요소		
현재 1달러	=	현재 1달러
1달러 투자	=	1년 후 1,100달러
1달러 투자	=	2년 후 1,210달러

시나리오 A를 이용하여 1년 말에 16만 3,000달러를 회수해 3년 말까지 2년 간 투자할 때 누적가치는 다음과 같다.

16만 3,000달러(1년 차 회수 금액) × 1.21

= 19만 7,230달러(3년 말까지 2년간 투자한 경우 누적가치)

또는

19만 7,230달러 − 16만 3,000달러 = 3만 4,230달러(재투자수익)

미래 시점까지 연결되는 프로젝트나 투자를 평가할 때는 현금흐름의 양적 크기뿐 아니라 그러한 현금흐름의 재투자 시기와 향후 어떤 곳에 투자할 것인지도 신중하게 고려해야 한다.

순현재가치

누적가치 분석은 30년 후에 적정액의 연금을 받기 위해 현재 얼마를 투자해야 하는가를 파악하기에는 좋은 도구이지만 현재의 투자와 프로젝트를 평가하지는 못한다. 투자는 현재의 화폐가치로 평가되어야 한다. 퀘이커의 제분기 프로젝트는 현재 얼마의 가치가 있는가? 구입 원가는 15만 달러지만 사용 연한이 4년인 비슷한 기계와 어떻게 비교될 수 있는가?

현금흐름 분석은 현금의 흐름을 파악하기 위한 것이며 순현재가치NPV, Net Present Value 분석은 현금흐름을 현재의 화폐가치로 평가하기 위한 것이다. 순현재가치를 사용하면 서로 다른 프로젝트들을 투자 시기와 상관없이 비교할 수 있다.

만약 애플 컴퓨터가 새로운 탠저린 컴퓨터(애플 아이맥 시리즈 중 하나—옮긴이)를 출시할 경우 5억 달러의 매출이 확실시된다 해도 상품을 개발하는 데 10년이 걸린다면 그 프로젝트에는 투자하지 않는 것이 합리적일 수도 있다. 10년 후에는 인플레이션으로 인해 5억 달러의 실질가치가 줄어들 것이며 또한 그 프로젝트 대신 공장 자동화에 투자하여 '현재'의 생산비를 절감할 수도 있을 것이다. 순현재가치 분석을 통해 탠저린 프로젝트가 합당한 것으로 평가된다 해도 전략적인 이유가 장애 요인으로 등장할 수도 있다. 바로 그런 부분에서 MBA의 경영 판단력이 발휘되어야 한다.

증권분석가들은 주식이나 채권 매입을 장비 구입과 동일하게 여긴다. 주식은 미래 시점에 배당금을 지급하며, 채권은 이자를 지급한다. 증권의 가치는 미래에 발생할 현금에 대한 현재가치에 있다. 퀘이커 오츠가 순현재가치 분석을 이용하여 새로운 생산장비 구입 시 발생할 이득을 평가한 것처럼, 기업들은 공장을 신설하거나 광고를 늘릴 경우의 가치를 평가한다. 또한 사고나 소송을 맡은 변호사는 보상금 협의를 위해 사망자의 미래소득가치를 산정하는 데에 순현재가치 분석을 이용할 수 있다. 기본적으로 기억해 두어야 할 사실은 미래에 회수하게 될 1달러보다는 현재의 1달러가 더 큰 가치를 지닌다는 것이다.

퀘이커 오츠의 제분기 프로젝트는 3년에 걸쳐 16만 3,000달러의 현금을 창출한다. 앞에서 계산한 대로 만약 이 현금을 다른 프로젝트나 이자가 지급되는 투자에 10퍼센트의 이율로 재투자한다면 16만 3,000달러의 현금자금에 3만 4,230달러가 추가로 창출될 것이다. 3년 후에 16만 3,000달러만 회수하게 되는데도 현재 16만 3,000달러를 지불하겠는가? 물론 아닐 것이다. '돈의 시간가치', 즉 3만 4,230달러를 포기하는 셈이 되기 때문이다.

순현재가치 분석은 그와 같은 단순한 논리를 이용해 미래의 현금흐름을 현재가치로 할인한다. 누적가치의 반대 개념이며 그 공식은 다음과 같다.

$$\text{순현재가치} = (\text{미래의 1달러}) \times (1 + \text{할인율})^{-\text{기간수}}$$

예를 들어 앞으로 1년 후에 받게 될 1달러는 10퍼센트의 할인율을 적용할 경우 다음과 같은 가치를 갖게 된다.

$$1\text{달러} \times (1+0.1)^{-1} = 0.90909$$

할인계수표는 앞의 공식을 사용해 다양한 기간과 이자율에 따르는 1달러의 순현재가치를 보여 주고 있다. 10퍼센트의 재투자 기회와 프로젝트의 위험성을 감안할 때 1달러의 미래가치는 다음과 같이 계산된다.

할인계수		
현재 $1	=	현재 $1
1년 후 $1	=	현재 $0.90909
2년 후 $1	=	현재 $0.82645
3년 후 $1	=	현재 $0.75131

따라서 퀘이커 프로젝트의 현금 변동은 다음과 같은 방법으로 평가될 수 있다.

미래의 현금 × 할인계수 = 순현재가치				
시작 연도	−$102,000	×	1	=	현재 −$102,000.00
1년 후	−$51,000	×	0.90909	=	현재 $46,363.59
2년 후	−$51,000	×	0.82645	=	현재 $42,148.95
3년 후	−$61,000	×	0.75131	=	현재 $45,829.91
퀘이커 프로젝트의 순현재가치			=	현재0 $32,342.45

프로젝트의 평가는 현금흐름의 규모와 시기 그리고 할인율(여기서는 10퍼센트로 가정)에 의해 좌우된다.

할인율은 매우 주관적이다. 할인율 혹은 최저목표수익률hurdle rate이 높으면 높을수록 미래 현금의 현재가치는 적어지게 된다. (부록 참조) 최저목표수익률이라는 이름이 붙은 이유는 할인율이 높은 프로젝트는 미래에 더 많은 현금을 창출해야 현재의 가치와 같아질 수 있기 때문이다. 결국 그 프로젝트에서 현재가치만큼 현금을 창출하기 위해서는 보다 높은 장애물hurdle을 뛰어넘어야 한다. 앞의 석유 시추 프로젝트의 사례에서 보았듯이 미래성과가 불확실하여 리스크가 높은 경우에는 당연히 할인율이 높아지게 된다. 반면 노동 절감 장치나 미국 재무성 채권 등에 투자하는 것처럼 투자 성과가 확실한 경우에는 낮은 할인율이 보장된다. MBA의 전문가적 판단을 접하지 못한 기업들은 모든 투자에 대해 한 가지 최저목표수익률만을 활용함으로써 프로젝트의 상대적 위험성을 무시하게 될 수도 있다. 그들 기업은 결국 확실한 투자를 거부하고 위험 부담이 큰 프로젝트를 추구하게 된다. 기업이 은행에서 자금을 차입할 때 적용되는 이자율은 우연이 아닌 이상 매번 동일할 수 없으며, 프로젝트의 위험도가 할인율을 결정한다. 안정적인 기업들은 낮은 이자율로 자금을 차입할 수 있지만 그 자금을 위험한 프로젝트에 투자할 수도 있기 때문이다.

내부수익률

내부수익률IRR, Internal Rate of Return은 순현재가치에서 파생된 개념이다. 투자의 내부수익률이란 할인된 미래의 현금흐름이 현재의 투자가치와 동일할 때의 할인율을 말한다. 내부수익률을 구하기 위해서는 순현재가치가 0이 될 때까지 다양한 할인율을 적용해 보아야 한다. (물론 계산기를 사용하면 손쉽게 내부수익률을 계산할 수 있다.) 퀘이커 프로젝트에 대한 내부수익률은 26.709퍼센트다. 다음과 같은 계산을 통해 그 수치를 확인할 수 있다.

26.709%의 할인율을 적용할 경우					
현재	$1.00	×	−$102,000	=	−$102,000
1년 후	$0.78920	×	$51,000	=	$40,250
2년 후	$0.62285	×	$51,000	=	$31,765
3년 후	$0.49155	×	$61,000	=	$29,985
			NPV	=	0

내부수익률은 프로젝트를 평가하는 유용한 도구지만, 가치의 크기를 감안하지는 못한다. 그런 만큼 규모에 비해 높은 수익을 내는 소규모 투자가 적절

한 수익을 내는 대규모 투자보다 우선순위로 평가되기도 한다. 가령 GE가 연구개발에 10억 달러의 투자를 할당할 경우 프로젝트가 큰 만큼 거액의 자금이 필요하게 되고, 그에 따라 내부수익률이 매우 낮아질 수도 있다.

또한 내부수익률을 사용하여 투자의 우선순위를 매길 경우 순현재가치 분석에서 사용되었던 최저목표수익률이나 할인계수가 무시될 수도 있다. 이미 언급한 바 있듯이 최저목표수익률은 불확실성에 따른 위험 요소에 의해 조정된 수익률이다. 모든 상황이 동일할 경우 퀘이커의 장비 투자는 스웨덴의 제약회사 머크Merck가 시행하는 투기성 짙은 암 치료 연구개발에 비해 내부수익률은 더 낮지만 순현재가치는 더 높을 수 있다. 현금 유입량이 적은 기계장비 프로젝트는 위험도가 낮기 때문에 10퍼센트의 이율로 할인될 것이며 따라서 순현재가치 역시 높게 나올 수 있다. 반면 암 치료를 위한 연구개발은 할인율이 매우 높게 평가될 것이다. 할인율이 높으면 높을수록 현금의 현재가치는 줄어드는 반면 위험은 그만큼 커진다는 사실을 명심하도록 하자.

확률 이론

확률 이론Probability Theory은 통계학을 가리키는 보다 그럴듯한 이름이며 경영대학원 내에서 가장 우수한 공인회계사조차도 두려워하는 과목이다. 사실 통계학보다 확률 이론이 더 정확한 용어라고 할 수 있다. 문제 해결을 위해 통계가 어떻게 사용되는지를 구체적으로 설명하고 있기 때문이다.

석유를 발견할 확률이 주어질 경우, 샘 휴스턴은 어떻게 해야 하는가? 상위 10위권 경영대학원에 재학 중인 800명의 기혼 MBA들 가운데 교육 과정 첫해에 탈락될 가능성이 있는 사람은 몇 명이나 되는가? 이들 모두가 확률 이론이다. 대부분의 사업 종사자들이 통계라면 겁부터 내는 덕분에 확률 이론이야말로 MBA들이 빛을 발할 수 있는 분야라고 할 수 있다. 필자의 경우 학부에서 통계학을 수강한 적은 있지만 실제로는 아무것도 배우지 않은 것이나 마찬가지였다. 그 당시 배운 것은 이론일 뿐 문제 해결 방법이 아니었기 때문이다.

경영대학원의 교육 과정은 통계학의 실용적인 측면에 중점을 두며, 이론적 분류는 수학자들의 몫으로 남겨 둔다. 당신이 통계학에 익숙하지 않다면 절대 이 부분을 건너뛰어서는 안 된다. 몇 장에 불과한 내용으로 통계학에 능통해질 수는 없겠지만 인내심을 가지고 정독한다면 충분한 업무상의 통계학 지식을 갖출 수 있다는 것만은 약속할 수 있다.

경영대학원 교육의 주요 취지는 학생들이 실무에 대비할 수 있도록 상이한 주제에 대한 실질적인 업무 지식을 전하는 것이다. 교수들은 불과 2년이라는 시간 동안에 제자들이 숙달된 전문가가 되리라고는 기대하지 않지만 최소한 특정 문제를 해결하려면 어디에서 전문가의 도움을 구해야 하는지는 알게 될 것이라고 생각한다.

확률분포

다양한 결과가 발생할 수 있는 상황에서 얻게 되는 특정 결과는 확률분포 Probability Distributions라고 할 수 있다. 각 가능성에는 하나의 확률이 존재한다. 주의 깊은 분석과 직관 그리고 판단력을 통틀어 어떤 사건에 대해 생겨날 수 있는 모든 성과의 합은 의사결정 트리의 사건 가지와 마찬가지로 100퍼센트이다. 결과의 분포를 보여 주는 그래프를 확률질량함수 probability mass function 또는 밀도함수 density function라 한다. 가능성 있는 결과가 많을 경우에는 확률분포의 곡선이 완만해지는데, 그 그래프를 확률밀도함수라고 한다. 반면 가능성 있는 결과가 겨우 몇 개에 불과하고 균일하지 못한 곡선이 그려지는 경우에는 확률질량함수에 해당한다.

강수량의 예

시애틀의 강수량은 확률분포의 결과로 나타나는 사건이다. 가상의 자료를 사용한 시애틀의 강수량과 확률분포도는 [도표 5-8]과 같다.

일일 강수량 (단위 : 인치)	해당 강수량만큼 비온 날의 수	한 달 중 해당 강수량만큼 비온 날의 상대 비중
0	5	16%
2	6	19%
4	8	26%
6	6	19%
8	3	10%
10	3	10%
	31	100%

[도표 5 - 8] 시애틀의 일일 강수량 측정표

[도표 5 - 9] 강수량 측정에 대한 확률질량함수

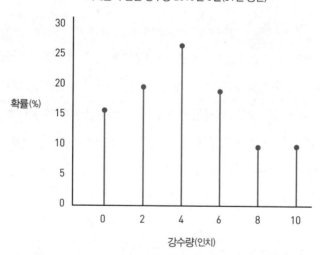

이항분포

동전을 던지면 앞면 혹은 뒷면이 나올 경우의 수는 앞면과 뒷면, 두 가지다. 따라서 앞면이 나오는 경우를 성공이라고 가정하고, 동전 던지기를 두 번 하여 나오는 결과의 분포는 다음과 같은 몇 가지의 결과로 나타난다.

- 2회 모두 성공 → 앞면 / 앞면
- 1회 성공, 1회 실패 → 앞면 / 뒷면, 뒷면 / 앞면
- 2회 모두 실패 → 뒷면 / 뒷면

동전 던지기는 이항분포binomial distribution라고 불리는 가장 기본적인 확률분포다. 이항분포에는 성공과 실패라는 두 개의 결과가 존재하며, 이들 각각의 결과가 발생할 확률은 동일하다.

난해하게 보이는 이항분포는 주식시장 분석과 같은 실질적인 분야에도 적용될 수 있다. 주식 분석에 있어서는 주식이 한 달 동안 양의 수익을 거두는 경우를 성공이라 할 수 있으며 손실을 입거나 변동이 없는 경우를 실패라 할 수 있을 것이다. 1957년부터 1977년까지 AT&T의 주가에 대한 연구를 통해 20년간의 월별 수익률을 조사한 결과 성공 확률, 즉 양의 수익을 거둔 경우가 전체 기간의 56.7퍼센트라는 사실을 알게 되었다.

조사 단위는 3개월(분기별)로 구성되었다. 연구자들이 확인한 바에 따르면 실제 성공 빈도는 다음과 같았다.

성공 횟수	발생 빈도
0	0.088
1	0.325
2	0.387
3	0.200
	1.000

동전 던지기를 연구하는 수학자들은 모든 이항분포 문제를 풀기 위한 숫자 도표, 즉 이항분포표를 만들어 냈다. AT&T의 경우 이항분포표를 이용하기 위

해 필요한 정보는 다음과 같다.

r = 성공 가능한 횟수 = 0~3

n = 시행 횟수 = 3 (분기당 3개월)

p = 성공 확률 = 56.7퍼센트

이와 같은 정보를 이용한 이항분포표에 따르면 다음과 같은 기대성과가 예측된다.

성공 횟수	기대 빈도
0	0.082
1	0.318
2	0.416
3	0.184
	1.000

이 이항분포는 놀랍게도 AT&T의 실제 결과와 잘 들어맞는다. '성공 확률(p)'을 예상한 상태에서 특정 분기의 월별 주식 수익률이 양이 될 확률은 이항분포표를 통해 알 수 있다. 따라서 이항분포는 자산 관리자, 판매 책임자 그리고 연구 분석가들이 확률을 평가하는 데에 응용된다.

정규분포 : 종형 곡선의 신비

정규분포normal distribution는 가장 널리 사용되는 확률분포이며 일반적으로 종형 곡선Bell Curve으로 알려져 있다. 하버드 대학에서는 학점을 결정할 때 종형 곡선을 이용한다. 그에 따라 15퍼센트에 해당하는 학생들이 '성취도 불량'이라는 평가를 받게 된다. 반면 다든 스쿨은 교수의 판단에 따라 만족스럽지 못한 시험 성적에 대해 C학점이나 F학점을 준다. 그에 따라 두 학교의 경쟁 환경

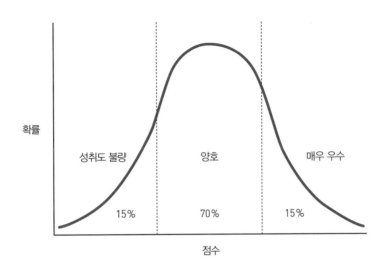

확률

성취도 불량

양호

매우 우수

15%

70%

15%

점수

은 매우 큰 차이를 보이고 있다.

확률질량함수에서 시행 횟수가 많아지면 곡선은 가득 채워져 종 모양이 형성되는데, 이를 확률밀도함수라 한다. 시애틀의 강수량을 나타내는 두 개의 그래프가 각각 이들 함수에 해당한다. 그래프의 중심 부분이 봉우리 모양이 되는 것은 중심극한정리Central Limit Theorem 때문이다. 중심극한정리란 무한하게 반복되는 독립적인 표본들의 평균 분포가 종 모양에 가까워지는 성질을 말한다. 표본의 크기가 클수록 표본분포는 정규분포에 더 가까워진다.

표본들의 평균 개념은 매우 모호하다. 실제 사례에 적용될 경우, 이들 평균에 대한 정의는 그 범위가 확장되어 어떠한 대규모 데이터의 집합까지도 포함하게 된다. 그만큼 정규분포는 이용하기가 쉬울 뿐 아니라 현실과 매우 가까운 확률을 보여 준다. 주가는 결국 수익(이익 또는 손실)에 이르는 시장 변동의 결과다. 또한 수익은 그러한 시장 변동의 평균이라 할 수 있다. 정규분포가 유용한 이유는 모든 것이 평균으로 설명될 수 있기 때문이다.

[도표 5 - 11] 강수량 측정에 대한 확률 밀도 함수

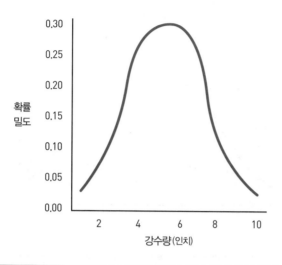

시애틀의 일일 강수량(1970년~2010년, 총 14,600일간)

확률
밀도

강수량(인치)

정규분포 곡선의 측정

종형 곡선은 평균치mean와 표준편차standard deviation, 이 두 가지 용어로 설명할 수 있다. 평균치(μ)는 곡선의 중앙에 위치하며 단순하게 평균average이라고도 불리는데, 데이터를 모두 더해서 이들 데이터의 개수로 나눈 결과를 말한다. 표준편차(σ)는 곡선의 폭을 나타내며, 평균과의 차이를 나타내는 측정치라고 할 수 있다. 이들 두 용어는 대다수 확률 개념의 주축을 이룬다. 그 외에도 데이터 집합에 대한 평균을 측정하기 위해 중앙값median과 최빈값mode을 사용하는 경우도 있다. 중앙값은 데이터를 규모별로 정렬할 경우 그 한가운데에 위치하는 항목이며, 최빈값은 일련의 데이터들 사이에서 가장 발생 빈도가 높은 항목을 말한다.

이항분포와 마찬가지로 정규분포 곡선 하단부에 표시되는 모든 결과의 합은 100퍼센트가 된다. 정규분포 곡선의 특징 가운데 하나는 평균 또는 중앙에서 떨어진 모든 특정 표준편차들은 정규분포의 모양과는 상관없이 사건에 대

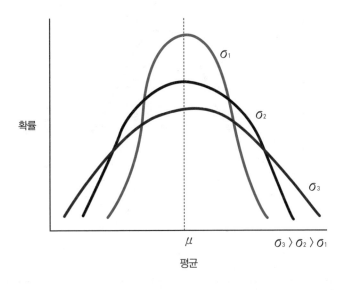

[도표 5 – 12] 상이한 표준편차 곡선의 확률밀도함수

확률

μ
평균

σ_1

σ_2

σ_3

$\sigma_3 \rangle \sigma_2 \rangle \sigma_1$

한 동일한 확률을 갖는다는 점이다.

정규분포를 소매점에 적용한 예

앨 번디Al Bundy는 자신의 신발 가게에 구매자가 원하는 사이즈의 신발이 모두 갖춰져 있는지를 알고자 한다. 그는 신발 연구소에서 발행한 숙녀용 신발 사이즈에 대한 연구 자료를 구입하여 설문조사를 통해 얻은 실제 데이터를 입수했다.

데이터에 따라 점을 찍어 그래프를 작성한 결과 정규분포 형태의 그래프가 나타났다. 또한 일련의 신발 사이즈 데이터를 계산기에 입력한 뒤 '표준편차' 키를 누르자 2라는 답을 얻을 수 있었다. 다시 모든 설문조사 응답자들의 신발 사이즈의 평균을 구해 7이라는 답을 구했다. 그는 앞서 자신이 만든 그래프를 살펴본 결과 믿을 만한 정규분포의 형태를 띠고 있다는 것을 알았다.

곡선의 모양이 정규분포를 취하고 있음을 알게 된 번디는 신발 사이즈에 대

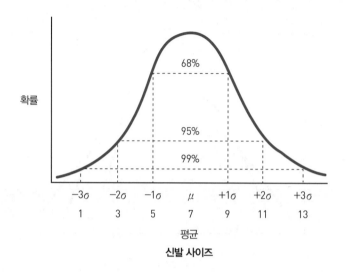

해 정규 확률분포를 적용할 수 있었다. 모든 정규분포 곡선 하단부에 적용되는 확률은 다음과 같다.

표준편차 1 = 0.3413
표준편차 2 = 0.4772
표준편차 3 = 0.49865
표준편차 4 = 0.4999683

이러한 정규분포에 따를 경우, 번디의 가게에 사이즈 5에서 9까지의 신발이 구비되어 있다면, 번디는 전체 신발 사이즈의 68.26퍼센트(2 × 0.3413)를 확보하고 있다고 할 수 있다. 사이즈의 구색을 늘려 3에서 11까지의 신발이 갖춰져 있다면, 전체 집합의 95.44퍼센트를 가지고 있는 셈이다. 또한 사이즈 1에서 13까지의 신발을 가지고 있다면, 가게를 찾는 고객들 가운데 99.73퍼센트에 해당하는 사람들이 자신에게 맞는 신발을 고를 수 있다. 사이즈가 1 이하이거나 13 이상인 고객을 위해서는 언제든 특별 주문을 하면 된다.

물론 여러 정규분포표들이 개발되어 곡선상의 특정 지점 평균과 정수가 아닌 차이를 보이는 표준편차들에 대한 확률을 정할 수 있게 되었다. 그러한 정규분포표를 이용하기 위해서는 Z값을 계산해야 한다.

$$Z = \frac{특정\ 지점 - 평균}{표준편차}$$

정규분포를 재무관리에 적용한 예

새로운 확률 이론인 Z값을 재무관리에 적용해 보자. 변동이 심한 파이어니어 항공Pioneer Aviation주식의 월 수익률은 정규분포 형태의 그래프로 나타낼 수 있다. 과거의 수익 자료에 따르면 평균은 1퍼센트, 표준편차는 11퍼센트다. 제럴드 라스무센Gerald Rasmussen은 이 항공사의 다음 달 수익률이 13퍼센트 이하가 될 확률이 얼마인지를 알고자 한다.

이 경우 Z값 공식을 이용해 다음과 같이 확률을 계산할 수 있다.

$$Z = \frac{(13 - 1)}{11} = 1.09 (평균으로부터의\ 표준편차)$$

부록에 수록된 정규분포표에 따르면 1.09의 표준편차에 대한 확률은 36.21 퍼센트이다. 정규분포 곡선의 왼쪽 편 전체는 50퍼센트, 즉 정규분포의 절반 값이 된다. 이것은 어떠한 상황에도 적용되는 사실이다. 어떠한 정규분포에서도 사건이 평균 이상이나 이하가 될 가능성은 50퍼센트다. 이들 정보를 조합해 보면, 수익률이 13퍼센트 이하가 될 확률은 86.21퍼센트(0.3521+0.5)이며 반대로 수익률이 13퍼센트 이상이 될 확률은 13.79퍼센트(1 - 0.8621)이다. 이는 통계를 도구로 사용할 경우에 얻을 수 있는 실제 사업상의 문제에 대한 실

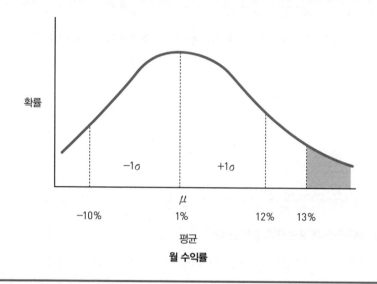

[도표 5 – 14] 확률밀도함수 – 파이어니어 항공의 월 수익률

확률

−1σ +1σ

μ

−10% 1% 12% 13%

평균
월 수익률

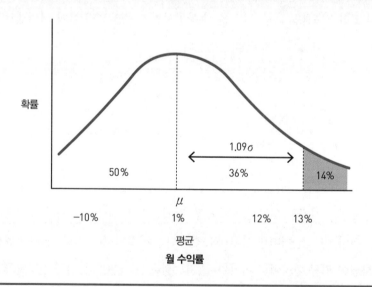

[도표 5 – 15] 확률밀도함수 – 파이어니어 항공의 월 수익률

확률

1.09σ

50% 36% 14%

μ

−10% 1% 12% 13%

평균
월 수익률

제적인 답이라고 할 수 있다.

통계학은 지나치게 이론에 얽매이지만 않는다면 크게 어렵지 않다. 이외에

도 각종 확률분포들이 있지만 실무에서는 거의 사용되지 않는다. 푸아송 분포poisson distribution는 정규분포와 비슷하지만 그래프의 오른쪽으로 치우친 형태를 갖는다. 그러나 대부분의 확률분포는 정규분포의 표준편차의 원리를 이용하기 위해 정규적인 형태를 취한다.

누적분포함수

누적분포함수CDF, Cumulative Distribution Function 는 누적적인 관점으로 분석한 확률분포다. 정규분포, 즉 종형 곡선과 마찬가지로 확률밀도함수의 형태를 취하며 "어떤 값 X가 특정한 값 x보다 작거나 같을 확률은 얼마인가?"와 같은 문제에 대한 답을 구할 때 적합하다. 정규분포는 특정한 결과에 대한 확률을 제시하지만 누적분포함수는 결과 값들의 특정 범위에 대한 확률을 알려 준다. 또한 누적분포함수는 불확실성의 지식(확률 이론)을 앞에서 배운 의사결정 기법(의사결정 트리)과 결합시키는 데에도 사용될 수 있다. 누적분포함수는 불명확한 다수의 가능성 있는 결과를 갖는 확률분포 범위를 찾아낸다.

석유의 가치	확률질량함수	CDF 누적 확률 (결과가 그 값보다 작거나 같을 확률)
50,000	0.005	0.005
75,000	0.01	0.015 (0.005 + 0.1)
150,000	0.03	0.045 (0.03 + 0.01 + 0.005)
200,000	0.08	0.125
300,000	0.12	0.245
750,000	0.15	0.395
1,100,000	0.21	0.605
1,200,000	0.15	0.755
1,400,000	0.12	0.875
1,700,000	0.08	0.955
2,000,000	0.03	0.985
2,500,000	0.01	0.995
6,000,000	0.005	1.000
	1.000	

석유 시추의 사례를 다시 이용해 석유가 발견될 경우 얻을 수 있는 다양한 금전적 가치에 대한 확률분포를 만들어 보자.

앞서 만들었던 의사결정 트리에서 석유가 발견될 경우 거둘 수 있는 성과는 100만 달러였다. 그 금액은 편의상 예를 들기 위해 만든 석유의 기대금전가치였다. 확률분포는 사실상 가치의 범위가 매우 광범하다. 위의 가치표에서 볼 수 있듯이 600만 달러의 성과를 거둘 가능성도 0.005, 5만 달러의 성과를 거둘 가능성도 0.005이다. 각각의 금전적 가치를 두 번째 칸의 개별 확률과 곱할 경우의 기대금전가치는 100만 달러가 되어 의사결정 트리에서 인용한 기대금전가치와 똑같아진다.

의사결정자들이 어떤 문제에 접근할 때 누적분포함수를 이용하여 평균치나 기대금전가치를 산출해 내도록 함으로써 문제 해결의 출발점을 찾을 수 있다. 누적분포함수 그리기는 불확실한 결과의 상단, 중간, 하단 범위에 해당하는 각 확률에 대한 판단을 조합하는 도구이다. 그를 통해 의사결정에 사용할 기대금전가치를 구할 수 있게 된다.

결과의 범위를 나타내는 누적분포함수 그래프는 커다란 S자 형태로 나타난다. 누적분포함수를 통해서는 개별 결과뿐 아니라 발생 가능한 모든 성과들을 한눈에 볼 수 있다. [도표 5-16]처럼 샘 휴스턴은 자신이 얻을 수 있는 모든 가능한 성과들이 0달러에서 600만 달러 사이의 범위에 있음을 알 수 있다.

누적분포함수에서 0부터 1까지의 확률 범위는 브래킷 중앙값 기법bracket median technique을 사용해 분위수fractile로 나뉜다. 석유 시추에 대한 누적분포함수도 이러한 방식으로 나뉜다. 예를 들어 누적분포함수의 확률범위를 다섯 개의 분위수로 나누고자 할 경우 1은 0.1, 0.3, 0.5, 0.7, 0.9의 분위수를 갖게 된다. 이들 각각의 분위수들은 가치의 범위, 즉 0~0.2, 0.2~0.4, 0.4~0.6, 0.6~0.8, 0.8~1.0까지의 평균을 나타낸다.

분위수 0.5는 중앙값과 같다. 0.5는 전체 가치범위의 중간에 위치하므로 어느 쪽에도 속하지 않기 때문이다. 중앙값은 정규분포의 중심center으로 사용되

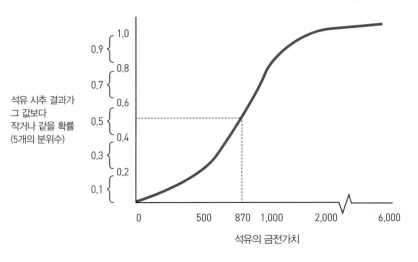

(단위 : 1,000달러)

석유 시추 결과가
그 값보다
작거나 같을 확률
(5개의 분위수)

1.0
0.9
0.8
0.7
0.6
0.5
0.4
0.3
0.2
0.1

0   500   870 1,000   2,000   6,000

석유의 금전가치

는 평균치과 반드시 같다고는 할 수 없다. 중앙값은 단지 가치범위의 중심일 뿐이다. 반면 평균은 각각의 모든 확률과 그 가치를 곱한 결과이며 석유 발견 시에 기대할 수 있는 금전가치 100만 달러를 말한다.

이러한 누적분포함수의 개념을 경영상 중요한 의사결정을 내리기 위한 의사결정 트리에 결합시키기 위해, 석유 시추로 얻게 될 모든 금전가치들을 어떠한 방식으로 표현할 것인지 생각해 보자. 석유 시추의 가치 범위는 부채꼴 모양의 확률로 나타날 것이다. 그 무수한 확률을 의사결정 트리의 가지 형태로 그릴 수 없기 때문에 누적분포함수를 유용하게 사용할 수 있다.

누적분포함수 그리기

앞에 제시된 누적분포함수를 그리기 위해서는 자신의 판단과 자신이 갖고 있는 조사 자료를 활용해야 한다. 먼저 다음과 같은 질문에 대해 생각해 보자.

- 결과가 50퍼센트(중앙값)보다 높거나 낮을 경우 석유의 가치는 얼마나 될 것인가?
- 하단 끝(0.1분위수)에서 석유의 가치는 얼마나 될 것인가?
- 상단 끝(0.9분위수)에서 석유의 가치는 얼마나 될 것인가?

이 질문에 대한 답을 근거로 자신이 생각하는 결과 범위의 누적분포함수를 그릴 수 있다. 누적분포함수의 다섯 개의 분위수를 이용해 다섯 개의 결과를 채택한 다음, 의사결정 트리상에 다섯 개 가지의 형태로 다섯 개의 확률을 갖는 사건 부채event fan를 그리면 된다.

이때의 기대금전가치 역시 100만 달러가 되는데, 그것은 단지 편의상 처음과 동일한 기대가치가 나오게 만들었기 때문이다.

다섯 개의 분위수를 줄여서 사용하는 약식 방법으로는 피어슨 터키법Pearson Turkey Method이 있다. 피어슨 터키법은 다섯 개의 분위수 대신 0.05, 0.5, 0.95 등

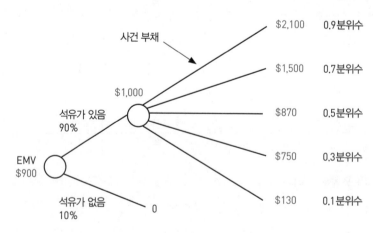

[도표 5 – 17] 누적분포함수를 이용한 석유 시추의 의사결정 트리

(단위 : 1,000달러)

EMV = 0.9{(0.2 × $130) + (0.2 × $750) + (0.2 × $870) + (0.2 × $1150) + (0.2 × $2100)} = $900

세 개의 분위수만을 사용한다. 이들 세 분위수의 확률은 각각 0.185, 0.63, 0.185이다.

의사결정 트리는 여러 가지 경영 문제를 해결하기 위한 몬테 카를로 시뮬레이션Monte Carlo Simulation(불확실한 상황하에서의 의사결정을 목적으로 확률적 시스템의 모의실험에 이용되는 절차를 말한다. 모의적 표본 추출법simulated sampling technique이라고도 한다.—옮긴이) 프로그램을 통해 컴퓨터로 처리할 수 있게 되었다. 의사결정 트리와 '사건 부채' 누적분포함수의 매개 변수들은 컴퓨터 모형에 포함되어 있다. 이 프로그램은 많은 시뮬레이션을 실행해 실제로 어떠한 결과들이 발생할 수 있는지 알려 준다. 《포춘》 선정 미국 500대 기업 가운데 일부 기업들이 이 프로그램을 사용하고 있으며, 자산관리사들의 경우 투자 자산에 대한 장기 수익성을 평가할 때 이 프로그램을 이용한다.

누적분포함수와 분위수 분석은 의사결정 트리 가지의 기대금전가치가 불확실할 경우에 사용될 수 있다. 하지만 무엇보다도 중요한 것은 분석가의 판단이다. 의사결정 트리는 MBA 자신의 지식과 직관의 바탕 위에서 사용해야 하는 일개 보조도구일 뿐이다.

회귀분석과 예측

선형회귀linear regression 모형은 다양한 경영 상황에서 분석가들의 직관에 따라 상호관련이 확실한 변수들 사이의 관계를 파악하기 위해 사용된다. 일단 관계가 성립되고 나면 선형회귀 모형은 미래 예측에 사용될 수 있다. 회귀분석은 주로 가격과 판촉 그리고 각종 시장 요인들이 매출과 어떠한 관련이 있는지, 이익과 이자율은 주가와 어떠한 관계가 있는지, 생산원가와 생산량은 서로 어떤 관련이 있는지 등 변수들 상호간의 관계를 알아내기 위해 이용된다. 물론 "기온은 아이스크림의 매출에 어떠한 영향을 미치는가?"와 같은 질문의 해답을 찾는 데에도 선형회귀 모형을 이용할 수 있다. 이 경우에 있어 기온은 독립변수(X)라 할 수 있다. 독립변수란 다른 사건의 발생을 야기하는 변수다. 매출은 종속변수(Y)에 해당한다. 기온은 아이스크림 판매에 영향을 미치지만 아이스크림은 기온에 영향을 미치지 못하기 때문이다.

회귀분석에는 변수들 간의 관계를 파악하기 위한 충분한 데이터 수집이 필요하다. 1년간의 기온 및 판매 변화 등과 같은 방대한 데이터를 입수하고 나면 기온을 X축으로 하고 판매를 Y축으로 하는 도표를 그릴 수 있다. 회귀분석의 목표는 두 변수의 관계를 '최적'으로 묘사할 수 있는 선형 공식을 만들어내는 데에 있다. 회귀식은 점으로 표시되는 데이터들 사이에 회귀선을 맞춤으로써 점과 회귀선 사이의 제곱 차가 최소가 되도록 한다. 이러한 최소제곱법 least squares method에는 상당히 많은 덧셈과 뺄셈, 그리고 곱셈이 필요하기 때문에, 비즈니스용 계산기나 컴퓨터 스프레드시트 프로그램을 사용해야 한다.

대수학 재교육 과정

회귀 모형의 예를 들기에 앞서 관련된 일부 기본적인 대수학 지식을 복습해보자. 직선은 다음과 같은 1차 방정식으로 설명된다는 것을 기억할 것이다.

$Y = mX + b$

Y : 종속변수(예: 판매)

m : 직선의 기울기(변수들 간의 관계)

X : 독립변수(예: 강수량)

b : y축 절편(직선이 y축과 만나는 곳)

컴퓨터 스프레드시트를 이용하면 독립변수와 종속변수의 관계를 규정하는 선형 방정식($Y=mX+b$)을 계산할 수 있으며, 가장 '적합한' 것으로 계산된 직선이 정확한 예측 도구로 사용될 수 있는지도 파악할 수 있다.

아이스크림 판매에 회귀분석을 사용한 예

20개의 체인점을 둔 아이스크림 회사 벤 앤드 제리Ben & Jerry 의 사장은 기온이 오르내림에 따라 매출도 오르내린다는 사실을 깨달았다. 그는 판매와 기온 사이의 정확한 수학적 관계를 규명해 보고자 과거 5년간의 월별 아이스크림 판매 데이터와 기상청을 통한 월별 평균 기온 데이터를 입수했다.

월	평균온도(화씨)	판매($)
1월	33	200,000
2월	37	250,000
3월	72	400,000
4월	65	500,000
5월	78	900,000
6월	85	1,100,000
7월	88	1,500,000
8월	91	1,300,000
9월	82	800,000
10월	73	600,000
11월	45	300,000
12월	36	500,000

그리고 사장은 스프레드시트의 '회귀분석' 기능을 이용해 액셀로 다음과 같은 결과를 산출해 냈다.

산출 결과		
회귀분석 통계		
R^2 값	0.70427945	
표준오차	243,334.911	
관측치	12	

	계수	표준오차	T통계량
상수	−379,066.613		
X변수 1	16,431.5915	3,367.036871	4.880134

산출 결과가 의미하는 것은 무엇인가?

이와 같은 정보 속에 기온과 아이스크림 판매량 사이의 관계를 설명하는 직선 방정식이 들어 있다는 것은 정말 신기한 일이 아닐 수 없다. 먼저 산출된 데이터를 해석해 선형 방정식을 구해 보도록 하자.

$$Y \text{ 상수항의 계수} = b = -379{,}066$$
$$X \text{ 변수의 계수} = m = 16{,}431$$

복습 과정에서 설명한 대로 로터스에서 얻은 결과를 통해 Y=16,431X − 379,066인 표준 선형 방정식을 구한 다음, 온도에 대한 데이터를 X에 대입하면 로터스를 통해 [도표 5-18]과 같은 그래프를 얻을 수 있다.

그래프에서 볼 수 있듯이 회귀선은 판매액을 나타내는 데이터 점들의 중간을 통과한다. X에 해당하는 특정 기온을 방정식에 대입하면 아이스크림의 예상 판매액을 산출할 수 있다. 벤 앤드 제리의 경우, 기온이 화씨 60도(섭씨 15.5도)일 때의 예상 판매액은 60만 6,794달러가 된다.

$$Y = (16{,}431 \times 60°F) - 379{,}066 = 60\text{만} 6{,}794\text{달러}$$

하지만 아이스크림 판매 예측에 대한 이 방정식은 과연 얼마나 정확한 것일까? 그에 대한 답은 '회귀분석 결과'Regression Output의 또 다른 데이터를 통해 알 수 있다.

R²가 설명하는 바는 무엇인가?

R^2 값은 데이터 내의 변동 가운데 몇 퍼센트가 주어진 회귀식을 통해 설명될 수 있는지를 말해 준다. 벤 앤드 제리의 사례에서는 아이스크림 판매량 변동의 70.4퍼센트가 앞의 회귀식을 통해 설명될 수 있다. 그러한 비율은 매우 높은 편에 속한다고 할 수 있다. 보다 광범한 경제 분석에서는 R^2 값이 30퍼센

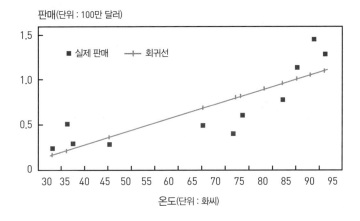

[도표 5 – 18] 벤 앤드 제리 아이스크림 판매에 대한 회귀선의 예

트만 되어도 매우 높은 것으로 간주되는데, 이는 경제에 영향을 미칠 수 있는 변수들이 수없이 많기 때문이다. 아이스크림 사업의 경우에는 기온 외에도 매장 광고, 쿠폰 제도, 영업시간 등에 의해 매출이 크게 좌우될 수 있다.

주의하도록 하자. 회귀식의 데이터 결과를 너무 신뢰해서는 안 된다. 회귀분석은 단지 기온의 변화와 더불어 아이스크림 매출도 함께 변화했음을 말해 줄 뿐 실제로 기온이 판매에 영향을 주었다고 말하는 것은 아니기 때문이다. 그러나 만약 선정된 독립변수가 납득할 만하고 연구 중인 종속변수의 훌륭한 예측변수가 된다면 기꺼이 이용하도록 하자.

회귀분석은 기온과 아이스크림 판매 관계와 같은 양$_{positive}$의 상관관계를 설명할 뿐 아니라 이자율과 주택 매매와 같은 음$_{negative}$의 상관관계 역시 설명해 준다. 이자율이 높으면 주택 매매는 감소하기 마련이다. 이 경우 X계수는 음수가 된다. 이러한 음의 관계 역시 양의 관계와 마찬가지로 유용한 예측변수 역할을 한다.

표준오차

스프레드시트의 산출 결과에 나타난 Y추정치와 X계수의 표준오차는 회귀선의 Y와 X 계수의 표준편차와 같은 말이다. 벤 앤드 제리의 예에서 Y추정치(매출액)의 표준편차는 24만 3,334달러가 된다. 마찬가지로 산출 결과에 나타난 X계수(기온의 표준오차)는 3,367이 된다.(260페이지 회귀분석 산출 결과 참조) 표준편차를 이용해 데이터 값의 범위를 다양하게 분석할 수 있을 때 x와 y의 계수들의 변동 가능성과 회귀 등식 결과에 대한 신뢰성을 보여 줄 수 있게 된다.

T통계량에 의한 신뢰도 측정

T통계량T statistic은 스프레드시트가 산출해 낸 회귀식이 예측을 위해 사용하기에 적합한지를 판단하는 데에 도움이 된다. T통계량을 알게 되면 기온이 아이스크림 매출에 영향을 미치는 것처럼 X변수가 Y변수에게 통계적으로 중대한 영향을 미치는지도 알 수 있다. T통계량은 X계수를 '표준오차'로 나눔으로써 구할 수 있다. 중요한 것은 T통계가 2 이상이거나 −2 이하이면 X변수가 Y변수에 대해 통계적으로 중대한 영향력을 갖는다는 점이다. 아이스크림 사례의 경우, 262페이지의 회귀분석 산출 결과에도 나타나 있듯이 16,431/3,367 = 4.88이라는 매우 높은 T통계량을 보이고 있다. 따라서 기온은 아이스크림 판매의 매우 바람직한 예측변수라는 결론을 얻을 수 있다.

한 회귀 모형이 좋은 예측변수인지 아닌지를 알기 위해서는 R^2와 T통계량이 모두 높은지를 반드시 확인해야 한다. X변수가 한 개인 회귀 모형도 있지만 한 개 이상인 회귀 모형을 만들어낼 수도 있다. X변수가 한 개 이상인 다변수 회귀 모형multivariable regression의 경우에는 변수의 개수가 늘어남에 따라 R^2의 개수도 증가한다. 하지만 T통계량이 낮은 X변수를 추가하게 되면 회귀 모형의 정확성이 떨어지게 된다. 따라서 높은 R^2 값과 높은 T통계량을 얻기 위해서는 독립변수를 새로 추가하거나 기존의 독립변수를 제거함으로써 적절한 회귀 모형을 도출해 내야 한다.

더미변수를 이용한 회귀분석

회귀분석에 사용되는 요령 가운데 하나는 독립변수와 종속변수의 관계를 수치로 측정할 수 없는 상황을 설명하기 위해 더미변수dummy variables를 이용하는 것이다. 그러한 상황을 나타내는 데에는 0과 1이 사용된다. 예컨대 장난감 가게의 경우 일시적인 유행 상품을 재고로 보유하게 되면 매출이 급신장하게 되는데 이는 독립변수와 종속변수의 관계를 수치로 나타내기 어려운 상황이라 할 수 있다. 이때 더미변수를 이용하게 되면 재고가 있는 상태는 데이터에 1로, 재고가 없는 상태는 0으로 표시할 수 있다.

장난감 가게의 다음과 같은 가상 데이터 집합을 통해 더미변수가 어떤 역할을 하는지 살펴보도록 하자.

'유행' 장난감의 재고 현황		
일자	1 = 재고 있음, 0 = 재고 없음	판매($)
2012. 12. 1	0	100,000
2012. 12. 2	0	100,000
2012. 12. 3	1	200,000
2012. 12. 4	1	200,000
2012. 12. 5	0	100,000
2012. 12. 6	1	200,000
2012. 12. 7	1	100,000

일시적으로 유행하는 장난감의 재고와 매출액 사이의 관계를 회귀분석한 결과, 다음과 같은 값들이 산출되었다.

산출 결과

회귀분석 통계

R² 값		1
표준오차		0
관측치		7

	계수	표준오차	T통계량
상수	100,000		
X변수 1	100,000	0	65,535

산출 결과에 따르면 아주 완벽한 회귀 모형이다. 모형의 R²에 의해 데이터 변동이 100퍼센트 설명되며 T통계량 또한 매우 우수하기 때문이다. T통계량은 대단히 큰 수치를 보이고 있다. 수요가 많은 인기 장난감의 재고가 없을 경우에는 매출이 10만 달러에 그치는 반면, 재고가 있을 경우에는 10만 달러의 추가 매출이 발생한다. 스프레드시트의 산출 결과에 따라 다음과 같은 회귀 등식이 도출될 수 있다.

$$매출 = \$100{,}000X + \$100{,}000$$

유행 중인 장난감을 보유하고 있을 경우 X=1이며, 따라서 매출은 20만 달러로 급신장한다. 그러나 X=0이면 판매는 10만 달러가 된다. 더미변수는 매우 유용한 변수로서, 주식 보유 현황이나 휴일 등과 같이 척도가 없는 데이터를 온도, 이자율, 상품 결함율과 같이 일정한 척도가 있는 데이터에 대응하는 데에 이용할 수 있다.

기타 예측 기법

시계열 기법Time series techniques은 시간의 경과에 영향을 받는 성과를 예측하기 위해 사용된다. 아이스크림 판매 사례의 경우, 기온과 판매의 관계는 시간적인 면을 고려하지 않은 채 그래프에 옮겨졌다. 회귀분석은 시간을 고려하지 않는다. 분명히 계절은 벤 앤드 제리의 판매에 영향을 미친다. 시계열 분석은 데이터의 발생 시점에 좌표의 위치를 표시하는 방법으로 시간을 고려하게 되며, 그런 다음에는 데이터 내의 변동을 세 부분으로 분해하게 된다.

- 내재적 추세 : 상승, 하락, 유지(장기적 측정)
- 순환선 : 시간별, 일별, 주간별, 월별(단기적 형태)
- 명확하지 않은 움직임 : 특별한 사건이나 천재지변으로 인한 비일상적이거나 불규칙적인 움직임

추세와 순환을 파악하는 데에는 회귀분석과 이동평균법moving average이 사용된다. 당연한 말이지만 시계열 예측 기법은 짧고 단순한 예에는 적합하지 않은 지루한 과정이다. 하지만 최소한 시계열 분석 예측이 있다는 사실 정도는 알아 두는 것이 좋다.

계량분석 요점 정리

....

오늘 강의에서 공부한 각종 계량기법들은 다음과 같은 기능을 한다.

- 의사결정 트리 : 복잡한 문제를 분류한다.
- 현금흐름 분석과 순현재가치 분석법 : 미래에 거두게 될 현금가치를 파악한다.
- 확률 이론 : 불확실성을 계량화한다.
- 회귀분석과 기타 예측 기법들 : 변수들의 관계를 파악해 상황을 예측한다.

이들 기법은 MBA들이 경영상의 난관들을 해결하기 위해 사용하는 실제 도구들이다. MBA들은 이러한 계량적 기법들을 통해 정보에 입각한 의사결정 능력을 갖게 되며 맡은 바 업무에서 두각을 나타낼 수 있게 된다.

반드시 챙겨야 할 계량분석 용어

- **의사결정 트리**Decision Tree : 경영상의 의사결정과 관련된 여러 개의 결과를 도표를 통해 정량화하기 위한 방법
- **매몰비용**Sunk Cost : 과거에 이미 완료되어 미래의 투자 결정과 아무런 관계가 없는 투자비용
- **기대금전가치**EMV, Expected Monetary Value : 확률에 근거한 결정과 온갖 가능한 결과 값이 혼합된 값
- **누적 가치**Accumulated Value : 모든 소득을 재투자함으로써 발생한 미래의 총현금자금 가치
- **순현재가치**NPV, Net Present Value : 현재의 화폐가치로 '할인'된 모든 현금자금의 총현재 가치
- **내부수익률**IRR, Internal Rate of Return : 현금자금의 순현재가치가 현재 화폐가치로 0이 되는 할인율
- **확률분포**Probability Distributions : 모든 가능한 결과를 각각의 발생 확률과 함께 나타낸 그래프
- **이항분포**Binomial Distributions : 가능성 있는 결과가 단지 두 가지뿐인 확률분포
- **정규분포**Normal Distributions : 가능성 있는 모든 결과를 나타낸 종형 확률분포
- **표준편차**Standard Deviation, σ : 분산 폭을 통해 측정할 수 있는 정규분포의 편차
- **산술평균**mean, μ : 모든 성과의 산술적 평균
- **Z 값**Z value : 정규분포 곡선상의 특정 상황의 확률을 측정하기 위한 도구
- **누적분포함수**CDF, Cumulative Distribution Function : 정규분포의 한 형태로, 어떤 값 X가 특정한 값 x보다 작거나 같을 확률을 나타내는 분포함수
- **회귀분석**Regression : 선형 방정식을 사용해 여러 변수들 간의 관계를 설명하고자 하는 수학적 예측 방법

여섯째 날

재무관리

Finance

"저는 기업금융 전문가가 되고 싶어요. 주식 1만 주를 갖고 있다면 제가
팔아 드릴게요. 저는 돈을 많이 벌 거예요. 제 직업을 엄청 좋아하게 될
거예요. 전 사람들도 도울 거예요. 또 저는 백만장자가 될 거고요. 그러면
큰 집도 가질 수 있을 거예요. 생각만 해도 신이 나요."

— 7살짜리 초등학생이 말하는 '내가 커서 되고 싶은 인물'
출처: 《라이어스 포커》Llar Poker, 마이클 루이스Michael Lewis, 1989

1980년대 재무 분야는 모든 사람들의 선망의 대상이었다. 심지어 어린 꼬
마들까지 월스트리트를 꿈꾸었으니 말이다. 월스트리트에서는 엄청난 보수
를 지불하며 야망에 불타는 젊은 MBA들을 기업금융 전문가로 고용했다. 그
러나 1987년, 불행히도 주가 대폭락으로 거품이 사라지게 되자 MBA들은 어
쩔 수 없이 매력이 덜한 은행과 기업체의 재무 담당자나 펀드 매니저로 옮겨
갈 수밖에 없었다.

마치 계절이 바뀌듯 월스트리트는 1990년대에 또 다시 화려하게 부활했고,
2000년에는 인터넷 업계의 붕괴로 차디찬 겨울을 견뎌야 했다. 그리고 난 뒤,

2008년에 다시 금융 위기를 맞았다. 최고 경영대학원 출신의 MBA들은 출세가도를 달릴 뿐 아니라 MBA가 아닌 다른 동료들에 비해 훨씬 많은 보수를 받는다. 월스트리트의 경우, MBA 출신은 같은 직종이지만 MBA가 아닌 다른 동료들보다 연 수천 달러를 더 번다. 게다가 MBA 출신에게만 승진 기회가 주어지는 경우도 적지 않다.

그렇다고 재무관리 부분만을 발췌해서 읽는 일은 삼가하도록 하자. 재무관리에만 초점을 맞추어 편협한 시각을 갖게 되면 기업의 건강에 해가 될 수 있기 때문이다. 재무관리는 회계학과 계량분석에서 다루었던 숫자 정보를 이용한다는 점에서 상당히 계량적인 분야라고 할 수 있다. 마케팅이 재무에서 커다란 역할을 하듯이 재무 역시 마케팅에서 상당한 역할을 한다. 마케팅 담당자들은 그들의 재정적 결과에 대해 책임을 지며, 재무 담당자들은 새로운 고객에게 자신을 팔고 기존 고객들에게는 새로운 주식을 팔기 위해 노력한다.

사업의 유형

기업은 왜 존재하는가? 재무관리자의 시각에서 볼 때 기업의 유일한 목표는 기업을 소유하고 있는 사람들의 이익을 극대화하는 것이다. 부를 추구하는 과정에서 사람들은 여러 가지 형태로 사업을 조직할 수 있다. 미국 내에 존재하는 기업체들은 기본적으로 세 가지 유형의 법적 사업구조를 채택한다. 어떤 유형을 선택하는가는 사업의 복잡성과 부채 의존도, 소유자가 생각하는 법인세의 비중 등에 달려 있다.

개인기업

보통 '자영업'sole proprietorship으로 불리는 개인기업은 말 그대로 개인이나 부부가 소유한 기업을 말한다. 소유자는 이익의 전부를 가질 수 있으며 손실에 대해서는 무한책임을 진다. 상황이 악화되면 개인 재산까지 압류당할 수 있다. 장신구를 파는 가판대와 마찬가지로 관련 행정기관에 등록할 필요는 없다. 소득은 개인의 다른 소득에 합산되며 세금은 총소득에 대해 부과된다. 개인기업은 분리해서 낱개로 매각할 수 있는 별개의 법적 실체가 아니므로 자본시장을 통해 자금을 조달하는 일은 매우 어렵다.

합명회사

합명회사partnership는 여러 사람이 모여 한 기업을 설립할 때 흔히 볼 수 있는 사업구조이며 사업의 성격에 따라 일반 합명회사general partnership와 합자회사limited partnership의 두 가지 형태로 분류된다. 각 공동 소유자들의 소득은 개인의 납세 신고서에 포함된다. 일반 합명회사의 경우 합명사원general partner이라 불리는 실질적인 소유자들이 기업의 모든 부채에 대해 무한책임을 지게 된다. 1990년 합명회사인 회계법인 라벤솔 앤드 호워스Laventhol & Horwath가 회계 비리로 파산에 직면하게 되자 채권자들은 그들이 빌려준 돈을 받기 위해 합명사원의 개인 재산을 추적했다.

반면에 합자회사, 즉 유한책임회사의 합자사원limited partner들은 그들이 투자한 금액에 한해서만 책임을 진다. 유한책임회사는 경영에는 관여하지 않고 자금만을 투자하는 합자사원을 보호하기 위해 부동산 및 유전 탐사와 같은 모험 사업에 주로 사용되는 사업 형태다. 1980년대 말과 1990년대 초 그리고 2008년의 부동산 불황기에 유한책임 회사의 합자사원들은 그들이 투자한 액수에 한해서만 책임을 지고 텅 빈 회사 사무실을 유유히 걸어 나올 수 있었지만 같은 프로젝트에 참여했던 합명사원들은 개인 자산을 털어서까지 책임을 져야했다. 한편 개인기업의 경우와 마찬가지로 합명회사 역시 자금을 조달하거나 기업의 부분적 소유권을 매각하는 일이 쉽지 않다.

주식회사

행정기관에 등록되는 주식회사Corporation는 그 회사의 소유주인 개인과 분리되는 법적 실체다. 법률적인 측면에서 주식회사는 자신의 사업을 독립적으로 운영하는 인격체로 간주된다. 이 법적 실체의 자산과 부채는 기업의 소유주가 아닌 기업이 소유하는 것이다. 유한책임을 갖는 합자회사와 마찬가지로 주식회사의 소유주는 기업의 채무에 대해 유한책임을 진다. 즉 파산했을 경우에도 소유주의 개인 재산은 채권자로부터 보호된다는 말이다.

기업의 소유권은 주식이라는 증권으로 나뉘어 뉴욕증권거래소와 같은 자본시장을 통해 투자가들이 사고팔 수 있다. 주식은 사업체를 분리하지 않고도 투자가들 사이에서 거래될 수 있다. 주식은 또한 소유주를 대표하는 경영진과 이사회가 더 많은 자금이 필요하다고 결정하면 추가로 발행될 수도 있다. 투자가는 적극적인 역할을 하든 수동적인 자세를 취하든 간에 개인적으로는 기업의 부채로부터 보호받을 수 있다.

주식회사 형태의 기업이 갖는 가장 큰 결점은 이중과세 문제다. 즉, 기업 차원에서 법인세를 납부함에도 불구하고 기업이 주주에게 배당금을 지급할 때 기업의 소유주에게 개인의 소득이 발생한 것으로 보고 또 세금이 부과되는 것이다. 물론 이중과세 문제를 피할 수 있는 변형된 형태의 주식회사도 있다. 미국의 회계사들과 변호사들 사이에 C 주식회사C Corporation로 통칭되는 주식회사는 앞서 설명한 정규 주식회사를 말하는 것이고, S 주식회사Subchapter S Corporation는 또 다른 유형의 주식회사다. 이렇게 변형된 주식회사의 소유주들은 35명 내외이며 합명회사처럼 기업의 이익을 개인의 납세 신고서에 포함시키는 것이 허용된다. 따라서 소유주에 대한 이중과세를 면할 수 있으면서도 유한책임의 이점을 그대로 유지할 수 있게 된다.

재무관리에 관심을 가지고 있다면 서로 다르지만 또한 서로 연관된 두 분야를 선택하여 진출할 수 있다. 먼저 한 분야는 큰돈을 벌고 이름을 날리고 주가를 예측할 수 있는, 위험하면서도 화려하고 매력적인 투자 분야다. 또 다른 하나는 기업 재무 분야인데 기업의 성장에 필요한 자금 조달과 각종 대금 지불,

자산 취득 등의 궂은일을 담당하는 분야다. 이 두 분야가 서로 관련되어 있다고 말할 수 있는 이유는 재무부서가 상당 부분 책임을 지고 있는 기업의 실적이 투자가들에게 돌아갈 이익의 몫을 좌우하기 때문이다. 먼저 더 매력적인 투자 분야부터 살펴보기로 하자.

투자

위험과 수익

한 기업 또는 다른 기업의 주식을 대량 또는 소량으로 소유하고 있다면 얼마나 많은 이익을 올릴 수 있는가? 이러한 투자 결정은 실제로 다음 두 가지 질문으로 나뉜다. 잠재 소득은 어느 정도인가? 투자에 따르는 위험은 얼마나 될 것인가? 계량분석 강의에서 설명했듯이 현금 잔고의 할인가와 확률의 기본 개념을 이용하면 가치 평가와 관련된 두 질문에 대한 답을 구할 수 있다. 오래된 강의 노트를 펼쳐 보듯 필요할 때마다 그 개념 정리를 참조하도록 하자.

수익률에는 그에 상응하는 위험이 따른다. 이는 재무관리의 기본 지침이다. 확실한 투자라는 것을 알고 있는 상황이라면, 위험이 낮은 만큼 낮은 수익률을 기대할 수밖에 없다. 연방예금보험공사FDIC, Federal Deposit Insurance Corporation 가 보증하는 예금증서의 수익률이 낮은 것도 바로 그 때문이다. 반면 석유 탐사 사업은 상당히 큰 위험을 내포하고 있지만 유전에서 다량의 석유가 발견될 경우에는 엄청난 수익을 올릴 수 있다.

위험의 유형

그렇다면 위험의 유형에는 어떤 것들이 있는지 알아보자. 먼저 모든 부류의 자산, 즉 주식시장, 채권시장 그리고 부동산시장 등의 모든 자산에 동시에 위험이 적용되는 경우, 그러한 위험을 체계적 위험systematic risk이라고 한다. 예컨대 일반 투자자들이 주식시장이 유망하다(이른바 강세 시장)고 믿으면 시장은 대체로 상승세를 타게 될 것이며 투자자들이 일시에 떠난다면 1929년, 1987년, 2000년 그리고 2008년과 같이 세상을 떠들썩하게 하는 시장 붕괴 현상이 나타날 것이다. 경제 상황과 이자율, 인플레이션 등의 변동은 시장 전체에 영향을 미치는 제도적 요인이 된다. 어떠한 투자를 하든지 투자가들은 시장의 제도적 위험에 노출되어 있는 것이다.

특정 자산이나 소규모 자산 집단에서 발생하는 위험을 특수 또는 비체계적 위험이라고 한다. 개별 투자를 통한 성과는 그 투자에 내재된 특정한 위험 때문에 쉽게 변동될 수 있다. 예를 들어 당신이 디즈니Disney의 주식을 가지고 있는데 미키 마우스가 감기에 걸렸다는 소문이 났다면 주가가 폭락할 수 있으므로 그 수익성 또한 크게 달라질 것이다. 이러한 비제도적 위험은 다양한 형태의 투자를 통해 상당 부분 감소될 수 있다. 이런 형태의 투자를 분산투자 diversification라고 한다. 투자가들은 다양한 내용의 투자로 구성된 포트폴리오를 보유함으로써 일부 투자에서 입은 손실을 다른 투자에서의 이득으로 만회할 수 있다. 분산투자는 포트폴리오의 전반적인 변동을 완충시키는 투자 방식이라 할 수 있다.

베타 : 포트폴리오 투자가 지닌 위험

주식의 시장가격, 예를 들면 IBM 주식의 시장가격은 세계의 주식 거래 상황에 따라 매일 등락을 반복한다. 이러한 주가의 변동 가능성volatility은 위험과 동일하게 취급된다. 계량분석에서 배웠던 시애틀의 강수량과 신발 사이즈의 사례처럼 위험 역시 과거 성과의 분포를 통해 도표로 나타낼 수 있을 것이다. 계량분석에서 다룬 확률분포를 떠올려 보자. 과거 보통주에 대한 장기 수익률의 평균은 12.1퍼센트였고 표준편차는 21.2퍼센트였다. 따라서 68퍼센트의 확률을 갖는 표준편차 1의 경우, 시장에서 주식 수익률은 연간 +33퍼센트와 −9.1퍼센트 사이에서 결정될 것이다.

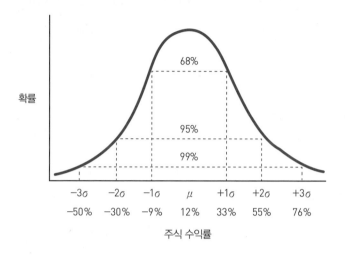

확률

68%

95%

99%

-3σ	-2σ	-1σ	μ	$+1\sigma$	$+2\sigma$	$+3\sigma$
-50%	-30%	-9%	12%	33%	55%	76%

주식 수익률

　재무분석가들은 개별 투자의 절대적인 변동 가능성을 그래프로 나타낼 뿐만 아니라 개별 또는 소규모 주식 집합의 가격 움직임을 시장 전체의 움직임과 비교함으로써 개별 또는 주식 집합의 위험을 측정한다. 이러한 측정치인 베타beta 는 '시장'에서 나타나는 매우 큰 포트폴리오를 보유할 경우의 위험과 이에 대응되는 개별 투자를 보유할 경우에 발생하는 위험을 비교하여 계량화한다. 이러한 '시장' 포트폴리오의 예로는 S&P500지수Standard & Poor 500로 통칭되는 500개의 주식 집단이나 윌셔5000지수Wilshire 5000에 포함되는 5,000개의 주식들을 들 수 있다. 또한 225개의 주식으로 이루어진 닛케이Nikkei 지수는 일본, 닥스DAX 는 독일, FTSE은 영국의 주식시장을 나타낸다.

　유명한 다우존스 산업평균지수는 미국 내의 가장 안정된 30개의 다양한 기업들(예를 들어 IBM, 3M, P&G, 코카콜라, 보잉, 엑슨모빌ExxonMobil 등)의 주가로 구성된다. 뉴욕증권거래소에서 거래되는 다우존스의 30개 우량주는 언론이 보도하는 것처럼 시장 전체를 대표하는 것은 아니다.

　한 주식 또는 포트폴리오가 시장과 동일하게 움직이는 경우를 일컬어 완전한 상관관계를 이룬다고 하며, 이때 베타는 1이 된다. 코카콜라는 매우 안정된 기업이므로 시장과 거의 비슷한 움직임을 보이며 1의 베타값을 갖는다. 반대로 어떤 주식이 시장과 완전히 정반대로 움직인다면 부負의 완전 상관관계를 갖는다고 하며 이 주식의 베타는 -1이 된다.

이와 같이 완전한 부의 상관관계를 갖는 주식은 현실적으로 존재하지 않지만 매우 낮은 베타값을 갖는 주식들은 다수 존재한다. 루비스 카페테리아Luby's Cafeteria의 베타값은 0.45이다. 시장이 아무리 요동을 쳐도 나이든 사람들은 여전히 그 카페테리아를 이용하기 때문이다. 또한 주식시장이 급성장한다고 해도 루비스 카페테리아의 주식은 급격한 상승세를 타지 않을 것이다. 전기공급사업과 같은 공공사업의 주식 역시 낮은 베타값을 갖는다. 이론적으로 베타 0은 위험이 존재하지 않는 상태를 의미한다. 베타값이 0인 상태에서는 각종 투자의 베타값이 서로 완전히 상쇄되어 결국 시장의 움직임에 상관없이 어떠한 위험도 존재하지 않게 된다.

알루미늄 기업 알코아Alcoa와 같이 위험성이 큰 주식의 베타값은 1.84가 된다. 주식시장의 변동률이 1퍼센트일 경우 알코아 주식의 가격 변동폭은 1.84 퍼센트로 증폭된다는 뜻이다. 보잉과 디즈니 같이 약간의 위험성을 갖는 주식의 베타값은 1.2가 된다.

시장의 움직임은 매우 중요하다. 대부분의 대단위 투자 결정이 대규모 포트폴리오 또는 투자 컬렉션의 맥락에서 이루어지기 때문이다. 개별 투자의 위험이 높더라도 포트폴리오의 베타값을 낮추기 위해 적절히 투자를 배합하면 전체적인 위험은 낮아질 것이다. 190억 달러에 달하는 피델리티 마젤란 펀드Fidelity Magellan Fund와 같이 수백 개의 투자를 관리하는 대규모 뮤추얼펀드가 이러한 유형의 분산투자를 제공한다. 한편, 헤지펀드는 투자 대상에 거액의 돈을 걸고 보다 높은 위험을 감수할 만한 경제적 능력을 지닌 기관과 부유한 개인을 위한 민간 투자풀이다. 유명 헤지펀드인 롱 텀 캐피털매니지먼트Long-Term Capital Management는 이자율 동향에 따른 수십억 달러의 대규모 투자가 실패하여

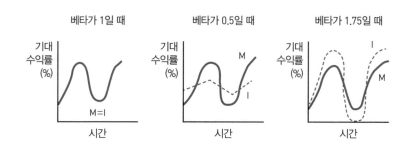

베타가 1일 때　　　　　베타가 0.5일 때　　　　　베타가 1.75일 때

기대
수익률
(%)

M=I

시간

기대
수익률
(%)

M

I

시간

기대
수익률
(%)

I

M

시간

M = 시장의 움직임　I = 개별 주식 또는 포트폴리오의 움직임

1998년 40억 달러의 손해를 내고 파산했다.

물론 베타값이 무에서 창조되는 것은 아니다. 베타는 시장수익률과 특정주식의 수익률의 공분산covariance을 시장수익률variance의 분산으로 나누어 얻는 상관계수의 통계학적 측정치다. 베타는 일일이 계산할 수도 있지만 밸류 라인 서베이Value Line Survey 또는 로이터Reuters 같은 투자정보회사가 제공하는 베타 계수를 이용할 수도 있다. 베타 계산은 지루한 과정이기도 하거니와 MBA 수업에서도 생략하는 만큼 이 책에서 역시 생략하기로 한다.

효율적 투자선

이론적으로는 모든 가능한 자산 포트폴리오에서 각 위험 수준마다 완전한 투자 배합이 존재한다. 이러한 이론적인 '최적' 포트폴리오를 그래프로 표현하여 만든 곡선이 바로 효율적 투자선이다. (다음 쪽 [도표 6-3]) 효율적 투자선 아래에 위치한 부분은 달성 가능한 또는 실행 가능한 포트폴리오의 결합을 모두 포함하고 있다. 이론상으로 효율적 투자선의 윗부분에서는 수익을 달성할 수 없다.

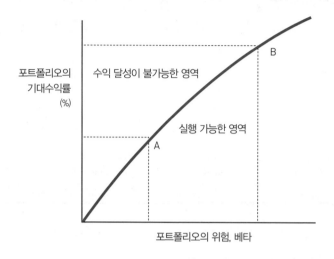

[도표 6 - 3] 효율적 투자선

포트폴리오의
기대수익률
(%)

수익 달성이 불가능한 영역

실행 가능한 영역

A

B

포트폴리오의 위험, 베타

주식에 대한 자본자산 평가 모델

자본자산 평가 모델CAPM, Capital Asset Pricing Model 은 자산 소유에 따라 비체계적 위험과 체계적 위험을 더함으로써 투자의 요구수익률을 결정하는 모형이다. 단순한 형태로 표현된 CAPM에서 요구수익률은 무위험 이자율과 비체계적 위험에 대한 프리미엄을 더한 것이다. 그러한 비체계적 위험은 앞에서 배운 베타를 말한다.

$$K_e = R_f + (K_m - R_f)Beta$$

주식 투자에 대한 요구수익률

= 무위험 이자율 + (평균 시장 수익률 - 무위험 이자율) × 베타

1992년 당시 IBM의 투자수익률을 알고자 한다고 가정하자. 밸류 라인 서베이의 정보에 의하면 IBM은 1.2 정도의 비교적 보수적인 베타값을 갖고 있었다. 또한 〈월스트리트 저널〉은 장기 무위험 재무부 채권의 수익률이 8퍼센

트라고 보도했다. 지난 40년간 낮은 수준이었던 2011년의 4퍼센트 이자율에 비하면 가히 역사적이라 할 만큼 높은 비율이다. CAPM에 대입할 마지막 정보를 얻기 위해서는 정보가 더 필요하다. 1926년 이후 현재까지의 주식 연구에 따르면 S&P500지수의 평균 수익률은 위험이 없는 미 재무부 채권의 무위험 이자율보다 7.4퍼센트 높은 것으로 나타났다. 일각에서는 더 낮은 현재의 이자율과 수익률을 반영하여 5~6퍼센트라고 말하기도 한다. CAPM에 필요한 이들 세 가지 정보에 기초해 IBM에 대한 투자를 평가하면, IBM 주식은 평균 16.8퍼센트의 수익률을 올려야 했던 것으로 나타난다.

$$8\% + (7.4\%) \times 1.2 = 16.8\%$$

CAPM의 선형 방정식에 수없이 많은 베타값을 대입해야 하나의 그래프를 얻을 수 있다. 그래프상의 이러한 직선을 증권시장선SML, Security Market Line이라 한다. 이제 IBM의 수익률이 실제로 12퍼센트라고 가정해 보자. 보다시피 CAPM에 의해 결정된 요구수익률보다 적다. 이론대로라면 합리적인 투자가는 IBM의 주식을 팔 것이다. 만약 실제 수익률이 CAPM에서 결정된 요구수익률보다 높으면 시장에 거래의 기회가 존재한다는 뜻이므로 투자가는 주식을 사야 할 것이다. 이와 같은 CAPM에 의한 투자 결정 원리는 상당히 그럴 듯하게 보인다. 하지만 CAPM은 요구수익률이 얼마인지를 제시할 뿐 투자에 의해 실제로 어느 정도의 수익을 얻을 수 있는지는 제시하지 못한다.

게다가 CAPM은 그 이론 전체가 공격의 대상이 되고 있다. 1992년 3월《포브스》에 실린 기사에서 저명한 투자 자문가인 데이비드 드레먼David Dreman은 '베타여, 안녕'이라는 제목의 칼럼에서 깜짝 놀랄 만한 연구 결과를 내놓으면서 'CAPM과 베타는 죽었다'고 선언했다. 시카고 대학의 교수인 유진 파마Eugene Fama와 케니스 프렌치Kenneth French는 CAPM에서 정의된 위험과 장기 성과 사이에 어떠한 관련성도 찾아내지 못했다. 베타는 과거의 주가 움직임에 근거

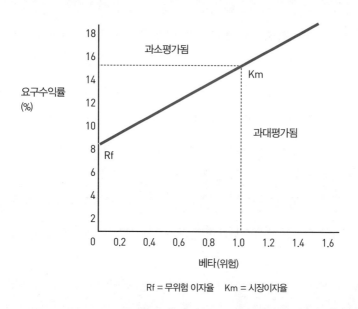

해 산출되기 때문에 과거 베타를 사용해 미래의 주가를 예측함으로써 수익률을 구하는 것에는 한계가 있다. 그러나 베타가 지금까지의 명성을 잃어버리긴 했어도 더 나은 대안이 없는 상태이기 때문에 MBA에서는 여전히 그 이론을 가르치고 있다.

효율적 시장 가설

증권시장선 그래프는 시장에 거래가 존재하고 있음을 암시하지만 다음과 같은 의문을 갖게 한다.

"만약 시장이 효율적이라면 어떻게 거래가 성립될 수 있는가?"

효율적 시장 가설EMH, Efficient Market Hypothesis에 따르면 정도의 차이는 있지만 시장은 현재의 모든 정보를 반영한다. 따라서 어느 누구도 시장의 탈선을 이용해 시장을 이길 수는 없다. 이익을 추구하며 경쟁하는 투자가들이 매우 많기 때문에 평가된 주가는 가치를 정확히 반영하는 지표라는 것이다. 시장의 효율성에 대해서는 약형, 준강형, 강형의 가설이 있다.

약형 효율성

과거 주가의 움직임에 영향을 미친 모든 정보들이 현재의 시장가격에 반영되어 있음을 말한다. 약형 효율성Weak Form of Efficiency에 따르면, 미래의 주가를 예측하기 위해 기술적 분석을 사용하여 과거 주가의 움직임을 나타내는 것으로는 어떠한 이득도 얻을 수 없다. 그러나 기업의 경영 실적과 수익성 등에 대한 심층적인 기본적 분석fundamental analysis을 통해 투자분석가들은 통찰력을 얻을 수 있으며 그에 따라 미래에 커다란 수익을 거둘 수 있게 된다.

준강형 효율성

준강형 효율성Semistrong Form of Efficiency을 신뢰하는 사람들은 시장가격에는 공개된 모든 정보가 반영되어 있다고 믿는다. 그러므로 내부자 정보가 없는 이상 재무제표를 아무리 연구해도 초과 수익률을 달성할 수 없다는 것이다. 증권거래위원회SEC는 투자가들이 내부자 정보를 바탕으로 거래를 하지 못하도록 감시하는 역할을 한다. 준강형 효율성에 따르면, 재무제표와 공개된 모든 정보에 기초한 기본적 분석으로는 투자가들이 커다란 이득을 얻지 못한다.

강형 효율성

시장의 강형 효율성Strong Form of Efficiency을 진실로 신뢰하는 사람들은 주가는 모든 공개된 정보뿐 아니라 개인적인 정보까지도 반영한다고 굳게 믿는다. 그러나 이와 같은 믿음은 많은 사례를 통해 사실 무근임이 드러났다. 이반 보에스키Ivan Boesky('기업 사냥꾼의 대부'로 불리는 기업매수전문가. 내부자 거래를 통한 범죄 행위로 '월가의 워터게이트 사건'을 일으켰음.—옮긴이)나 마이클 밀켄Michael Milken('정크 본드의 제왕'으로 불리는 국제기업 사냥꾼. 이반 보에스키에게 기업 내부

정보를 제공하고 수익을 나눠 가짐.—옮긴이), 마사 스튜어트 등이 시도한 범죄는 내부자 정보를 이용해 일반 대다수 투자가들이 결코 벌 수 없는 막대한 수익을 올리고자 했던 대표적인 예라고 할 수 있다.

연구 결과에 따르면 장기적으로 볼 때 약형 효율성만이 유효하다는 것을 알 수 있다. 하지만 시장이 완전히 효율적이라고 하는 것은 이론적으로만 가능한 순진한 생각이며 정당성을 인정받기 어렵다. 주식은 일반적으로 적절히 평가되지만 어떤 사람들은 약형 효율적 시장 가설마저 부정하기도 한다. 이미 언급한 대로 도표 분석법 또는 기술적 분석은 미래 주가의 움직임을 예측하기 위해 과거 주가의 움직임을 도표화하여 분석한다.

시장에 부정적인 영향을 미쳐 하락 장세를 주도하는, 이른바 예기치 못한 대악재를 염두에 두고 투자하는 사람을 블랙스완Black Swan 투자자라고 한다. 이들은 폭락 장세에서 큰 이득을 본다.

투자의 유형과 가치 평가 방법

계량분석 강의에서 현금잔고의 할인가와 순현재가치의 개념에 대해 자세히 설명했다. 현재의 1달러는 미래에 획득하게 될 1달러보다 더 큰 가치를 갖는다. 이러한 단순한 개념은 투자에 들어가는 현금에도 적용되지만 투자를 평가하는 데에도 자주 사용된다.

채권시장

채권의 가치는 미래 현금잔고의 현재가치를 통해 정해진다. 채권은 자금을 조달하기 위해 기업이나 정부기관에 의해 확정이자율로 발행된다. 대부분의 채권은 표면face 또는 액면가치par value라고 불리는 원금에 대해 6개월마다 이자 대신 쿠폰을 지급한다. 원금은 표시된 만기일에 상환된다.

대부분의 경우 만기가 길수록 기업이 투자가들에게 지급해야 할 이자율이 높아진다. 오랜 기간 동안 투자가들의 자금을 묶어 두는 것을 높은 이자율로 보상하는 것이다. 시장이자율이 상승할 경우 투자가들은 더 높은 수익을 얻을 수 있는 기회를 상실하는 것이므로 투자가들에게 그러한 위험에 대해 보상을 하는 것이다. 만기가 길수록 더 높은 이자율이 수반된다는 기본 개념은 수익률 곡선yield curve으로 표현될 수 있다. 1992년 채권시장을 보면 장기와 단기의 이자율 차이는 5퍼센트로 나타나는 가운데 상승세를 보이고 있다. 1999년 1월에는 이자율의 차이가 1퍼센트의 4분의 3에 불과하여 곡선이 완만해졌다. 2005년 수익률 곡선은 2.5퍼센트의 차이를 나타내며 다시 상승했다. 그러나 이자율 수준은 낮은 편이었다. 그리고 2011년에는 그 차이가 4퍼센트가 되었다. 그것은 연방준비제도이사회FRB가 인위적으로 단기 금리를 제로에 가깝게 유지했기 때문이다.

채권가치 평가의 예

건설 중장비 제조업체인 캐터필러Caterpillar Inc.는 1976년에 8퍼센트의 이자를 지급하며 2001년에 만기가 되는 2억 달러 규모의 확정이자부 사채coupon bond를 발행했다. 〈월스트리트 저널〉은 1992년 6월, 이 채권에 대한 가격을 100달러인 개별채권의 액면가치에 대하여 100달러로 평가했다. 이때 채권의 가치는 지급이자율뿐만 아니라 다른 세 가지 요인에 의해 결정된다.

- 액면이자율(쿠폰이자율)
- 만기까지의 기간
- 발행인의 채무 불이행 위험(투자평가기관들의 평가 결과 발표)

중요한 것은 이 채권에 대한 시장의 평가가 100달러라는 것이다. 이것은 시장이 6개월마다 8퍼센트의 이자를 지급하면서 2001년에 원금을 지급해야 할 이 기업의 100달러짜리 채권을 100달러로 평가했다는 것을 의미한다. 무디스는 이 채권을 평가한 후 A등급을 부여함으로써 채무 불이행 위험률이 낮다

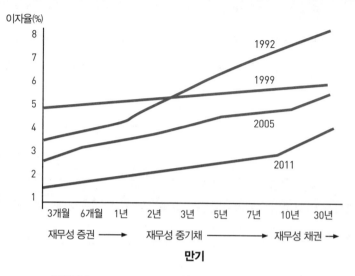

[도표 6 – 5] 채권가치 평가의 예

이자율(%)

재무성 증권 ➞
재무성 중기채 ➞
재무성 채권 ➞

만기

재무성 증권TB, Treasury bill : 만기 1년 이하
재무성 중기채Treasury notes : 만기 1년 이상 10년 미만
재무성 채권Treasury bond : 만기 10년 이상

는 것을 확인시켜 주고 있다. 순현재가치의 개념을 이용할 경우 채권투자에 들어가는 현금은 8퍼센트의 시장 할인율로 할인되어 채권의 시장가치와 일치했다. 시장이자율이 채권의 액면이자율과 동일했기 때문에 투자가들은 캐터필러 채권의 액면가치에 프리미엄을 지불하거나 할인을 요구하지 않았다. 이 채권의 만기수익률YTM, Yield To Maturity 은 100달러의 시장가치에 대해 8퍼센트였다.

[도표 6-6]은 자세한 계산 과정을 나타낸 것이지만, 일반적으로 계산기를 사용해도 된다. 그러나 이러한 계산 과정을 자세히 살펴보면 돈의 시간가치를 생생하게 파악할 수 있다. 만약 시장에서 캐터필러가 파산 지경에 이르렀다는 평가를 받았거나 높은 인플레이션으로 인해 모든 투자에 대한 시장이자율이 급격히 상승했다면, 투자가들은 그들이 투자한 돈에 대해 20퍼센트의 수익률

	8%의 이자 쿠폰	원금 상환액	지급총계	시장의 할인계수 8%	순현재가치
1992	$8	$0	$8	0.9259	$7.41
1993	8	0	8	0.8573	6.86
1994	8	0	8	0.7939	6.35
1995	8	0	8	0.7350	5.88
1996	8	0	8	0.6806	5.44
1997	8	0	8	0.6302	5.04
1998	8	0	8	0.5835	4.67
1999	8	0	8	0.5403	4.32
2000	8	0	8	0.5002	4.00
2001	8	100	108	0.4632	50.03
총계	$80	$100	$180		$100.00
		액면가치			시장가치

을 요구할 수도 있었을 것이다. 그랬을 경우 액면가치가 100달러인 채권의 가치는 49.69달러에 불과했을 것이다. 현금잔고에 대한 위험이 증가하게 되면 채권의 가치는 하락하게 된다. 만약 할인율이 5퍼센트였다고 하면 채권의 시장가치는 123.16달러가 되었을 것이다. 이럴 경우 8퍼센트의 액면이자율은 시장이자율보다 높아지게 될 것이며 투자가들은 높은 현금잔고에 대한 대가로 프리미엄을 지불할 것이다.

[도표 6-7]을 통해 알 수 있듯이 높은 이자율로 할인된 현금은 그만큼 줄어들게 된다. 또한 현금이 회수되는 기간이 늦어지면 투자가들에게 현재 현금의 가치가 감소하게 되는 셈이다.

듀레이션

채권의 '가중평균만기'average weighted maturity, 즉 듀레이션Duration을 계산하여 채권의 가치를 평가하는 방법도 있다. 듀레이션은 투자가들에게 해당 채권의

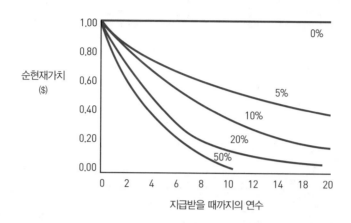

[도표 6 - 7] 현재가치에 대한 시간과 할인율의 영향

순현재가치 ($)

지급받을 때까지의 연수

시장가격의 2분의 1을 상환하는 데 걸리는 기간을 말한다. 듀레이션은 또한 시장이자율의 변화에 대한 채권의 민감도를 측정한다. 채권의 상환 기간이 길면 길수록 채권가치의 변동 가능성이 높아지게 된다. 만약 채권의 만기가 1년이라면 그 채권은 단기채권으로 간주된다. 단기채권의 수익금은 신속히 지급되며 채권의 변동 가능성도 낮다. 이에 비해 장기채권은 여러 해에 걸쳐 확정이자를 지급한다. 만약 시장이자율이 상승하게 되면 투자가들은 장기간 동안 낮은 이자율에 묶여 버리게 되고, 그 결과 채권가치는 급격히 떨어진다.

예시된 캐터필러의 채권은 투자가가 투자한 100달러에 대해 9년 내에 50달러를 상환하도록 되어 있다. 따라서 캐터필러 채권의 듀레이션은 9년이 된다. 9년이라는 기간은 한 채권에 있어 긴 기간이다. 따라서 이자율 변동에 따라 급격히 반응하게 된다. 이 긴 기간 동안 시장이자율이 20퍼센트일 때는 49.69달러의 시장가치를 보이는가 하면 시장이자율이 5퍼센트일 때는 123.16달러의 가치를 갖게 될 수도 있는 것이다.

계산에 대해서는 걱정하지 않아도 된다. 컴퓨터가 알아서 계산해 줄 것이다. 이 책을 이수한 MBA로서 이제 여러분은 거래하는 채권 중개인에게 채권의 수익률뿐만 아니라 채권의 듀레이션을 물어볼 수 있을 것이다. 그러면 채권 중개인은 여러분이 단순히 안전하게 투자할 곳만 물색하는 여타 은퇴자와는 뭔가 다르다는 것을 인식하게 될 것이다.

기타 다른 유형의 채권들

또 다른 유형의 채권으로는 할인채권zero coupon bond(정기적으로 이자를 지급하는 쿠폰 없이 할인 방식으로 발행하는 채권—옮긴이), 콘술consuls, 전환사채convertible bonds, 임의상환사채callable bond, 정크본드junk bond 등이 있다.

할인채권은 이자를 지급하지 않지만 만기에 원금과 이자를 일시에 지급하는 채권이다. 투자가들은 이 채권을 이자를 지급하는 확정이자부채권과 같은 방식으로 평가하지만, 중간에 할인에 따른 이자를 지급하지 않는다.

콘술 또는 영구채권perpetuity은 원금은 상환하지 않지만 이자를 영구적으로 계속해서 지급하는 채권이다. 이러한 채권은 보기 드문 편인데 영국에서는 여전히 발행되고 있다. 가치 평가 방법은 비교적 간단하다. 현금잔고 또는 이자 지급액을 할인율로 나누면 된다. 가상의 예를 들어 보자. 런던 전화국이 매년 8달러씩 영구적으로 지급하는 100달러짜리 영구채권을 발행하기로 결정했을 때 투자가들이 최소 10퍼센트의 수익률을 요구한다면 이 채권의 가치는 80달러(8달러/0.10)가 될 것이다.

$$\text{영구채권의 가치} = \frac{\text{영구히 받게 될 지급액}}{\text{요구수익률}}$$

기업들은 종종 채권에 전환권conversion feature이라 불리는 매우 흥미로운 옵션을 추가하기도 한다. 이러한 전환사채는 미리 약정된 비율에 따라 보통주로 전환될 수 있는 채권을 말한다. 예를 들어 1,000달러의 액면가치를 갖는 캐터필러의 채권을 주당 100달러의 가치를 지닌 주식 10주로 전환할 수 있다고 가정해 보자. 캐터필러의 주가가 주당 100달러 이상으로 오른다면 채권에 투자한 사람들은 자신들이 보유한 채권을 보통주로 전환하는 것을 검토할 것이다. 전환사채는 일상적으로 비전환사채보다 낮은 이자를 지급한다. 투자가들에게 추가적인 옵션을 부여하기 때문이다.

네 번째 유형의 채권으로 임의상환사채가 있다. 채권 발행일 이후 이자율이 급격히 하락한다면 채권 발행 기업이 일반 투자가들로부터 자신이 발행한 채권을 다시 사들일 수 있는 옵션을 원할 수도 있다. 1981년 대기업들은 매년 15~20퍼센트의 이자를 지급하는 채권을 발행했는데, 이는 시장이자율을 훨씬 상회하는 것이었다. 1980년대와 1990년대에 걸쳐 시장이자율이 떨어지자 채권에 상환 조항call provision 을 삽입했던 기업들은 이자비용을 절감하기 위해 사전에 약정된 가격으로 자신들이 발행했던 채권을 다시 사들이고 1990년대 초반에 7~8퍼센트의 이자를 지급하는 새로운 채권을 발행했다. 1990년대 후반과 2000년대에는 이를 다시 사들이고 5에서 6퍼센트의 이자율로 새로운 채권을 다시 발행했다.

마지막 채권 유형인 정크본드는 채무 불이행의 위험성이 높은 채권을 말한다. 이 채권이 위험한 이유는 발행업체의 다른 채권보다 지급 청구 면에서 우선 순위가 떨어지기 때문이다. 정크본드는 투자가들에게 대부분 높은 이자를 지급하며 제때에 원금과 이자를 지급한다. 그러나 채권 발행 기업의 자금 사정이 악화되어 차입한 돈을 지급하지 못하는 상황에 직면하게 되면, 정크본드에 투자한 투자가들은 지급 우선순위에서 가장 나중으로 밀려나게 된다.

정크본드의 역사는 사실상 채권의 역사만큼이나 오래되었다. 남북전쟁 중에 남부 연방은 쓰레기junk 라 불리게 되는 위험이 높은 채권을 발행한 적이 있으며, 또한 1980년대 RJR 나비스코, MCI, 메이시스Macy's, 메트로미디어 Metromedia 등과 같은 유명한 기업들이 기업공개매수를 통해 수십억의 정크본드를 발행한 적도 있다. 정크본드가 말 그대로 쓰레기를 뜻하는 것은 아니다. 단지 우수한 신용평가를 얻지 못한 기업이 발행한 탓으로 채무불이행의 위험이 대단히 높다는 것을 의미할 뿐이다.

채권 평가 요약

- 높은 지급 불능 위험 또는 높은 시장이자율 → 높은 할인율 → 낮은 채권가치
- 낮은 지급 불능 위험 또는 낮은 시장이자율 → 낮은 할인율 → 높은 채권가치
- 높은 채권 이자율 또는 짧은 만기 → 짧은 듀레이션 → 시장이자율 변화에 덜 민감한 채권가치
- 낮은 채권 이자율 또는 긴 만기 → 긴 듀레이션 → 시장이자율 변화에 보다 민감한 채권가치

주식시장

주식은 이자 지급이라는 계약 조건도 없고 만기도 없다. 적정한 이익이 생기면 대부분의 기업들은 통상적으로 주주들에게 배당금을 지급한다. 그러나 배당금 지급이 반드시 보장되는 것은 아니다. 예를 들어 회계학 학원 건물을 짓는다고 할 때 건물 소유주는 채권에 대한 모든 의무를 수행한 후에 비로소 수익과 자산에 대한 잔여청구권residual claim을 부여받게 된다. 그러나 수익이 없다면 주식의 가치는 거의 없다고 볼 수 있다. 적절한 이익이 발생한 경우에만 특정 시점에서 채권에 대한 지급이 이루어지며 주주들에게도 돌아갈 몫이 남는다.

[도표 6-8]와 같이 주식은 주식 발행 기업의 특성에 따라 여러 가지 이름으로 불린다.

배당 성장 모형

투자분석가들의 주식 평가 방법 가운데 하나로 배당 현금잔고의 가치를 평가하는 방법이 있다. 배당 성장 모형Dividend Growth Model은 배당 성장률에 상당한 가중치를 부여하여 주식을 평가하는 것인데 이 가치 모형을 통해 항상 타

등급	성격	예
성장주 Growth Stocks	빠르게 성장 중인 기업들	구글, 넷플릭스
우량주 Blue-Chip Stocks	초대형 기업들	코카콜라, 마이크로소프트
순환주 Cyclical Stock	경기에 따른 수익률 변동이 심한 기업들	포드, 유나이티드 항공
초저가주 Penny Stocks	위험도가 높고 주가가 낮은 소규모 기업들	제트 일렉트로 Jet Electro

[도표 6 – 8] 주식의 등급

당한 답을 얻는다고 할 수는 없다.

$$주당 \ 가치 = \frac{D}{(K-g)}$$

D = 주당 연간 배당률

K = 할인율 또는 요구수익률

g = 연간 배당 성장률

캐터필러의 주식이 좋은 예이다. 1992년 이 회사는 주당 1.2달러의 연간 배당금을 지급했다. CAPM를 사용할 경우 베타값이 1.2인 캐터필러의 요구수익률은 16.8퍼센트로 IBM의 요구수익률과 같다. 캐터필러 이사회는 지난 몇 년 동안 배당금을 평균 12퍼센트씩 증가시켜 왔다. 배당 성장 모형에 이러한 정보를 대입하게 되면 주가는 25달러가 되어야 한다.

$$\frac{\$1.2}{(0.168 - 0.12)\%} = \$25(주당 \ 가치)$$

하지만 1992년 5월 캐터필러 주식의 실재 거래가격은 56달러로 기록되어 있다. 회사가 배당금을 덜 지급했거나 시장이 잘못된 것일 수도 있다. 하지만 그럴 가능성은 희박하다. 투자가들 또한 이 기업의 자산은 물론 미래 수익도 평가했을 것이다.

증권분석가들은 소액의 배당금을 지급하는 월마트Wal-Mart의 가치를 어떻게 평가할 수 있을까? 또한 이익도 내지 못하고 배당급도 지급하지 않는 인터넷 업체들의 주식에 대해서는 어떻게 평가할까? 만능 공식이 있는 것은 아니지만 증권분석가들이 가치 평가를 위해 추가적으로 활용하는 몇 가지 방법을 소개하도록 한다.

주가수익비율

증권분석가들은 현재의 주가와 현재 또는 예상 주당순이익EPS, Earning Per Share을 비교해 주가수익비율을 구한다. 주가수익비율PE ratio, Price-earning ratio은 가장 널리 사용되는 주식 평가법이라 할 수 있다. 평가 방법은 간단하다. 주가를 주당순이익으로 나누기만 하면 누구나 쉽게 구할 수 있다. 게다가 대다수 기업들의 EPS가 널리 공개되어 있으므로 일일이 계산하는 수고를 덜 수도 있다. 만약 기업의 주가수익비율이 해당 업계와 시장의 주가수익비율과 어느 정도 일치한다면 현재 적절한 주가를 유지하고 있다고 할 수 있다. 증권전문가의 다음과 같은 투자 정보 기사를 통해, 주가수익비율이 얼마나 광범위하게 사용되고 있는지를 알 수 있다.

코어스테이츠 파이낸셜Corestates Financial(구 필라델피아 내셔널 은행)의 주가는 44달러로, 주가수익비율은 다른 은행들보다 몇 배나 낮은 데 반해 배당수익률dividend yield은 훨씬 높은 것으로 나타났다. 강한 매수 관심을 보일 만하다.

PEG 비율

PEG 비율Price Earning & Growth Ratio(주가수익 및 성장률)은 수익 성장률을 고려한 또 다른 주가수익비율을 말한다. PEG 비율은 회사의 주가수익률을 장기 순이익 증가율, 즉 성장률로 나누어 계산한다. 하지만 이러한 성장 계획은 매우 불확실한 것이다. PEG 비율이 1.0 내외인 주식은 저평가된 것으로 간주된다. 2005년 1월, 인터넷 소프트웨어 및 서비스 제공업체인 시나Sina는 주당 30달러에 거래되었으며 PEG 비율이 0.6에 그침으로써 투자자들의 주목을 받았었다. 그러나 2011년 7월, 제 가치를 인정받아 시나는 110달러에 거래되었고 PEG 비율이 5에 달했다.

주당순자산비율

주당순자산비율Multiple of Book Value per Share은 대차대조표의 정보를 이용하는 방법으로, 주가를 주당순자산(장부가치라고도 한다.)으로 나누어 계산한다. 1992년 바이오 신약회사인 임클론 시스템스의 주식은 주당순자산보다 331배나 높은 가격으로 거래되었다. 《포브스》는 이러한 사실을 염두에 두고 주가가 과대평가되었을 것이라고 했지만, 사실 소규모 신생 기업의 주당순자산비율이 이처럼 높이 평가되는 경우가 적지 않다. 투자자들은 기업의 현재 규모보다는 성공할 가능성에 근거해 신생 기업을 평가하기 때문이다. 어쨌든 생명공학에 대한 투자자들의 관심이 줄어들자 1992년 26달러의 최고가를 기록했던 임클론의 주식은 1995년 무려 31센트까지 폭락했다. 1998년에는 주당 10달러로 거래되었지만 이 역시 주당순자산의 다섯 배에 달하는 가격이었다. 마사 스튜어트는 2000년 12월 임클론이 FDA의 승인을 얻는 데 실패했다는 소식을 듣고 주당 60달러에 임클론 주식을 매도했다고 주장했는데, 그 매도가격은 주당순자산의 36배에 달하는 것이었다.

주가매출액비율

주가매출액비율Price-to-Sales Ratio은 주가총액을 매출액으로 나눈 비율이다. 1999년 인터넷 경매 사이트인 이베이의 주가매출액비율은 1,681이었다. 매출액이 거의 없는 데 비해 대단히 높은 비율이었다. 투자자들이 인터넷의 미래 성장 잠재력을 높이 평가하고 있었기 때문이다. 2004년 매출이 구체화되었을 때 이베이의 주가매출액비율은 23으로 매우 적정한 수준을 보였다.

주당자산가치

기업의 순자산을 발행주 수로 나눈 값, 즉 주당자산가치Asset Value per Share가 현재 주가보다 더 큰 가치를 지닐 경우, 투자분석가들은 그 밖의 다른 비율에는 관심을 두지 않을 수도 있다. 한때 정유회사 주식이 극도의 매수 과열 현상을 보였던 것은 그 회사의 주가가 자산인 석유와 가스의 보유가액보다 낮았기 때문이다. 그 결과 1980년대 게티Getty, 걸프Gulf, 메사Mesa, 필립스Phillips 등이 주식 매수 전쟁에 뛰어들면서 이들 정유회사의 주가는 크게 치솟았다.

주당현금흐름 비율

일부 분석가들은 기업의 현금흐름에 의해 측정되는 현금자금 창출 능력을 통해 기업의 가치를 평가한다. 1992년 캐터필러의 주식은 발행주식 한 주당 5.90달러의 현금을 창출했다. 결국 주당 56달러인 주가는 주당현금흐름보다 9.5배가 높은 것이었다. 증권분석가들은 미래의 주당현금흐름cash flow per share이 1993년에는 11.10달러가 될 것이며, 그 후에는 17.80달러 또는 세 배가 될 것이라고 예측했다. 많은 투자자들이 캐터필러의 현금흐름 창출 능력을 보고 그 가치를 파악한 것이다. 만약 일부 분석가들이 캐터필러의 주식이 16.8퍼센트의 할인율로 매년 17.80달러의 현금흐름을 계속 창출해 낼 것이라고 평가한다면, 그 주식은 100달러(17.80/0.168)의 순현재가치를 갖게 될 것이다. 그 경우 56달러라는 캐터필러의 주가는 그들의 눈에는 여전히 매우 저평가되어 있는 것으로 보일 수 있다. 그러나 앞의 사례에서 캐터필러의 주식은 1999년에 60달러, 2004년과 2011년에는 83달러로 거래되었다. 결국 분석가들의 예측이 모두 틀린 것이다.

주식시장에는 항상 매수자와 매도자가 존재하며 이들 세력의 불균형에 의해 가격이 변동된다. 가치 평가의 척도는 여러 가지가 있지만, 정작 중요한 것은 시장에서 형성된 현재의 가격이다. 아무리 가격이 터무니없어 보여도 그것만이 유일한 척도다. 시장에서 캐터필러의 주식을 200달러에 구매하고자 하는 수요가 있다면 그것이 이 주식의 가치인 것이다. 물론 수요보다 공급이 많으면 가격은 하락한다. 이러한 원리는 여덟째 날 경제학 강의에서 다루게 될 것이다.

우선주

우선주preferred stock 는 배당금 지급에 관한 특권이 부여된 주식이다. 우선주는 채권과 보통주의 성격을 동시에 지니는데, 많은 공기업, 은행, 철강회사 등이 우선주를 발행하고 있다. 우선주는 확정된 배당률을 갖는다는 점에서 채권의 성격을 지니지만 주주로서의 의결권은 없다. 보통주의 경우와 마찬가지로 배당금은 부채가 상환된 뒤에 지급될 수 있으며 만기가 없다. 그러나 우선주를 발행하는 대부분의 기업들은 일정기간 후에 우선주를 전환시키거나 상환하는 조항을 만든다. 우선주의 자산 청구권 순위는 보통주보다는 앞서지만 채권보다는 떨어진다.

기업들은 자금을 차입하고 싶지만 제때에 이자를 지급해야 한다는 계약적 의무는 원하지 않을 때 우선주를 발행한다. 대부분의 우선주는 누적적 우선주cumulative preferred stock 인데, 우선주 발행 기업의 경영 성과가 불량하여 배당금을 지급받지 못할 경우 다음 회기에 보통주보다 우선해 미지급된 배당금을 한꺼번에 받게 된다는 뜻이다. 안정된 배당금을 원하면서 부분적으로나마 지분 소유의 혜택을 누리고자 하는 투자자들이 우선주를 선택한다.

옵션시장

옵션이란 계약에 따라 옵션 행사일 혹은 그 이전에 확정된 가격으로 어떠한 자산을 사거나 팔 수 있는 권리를 말한다. 옵션거래는 부동산, 채권, 금, 석유, 통화 등에 적용될 수 있다. 옵션은 소액의 자금으로 막대한 자산을 움직일 수 있는 방법 가운데 하나다. 결과적으로 수익을 얻을 기회도 크지만 위험 부담 또한 크다고 할 수 있다.

옵션권은 그 자체가 자산은 아니기 때문에 파생상품derivative이라고 한다. 다른 것의 가치에 근거해 가치를 창출하는 모든 증권이 파생상품이라 할 수 있다. 스톡옵션stock option, 신주인수권stock warrants, 지수옵션index option, 상품 옵션commodity option, 상품선물commodity future 등이 그 예에 속한다.

가령 주택을 구입하고자 하는 퀵이라는 사람이 비버리힐스의 부동산 가격이 급격히 상승할 것으로 예상한다고 하자. 그런데 그가 불입금을 마련하는 데는 6개월이 소요된다고 한다. 별장 주인은 6개월 후 퀵에게 100만 달러를 받고 별장을 팔되, 6개월 동안 별장을 시장에 내놓지 않고 보유하는 옵션의 대가로 5,000달러를 요구한다. 그 경우 옵션 보유자인 퀵은 6개월간 100만 달러에 그 별장을 구입할 권리를 갖게 된다. 하지만 반드시 구입해야 할 의무는 없다. 만약 부동산 시세가 떨어지면 만기가 될 때까지 옵션을 행사하지 않고 5,000달러를 그냥 손해보는 것을 선택할 수도 있다.

그러나 옵션을 통해 '커다란' 수익을 창출할 수도 있다. 만약 별장의 시세가 105만 달러로 상승할 경우에는 5,000달러의 옵션에 대한 수익률은 1,000퍼센트에 달하게 된다. 애초에 100만 달러의 자금을 보유하고 있어서 옵션 없이 별장을 구입했을 경우에는 단지 5퍼센트의 수익률밖에 올리지 못했을 것이다. 옵션 투자의 핵심은 어떤 자산에 대해 그 가치의 극히 일부분만을 투자하고도 그 운명을 좌우할 수 있다는 데에 있다. 옵션은 기초 자산underlying asset의 가치가 변동하는 데에 따르는 레버리지 효과에 의해 그 성과가 확대되거나 혹은 완전히 상실될 수 있다.

주식 옵션의 거래 원리 역시 앞서 말한 부동산 옵션과 똑같이 작용한다. 옵션이란 다음과 같이 주식을 팔거나 살 수 있는 권리를 말한다.

- **표시가격**stated price **으로** – 행사가격
- **특정 일자에** – 만기일
- **특권에 대한 비용으로** – 옵션 프리미엄

주식을 살 수 있는 옵션을 콜옵션call option이라고 하고, 주식을 다른 사람에게 팔 수 있는 옵션은 풋옵션put option이라고 한다. 콜옵션과 풋옵션의 가치는 서로 상반되게 움직인다. 예컨대 가격이 상승하는 주식의 경우 그 주식을 확정 가격으로 살 수 있는 콜옵션의 가치는 상승하고, 가격이 하락하는 주식에 대한 콜옵션의 가치는 하락한다. 반대로 풋옵션의 가치는 이 옵션의 기초 주식의 가격이 하락할 때 상승하고, 기초 주식의 가격이 상승할 때 하락하게 된다.

역사상 가장 오래되었으면서도 가장 활발한 거래를 보이는 시카고 옵션거래소CBOE, Chicago Board Options Exchange를 통해 거래자들은 퀵이 부동산의 옵션을 샀던 것과 똑같은 방법으로 100주씩 조를 이루어 옵션을 사고판다. 주식옵션을 사는 사람들은 일정기간 동안 주식이 상승할 때 주식을 살 수 있는 권리(콜옵션)를 사거나 주식이 하락할 때 주식을 팔 수 있는 권리(풋옵션)를 사는 것이다. 방비옵션covered option(증거금 목적상 콜옵션을 매도하면서 해당 자산에 대한 선물의 매입 포지션이 함께 구성되는 것. 또는 풋옵션을 매도하면서 해당 자산에 대한 선물의 매도 포지션이 함께 구성되는 것을 말한다. ─옮긴이)을 파는 사람은 옵션 발행인이라 불리는 데 자신이 소유한 주식에 대한 권리를 판매한다. 만약 옵션 발행자가 자신이 소유하지 않은 주식에 대한 권리를 파는 경우 이러한 옵션은 네이키드 옵션naked option이라 불린다. 이 옵션에는 담보가 설정되어 있지 않다.

옵션의 가치를 평가하는 데에는 이론적 가치와 시장가치의 두 가지 유형이 있다. 이론적 가치는 기초 주식의 시장가격과 옵션의 행사가격과의 차액을 말

기초주가 움직임

	상승	하락
콜옵션	이익	손실
풋옵션	손실	이익

한다. 예를 들면, 코카콜라 주식의 가격이 45달러로 거래될 때 이 주식을 40달러로 살 수 있는 콜옵션의 이론적인 가격은 5달러가 된다. 그러나 옵션은 미래 기간에 대해 발행되는 것이다. 따라서 옵션의 시장가치는 이론적인 가치에다 만기일까지 주가가 상승함에 따라 생길 수 있는 이익 획득 가능성에 대한 프리미엄을 더한 가격이 된다. 만기일이 다가옴에 따라 이익 획득이 가능한 시간은 줄어들게 되며, 따라서 프리미엄은 점차 사라지게 된다. 만기일의 옵션가격은 기초 증권의 시장가치에 의해 결정된다. 이때의 시장가치는 이론적인 가치와 일치하게 되는데, 만기일을 끝으로 더 이상 미래의 이득에 대한 프리미엄이 존재하지 않기 때문이다.

옵션의 가치 평가

1973년 피셔 블랙Fisher Black과 마이런 숄스Myron Scholes가 발표한 모형은 옵션 가치를 결정하는 데에 있어 업계의 표준이 되었다. 블랙 숄스의 옵션가격 결정 모형Black-Sholes Option Price Model에 의하면 옵션가격은 다음의 다섯 가지 요인에 의하여 결정된다.

- 만기일까지의 시간 : 옵션 만기일까지의 시간이 길면 길수록 가격이 희망하는 가격대로 움직일 가능성은 더욱 커진다. 이른바 시간 프리미엄

이라는 것이다.

- 현재 주가와 행사가격과의 차이 : 행사가격이 현재의 주가와 가까울수록 만기일까지 가격 움직임이 행사가격과 같아지거나 행사가격을 능가할 가능성이 커진다.
- 주가의 변동 가능성 : 주식의 가격 움직임이 변동하기 쉬울수록 가격은 행사가격까지 올라갈 가능성이 높아진다.
- 정부 발행 단기 증권에 대한 시장이자율 : 옵션거래를 위한 자금 조달 비용이 클 경우에는 거래비용을 보전하기 위해 옵션가격이 높아야 한다.
- 주식에 대한 배당금 지급 : 옵션 소유자는 기초 주식에 대한 배당금을 받지 않지만 옵션가격에 영향을 주는 주가는 배당금에 의해 영향을 받는다.

위와 같은 요인들에 대한 값을 스프레드시트에 대입하게 되면 누구나 콜옵션과 풋옵션가격의 근사값을 구할 수 있다. 옵션가격을 도출할 때 모든 사람들이 블랙 숄스 모형을 기본으로 한 모형을 사용하므로 이러한 모형에 의해 도출된 가격들은 시장가격과 상당히 가깝게 된다. 그것은 투자분석가들이 그들 나름의 '정확한' 가격을 결정하기 위해 수천 가지의 방법을 사용하는 보통주 가치 평가와는 현격한 대조를 이룬다.

콜옵션의 예

낙관적인 옵션거래자들은 기초 주식이 상승할 것으로 예상되면 주식을 살수 있는 권리인 콜옵션을 산다. 옵션거래인인 빌리 펠리그로의 경우를 보자. 그는 2011년 6월 15일 월마트의 보통주가 주당 54달러로 월스트리트에 평가된 것을 보았다. 월마트 주식의 한 주를 9월 말까지 55달러에 살 수 있는 콜옵션의 권리는 2.69달러에 거래되었다. 펠리그로는 월마트 주식이 9월까지 분명히 55달러 이상의 가격에 거래될 것이라고 확신했고 그 권리를 사기 위해

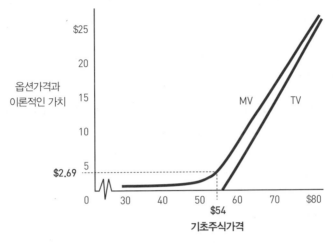

[도표 6 - 10] 9월에 55달러의 가격으로 월마트의 주식을 살 수 있는 콜옵션의 가치

$25

20

옵션가격과
이론적인 가치 15

10

$2.69 5

0   30   40   50   60   70 $80

$54

기초주식가격

MV = 옵션의 시장가치   TV = 옵션의 이론적 가치

MV   TV

2.69달러를 지불했다. 만약 이 콜옵션이 6월 15일에 만기가 되었다고 가정하면, 주가 각 55달러인 옵션의 행사가격보다 1달러 손해를 보았을 것이며 이 콜옵션은 가치가 없을 것이다. 55달러인 월마트 주식의 콜옵션 가치를 나타낸 도표는 하키 스틱 모양을 띠고 있다. 도표의 모양은 주가에 따라 변화한다.

그렇다면 2.69달러는 정확한 가격일까? 월마트 보통주에 관련된 다섯 가지 요인들과 옵션에 대한 상세한 정보를 블랙 숄스 모형 스프레드시트에 대입해 본 결과 옵션의 가격은 2.66달러였다. 상당한 근사치라 할 수 있다.

풋옵션의 예

이번에는 빌리 펠리그로를 비관적인 투자자라고 가정해 보자. 그는 6월에 시장가격이 54달러인 월마트의 주식을 9월에 55달러의 거래 조건으로 팔 수 있는 풋옵션을 샀다. 이 풋옵션은 1달러 유리한데, 그것은 주식의 시장가격이 54달러일 때 주식을 55달러에 팔 수 있는 권리를 갖기 때문이다. 옵션에 대한 시장가격은 2011년 6월 15일에 2.75달러였다. 그 중 1달러의 가치는 상환이 유리한 데 따르는 대가였고 나머지 1.75달러는 3개월 동안 더 많은 돈을 벌기 위해 지불해야 하는 프리미엄이었다. 주가가 얼마까지 더 하락하든 간에 펠리그로는 월마트 주식을 주당 55달러에 팔 수 있는 권리를 갖고 있다. 이 옵션의 가치가 타당한지를 살펴보기 위해 블랙 숄스 모형을 이용해 검토한 결과, 2.75달러인 옵션의 시장가치는 블랙 숄스 모형에 따른 풋옵션 가치와 매우 가까웠다. 풋옵션이 취할 수 있는 가치를 나타내는 그래프는 [도표 6-11]과 같이 콜옵션에서의 하키 스틱을 반대로 놓은 모양이 된다.

옵션 전략과 헤징

옵션은 매우 위험한 투자 대상이지만 헤징에 의해 위험을 줄일 수 있다. 헤징이란 소유하고 있는 투자 대상의 가치가 하락하는 것을 막기 위해 옵션을 사는 것을 말한다. 다른 옵션과 마찬가지로 헤징은 여러 유형의 자산에 적용될 수 있다. 54달러에 거래되는 월마트 주식을 소유하고 있는 위험 회피형 투자자인 스캐어드 캣의 경우를 보자.

주가가 급격히 하락할 것을 우려하는 캣는 가격하락의 위험을 피하고자 한다. 그 경우 그는 2011년 6월 주식의 행사가격이 50달러인 3개월짜리 풋옵션을 1달러에 살 수 있을 것이다. 이 풋옵션은 향후 3개월 동안 그가 갖고 있는 월마트 주식을 적어도 50달러에는 팔 수 있는 권리를 보장하는 것이다. 옵션을 발행한 사람은 주가가 하락할 위험이 매우 희박하다고 믿으며, 1달러의 프리미엄이 캣에게는 전혀 대수로운 것이 아니길 빌면서 그것을 받는 것에 흡족해 한다. 만약 월마트 주식이 40달러로 하락하게 되면, 단지 1달러의 비용이 되는 풋옵션은 만기에 10달러의 가치를 갖게 되고, 풋옵션을 발행한 사람은 하락한 만큼의 돈을 지불해야 하는 의무를 지니게 된다. 캣의 입장에서는 옵션에서 얻은 10달러의 이득을 통해 주식의 가치가 54달러에서 40달러로 떨어져 발생한 14달러의 손실을 부분적으로나마 상쇄할 수 있게 된다. 바로 이

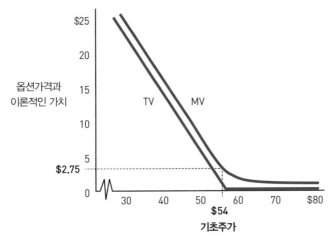

옵션가격과
이론적인 가치

$25

20

15

10

5

$2.75

0

TV   MV

30   40   50   60   70 $80

$54

기초주가

MV = 옵션의 시장가치   TV = 옵션의 이론적 가치

러한 이유에서 많은 사람들이 옵션시장을 한 투자가에게서 다른 투자가에게로 위험을 전가시킬 수 있는 곳으로 인식하고 있다.

옵션거래자들과 포트폴리오 관리자들은 이처럼 단순한 헤지hedge 기법에 추가적으로 매우 다양한 옵션 전략을 사용한다. 거래자들이 사용하는 옵션 전략으로는 스프레드spread(국제금융 거래에 있어서 기준이 되는 런던은행간 금리와 실제금리와의 차이—옮긴이), 버터플라이butterfly spread(만기일은 같으나 권리행사가격이 서로 다른 3개의 옵션을 이용하는 것—옮긴이), 콘도르condor(낮은 행사가격을 갖는 1개의 옵션과 높은 행사가격을 갖는 1개의 옵션을 매수[매도]하면서 동시에 중간 행사가격을 갖는 2개의 옵션을 매도[매수]하는 경우—옮긴이), 스트래들straddle(옵션 콤비네이션의 하나로 동일한 기초자산에 대하여 동일한 행사가격과 동일한 만료일을 가진 풋옵션과 콜옵션을 동시에 매입하거나 매도하는 전략—옮긴이), 박스box spread(통화옵션의 매매와 선물환을 조합하여 이득을 취득하려는 거래—옮긴이) 등이 있다.

풋옵션 외에도 투자자들은 주가가 하락할 것이라고 믿을 경우 실물 없이 주식을 공매short selling 할 수 있다. 이 거래에서는 주식이나 채권을 가지고 있지 않은 상태에서 주식을 증권회사에서 빌리고 나중에 더 낮은 가격으로 재구입할 수 있기를 기대하면서 주식을 팔게 된다. 옵션과 마찬가지로 공매 역시 헤징 전략의 일환이다.

기타 파생 상품

앞서 설명했듯이 파생 상품은 다른 자산의 가치나 기타 변수에 따라 그 가치가 변동되는 상품을 말한다. 상술한 옵션 외에 널리 활용되는 대표적 파생 상품으로 선물futures과 스왑swaps이 있다. 파생 상품의 가치를 결정하는 기초 자산으로는 주식, 일반 상품, 통화, 금리 등을 들 수 있다. 이 외에 신용도나 날씨와 같은 비교역 품목도 기초 자산이 될 수 있다. 기초 자산의 가치 변화는 어김없이 파생 상품의 가치에 영향을 미친다. 월마트 주식의 옵션거래 사례에서 살펴보았듯이 투자자는 기초 자산의 가치 변화 자체를 투기의 동력으로 활용하거나 헤징을 통해 위험을 줄이는 수단으로 활용할 수 있다.

선물은 일반 상품(금, 원유, 곡물 등)이나 금융 자산(S&P 500지수 등)을 미래의 일정 시점에 매도 또는 매수하기로 하는 계약을 말한다. 미리 정한 시점, 즉 결제일에 현금이나 일반 상품을 인도하는 것으로 선물 계약을 이행할 수 있다. 기초 자산의 가치가 변하면 선물의 가치도 변한다. 선물은 레버리지 수준이 매우 높으므로 위험 수준 또한 상당히 높다. 투자자는 계약 사항에 따라 증거금의 20배에 달하는 레버리지로 선물 계약을 할 수 있다. 선물 거래의 손익은 일일 단위로 정산되며 자산 가치의 하락으로 손실이 발생하면 추가 자금을 예치하여 애초의 증거금 수준을 맞춰 놓아야 한다.

금융 기관은 스왑이라는 파생 상품을 이용하여 상호 합의한 가격으로 투자자 혹은 금융 기관과 자산을 교환함으로써 자산 가치의 변동에 따른 위험에 대비할 수 있다. 스왑의 활용도가 높은 두 가지 경우가 바로 금리 상승과 채권

상환 불이행 상황이다. 스왑의 매수자는 해당 기초 자산을 실제로 소유할 필요는 없으며 자산 가치 하락을 유발하는 악재 쪽에 배팅하기만 하면 된다.

　2008년의 금융 위기는 부동산 가격 폭락이 주된 원인이었다. 그런데 부동산 시장 붕괴를 촉발한 큰 축이 바로 이 스왑이었다. 세계적인 보험 회사 에이아이지AIG는 당시 주택 모기지 채권을 기초로 한 부동산담보부증권CMO, collateralized mortgage obligation의 부도 위험 담보를 원하는 투자자에게 신용부도스왑CDS, credit default swaps이라는 신용 파생 상품을 판매했다. 그런데 예상 수준을 넘어 채무 불이행(부도) 가능성이 훨씬 커지면서 AIG는 스왑 매수자들에게 천문학적인 금액을 지급해야 하는 상황이 됐다. 처음 CDS를 판매할 때만 해도 AIG는 채무 불이행 가능성을 아주 낮게 평가했다. 따라서 스왑 매수자가 내야 하는 보험료(수수료)를 아주 낮게 책정한 것이 패착이었다. 그러나 주택 시장 전망을 AIG와는 정반대로 예측한 영리한 투자자들은 눈먼 자산과 다름없다 싶은 이 파생 상품을 마구 사들였다. 2008년에 결국 정부는 AIG를 인수해야 하는 상황에 이르렀다. 우리가 지금 악성 모기지toxic mortgage라고 부르는 것에 이 CDS도 포함된다.

재무관리

재무관리의 본질은 한 기업이 어떻게 필요한 자금을 조달하고 주주나 채권자들로부터 조달한 자금의 수익을 최대화할 것인가에 있다. 재무관리를 선택하는 MBA들은 다음과 같은 두 가지 주요 문제를 다루게 될 것이다.

* 기업은 어떠한 자산을 소유해야 하는가? 어떠한 사업에 투자해야 하는가? (투자 결정)
* 그러한 투자에 대해 어떠한 방법으로 자금을 조달해야 하는가? (투자 조달 결정)

투자 결정

기업의 투자는 다양한 방법을 통해 이루어질 수 있다. 투자안을 평가하고 순위를 매겨 경영진의 선택을 돕는 것이 재무관리자의 기본 업무다. 재무관리자들의 이러한 활동을 일컬어 MBA 용어로 '자본 예산'capital budgeting이라고 한다.

계량분석 강의에서 퀘이커의 예를 통해 신규 제분기 구입 여부를 결정하기 위한 기법을 소개하였다. 퀘이커 경영진은 제분기 프로젝트의 순현재가치를 계산하기 위해 현금잔고 할인가를 사용했다. 또한 마케팅 강의에서는 새로운 커피 상품을 시장에 출시하기 위해 회수기간법payback period method이라는 간단한 방법을 사용한 바 있다. 하지만 몇몇 투자안의 경우 재무분석이 유효하지 않을 수도 있다. 한 예로, 기부금과 같은 자금은 재무관리자가 평가할 수 없는 무형의 혜택을 기업에 가져다 주기 때문이다. 투자 결정은 크게 다음과 같은 세 가지 기본적인 의사결정의 범주로 나눌 수 있다.

- 단일 투자안을 채택 혹은 기각한다.
- 투자안들을 서로 비교해 보다 경쟁력 있는 투자안을 선택한다.
- 자본 할당capital rationing : 제한된 투자 자원 아래서 자본 할당은 여러 프로젝트 중 어떤 것을 선택해야 하는가에 대한 지침이 된다.

각 기업은 기업의 제한된 경영 자원을 할당하기 위해 자신의 선택 기준을 사용한다. MBA가 사용하는 주요 기법들은 다음과 같다.

- 회수기간법
- 순현재가치법

회수기간법

대부분의 기업은 투자한 자금이 회수되기까지 시간이 얼마나 걸리는가를 투자안 평가에서 가장 중요하게 고려한다.

회수기간 = 초기 투자 자금을 회수하는 데 걸리는 시간

투자분석가들은 회수기간을 쉽게 계산할 수 있으며, 회수기간에 근거해 투자안을 채택할 것인가 기각할 것인가를 간단히 결정한다. 기준에 부합되는 투자안은 채택되며 기준에 못 미치는 투자안은 기각된다. 예를 들어, 소규모 기업의 관리자가 생산효율을 높이기 위한 에너지 장치의 회수기간은 최장 3년이며 신규 설비는 8년, 연구개발 프로젝트는 10년 내에 투자 자본이 회수되어야 한다고 생각한다고 하자. 그러한 요구 기준은 경영진의 판단과 경험, 위험 회피 수준을 바탕으로 설정된다.

경영진이 회수기간이 더 긴 프로젝트를 채택한다는 것은 상당한 위험을 감수한다는 것을 뜻한다. 투자안의 회수기간이 길면 길수록 이 투자안은 더욱 불확실해지고 위험해지는 것이다. 이 같은 개념은 채권투자가들이 사용하는 측정 수단인 듀레이션과 유사하다. 채권투자가들이 채권에 투자한 금액의 절반을 회수하는 기간이 길수록 위험은 증가한다.

회수기간에 의한 투자안 평가 기준은 계산이 간단하고 사용이 편리하며 이해가 쉽다는 점에서는 매우 바람직하다. 그러나 회수기간법은 현금흐름의 시기를 고려하지 않기 때문에 결국 화폐의 시간가치를 무시하고 있다. 각각 현금흐름이 현저하게 다른 프로젝트일지라도 회수기간은 같을 수 있다. 이를테면 3년 동안에 걸쳐 3만 3,333달러를 균등하게 상환하는 연구개발 프로젝트가 3년 후 만기일에 10만 달러를 지급한다면 회수기간이 같다고 할 수 있다. 회수기간법의 또 다른 단점은 회수기간 이후에 회수될 수 있는 현금흐름을 무시한다는 데에 있다. 만약 3년의 회수기간을 갖는 10만 달러 규모의 연구개발

프로젝트의 결과로 새로운 발명품이 영구적으로 로열티를 창출한다면 어떻게 이 프로젝트를 평가할 것인가? 이것은 발명의 이익 창출 연한인 3년 말에 가서 10만 달러를 일시에 회수하는 프로젝트보다는 훨씬 가치가 있음이 분명하다.

순현재가치법

채권과 현금흐름의 정당성을 평가하기 위해 사용되었던 이 방법은 프로젝트를 평가하는 데에도 사용된다. 순현재가치법은 가장 정확하고 이론적으로 타당한 방법이다. 미래에 1달러가 회수되는 기간이 길수록 1달러가 회수될 불확실성은 증가하며(위험), 투자 자금을 사용할 수 있는 기회의 손실 가능성(기회비용)은 더욱 커지게 된다. 따라서 미래에 회수될 현금흐름은 프로젝트의 위험 정도에 따라 할인된다.

$$\text{NPV} = \text{회수될 현금} \times (1 + \text{할인율})^{-\text{기간수}}$$

(부록에 있는 표를 이용하거나 계산기 또는 컴퓨터를 이용하면 된다.)

기업이 자금을 마련하는 방법은 '자금 조달' 결정을 통해 이루어진다. '투자' 결정과는 다르다. MBA 출신이 아닌 사람들이 흔히 범하는 실수는 투자안 평가에서 총체적으로 기업 차입 비용에 적용되는 할인계수와 동일한 할인계수를 사용한다는 점이다. 하지만 기업들이 투자하고자 하는 개별 프로젝트들은 그렇게 안정적이지 못하다. 따라서 재무관리자들은 투자안의 평가에 있어 특정 프로젝트의 위험에 상응하는 할인율을 사용해야 한다. 기업 전체에 대한 '가치'는 적절한 할인율을 사용할 때 만들어 지기도 하지만 비용보다 높은 수익을 올린 프로젝트를 선택하는 것에서 만들어진다.

계량분석에서 예로 든 퀘이커 오츠 공장의 현금흐름은 [도표 6-12]와 같다. 순현재가치법에 따라 프로젝트의 위험 수준인 요구수익률을 적용한 결과,

	10% 할인		
	할인계수	현금흐름	순현재가치
현재	−$102,000	1.00000	−$102,000
1년	$51,000	0.90909	$46,364
2년	$51,000	0.82645	$42,149
3년	$61,000	0.75131	$45,830
총계	$61,000		$32,343

퀘이커 프로젝트의 순현재가치는 3만 2,343달러로 나타났다. 경우에 따라 순현재가치가 0달러인 프로젝트가 채택될 수도 있는데, 그것은 이 프로젝트가 요구수익률만큼 현금을 창출하기 때문이다. 순현재가치가 0달러 이하인 프로젝트는 당연히 기각된다.

순현재가치법에는 많은 장점이 있다. 특히 계산의 유연성이라는 장점은 서로 다른 프로젝트를 비교할 경우에 매우 유용하다.

프로젝트의 위험

투자분석가들은 순현재가치를 계산할 때 각기 다른 할인율을 적용할 수 있다. 예를 들어, 퀘이커의 신규 오트밀 제분기 프로젝트의 이익이 불확실하다고 판단할 경우에는 15퍼센트나 20퍼센트의 할인율을 사용할 수 있으며, 그에 따라 프로젝트의 가치는 2만 1,019달러 혹은 1만 1,217달러가 될 것이다.

각기 다른 프로젝트의 수명

투자분석가들은 위험조정할인율risk-adjusted discount rate을 기반으로 하는 상이한 할인계수를 사용해 수년에 걸친 현금흐름을 평가할 수 있다. 예를 들어, 퀘이커 프로젝트는 현금흐름의 기간이 1년, 10년 또는 기간이 무한정인 많은 프로젝트와도 비교할 수 있다. 프로젝트의 비교를 위해 현금흐름을 할인하는 할인계수를 사용해 순현재가치로 표현할 수 있다.

프로젝트의 현금흐름 규모 차이로 인한 평가 척도의 차이

현금을 각기 다른 금액으로 할인하기 위한 순현재가치법의 또 다른 장점은 규모가 각기 다른 프로젝트들을 서로 비교할 수 있는 순현재가치를 산출할 수 있다는 점이다. 또한 미래 어떤 시점의 현금흐름도 할인계수에 의해 평가될 수 있다.

자본 수요는 적절히 할당되어야 한다. 그렇다면 투자를 선택해야 할 경우에 MBA가 해야 할 일은 무엇인가? 순현재가치법은 최상의 프로젝트들을 가려 내 주지만 최상의 프로젝트 집합을 알려 주지는 못한다. 이럴 경우 수익성지수PI, Profitability Index가 도움이 될 수 있다. 수익성지수는 '미래' 현금흐름의 순현재가치를 초기 투자액으로 나누어 구한다. 예컨대, 퀘이커 프로젝트의 수익성지수는 1.317이라고 할 수 있다.

$$\frac{\text{미래 현금흐름의 순현재가치}}{\text{초기 투자액}}$$

$$\frac{\$46,364 + \$42,149 + \$45,830}{\$102,000} = 1.317$$

자금 제약이 없는 상황에서는 수익성지수가 1.00을 넘는 프로젝트들은 모두 채택될 것이다. 위험조정률로 할인했을 때 수익을 갖는 모든 프로젝트들은 투자할 만한 매력이 있기 때문이다. 그러나 자원이 제한된 상황에서는 가장 높은 수익성 지수를 갖는 투자 기회가 주로 선택되며 결과적으로 이러한 투자안들의 집합이 주주에게 최상의 순현재가치를 제공하게 될 것이다.

이러한 경우 투자안 전체 집합에 대한 최상의 순현재가치를 구하기 위해 순현재가치와 수익성 지수를 활용해 최적 프로젝트들의 다양한 조합을 만들어

내는 것이 바로 MBA가 할 일이다.

사업자금 조달 결정

MBA들 중 상당수가 기업이 필요로 하는 자금을 조달하는 것을 자신들의 주업무로 삼고 있다. 기업 재무의 목적은 기업이 감당할 수 있는 위험 수준 이하로 최소한의 비용을 들여 자금을 조달하는 것이다. 여기서 위험이란 기업이 부채를 상환할 수 없어 파산 지경에 이르게 될 정도의 위험을 말한다. 기업이 필요한 자금을 조달하기 위한 기본적인 방법으로는 다음과 같은 것이 포함된다.

- 상품 공급업자로부터의 외상매입
- 리스를 통한 자금 조달
- 은행차입
- 채권 발행
- 주식 발행

외상매입

외상매입은 기업들이 자금을 조달하기 위해 취할 수 있는 가장 손쉬운 방법이다. 기업들은 재화와 용역을 제공받고 적게는 1주일에서 길게는 1년 정도까지 대금 지급을 연기한다. 기업이 공급업자들로부터 더 많은 외상매입을 원할 경우 재무관리자는 신용 기간의 연장 또는 신용 한도액을 높이기 위해 공급업자와 협상하기도 한다. 현금 관리자 역시 외상매입에 대한 대금 지급을 연장하기도 한다. 2011년 보더스 북스Borders books의 상품 공급업자들은 이 서점에 대해 더 이상의 신용 거래를 거부하기로 결정했다. 결국 상품을 신용으로 제공했던 공급업자와 채권자의 담합으로 보더스 북스는 파산할 수밖에 없었다.

리스를 통한 자금 조달

많은 기업들이 설비를 구입하기보다는 빌려서 사용하는데, 이것 역시 자금 조달의 한 방법이다. 자동차, 컴퓨터, 중장비 기계는 단기 또는 장기간에 걸쳐 임차할 수 있다. 단기간의 리스는 운용리스operating lease라 불린다. 리스 계약기간의 종료 시점에서 이러한 자산이 여전히 사용 가능하면 리스회사에 반환된다. 2년 계약의 자동차를 리스하는 경우가 이에 해당된다.

사실상 장기 리스는 설비 한 단위로부터 제공받는 일시적인 용역을 구매한다기보다는 사실상 구매에 필요한 자금을 조달받는 형태라고 할 수 있다. 이러한 장기간의 리스는 자본리스capital lease라고도 한다. 이 경우 리스 계약에 의한 설비는 설비의 수익 창출 기간에 걸쳐 리스 임차인에 의해 소모되며, 리스계약기간 말에 가서 1달러와 같은 파격적인 구입가격으로 임차인에게 귀속된다. 다양한 유형의 리스계약들은 제각기 구체적인 회계 원칙에 따라 처리된다. 자본리스의 경우 리스 임차에 따르는 자산과 부채는 리스 이용 기업의 회계장부에 마치 이 기업이 설비를 완전히 구입한 것처럼 기록된다.

은행차입

자금 조달의 또 다른 방법은 은행차입이다. 은행은 기업들이 필요로 하는 자금을 장기 또는 단기로 대출해 준다. 한 기업이 어떤 은행에 대해 신용 한도액을 설정한 경우, 기업 자금이 필요하거나 또는 창출됨에 따라 신용 한도에 맞추어 현금을 차용하기도 하고 상환하기도 한다.

기업의 신용은 종종 기업의 자산에 의해 보장된다. 기업의 경영이 악화될 경우에는 은행차입금을 상환할 수 없게 되고 따라서 은행의 파산을 야기할 수도 있다.

은행이나 투자분석가가 대출이나 채권 형태로 신용을 확장할 때 그들은 신용에 관한 다음 다섯 가지를 고려한다.

- 현금 흐름cash flow : 부채 상환을 감당할 수 있을 만큼 현금 흐름이 유동적인가?
- 담보collateral : 대출금 상환을 보증할 담보는 충분한가?
- 경제 상황conditions : 전반적인 경제 상황이 대출금 상환에 유리한가?
- 과정course : 차입자가 취하는 전략의 방향이 바람직한가?
- 성격적 특성character : 대출금의 상환 의지를 포함하여 경영진의 윤리 수준에 문제는 없는가?

채권 발행

채권을 자금 조달 방법으로 이용할 경우 기업은 계약에 따른 확정이자를 지급해야 하며 만기에는 원금을 상환해야 한다. 만약 투자 자금을 회수할 수 없게 되면 채권자들에게는 위험이 닥치게 된다. 1990년 사우스랜드(세븐일레븐 본사)가 채무 불이행 상태에 빠지게 되자 주요 채권자인 이토 요카도Ito-Yokado는 소유하고 있던 채권을 교환해 사우스랜드의 소유권을 획득하고 이 기업의 설립자인 톰슨Thompson 일가를 경영 일선에서 몰아냈다.

세후 차입비용

공급업자, 은행, 채권자들부터 자금을 차입하는 데 따른 이자 지급금은 세금이 공제된다. 반면 주주에게 지급하는 배당금은 세금 혜택이 없다. 세후 차입비용after-tax cost of borrowing은 이자비용에서 감세 혜택을 뺀 것이다.

세후 차입비용 = 차입 이자율 × (1 − 세율)

캐터필러 사례를 다시 살펴보면 2001년에 만기가 되는 캐터필러 채권은 8퍼센트의 액면이자를 지급했다. 1999년 캐터필러의 법인세율은 34퍼센트로 예측되었다. 세금 지급에 따른 이자비용을 공제함으로써 사실상 캐터필러는 차입으로 인해 34퍼센트만큼의 할인 혜택을 받았다. 그 경우 세후 이자율은 5.28퍼센트(8퍼센트 × [1 − 0.34])가 된다.

배당금은 세금공제를 받을 수 없지만 이자 지급금은 세금공제를 받을 수 있다. 바로 그러한 차이 때문에 기업은 주식을 발행하여 그 배당금을 지급하기보다는 자금을 차입하는 요인이 된다. 이런 현상을 차입에 따른 세금공제효과tax shield라고 한다. 차입매수가 성행하던 1980년대에 세금공제효과는 거액의 자금을 차입하도록 부추기는 요인이 되었다. 일례로 콜버그 크래비스 로버츠Kohlberg Kravis Roberts는 1989년 RJR 나비스코를 매수하기 위해 264억 달러나 되는 어마어마한 자금을 차입했다. 1989년 미국 정부가 이러한 모험에 지원한 자금을 계산해 보면 대략 8억 달러(264억 달러 × 10퍼센트 × 30퍼센트)가 된다. 따라서 대다수 납세자들이 이자비용에 대해 부여되는 이와 같은 기업에 대한 엄청난 세금 보조를 줄이거나 제한하기를 바라는 것은 지극히 당연한 일이다.

주식 발행

주식 발행은 배당금 지급을 계약 사항으로 하지 않으며, 배당금은 세금공제를 받을 수 없다. 주식은 기업과 기업의 모든 자산에 대한 소유권을 나타낸다. 만약 자금을 조달하기 위해 주식이 추가로 발행된다면, 이것은 현 주주의 소유권을 어느 정도 희생한다는 것을 의미한다. 새로운 주주들은 기존의 주주들과 주식 소유 비율에 따라 소유권을 나누어 갖게 된다. 흔히 새로운 주식이 기존 주주들의 권리를 희석시킨다고 말하는 것도 바로 그 때문이다.

새로 발행된 주식은 뉴욕증권거래소와 나스닥 등의 다양한 시장을 통해 팔 수 있다. 상장되지 않은 주식의 경우에는 장외시장OTC, Over The Counter을 통해 공개적으로 거래될 수 있다. 기업의 주식이 공개적으로 거래되지 않는 경우 그 기업은 비공개되었다고 말한다.

투자은행(기업금융전문가)이라고 불리는 재정고문들은 기업들이 발행한 새 주식을 매각시키는 데 한몫 거든다. 많은 MBA 출신들을 고용하고 있는 시티

그룹, 골드먼 삭스, 메릴 린치와 같은 투자은행들은 상당한 수수료를 받고 이러한 기업공개IPO, Initial Public Offerings에 참여한다. 이 투자은행들은 기업이 설득력 있는 사업설명서prospectus를 작성할 수 있도록 돕는다. 사업설명서에는 발행 회사의 연혁과 사업 계획 등이 개략된다. 1933년에 공표된 증권법Securities Act of 1933은 이러한 문서에 기업의 정보를 공개할 것을 규정하고 있다.

자금 조달 배합에 따르는 위험과 보상

기업의 자금 조달을 결정하는 일은 부채와 자본의 최적 배합을 결정하기 위한 부단한 활동이다. 이러한 배합을 자본 구성 정책이라고 하며, 경영진이 부채와 자본 배합을 크게 변경하는 것을 일컬어 구조조정restructuring이라고 한다.

이론적으로는 부채와 주식의 최적 배합이 존재한다. 그러나 현실적으로 그러한 완전한 비율을 도출하는 마술과 같은 공식은 존재하지 않는다. MBA들은 과거의 성과를 검토해 자본과 부채의 유망한 배합을 파악한다. 만약 산업이 경기에 따라 순환한다면 경기 하강기에는 부채를 적게 유지하는 것이 살아남는 방법일 것이다. 유능한 재무관리자는 자금 조달 계획에 의존해 의사결정을 내리지 않는다. 자금 조달 계획은 참고 자료에 불과할 뿐이다. 자본구조는 동태적이다. 자본과 부채의 균형을 유지하기 위한 의사결정은 자본구조가 특정 시점에 건전한지 확인하기 위해 지속적으로 검토되어야 한다.

비록 부채와 자본의 비율을 적절히 유지하기 위한 경영학적 공식은 없지만, MBA들은 소위 FRICTO라는 약어로 통하는 다음의 여섯 가지 주요 요소를 점검하여 자본구조의 주요 문제들을 가려내게 된다.

- 유연성Flexibility : 경영진이 새로운 경쟁자나 소송 등과 같은 예측 불가능한 사건에 대응하기 위해서는 어느 정도의 재무적 유연성이 필요한가? 한 예로, 다우 코닝Dow Corning은 가슴 보형물과 관련된 소송을 전혀 예측하지 못하는 바람에 치명적인 곤경에 빠졌다.

- **위험**Risk : 경영진이 경기하락, 자재 부족 등과 같은 어느 정도 예측 가능한 사건으로 인한 위험을 처리할 능력이 있는가? 장난감 회사들이 크게 히트하는 장난감을 만들어도 급격한 판매 감소를 겪을 수 있다는 것은 잘 알려진 사실이다. 유능한 관리자라면 경기 하락 시에 대비해 충분한 재무적 유연성을 유지함으로써 갑작스런 판매 감소에 대한 계획을 세워 놓고 있어야 할 것이다. 바로 그러한 연유에서 대부분의 장난감 회사들은 낮은 부채비율을 유지하고 있다.

- **이익**Income : 이자와 배당금을 감당할 수 있는 이익수준은 어느 정도인가? 재무관리자들은 현금흐름을 결정하기 위해 경영 결과를 예측할 수 있어야 한다. 프로젝트에 대한 이 같은 예측과 확신의 정도에 따라 경영자는 기업이 어느 정도의 수준으로 돈을 지급할 수 있는가를 결정할 수 있게 된다.

- **통제**Control : 경영진은 어느 정도까지 기업 소유권을 외부 투자가들과 나누어 갖기를 원하는가? 많은 개인기업 소유주들은 의결권은 물론 자신들의 이익을 외부인이 아는 것조차 경계한다.

- **시기**Timing : 부채시장은 유리한 이자율을 제공하고 있는가? 경영진의 견해에서 볼 때 주식시장에서 자사주가 과대평가되어 있는가? 그렇다면 일반에게 주식을 매도하는 것이 합리적이다. 반대로 주가가 너무 낮으면 일반에게서 주식을 매수하는 것이 좋다. 1987년과 2008년의 주가 대폭락으로 많은 기업들은 자사주를 다시 매입할 수 있었다. 공모주식 수를 줄이게 되면 자본구조에서 부채에 의한 자금 조달의 비율이 커지게 된다.

  1991년 투자가들은 생명공학주를 사려고 해도 살 수가 없었다. 투자가들은 심지어 전망이 불확실한 신규 진출 기업의 주식을 사기 위해 높은 가격을 지불하기도 했다. 이에 영리한 관리자들은 주식시장을 부추겨서 주식을 적극적으로 매수하려는 일반인에게 높은 가격으로 팔았다. 그러나 1992년에 생명공학주는 인기가 떨어지면서 호시절을 마감했다. 1995년, 인터넷 기업주 역시 2000년에 붕괴할 때까지 그와 같은 과정을 겪었다. 그리고 2006년에 정점을 찍었다가 2007년부터 슬슬 꺼지기 시작했던 부동산 거품 역시 이와 마찬가지 패턴이었다. 시장 상황을 이용하기 위해서는 기업의 재무구조가 동적이어야 한다.

- 기타Other : 다양한 요인들이 경영자가 취하는 선택에 영향을 미친다. 은행에서 자금을 차입할 수 없어 부득이 주식을 발행하는 기업이 있는가 하면 높은 이자율을 감당할 수 없어 주식을 발행할 수밖에 없는 기업도 있다. 자본구조는 이렇듯 다양한 이유에 의해 결정된다.

자본구조의 핵심은 자본과 부채의 결합 비율을 결정하는 데 있다. 회계학에서 설명한 재무 레버리지 개념을 떠올려 보자. 높은 수준의 부채와 낮은 수준의 자본을 유지하는 기업이 이익을 얻을 경우 주주들의 이익은 레버리지의 영향을 받는다. 이익을 분배할 주식이 줄어들면 주당순이익이 커지며 반대로 높은 레버리지를 갖는 기업은 이익을 내지 못할 경우 이자를 지급하느라 모든 이익을 소진하게 되고, 결국 자본 잠식에 의해 기업가치마저 떨어뜨리게 될 수 있다. 높은 레버리지를 갖는 기업의 경영자들은 파산 위험을 무릅쓰면서까지 주주들에게 높은 수익을 가져다 주는 투자 계획을 실행할 것인지 결정을 내려야 한다. 톰슨 일가는 사우스랜드의 상태를 잘못 판단했다. 만약 톰슨이 FRICTO를 사용했더라면 손실을 피할 수 있었을지도 모를 일이다.

이미 발행된 주식의 시장가치는 한 기업의 자본구조에 따른 위험과 관련이 있다. 만약 투자가들이 어떤 기업의 부채 수준이 지나치게 높다고 생각하면 그 기업 주식에 대해서는 낮은 가격을 지불하려고 할 것이다. 왜냐하면 그 기업이 부채를 지급하느라 이익을 내지 못할 수 있기 때문이다. 또한 투자가들은 부채로 인한 위험을 고려해 그 기업의 시장가치를 평가 절하할 것이다. 1990년대 초 블랙 앤 데커나 RJR 나비스코와 같이 차입금이 많은 기업들은 기업가치가 절하되었다. 많은 투자가들이 레버리지가 높은 기업들이 갖는 위험에 불안감을 느꼈으며 그들 기업의 자본과 부채, 어느 것도 소유하려 하지 않았던 것이다.

유명한 MBA 듀오인 프랑코 모딜리아니Franko Modigliani 와 머튼 밀러Merton Miller 는 부채가 기업 가치에 어떠한 영향을 미치는가에 대해 논의한 일련의 '명제'를 발표했다. 1958년, 모딜리아니와 밀러는 조세혜택tax advantage 을 고려할 때와 고려하지 않을 때의 부채를 통한 자금 조달 효과에 대해 쓴 선구적인 논문을 완성했다. 완전경제하에서는 부채를 통한 자금 조달이 클수록 유리하다. 하지만 현실적으로 투자가들은 부채와 자본을 평가할 때 상환 불능 위험을 고려한다.

이들 이론에 따르면, 총자본에 대한 부채비율이 높아질수록 기업의 가치는 일정한 지점까지 상승한다. 그리고 파산 위험이 커지기 시작하는 시점에서 기업가치는 다시 떨어진다. 자금 조달 비용은 한 기업이 감세 효과를 얻는 낮은 비용의 자금을 차입하여, 주주들이 요구하는 높은 수익률을 대체하면서 감소한다. 그러나 주주와 마찬가지로 채권자들은 일정 지점에 이르러서는 불안해지며 위험을 보전하기 위해 더욱 높은 수익률을 요구한다. 자본구조의 작용 원리를 보여 주는 [도표 6-13]의 두 그래프를 자세히 검토하도록 하자.

자본구조 결정의 구체적인 예

비록 최적의 자본구조를 선택하는 것이 어려운 일이기는 하지만, 재무관리자들은 최적의 자본구조를 선택하기 위해 필요한 몇 가지 정보들을 종합한다. 여러분이 최적 자본구조의 구체적인 내용에 호기심을 가지고 있고《10일 만에 끝내는 MBA》과정을 우등으로 졸업하기를 원한다면 계속해서 읽어 나가기를 바란다. 물론 우등생이 되기를 원치 않는다면 다음 부분으로 건너뛰어도 된다. 자본구조를 결정하기 위해서는 우선 두 가지 단계를 거쳐야 한다.

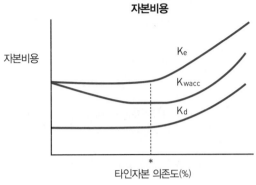

자본비용

자본비용

K$_e$

K$_{wacc}$

K$_d$

*
타인자본 의존도(%)

총자본 = 타인자본 + 자기자본
K$_e$ = 자기자본비용 Cost of Equity
K$_d$ = 타인자본비용 Cost of Debt
K$_{wacc}$ = 가중평균자본비용

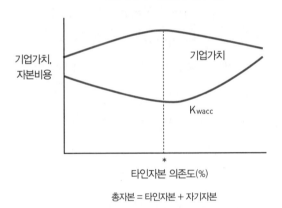

기업가치와 가중평균자본비용

기업가치,
자본비용

기업가치

K$_{wacc}$

*
타인자본 의존도(%)

총자본 = 타인자본 + 자기자본

1. 가중평균자본비용을 계산한다.

2. 기업의 현금흐름과 기업가치를 평가한다.

제1단계는 다음 수식을 이용하여 변수들의 값을 계산함으로써 기업 전체의 가중평균자본비용_{WACC, Weighted Average Cost of Capital}을 구하는 것이다. 여기서는 자기자본비용을 구하는 것이 가장 어렵다.

$$\text{WACC} = K_d(1-t)\left(\frac{\text{타인자본의 시장가치}}{\text{자기자본과 타인자본}}\right)$$

$$+ K_e\left(\frac{\text{자기자본의 시장가치}}{\text{총자기자본과 타인자본}}\right)$$

t = 법인세율, K_d = 타인자본비용, K_e = 자기자본비용

이 수식을 다시 한 번 검토하도록 하자. 가중평균자본비용은 자기자본과 타인자본의 시장가치를 이용한다는 것에 주목해야 한다. 시장에서 평가하는 가치가 진정한 측정치인 것이다. 시장은 채권자들과 주주들이 그 기업의 투자안을 어떻게 평가하는지 보여 준다. 타인자본비용은 그 기업의 재무 부서로부터 또는 재무제표의 주석을 통해 구할 수 있다. 타인자본비용을 구하는 것은 복잡하다. 그러나 자기자본비용을 계산해 내는 것은 한층 더 복잡하다.

자기자본비용은 기업 레버리지에 매우 종속적이다. 레버리지는 위험을 의미하기 때문에 우리는 자본자산평가 모델의 베타값을 이용할 수 있다. CAPM을 이용해 레버리지 상황별로 자기자본에 대한 요구수익률을 계산해낼 수 있다.

$$K_e = R_f + (K_m - R_f) \times \text{Beta}$$

$$(K_m - R_f) = \text{위험 프리미엄}$$

R_f = 무위험 수익률_{risk-free rate}, 국채 이자율 등

K_m = 시장 수익률_{market rate}

위험의 측정치인 베타값은 레버리지의 위험에 따라 변화한다. 재무관리자들은 레버리지된 현재의 베타값을 가지고 타인자본이 없는, 레버리지되지 않

은 상태로 만들고(단계 A), 그런 다음 다시 가상적인 자본구조로 베타값을 조정한다(단계 B).

단계 A

$$Beta_u = \cfrac{Beta_l}{\left\{ 1 + (1 - 법인세율) \times \cfrac{타인자본}{자기자본} \right\}}$$

단계 B

$$Beta_l = Beta_u \times \left\{ 1 + (1 - 법인세율) \times \cfrac{타인자본}{자기자본} \right\}$$

l = 타인자본이 있는 레버리지된 자본구조

u = 타인자본이 없는 레버리지되지 않은 자본구조

예를 들어, 레버코Leverco 재무 담당자는 0퍼센트, 25퍼센트 또는 50퍼센트 중 타인자본 비율을 선택하고자 한다. 자본구조를 결정하기 위해 그는 다음 [도표 6-14]와 같은 각 타인자본 비율을 대입하고 계산했다. 계산 결과 레버코가 타인자본 50퍼센트와 자기자본 50퍼센트의 비율로 자본구조를 가져야 한다는 결론을 얻었다. 이러한 자본구조하에서 레버코의 기업가치는 극대화되는 반면 WACC는 최소화된다.

앞에 언급된 최적 자본구조의 이론적인 그래프를 도출하기 위해 레버코의 사례에서도 동일한 계산 방식이 사용된다. 첫 번째 그래프는 WACC를 계산한 결과를 보여 준다. 첫 번째 그래프의 가장 낮은 WACC를 사용하는 두 번째 그래프는 기업의 극대화된 가치를 보여 준다. 원한다면 별표(*)로 표시된 부분을 다시 계산해 보아도 된다. 이것은 재무관리자들이 자본구조 결정을 위해 사용하는 것과 동일한 방식이다.

	부채 0%	타인자본 25%	타인자본 50%
부채비율의 장부가치			
타인자본의 장부가치	$0	$2,500	$5,000
자기자본의 장부가치	$10,000	$7,500	$5,000
타인자본의 시장가치	$0	$2,500	$5,000
자기자본의 시장가치	$10,000	$8,350	$6,700
시장가치 타인자본 비율*	0%	23%	43%
법인세 전 타인자본 비용	0.07	0.07	0.07
법인세율	0.34	0.34	0.34
세후 타인자본비용*	0.0462	0.0462	0.0462
법인세 전 타인자본비용 × (1 − t)			
레버리지되지 않은 베타	0.8	0.8	0.8
레버리지된 베타*	0.8	0.958	1.194
단계 B의 공식을 사용해 구함			최대 위험
자기자본비용*	0.139	0.151	0.168
CAPM 식을 사용하여 구함 :			최대 위험
$K_e = R_f + $ 레버리지된 베타 × (위험 프리미엄)			
$K_e = 0.08 + $ 레버리지된 베타 × (0.074)			
WACC*	0.139	0.127	0.116
WACC식을 사용해 얻은 가중평균자본비용		최소 비용	
연간 현금흐름	$2,000	$2,000	$2,000
이자와 법인세 지급 전(잉여현금흐름)			
기업의 가치*	$14,388	$15,748	$17,241
영구적인 현금흐름의 가치			최고 가치
현금흐름 / WACC			

* 은 제공된 식을 사용해 얻은 계산 결과를 의미한다.

출처 : "An Introduction to Debt Policy and Value," Case UVA-F-811. Copyright ⓒ 1989 by the Darden Graduate Business School Foundation, Charlottesville, Virginia.

배당 정책

재무관리자들은 어느 정도의 기업 이익이 배당으로 지급되어야 하는지 그리고 주당 배당금의 규모는 얼마로 할 것인지를 결정해야 한다. 이러한 정책을 배당 정책이라고 한다.

대부 관리자들은 배당 정책을 위해 배당수익률dividend yield과 배당성향dividend payout ratio이라는 최소한 두 가지의 방법을 사용한다. 시장은 배당수익률 결정에 중요한 역할을 한다. 배당수익률은 연간 배당금을 현재 주가로 나눈 값이기 때문이다. 또한 배당금은 이익의 일정 비율로 지급되는데, 이것을 배당성향이라고 한다.

$$배당수익률 = \frac{연간 \ 배당금}{주당 \ 시장가치}$$

$$배당성향 = \frac{연간 \ 배당금}{순이익}$$

배당금은 기업의 현금 창출 능력을 명확하게 보여 주므로 극히 중요한 부분이다. 투자분석가들은 배당 현금흐름에 근거하여 기업들을 평가한다. 이미 오늘 강의의 앞부분에서 배당 성장 모형을 통해 기업의 가치를 평가하는 방법을 살펴본 바 있다.

투자자들은 배당금이 안정적이고 꾸준히 증가하는 것을 선호하며 당연히 감소하는 것은 좋아하지 않는다. 따라서 경영자들은 어떠한 경우에도 배당금을 지급할 때 급격한 변동만은 피하려고 노력한다. 만약 MBA가 기업의 배당금 지급 능력을 제대로 파악하지 못한다면 그는 무능한 사람으로 낙인찍히게 될 것이다.

유능한 MBA라면 배당 정책을 수립하는 과정에서 두고두고 숙고해야 하는 다섯 가지 질문이 있다. MBA들의 그러한 정책 결정은 그의 직업 경력에 직접적인 영향을 미치게 될 수도 있다.

첫째, 기업이 이익잉여금을 자사에 재투자할 때 다른 곳에 투자할 때보다 더 나은 실적을 올릴 수 있는가? 만약 어떤 기업이 빠르게 성장하여 유망한 투자 기회가 많아졌다면 주주에게는 소액의 배당금만을 지급하고 이익을 기업 내부에 투자하도록 해야 한다. 2004년 월마트는 2.15달러의 주당 이익에 대해 겨우 52센트의 배당금을 지급했다. 24퍼센트의 배당성향이었다. 그러나 회사가 수익성 있는 다른 신규 점포에 적극적으로 투자하자 투자자들은 오히려 만족했다. 배당수익률은 주당 54달러의 1퍼센트였다. 마이크로소프트의 경우에는 수십억 달러의 현금을 쌓아 두고도 판매 성장이 둔화될 때에 현금을 효율적으로 투자에 배분하지 못했기 때문에 투자자들의 원망을 샀다. 2003년, 마이크로소프트는 처음으로 연간 배당금을 16센트 지급했다. 2004년에는 두 배로 늘어나 32센트를 지급했다. 또한 특별 일시 배당금으로 주당 3달러를 지급했다. 이때 총 320억 달러를 배당금으로 지급했는데, 이는 역사상 가장 큰 배당금 지급이었다.

둘째, 주주가 누구인가? 혹시 미망인이나 부모가 없는 아이들이 수입의 원천으로 기업의 배당금에 의존하고 있지 않은가? 신생 인터넷 회사에는 해당되지 않지만 공공주에서는 더러 있을 수 있는 일이다.

셋째, 배당금 지급이 변경되면 주주들은 어떠한 반응을 보일 것인가? 배당금 지급의 변화는 투자자들에게 매우 강력한 신호가 된다. 배당금이 감소하면 투자자들은 강력히 반발할 수 있다. 그것은 기업이 곤경에 처해 있다는 신호가 될 수 있기 때문이다. 반면 배당금의 증가는 큰 문제가 되지 않는다. 그러나 대개 배당금의 증가가 예상되면 거기에는 자연스럽게 기업에 대한 광고가 포함된다. 배당금의 증가는 기업의 이익이 장기간 배당금 지급액의 증가를 감당할 수 있을 정도로 충분하다는 경영진의 확신을 드러내는 것이다.

넷째, 기업의 재무 레버리지 수준은 어느 정도인가? 배당금 지급이 중단되지 않을 것이라는 사실을 확신시키기 위해 기업들은 투자자들이 기대하고 요구하는 배당금을 안정적으로 지급할 수 있어야 한다.

다섯째, 기업의 성장 전략은 무엇인가? 성장 기업들은 종종 배당금을 거의 지급하지 않는 경우도 있다. 성장을 뒷받침하기 위한 자금이 필요하기 때문이다. 예를 들어, 생명공학기업들은 필요한 장기 연구 활동을 위해 모든 자금을 유보하기도 한다.

현금은 부족한데도 여전히 투자가들을 만족시키고 싶은 기업의 경우에는 주식배당을 지불할 수 있다. 이와 같은 주식배당은 현금이 아니라 통상 투자자가 소유한 주식의 2~5퍼센트의 주식을 더 교부하는 방식으로 이루어진다. 예를 들어 100주의 주식을 갖고 있는 주주에게 2~5주의 새 주식을 더 부여하는 것이다. 이때 투자자는 많은 양의 새 주식을 교부받게 되지만 모든 주주들이 자신이 소유한 주식 비율에 따라 동일한 비율로 주식을 배당받으므로 기업의 소유권 비율은 변화하지 않고 동일하게 유지될 수 있다.

주가가 높은 경우에는 주식액면분할stock split 을 실시할 수도 있다. 액면가를 낮추어 한 주당 두세 주를 더 교부하는 것이다. 이는 주식의 유동성을 확대하고 투자자들을 만족하게 만드는 효과가 있다. 이 경우 역시 소유권 비율은 동일하게 유지된다.

기업 인수합병

기업 인수합병M&A, Mergers and Acquisitions 은 재무관리에서 가장 흥미로운 분야 가운데 하나다. 투자은행들은 기업의 자금 조달뿐만 아니라 그 자금의 운용에 대해서도 도움을 준다. 높은 급여를 받는 대부분의 MBA들이 바로 인수합병 분야에 종사하고 있다. M&A의 '전략적' 근거와 방법은 전략 부분에서 다루기로 하고 오늘 강의에서는 기업 인수합병의 적법한 재정적 동기에 대해 다루고자 한다. M&A는 다음과 같은 동기에서 이루어지게 된다.

기업 인수합병의 동기

사업을 다각화하기 위해

많은 기업들은 위험을 낮추기 위한 방편으로 다른 사업에 투자를 한다. 필립 모리스가 알트리아Altria로 이름을 바꾸고 크래프트, 제너럴 푸드, 밀러를 매수한 것도 사업 다각화의 일환이다. 그들 기업에 대한 매수는 흡연율의 감소와 집단 소송 제소, 담배 광고를 제한하는 새로운 규제 검토 등이 진행되는 가운데 이루어졌다.

판매 및 이익을 신장하기 위해

비누와 세제, 그리고 제지 상품의 선두주자인 P&G는 판매와 이익을 신장시키기 위해 웰라Wella, 리처드슨 빅스Richardson-Vicks, 녹셀Noxell, 질레트Gillette 등을 매수하기로 결정했다. 그렇게 인수한 기업들의 가치는 P&G의 브랜드 관리 전문 기술을 통해 크게 증강되었다.

저평가된 기업을 매수하기 위해

기업은 시장 여건에 힘입어 다른 기업을 헐값으로 사들일 수 있다. 또한 투자가들이 장부상 자산의 잠재적 가치를 인정하지 않음으로써 기업이 헐값에 매각되는 경우도 있을 수 있다. 1986년 터너Turner 방송사가 MGM 유나이티드 아티스트MGM/United Artist를 매수한 이유는 MGM이 가지고 있던 방대한 고전 영화 자료들이 매우 저평가되어 있어 개발의 여지가 충분하다고 여겼기 때문이다. 부동산과 목재, 특허, 저작권 등은 시장에서 오평가 혹은 저평가될 수 있다.

운영비용을 낮추기 위해

기업을 합병하게 되면 여러 가지 비용 절감이 가능해진다. 기업인수를 통해 피인수 기업의 경상비용 가운데 일부가 삭감될 수 있기 때문이다. 제조업체

간에 합병할 경우 많은 양의 상품을 보다 효율적으로 생산할 수 있게 된다. 1990년대에는 효율성을 증대시키는 목적으로 여러 소규모 업체들을 '모아서' 조각난 업계를 통합하고자 많은 회사들이 의기투합하였다. 특히 사무용품 공급업체와 동물 병원, 자동차 판매업체 사이에서 많은 인수합병이 이루어졌다.

기업인수의 유형

두 기업이 결합해 제3의 새로운 기업이 탄생하는 것을 합병merger이라고 한다. 1986년 스페리Sperry와 버로스Burroughs의 합병은 유니시스Unisys라는 새로운 기업을 탄생시켰다.

그에 반해 한 기업이 다른 기업을 매수하는 경우를 일컬어 기업인수aquisition라고 한다. 이 때 양측 모두가 매수에 찬성하게 되면 우호적인 기업인수friendly aquisition가 되며, 그렇지 않을 경우는 적대적 기업인수hostile takeover가 된다.

공개매수의 대상이 되는 유망한 중소기업들은 종종 우호적 기업인수를 통한 매각에 찬성하기도 한다. 1989년 P&G는 우호적 기업인수를 통해 커버 걸과 클라리온Clarion 등의 화장품 브랜드를 가진 녹셀을 매수했다. 두 판매 회사의 자원 결합은 양쪽 모두에 이익이 되는 결과를 가져왔다. 2005년 P&G는 녹셀보다 훨씬 규모가 큰 질레트를 마찬가지로 우호적으로 매수했다.

경우에 따라서는 기업인수 거래가 깔끔하게 이루어지지 않을 수도 있다. 1984년 분 피켄스Boone Pickens는 적대적 기업인수를 통해 필립스 석유회사Philips Petroleum를 사들이려 했으나 결국 실패했다. 필립스의 경영진은 그러한 공개매수에 강하게 반발한 나머지, 필립스의 자산을 담보로 자금을 차입해 자사 보통주의 47퍼센트를 사들였고, 그 결과 동일한 방법으로 자금을 차입해 기업을 매수하려던 피켄스의 계획은 수포로 돌아가고 말았다.

또 다른 유형의 기업인수로는 이미 여러 번 언급한 바 있는 차입매수를 들수 있다. 1980년대에는 많은 대출업자들이 기업 공개매수 전문가들에게 기꺼이 자금을 빌려주고자 했다. 부동산 담보업체들이 겨우 5퍼센트의 계약보증금만을 지불한 주택 구입자에게 자금을 대출해 주는 것과 마찬가지로 은행과 보험회사들 그리고 채권투자가들은 기업을 매수하고자 하는 기업 매수인들에게 자금을 빌려주었다. 차입매수를 통해 새로 생겨나는 기업은 높은 수준의 채무를 떠맡게 되며 그로 인한 이자와 원금을 상환해야 한다.

가치 평가 과정

M&A를 진행하기 위해서는 먼저 대상 기업의 가치를 평가해야 한다. 이때 주로 고려해야 할 사항은 현금잔고의 변동이다. 현금잔고는 기업의 영업 활동과 투자활동 그리고 자금 조달 활동(현금흐름표에 기술되어 있는 재무활동 내용과 같다.)들을 종합한 결과다. 앞에서 영세업체인 밥스 마켓의 예를 들어 현금흐름을 설명한 바 있다. 세이프웨이Safeway나 크로거Kroger 등의 대기업에도 숫자 규모가 훨씬 크다는 것이 다를 뿐 밥스 마켓과 똑같은 예를 적용할 수 있다. 밥스 마켓에 익숙해 있는 만큼 이 부분에서도 밥스 마켓을 예로 들기로 한다.

기업의 총가치를 일컬어 기업가치EV, Enterprise Value라고 한다. 기업가치는 기업의 예측된 현금잔고가 갖는 현재의 가치를 말하는 것으로, 주주들의 소유 지분 가치(총발행주식×경상시장가격)에 채무자들이 지닌 이자 포함 채무액은 더하고, 잉여현금과 회사가 보유하고 있지만 운용할 필요가 없는 판매 가능한 투자 등은 공제한 값이 된다. 역으로 말하면 자기자본은 회사의 기업가치에서 채무를 제한 값에 잉여현금과 판매 가능한 투자를 더한 값과 같다.

기업가치를 이론상의 총양도가격이라고 생각해 보자. 회사를 매각할 경우 인수자는 주주들에게 지분에 대한 대가를 지불하고 회사의 채무를 떠맡아야 할 것이다. 지분의 시장가치는 분석가가 현금잔고의 예측을 근거로 계산한 가치와는 다를 수도 있겠지만 투자가들은 바로 이런 방법을 통해 투자 기회를 찾는다.

한 기업의 현금잔고 변동을 계산하고 평가하기 위해서는 다음과 같은 다섯 가지 단계를 거쳐야 한다.

1. 영업 활동을 분석한다. (매출, 매출원가, 판매경비 및 일반 관리비와 같은 항목으로 구성되는 손익계산서를 예측한다.)
2. 자산, 공장, 장비 등을 교체하거나 새로 구입하는 데 필요한 투자안을 분석한다.
3. 해당 기업의 운전자본소요액을 결정한다.
4. 영업상의 연간 현금잔고와 기업의 최종 가치를 예측한다.
5. 기업가치를 계산하기 위해 현금잔고의 순현재가치를 계산한다.

MBA들은 다양한 경영기법과 접근법을 사용해 기업을 평가한다. 마케팅 관리자가 마케팅 전략을 수립하는 데에 자신의 재능을 한껏 발휘하는 것과 마찬가지로 재무관리자는 M&A의 가치를 평가하는 데에 자신이 가진 모든 능력을 발휘해야 한다. 다음은 재무 분야에서 가장 널리 사용되는 방법들이다.

1. 영업 활동과 평가 대상 기업의 자본지출소요액을 분석한다

가장 먼저 할 일은 매출액을 예측하고 매출원가와 여타 영업비용을 감안해 매출총이익을 계산하는 일이다. 재무분석가는 숫자는 물론 그 이상의 것들, 즉 기업이 속해 있는 산업계와 경쟁상황, 원자재 시장 그리고 기업을 운영하고 발전시키고자 하는 경영진의 계획 등도 역시 검토해야 한다. 그러한 모든 요소들이 기업의 현금흐름에 영향을 미치게 되기 때문이다.

밥과 밥스 마켓의 회계원 및 관리 담당자와 이야기를 나눠 본 결과, 밥스 마켓은 경영 상태가 양호해 향후 4년 동안 매출이 10퍼센트씩 성장할 것이며, 그 이후 안정세를 유지할 것으로 예상된다는 결과가 나왔다. 그들은 밥스 마켓이 25퍼센트의 매출총이익 또는 75퍼센트의 매출원가를 유지할 것이며 판매경비 및 일반관리비는 꾸준히 매출의 24퍼센트 안팎을 유지할 것으로 확신하고 있다. 장비 등에 대한 감가상각비는 실제 현금이 지출되는 것이 아니므로 현금흐름표에 다시 가산될 것이지만 밥은 슈퍼마켓의 자산 가치를 유지하

2012년 12월 31일 현재 (단위 : 1,000달러)

		매출액(%)
매출액	5,200	100
매출원가	3,900	75
매출총이익	1,300	25
판매 및 일반관리비	1,256	24
영업이익	44	
세금	13	
세후순영업이익	31	
감가상각비(현금이 사용되지 않은) 항목 가산	3	
장비 구입액 공제	3	
잉여현금흐름(법인세 차감전 이익)EBIT	31	

기 위해 신규 장비 구입에 매년 3,000달러를 재투자할 계획이다. 그러한 정보들을 종합해 볼 때 현금잔고는 [도표 6-16]과 같이 예측될 수 있다.

2. 자산, 공장, 장비 등을 교체하거나 새로 구입하는 데 필요한 투자를 분석한다

모르는 부분에 대해 질문하는 것을 결코 부끄러워해서는 안 된다. 현장 실무자와 구매부서 그리고 회계 담당자들과의 의논을 통해 구입 원가와 장비의 사용 수명을 제대로 산정하도록 하자.

3. 기업의 운전자본소요액을 파악한다

사업체를 운영하는 데에는 필요한 현금, 즉 운전자본의 수준은 대개 매출량에 비례한다. 매출이 많아질수록 잔돈 교환과 상품 구입을 위해 더 많은 현금이 필요하게 된다. 밥스 마켓의 경우 공급업체로부터 식료품 구입량이 증가하게 되면 점차 외상매입 한도를 늘릴 수 있게 되고 식료품 구입을 위한 현금 수요를 어느 정도는 낮출 수 있다. 기업의 운전자본을 파악하는 것은 M&A 과정

(단위 : 1,000달러)

	전년도	1년	2년	3년	4년
매출액	5,200	5,720	6,292	6,921	7,613
매출원가@75%	3,900	4,290	4,719	5,190	5,709
매출이익@25%	1,300	1,430	1,573	1,731	1,904
판매 및 일반관리비@24%	1,256	1,373	1,510	1,661	1,827
영업이익	44	57	63	70	77
세금@30%	13	17	19	21	23
세후순영업이익	31	40	44	49	54
감가상각비 가산	3	3	3	3	3
장비구입액 공제	3	3	3	3	3
잉여현금흐름(법인세 차감전 이익)EBIT	31	40	44	49	54

에서 매우 중요한 문제이다. 운전자본의 소요량을 고려하지 않을 경우 자금 압박에 처하는 결과를 야기할 수도 있다.

회계학에서 언급했던 대차대조표에 의하면 밥스 마켓은 11만 5,000달러의 유동자산과 8만 7,000달러의 유동부채를 가지고 있다. 밥스 마켓의 순운전자본은 그 차액인 2만 8,000달러라고 할 수 있다.

밥의 설명에 따르면, 그는 1달러의 판매에 대해 28센트($28,000/[연간 매출 $5,200,000/연간 52주])에 해당하는 주당 운전자본을 필요로 한다. 그것은 재고 확보를 위한 상품 구입과 계산대에 필요한 현금 수요를 충당할 수 있는 액수를 말하며, 식료품 공급업자로부터 제공받는 외상매입 확대를 통한 추가적인 자금 조달 효과가 감안된 금액이다. 이러한 평가까지 고려해 계산하면 현금잔고 예상안은 [도표 6-17]과 같이 나타난다.

[도표 6 – 17] 현금잔고 계획

(단위 : 1,000달러)

	1년차	2년차	3년차	4년차
잉여현금흐름(법인세 차감전 이익)EBIT	40	44	49	54
추가적인 현금잔고 소요액* 공제	3	3	4	4
순잉여현금흐름	37	41	45	50

* (매출액/52) x 28% – 전년도의 운전자본 수준

4. 기업의 최종 가치를 판단한다

회계상 기업은 미래에 무한히 영업을 지속하는 계속기업으로 가정된다. 향후 특정 시점에 한하여 현금잔고를 평가한 것은 기업의 계속가치를 고려하지 않은 평가라 할 수 있다. 기업의 '최종가치'가 재무계획의 종료 시점에서 계산되고, 또한 현금잔고 평가에 추가로 고려되어야 하는 것도 바로 그 때문이다.

밥스 마켓의 경우 4년째의 현금잔고는 5만 달러가 된다. 만약 그러한 현금잔고가 매년 동일할 것으로 예측된다면 영구채권의 가치를 평가하는 데에 쓰이는 동일한 평가 방법을 사용할 수 있다.

$$최종가치 = \frac{최종\ 현금잔고}{할인계수 - 성장률}$$

이와 같은 상황에 적절히 사용될 수 있는 할인계수는 가중평균자본비용이다. 가중평균자본비용을 사용하는 이유는 잉여현금흐름이 차입금에 대한 이자나 주주들에 대한 배당금을 지급하는 데에 사용될 수 있기 때문이다. 따라서 적절한 할인계수가 되기 위해서는 기업의 총자본구조, 즉 타인자본과 자기자본을 고려할 수 있어야 한다.

밥스 마켓의 자본구조는 조심스러운 편이다. 대차대조표에 따르면 밥스 마

켓은 1만 달러의 차입금과 4만 5,000달러의 자기자본금을 갖고 있다. 차입금에 대해서는 10퍼센트의 이자율이 적용된다. 자본 비용은 CAPM을 이용해 구할 수 있다. 미 재무부에서 역대 발행한 무위험 장기채권의 이율 8퍼센트와 위험 프리미엄 7.4퍼센트, 타인자본 비율이 낮은 식료품 가게의 낮은 위험률을 반영하는 0.85의 베타값을 적용하면, 14.3퍼센트라는 자기자본 비용을 구할 수 있다.

$$K_e = R_f + (K_m - R_f) \times \text{Beta}$$
$$14.3\% = 8\% + (7.4\%) \times 0.85$$

자기자본 비용을 가중평균자본비용 식에 대입하면 밥스 마켓의 가중평균자본비용은 13퍼센트가 된다.

$$WACC = K_d(1-t)\left(\frac{\text{타인자본의 시장가치}}{\text{기업의 총가치}}\right) + K_e\left(\frac{\text{자기자본의 시장가치}}{\text{기업의 총가치}}\right)$$

$$13\% = 10\%(1-0.3)\left(\frac{\$10,000}{\$55,000}\right) + 14.3\%\left(\frac{\$45,000}{\$55,000}\right)$$

지금까지의 정보를 모두 종합해 최종 잉여현금흐름 가치를 계산하면 다음과 같은 결과를 얻을 수 있다.

$$\text{최종 가치} = \frac{\text{4년째 잉여현금흐름}}{WACC - \text{성장률}}$$

$$\$384,615 = \frac{\$50,000}{(13\% - 0\%)}$$

[도표 6 - 18] 현금잔고의 순현재가치				
				(단위 : 1,000달러)
	1년	2년	3년	4년
잉여현금흐름	37	41	45	385
할인계수@13%	0.8850	0.7831	0.6931	0.6133
순현재가치	33	32	31	236
총 NPV	332			

5. 기업가치를 계산하기 위해서 현금잔고의 순현재가치를 계산한다

먼저 향후 3년 동안에 예측되는 현금잔고의 현재가치를 계산한 후 그 값에 최종 연도의 가치를 더하게 되면 [도표 6-18]과 같이 밥스 마켓의 총가격을 계산할 수 있다.

바로 이것이다! 밥스 마켓의 기업가치는 33만 2,000달러다. 가게가 보유하고 있는 현금 5,000달러는 잉여금이 아니다. 계산대의 거스름돈과 가게 운영 등에 쓰이는 돈이다. (현금은 회계 부분에서 소개된 밥의 대차대조표상의 자산이다.) 밥의 순자기자본가액은 33만 2,000달러에서 차입금 1만 달러(이 역시 대차대조표에 나타나 있다.)를 뺀 32만 2,000달러가 된다. 이것이 바로 기업매수 전문가들이 밥에게 지불할 것으로 예상되는 가게의 가격이며, 바로 위와 같은 방법을 통해 MBA들은 크고 작은 기업들의 가치를 평가하게 된다. 물론 약간 지루한 감이 없지는 않지만, 계산 방법은 그다지 어렵지 않다. 하지만 MBA들은 기업인수합병이 불가해한 과정으로 남아 있어야만 자신들이 M&A를 위해 실제 애쓴 대가보다 더 많은 대가를 요구할 수 있다. 이제 우리도 그 실상을 알게 된 것이다.

MBA가 가치 평가에 추가적으로 포함시키는 항목들

밥스 마켓에 대한 가치 평가는 밥의 결정에 따라 점포가 영업을 계속할 것을 가정하고 있다. 하지만 MBA들은 이따금 생각을 달리하기도 한다. 인수 대상으로서 분석당하고 있는 기업들은 정육점의 고기나 마찬가지다. 필요에 따라 토막내어지고 저며지고 갈리기도 한다. 분석가들은 대상 기업을 모든 각도에서 심사한다. MBA들은 온갖 기회를 이용해 영업실적을 증진시키고 비용을 낮추며 현금잔고를 늘리고자 하는가 하면, 또한 자산 매각을 고려하기도 한다. 기업의 매각은 합병, 우호적이거나 적대적인 기업인수, 차입매수 등 그 유형에 따라 각기 다른 과정을 거치게 된다. 새로운 경영진이 기업을 넘겨받게 될 경우에는 여러 가지 변화가 뒤따르기 마련이다. 또한 막대한 차입금을 동원해 기업인수가 이루어질 경우, 새로운 소유자는 매수 과정에서 발생한 차입금을 상환하기 위해 가능한 한 현금잔고를 늘리고 자산을 매각하려 할 것이다. 이 같은 상황에서 새로운 소유주가 고려하게 되는 문제들은 대개 다음과 같다.

- 임금 상승을 전제로 한 노조 해체
- 임시휴직
- 생산원가 절감
- 운전자본 수요 절감 : 재고 축소, 외상매출금 축소, 외상매입금 증가
- 직원 연금 이용
- 부동산 매각
- 특허나 각종 권리 매각
- 사업부문, 자회사, 상품 라인 매각
- 임원들을 위한 불필요한 사치품(전용비행기, 사택 등) 매각

MBA식 마무리

'만약의 경우'를 가정한다. 앞에서 개략적으로 설명한 모든 단계들은 가치 평가를 위한 수식과 스프레드시트를 통해 검토될 수 있으며, 또한 실제 적용될 수도 있다. 분석가들은 정보를 바탕으로 다양한 추측을 해야 한다. MBA가

그 과정에 제대로 이바지하기 위해서는 구체적인 기업 정보를 정확히 평가하는 것은 물론 예상된 현금잔고 추정치에 영향을 미칠 수 있는 외부 요인들까지도 경험에 기초해 평가해야 한다. 상품 원가의 변화는 현금잔고 추정치에 어떠한 영향을 미칠 것인가? 업계 내의 경쟁 상황은 매출에 어떠한 영향을 줄 것인가? 이러한 질문을 통해 만약의 경우에 대비한다.

MBA는 주요 가정의 변동이나 민감도를 포함하여 현금흐름을 예측하여 의사결정자들로 하여금 그들이 예측하고 있는 현금흐름에 내재된 위험을 평가할 수 있도록 해야 한다. 그를 위해서는 반드시 스프레드시트를 사용해야만 한다. 스프레드시트의 '데이터-테이블' 기능은 변동을 분석하기 위한 경영학적 도구인 만큼, 그 기능을 익숙하게 사용하지 못하는 사람은 컴맹 취급을 받을 수도 있다.

항공 산업의 경우, 연료 가격이나 항공 요금, 승객 화물 등의 원가 요소는 현금흐름에 변동을 가져오기도 한다. 이들 항목과 같은 주요 가정에 있어서의 변동은 가치 평가와 현금흐름을 급격히 변화시키게 된다. 차입매수의 경우, 기업의 소유주는 부채에 대한 이자를 지불하기 위해 현금흐름 예상액에 의존하게 된다. 현금이 부족하게 되면 그 기업은 결국 파산에 이를 수밖에 없다.

매수 가격의 흥정

MBA식의 계량적인 계산과 예측은 정교하고 멋지지만 무시되기 일쑤다. 기업매수자들은 때로 사냥의 스릴에 사로잡혀 예술품 경매장의 흥분한 입찰자처럼 행동하곤 한다. 입찰자들은 현금흐름의 순현재가치를 고려하기보다는 매출액이나 이익이 얼마나 많은지를 따지는 단순한 주먹구구식 계산을 이용한다. 차입매수 시 인수 대상의 가격은 단순히 인수자가 동원할 수 있는 자금의 최대액수나 인수 대상 기업의 현금잔고가 감당할 수 있는 최대한의 부채액수를 나타내기도 한다. 모든 사람이 제각기 다른 만큼 M&A를 탐구하는 그들의 동기와 방법 또한 제각각이다.

재무관리 요점 정리

간단하게 말하면, 재무관리에는 두 가지 주요 기능, 즉 파는 기능과 사는 기능이 존재한다. 기업은 자금 조달을 필요로 하며, 그 때문에 소유지분(주식)이나 확정이자 증권(회사채)을 판다. 투자 업계는 그러한 증권들을 평가하고 매매한다. 재무분석의 이론적인 기초는 위험과 보상의 등식이라고 할 수 있으며, 그 등식에 따르면 높은 위험률은 높은 수익률로 보상된다. 수익률은 현금흐름의 양과 시기에 따라 좌우된다. 재무관리의 지침이 되는 원리는 기업이 감당할 수 있는 위험 수준에서 가능한 한 최소의 비용으로 필요한 현금을 조달함으로써 기업의 가치를 극대화하는 것이다.

반드시 챙겨야 할 **재무관리 용어**

- **현재가치**Present Value : 미래에 받게 될 1달러는 현재 수중에 있는 1달러보다 그 가치가 적다. 돈의 시간가치를 고려해야 한다.
- **베타**Beta : 증권이나 증권 포트폴리오가 일반 시장의 움직임에 반응하는 데에 따르는 내재적인 위험 측정치
- **효율적 투자선**The efficient frontier : 주어진 위험 수준에서 가장 높은 포트폴리오 수익을 나타내 주는 그래프
- **자본자산가격모형**CAPM, The Capital Asset Pricing Model : $K_e = R_f + (K_m - R_f)$ Beta
- **듀레이션**Duration : 채권투자자가 투자금액의 절반을 회수하는 데 걸리는 시간
- **채권가치의 변동**Bond Value Fluctuations : 시장의 이자율이 올라가면 채권가치는 떨어진다. 채권가치는 시장의 이자율 변동과 반대 방향으로 움직인다.
- **배당성장모형**The Dividend Grown Model : 가치 = $D/(K-g)$
- **콜옵션**Call Option : 한정된 기간 동안 확정 가격으로 자산을 매수할 수 있는 권리
- **풋옵션**Put Option : 한정된 기간 동안 확정 가격으로 자산을 매도할 수 있는 권리
- **세후 차입비용**The After-Tax Cost of Borrowing : 세후 이자율 = 차입 이자율 x (1 – 세율)
- **자본구조**Capital Structure : 기업이 자본과 부채의 배합
- **FRICTO** : 유연성Flexibility, 위험Risk, 수익Income, 통제Control, 시기Timing, 기타 문제Other 등 자본구조를 결정할 때 고려해야 할 사항들을 가리킨다.
- **최적 자본구조**The Optimal Capital Structure : 가중평균자본비용을 최소화하고 기업의 가치를 극대화하는 자본과 부채의 배합비율
- **기업가치**EV, Enterprise Value : 회사의 총가치

일곱째 날

생산관리

Operations

생산관리는 MBA 과정 가운데 사업의 궁극적 목적이라고 할 수 있는 상품 생산과 서비스 제공과 관련된 유일한 과목이다. 생산운영관리POM, Production & Operations Management 과목 교수들은 매년 이러한 말로 MBA 과정의 신입생들을 맞지만 그 말은 우이독경에 지나지 않는 것 같다. 대부분의 MBA 졸업생들은 재무나 마케팅, 컨설팅 분야로 진출하기 때문이다. 기업의 고용 담당자들의 눈에는 자사의 생산 공장에서 제공하는 높은 보수에 비해 MBA 출신 지원자들의 자격이 충분치 않아 보이는 데 원인이 있는지도 모른다. 혹은 MBA들에게는 생산 현장보다 아이패드와 시가, HP 계산기 같은 고급 사무용품이 갖추어진 본사 근무가 어울린다고 생각하는지도 모르겠다. 필자가 고용 담당자들과 학생들을 면담한 바에 따르면, 생산관리 분야로 진출하는 MBA가 적은 이유는 양측 모두의 관심 부족 때문이었다.

생산관리 과목의 내용은 공학과 숫자 외에 인간적인 측면도 포함하고 있다. 기술적 혹은 계량적인 접근법은 학생들에게 다양한 수학적 도구를 제공하여 냉철한 시각에서 생산관리 문제를 공략할 수 있게 하고, 인간적 접근법은 학생들에게 생산관리의 문제를 작업자의 관점에서 바라볼 수 있도록 가르친다.

한 가지 분명한 것은 다양한 경영 문제에 대한 해결책은 직원들의 동기에 달려 있다는 점이다.

생산관리의 역사

상품 및 서비스의 생산 개선 방법에 관한 연구는 지난 20세기 초부터 꾸준히 진행되어 왔다. 학자들은 기업의 운영 과정을 보다 면밀히 연구하다 보면 완전한 효율을 거둘 수 있는 비법을 찾게 될 수도 있다고 믿었다. 대부분의 선구적 연구가 이루어진 곳은 공장의 생산 현장이었다. 그들 연구자의 이름과 이론은 논문이나 MBA들의 대화를 통해 자주 언급되므로 주요 경영 용어들과 함께 머릿속에 넣어 두도록 하자.

프레더릭 테일러

'과학적 관리의 아버지'로 불리는 프레더릭 테일러Frederick W. Taylor는 1800년대 말과 1900년대 초에 걸쳐 과학적 관리 이론을 정립했다. 그는 철강 노동자들을 대상으로 직원들의 행동을 연구 관찰하고 기록했다. 또한 복잡한 작업을 보다 작은 부분 작업으로 분해하는, 이른바 직무 분할job fractionalization을 통해 부분 작업들을 연구하고 작업을 가장 효율적으로 완수하는 방법을 찾아내고자 노력했다. 가장 효율적인 요소들을 성공적으로 결합하면 최고의 생산 방법을 채택할 수 있다고 믿었기 때문이다. 테일러는 최적의 작업 방식을 찾아내기 위해 스톱워치를 이용해 '시간과 동작에 관한 연구'를 수없이 시도했다. 그는 근로자의 내면에는 군인으로서의 천성, 즉 일을 태만히 하려는 천성이 존재한다고 주장했다. 따라서 그는 작업장을 통제하고 나태한 근로자들을 움직여 효율적으로 일하게 하는 것이 관리자의 책임이라고 생각했다.

프랭크 길브레스와 릴리안 길브레스

길브레스 부부Frank Gilbreth and Lillian Gilbreth 역시 공장의 효율을 극대화할 수 있는 방법에 대해 연구했다. 그들은 조사를 통해 공장 근로자의 움직임의 범위를 모두 포괄하는 신체 동작을 열일곱 가지로 분류하는 성과를 거두고 각각의 동작에 대해 서블리그therblig라고 이름을 붙였다. 길브레스 부부 역시 테일러와 마찬가지로 복잡한 작업을 여러 구성 요소로 분해했다. 각 요소를 이해하면 불필요한 동작을 제거하고 업무를 단순화할 수 있을 것이라는 생각이었다. 꼭 필요한 동작, 즉 서블리그를 통해 작업의 간소화를 꾀한다는 것이 요점이었다. 길브레스 부부의 아들과 딸이 쓴 《한 다스면 더 싸요》Cheaper by the Dozen에는 12명의 자녀를 둔 그들의 어머니가 육아와 가사의 능률화를 시도했던 이야기가 재미있게 소개되어 있다. 1984년 미국 우정국은 기업 경영과 문학에 기여한 그녀의 공로를 기려 40센트짜리 우표를 발행했다.

엘튼 메이요

엘튼 메이요Elton Mayo는 생산관리 분야에서 '인간관계 운동의 아버지'라고 불린다. 그는 능률에 관한 연구를 하면서 동작의 적절한 조합을 찾아내는 것 못지않게 근로자의 정서적 상태 역시 매우 중요하다고 믿게 되었다.

그러한 메이요의 주장은 1927년 웨스턴 일렉트릭Western Electric의 호손Hawthorn 공장에서 행한 일련의 실험 결과를 통해 커다란 주목을 받게 되었다. 그는 작업장의 조명을 조절해 가며 최대의 생산성을 가져다 줄 수 있는 밝기를 알아내는 실험을 했다. 하지만 연구 결과는 조명의 밝기 변화에 상관없이 근로자의 생산성이 증가한 것으로 나타났다. 근로자들이 자신이 연구 대상이란 것을 알게 되어서 평소보다 더 열심히 일했던 것이다. 실험 결과에 당황한 메이요는 근로자들을 면담한 후 실험 기간 동안 감독자들이 직원들에게 잘 대해주었기 때문에 업무 수행을 더 잘할 수 있었다는 사실을 발견했다. 또 근로자들은 하찮다고 생각했던 작업이 실험의 일부라는 중대한 의미를 갖게 되자 일에 대한 동기가 유발되었던 것이다. 이 현상은 호손 효과_{Hawthorn effect}로 사람들에게 알려지게 된다.

제2차 세계대전과 과학적 경영 접근법

기술과 산업화의 규모가 더욱 복잡해짐에 따라 작업 관리상의 문제를 해결하는 일도 어려워졌다. 제2차 세계대전 중 군수품 생산이 공정상의 병목 현상에 부딪히자, 미국 정부는 과학자와 엔지니어들에게 도움을 청해 생산을 최대화하고자 노력했다. 이들 선구자들은 해결책을 모색하는 과정에서 생산 문제에 적용할 수 있는 수학적 모델을 탄생시켰다. 오늘날 이러한 생산 및 운영관리 연구 분야를 작전 연구_{OR, Operational Research}이라고 부른다. 이들 모델 가운데 일부는 뒷부분에 다시 소개될 것이다.

X이론, Y이론, Z이론

1960년 MIT 대학의 더글라스 맥그레거_{Douglas McGregor} 교수는 테일러의 과학적 관리법과 메이요의 행동과학적 접근법을 각각 X이론과 Y이론이라고 칭했다. 그는 이 두 이론을 새롭게 재구성함으로써 생산관리학의 역사에서 자신의 입지를 세웠다.

테일러와 같은 X이론 지지자들은 인간의 행동에 대해 보다 부정적인 견해를 취한다. X이론에 따르면 인간은 천성적으로 게으르며 보상과 징벌을 통해 일을 강요해야 한다. 또한 근로자는 창의력과 의욕이 부족하므로 경영진에게 제공할 수 있는 것은 단지 노동력뿐이라고 주장한다.

이에 비해 메이요와 같은 Y이론 주장자들은 좋은 작업 환경이 제공되면 근로자 스스로 동기를 부여한다고 주장한다. 또한 근로자들은 창의적이며 생산성을 높일 수 있는 아이디어를 가지고 있고 자신의 업무를 책임질 수 있는 능력이 있다고 여긴다.

1980년대에 들어 Y이론은 한 걸음 더 발전했다. 윌리엄 오우치_{William Ouchi}

는 일본 경영자들의 관점인 호의적 Y이론을 일컬어 Z이론이라고 명명했다. 1980년대 중반 몇몇 '전문가들'은 Z이론이야말로 일본이 경쟁적 우위를 누리게 된 비결이라고 생각하기도 했다. 일본인들은 Z이론의 도입을 통해 경영진과 근로자를 결속력 있는 업무 집단으로 변화시켰다. 이 이론에 따르면, 모든 구성원들이 합의를 도출해 내는 의사결정 과정의 일원이며 근로자와 경영자는 품질 개선을 위해 품질관리서클Quality Circle를 구성해 서로 협력한다. 또한 모든 직원들이 카이젠Kaizen, 즉 지속적인 개선에 적극 참여한다. 카이젠은 자기 자신 및 회사의 모든 면을 향상시키기 위해 필요한 끊임없는 투쟁이다. MBA들은 이를 일컬어 지속적 품질 개선CQI, Continuous Quality Improvement라고 한다. 근로자 스스로 자신을 사업의 동반자라고 느낄 때 그들의 생산성과 직무에 대한 열의는 증진된다.

상황적응적 접근법

과학적 관리법과 인간관계를 통한 접근법 가운데 그 어느 것도 모든 상황에 적합하다고는 할 수 없다. 따라서 관리자들이 상황에 적합하게끔 두 이론을 수정하고 결합해야 한다는 것이 바로 상황적응적 접근법Contingency Approach이다. 가령 테일러의 고전적 방법에 일본의 Z이론을 약간 곁들인다면 더 효율적일 것이라는 이론이다.

생산관리를 위한 문제 해결의 접근 방식

이제 간단하게나마 역사적 견해에 대한 지식을 갖게 되었다. 본격적인 생산관리학 공부에 들어가기 전에 충분한 준비 운동을 했다고 볼 수 있다.

상품이나 서비스를 생산하려 할 때는 다음과 같은 다섯 가지의 문제가 대두된다.

- **생산능력**Capacity : 얼마나 생산할 수 있는가?
- **일정계획**Scheduling : 어떤 일정으로 생산할 것인가?
- **재고관리**Inventory : 재고는 얼마나 있으며 재고량을 줄일 수 있는 방법은 무엇인가?
- **기준** Standards : 효율적인 생산과 품질이란 무엇인가?
- **통제**Control : 생산공정은 제대로 운영되고 있는가?

MBA 과정의 생산관리 교육은 기초적인 수준에 그친다. 엔지니어가 아니라 제조공정과 서비스 산출 과정을 이해할 수 있는 관리자를 양성하는 데에 교육 목적이 있기 때문이다. 가장 효율적인 생산 방법을 마련하려면 위에서 언급한 다섯 가지 주제를 매우 상세히 공부해야 하지만 여기에서는 이 책의 취지에 따라 몇몇 선호도 높은 이론들의 요점만을 소개하고자 한다.

생산능력의 6M

생산량에 대한 답을 구할 때 MBA들은 6M을 이용해 제조공정을 분석한다. 6M은 생산시설의 한계를 파악하는 데 역점을 둔다. 대학원에 따라 4M만을 가르치거나 7M까지 가르치는 경우도 있다. 아무튼 상위 10위권 경영대학원들의 교육 내용에는 반드시 생산능력의 기본 요소M's가 포함된다.

- **방법**Methods : 생산 과업을 달성할 수 있는 최선의 방법을 선택했는가? 생산장비들은 가장 효율적인 구조로 배치되어 있는가?
- **원자재**Materials : 우수한 품질의 원자재를 적절한 시점에 이용할 수 있는 가? 원자재의 구입과 저장, 배포 등이 생산공정과 일정에 따라 효율적으로 이루어질 수 있는가?
- **인력**Manpower : 생산 목표를 달성할 수 있는 숙련되고 생산적인 근로자와 관리자를 확보하고 있는가? 근로자들이 신기술을 충분히 수용할 수

있을 만한 자질을 갖추고 있는가?

- **기계설비**Machinery : 작업 수행에 적합한 설비를 갖추고 있는가? 각종 기계장비는 생산능력, 속도, 신뢰도, 기술 등에서 충족할 만한 수준을 갖추고 있는가?
- **자금**Money : 생산을 뒷받침하기 위한 현금이 제때 조달될 수 있는가? 공장, 장비, 재고관리 등에 대한 투자가 조직 전체의 선결 과제, 능력, 기회 등에 합당한가? 프로젝트상의 현금흐름에 대한 투자가 타당성을 갖고 있는가? (재무적 측면)
- **메시지**Message : 생산 팀의 모든 구성원들(사람 및 기계장비) 사이에 정확하고 적시적인 정보를 공유할 수 있는 시스템이 갖추어져 있는가? 조립라인의 생산량과 품질에 관한 정보는 기계 상호간에 또한 기계와 기계 운용자 사이에 공유될 수 있어야 한다.

생산 방법의 세 가지 기본 유형은 다음과 같다.

- 연속공정Continuous Process
- 조립라인Assembly Line
- 개별공정Job shop

상품이 표준화되어 있을수록 반복적인 대량생산 방법이 가장 적합할 수 있다. 연속생산공정을 사용하는 대표적 예는 정유공장이다. 정유 설비는 24시간 내내 가동되기 때문에 생산관리 면에서 가장 중점을 두는 것은 설비의 원활한 가동이다. 연속공정 생산관리 방식의 단점은 유연성이 전혀 없다는 점이다. 시스템이 바뀌기라도 하면 가동을 중단할 수밖에 없으며 그에 따라 막대한 손실이 발생하게 된다.

헨리 포드Henry Ford가 주창한 조립라인은 연속성이 다소 덜한 공정이다. 자동차 생산공정은 독립된 여러 작업들로 세분화되며 그 작업은 각기 일련의 작업장들이 연결되어 이루어진다. 하지만 효율성을 극대화하는 동시에 막대한 재고비용을 최소화하기 위해서는 각 작업 간의 생산량을 서로 조정해야 한다는 어려움이 있다. 조립라인 방식은 어느 정도 유연성을 발휘할 수 있다. 사소한 시스템 변경은 설비를 가동한 상태에서도 가능하다. 따라서 자동차 조립라인의 경우에는 공정을 중단하지 않고도 장비의 조합을 임의로 변경할 수 있다.

조립라인 시스템은 제조 부문이 아닌 서비스 부문에서도 이용할 수 있다. 일례로 진취적 사고를 가진 러시아의 한 백내장 제거 전문의는 수술을 요소 작업으로 분화해 수술 조립라인을 창안해 냈다.

주문 상품을 생산하기 위해서는 개별공정 시스템이 가장 바람직하다. 개별공정 시스템을 따르는 공장은 여러 종류의 작업을 할 수 있도록 설계되어 있다. 기계류는 작업실 내에 설치되어 주문품 생산 작업에 사용된다. 금속기계 제작소, 인쇄소, 병원 수술실, 가구 제조업체 등은 모두 이러한 방식으로 조직되어 있다. 모든 주문이 각기 조금씩 다르기는 하지만, 기본적인 장비나 도구는 모든 작업에 똑같이 사용될 수 있다.

작업흐름도를 활용한 생산능력 문제의 진단

공장에서 일하는 대부분의 MBA들은 현장 관리자보다는 컨설턴트로 일하게 된다. 그들은 렌치 대신 플라스틱으로 된 흐름도 형판을 가지고 다닌다. 직사각형, 삼각형, 마름모꼴 등의 모양이 뚫려 있는 이 플라스틱 형판은 제조공정을 나타낼 때 사용한다. MBA들은 흐름도 작성을 통해 작업의 지체 현상이나 비효율성, 정보 공유상의 문제 등을 찾아내 흐름도상에 나타나는 생산 유동량을 처리율throughput(일정에 따르는 처리량―옮긴이)이라고 한다.

일반적으로 주유소에서 자동차의 엔진오일을 교환하는 데는 대략 20분 정도가 소요된다. 그러나 지피 루브Jiffy Lube(세계적인 자동차 정비업체―옮긴이)에서는 같은 일을 10분 내에 처리한다. 간단한 공정흐름도 분석process-flow-diagram

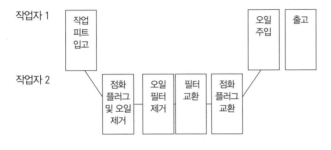

[도표 7 – 1] 엔진오일 교환 작업의 흐름도

일반 주유소 : 차를 맡기고 가야 함. 예약 필수

작업자 1인 : 작업장 입고 → 차량 리프트 → 점화 플러그 및 오일 제거 → 오일 필터 제거 → 오일 및 부품 준비 → 오일 필터 교환 → 점화 플러그 교환 → 오일 주입 → 리프트 내림 → 작업장 출고

지피 루브 : 정비 중 잠시 대기. 예약 불필요

작업자 1 : 작업 피트 입고 / 오일 주입 → 출고

작업자 2 : 점화 플러그 및 오일 제거 → 오일 필터 제거 → 필터 교환 → 점화 플러그 교환

을 통해 그 이유를 파악해 보기로 하자.

지피 루브는 조립라인 방식을 이용한 분업을 통해 오일 교환 작업을 한다. 시설, 도구, 작업자도 모두 오일 교환 전문이다. 또한 작업을 최대한 신속하게 완료할 수 있도록 팀 제도를 운영하고 있다. 만약 컨설턴트처럼 행동하고 싶다면 제도 형판을 가지고 다니면서 작업흐름도를 그려 보도록 하자.

선형계획법 : 생산능력에 대한 제약 요소 처리

생산에는 언제나 제약이 따르기 마련이다. 원자재가 품귀 현상을 보인다거나 기계의 처리능력이 부족하다거나 숙련된 노동력을 구하기가 어렵다는 등 다양한 제약이 존재한다. 이러한 상황에서는 현재의 제약 요소 안에서 최선의 행동 과정을 선택하는 것에 목표를 두어야 한다. 최선의 선택이란 최소의 비용으로 최대의 생산, 최대의 매출 수입, 최대의 이익을 산출할 수 있는 결정을 말한다. 대개의 경우 너무도 많은 생산 제약 요소들이 존재하기 때문에 시행착오를 통해 최적의 해답을 찾는다는 것은 거의 불가능한 일이다. 하지만 다행히도 컴퓨터를 통해 그러한 작업을 수행하는 기법이 있다. 선형계획법LP, linear programming의 일종인 단체법simplex method을 활용해 해법을 계산하는 것이다.

가령 탠저린 컴퓨터 공장에서 고급형과 기본형 두 종류의 컴퓨터를 생산한다고 하자. 고급형 모델에는 한 개의 특수한 새시chassis와 두 개의 디스크 드라이브가 필요한 반면, 기본형 모델에는 각각 한 개의 새시와 드라이브 디스크가 필요하다. 그러나 부품 공급은 고급형 새시 30개, 기본형 새시 60개, 디스크 드라이브 120개로 한정되어 있다. 고급형 모델의 개당 판매이익이 500달러, 기본형 모델의 개당 판매이익이 300달러라고 할 경우, 고급형과 기본형 컴퓨터를 각각 몇 대씩 생산하는 것이 최선의 선택인지 해답을 찾아보도록 하자.

맨 처음 할 일은 희망하는 성과를 최대화 또는 최소화할 선형 등식을 만들어 내는 것이다. 해당 사례의 경우, 탠저린 컴퓨터가 원하는 것은 이익의 최대화다.

$$(고급형 \ 모델 \ X개 \times \$500) + (기본형 \ 모델 \ Y개 \times \$300) = 총이익$$

이 경우 생산의 제약 요소는 부품 공급이다.

고급형 새시 사용 : (X개 × 1) + (Y개 × 0) < 30개
기본형 새시 사용 : (X개 × 0) + (Y개 × 1) < 60개
디스크 드라이브 사용 : (X개 × 2) + (Y개 × 1) < 120개

컴퓨터 프로그램은 수많은 조합을 시도한 끝에, 이익을 최대화하는 생산 방안을 찾아내게 된다. 한정된 부품으로 최대 이익을 낼 수 있는 해결책은 다음과 같다.

(고급형 모델 30개 × $500) + (기본형 모델 60개 × $300)

= $33,000 (최대 이익)

    대부분의 생산 환경에서 기업이 생산하고자 하는 상품 모델은 여러 가지가 있을 수 있으며 그에 따르는 생산 제약 또한 적지 않다. 이러한 경우 최선의 방안을 찾아 주는 것이 바로 선형계획법이다.

    선형계획법은 또한 수송 및 배분 문제 해결에도 사용될 수 있다. 일례로 맥도날드 햄버거의 경우, 많은 창고와 가맹점에 비해 수송 트럭의 수량은 한정되어 있다. 그들의 목표는 수천 가지의 수송 루트 가운데 가장 저렴한 비용으로 물품을 운송할 수 있는 방법을 찾는 것이다. 이 역시 선형계획법을 통해 해결할 수 있다.

생산일정 계획하기

헨리 간트와 간트 차트 스케줄링

    1800년대 말 헨리 간트 Henry Gantt 는 업무 성과뿐만 아니라 생산일정의 순서 sequence 에 대한 기준 역시 확립되어야 한다고 주장했다. 그는 생산 작업의 순차가 효율적으로 계획되고 조정되고 수행되기 위해서는 최적의 타이밍을 정해야 한다고 생각했다. 일정이 뒤틀리게 되면 지체 부분이 발생하게 되고, 비효율성에 의해 시스템의 기능이 저하될 수 있기 때문이다.

    헨리 간트가 창안한 간트 차트 Gantt Chart 는 효율성을 제고하기 위한 도표이며 시간의 경과를 가로축, 생산 주기에 필요한 과업들을 세로축으로 한다. 간트 차트를 이용하면 전체 생산공정의 일정을 계획할 수 있고, 요주의 과업이나 지체 부분을 손쉽게 식별할 수 있다. 간트 차트의 용도는 매우 다양하며 공장에만 국한되는 것은 아니다. [도표 7-2]와 같이 실제로 주택 구입과 같은 프로젝트도 간트 차트를 통해 설명할 수 있다.

week	1	2	3	4	5	6	7	8	9	10
부동산 중개업자 선택	×									
주택 담보대출모기지 신청		×								
주택 물색	×	×	×	×						
가격 협상 및 낙찰				×	×					
평가 및 검사					×	×	×			
대출 승인 획득					×	×	×	×		
주택 구입 건 완료									×	
입주										×

임계경로법

1950년대에는 보다 정교한 방법인 임계경로법CPM, critical method of Scheduling을 통해 최적 생산일정을 결정할 수 있게 되었다. CPM은 여러 과업 간의 일정이 상호조정되어야 하는 복잡한 생산 프로젝트에 이용된다. CPM보다도 훨씬 복잡한 형태의 프로그램 평가 검토 기법PERT, Program Evaluation and Review Techniques(최종 목적을 달성하기 위해 수행해야 할 개개의 활동이나 작업을 전체 프로젝트와 연관해서 광범위하게 분석하는 것—옮긴이)도 등장했지만 오늘날 대부분의 사업가들은 PERT와 CPM을 병행해서 사용하고 있다.

CPM을 활용할 경우, 생산관리자는 각 과업이나 활동을 순차적으로 배열해 그 일들을 완료하는 데 필요한 시간을 추정하게 된다. 과업이 시작되거나 종결되는 시점을 단계event라고 하며 CPM 차트는 프로젝트의 모든 단계를 도식적으로 나타낸다. 그에 따라 생산 엔지니어는 작업 완료 시간을 추정하고 관리할 수 있게 된다. 모든 과업이 도표상에 나타나기 때문에 요주의 활동들이 파악될 수 있다. 요주의 과업이란 프로젝트를 지연시킬 소지가 있는 과업들을 말한다. CPM 차트는 요주의 과업들을 체계화해 별도로 강조하며 전체 프로젝트를 완료하는 데 필요한 시간을 예측한다.

일례로 제너럴 다이내믹스General Dynamics의 생산 엔지니어 킵 머스탱Kip Mustang이 전투기용 스위치를 생산한다고 가정해 보자. 2003년 '이라크 해방 작전'Iraqi Freedom 중에 조종사들이 이상을 보고한 바 있는 이 문제의 스위치는 조종사의 비상탈출을 돕는 사출 좌석을 제어하는 장치다. 킵은 이 프로젝트와 관련해 다섯 가지의 주요 활동이 필요하다고 판단했다.

A : 생산기계의 설계 및 제조 도면 준비 = 2주
B : 새로운 기계와 부품을 수용할 수 있도록 생산시설 배치 = 4주
C : 생산장비 및 부품 구입 = 3주
D : 부품 공급 및 생산기계 설치 = 1주
E : 신규 생산라인의 점검 = 1주

이 프로젝트의 CPM 차트는 다음 쪽 [도표 7-3]과 같은 모양으로 작성될 것이다.

제너럴 다이내믹스의 모든 과업은 활동을 의미하는 화살표와 단계를 의미하는 원으로 각각 표시된다. [도표 7-3]에서 볼 수 있듯이 스위치 생산라인을

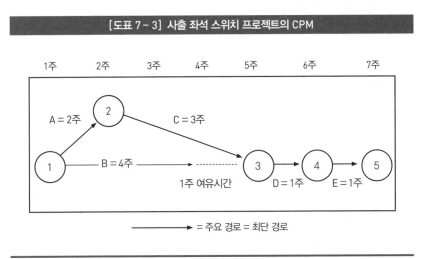

[도표 7 - 3] 사출 좌석 스위치 프로젝트의 CPM

설치하는 데 소요되는 최단 기간은 7주다. 전체 공정 중 시간이 가장 많이 걸리는 경로, 즉 임계경로critical path에 따른 활동들이 전체 프로젝트의 기간을 결정하여 조정하게 된다. 주요 과업이 조기에 완수될 경우에는 프로젝트 역시 계획보다 일찍 종결되므로 그런 경우를 일컬어 프로젝트 가속화crashing the project라고 한다. 생산장비의 설계에 박차를 가할 수 있다면 스위치 프로젝트 역시 가속화될 것이다. 생산장비 설계 작업과 같은 주요 활동이 단 하나라도 지연될 경우에는 프로젝트의 지연 또한 불가피하다. 반면 생산시설 준비와 같이 중요도가 낮은 활동으로 인해 프로젝트가 지체되는 일은 없다. 그러한 활동에는 여유 시간이 포함되어 있기 때문이다.

대규모 엔지니어링이나 건설, 제조 프로젝트 등의 경우에는 수없이 많은 과업의 진행 상황을 계속 점검하고 확인해야 한다. 그러한 프로젝트들을 위한 컴퓨터 소프트웨어가 등장해 차트를 작성하고 일정을 계산하는 데 도움을 주고 있다. 그러나 이 기발한 도구에도 단점은 있다. 지겨운 CPM 차트를 설치하고 관리하는 데 적잖은 시간이 소요된다는 점이다. 벨 앤드 하월Bell & Howell의 사장인 도널드 프레이Donald Frey는 다음과 같이 회고한다.

"우리는 지난 50년대에 이미 CPM 기법을 도입했다. 그러나 차트를 완성하는 데는 너무나 많은 노력이 필요했다. 차라리 그 시간을 프로젝트를 수행하는 데에 투자하는 편이 나았을 것이다."

대기행렬 이론

은행 창구에서 긴 줄을 서며 차례를 기다려 본 적이 있는가? 전화로 상품을 주문하기 위해 수화기를 든 채 무한정 기다려 본 적이 있는가? 그런 경험이 있다면 대기행렬 이론Queuing Theory에 흥미를 느끼게 될 것이다. 대기행렬이란 사람 또는 상품이 적합한 서비스를 받기 위해 차례가 될 때까지 기다리는 줄을 말한다. 이때 대기행렬 내의 고객을 응대하는 인력을 '채널'이라고 한다. MBA들은 대기행렬 이론을 이용해 근로자들의 업무일정을 계획하고 대기 행렬을 고안하며 서비스를 개선한다. 효율성은 각 대기행렬에 필요한 최적의 채널 숫자에 따라 좌우된다. 예컨대 은행 관리자의 관심은 적은 인원의 창구 직원만을 가지고도 고객을 기다리지 않게 하는 데에 있을 것이다.

대기행렬 문제에 답하기 위해서는 먼저 다음과 같은 사항들을 파악해야만 한다.

A = 단위 시간당 평균 방문 고객 숫자

S = 개별 채널의 단위 시간당 평균 고객 응대 횟수

M = 이용 가능한 채널 수

이들 정보와 일련의 도표를 통해 여러 가지 계산이 가능하다.

$$\text{시스템 이용률} = \frac{A}{M \times S}$$

$$\text{평균 대기자 수} = \text{대기행렬 내 총 대기자 수} - \left(\frac{A}{S}\right)$$

$$\text{예상 대기시간} = \frac{\text{평균 대기자 수}}{A}$$

계속해서 은행을 예로 들어 보자. 맨해튼 남부의 시티은행에 시간당 50명의 예금을 처리할 수 있는 유능한 창구 직원이 있으며, 은행의 시간당 방문 고객 수는 45명이라고 하자.

S = 직원 1인의 시간당 응대 고객 수 50명

A = 시간당 방문 고객 45명

M = 창구 직원 1인

$$\text{출납 직원의 예상 이용률} = \frac{A}{M \times S} = \frac{45}{(1 \times 50)} = 90\% \ (\text{매우 바쁨})$$

이와 같은 정보를 근거로 한 다음의 요약표에 따르면 대기 상태에 있는 고객의 평균 숫자는 8.1명이 된다.

A/MS	M = 1	M = 2
0.45	0.37	0.23
0.50	0.50	0.33
0.60	0.90	0.67
0.70	1.60	1.30
0.80	3.20	2.90
0.90	8.10	7.70

논리적으로 생각할 때, 추가로 출납 직원을 한 명 더 투입하게 되면 평균 대기자 수는 8명에서 4명으로 줄어드는 것이 당연할 것이다. 하지만 과연 그럴까?

창구 직원이 2인일 때

$$\frac{A}{M \times S} = \frac{45}{(2 \times 50)} = 0.45$$

평균 예상 대기자 수 = 0.23(고객 요약표 참조)

이럴 수가! 더 이상 기다릴 필요가 없다는 결론이다. 창구 직원이 한 명 더 추가됨으로써 대기자 수는 97퍼센트 이상 줄어들게 된다. 특히 대기자들이 붐빌 경우에는 두 번째 창구 직원의 투입이 커다란 영향을 미치게 된다는 뜻이다. 이러한 사실을 밝힐 수 있는 것은 오직 대기행렬 이론뿐이다. 창구 직원 문제는 대기행렬 이론의 가장 단순한 사례라고 할 수 있다. '과학'의 모든 것이 대기행렬과 관련해 설명된다. 학자들은 수많은 책들을 통해 대기행렬과 관련된 여러 가지 난관들을 해결해 줄 도표와 차트를 소개하고 있다. 이제 비록 대기행렬 이론의 전문가는 못되더라도 그런 이론이 존재한다는 사실만은 알게 되었을 것이다. 대다수 MBA 과정 역시 마찬가지다. MBA의 교육 내용은 겨우 문외한을 면하게 할 뿐 전문가를 만들지는 못한다. 경영대학원 과정은 MBA들이 학교에서 배운 기본적인 지식을 실무에 적용해 스스로 전문가의 길을 개척해 나가기를 바랄 뿐이다.

재고관리

조정 행위

최적의 재고수준을 결정하는 것은 매우 세심한 조정 행위Balancing Act를 필요로 한다. 재고에 관한 의사결정이 힘든 이유는 기업 내 모든 부서의 목표가 각각 다르기 때문이다. 자동차 재고를 예로 들어 설명해 보자. 먼저 판매 담당자들은 재고가 부족한 것보다는 차라리 남아도는 게 낫다고 생각한다. 영업사원들은 고객에게 팔 상품을 필요로 한다. 불티나게 팔리는 소형 밴이나 스포츠카의 재고가 바닥나서 매출액이 줄어드는 상황은 피하고 싶은 것이다. 반면 재무부서 직원들은 가능한 한 최소한의 재고량만을 유지하고자 한다. 재고에 대한 투자를 최소화하면 다른 부문에 대한 투자 자금을 확보하거나 높은 배당금을 지급할 수도 있기 때문이다. 또한 생산부서가 원하는 것은 공장을 최대한 효율적으로 운영하는 것이다. 공장을 지속적으로 가동하면 라인의 단속적 운영으로 인한 비용 손실을 줄일 수는 있지만 재고의 대량 누적에 대한 책임이 따를 수도 있다. 이 모든 문제를 제대로 관리하기 위한 과정을 일컬어 '공급망 관리'supply chain management라고 한다.

재고관리 용어

공장이나 제과점의 재고는 다음 세 가지 형태로 나눌 수 있다.

- 원자재 : 밀가루, 설탕, 쇼트닝, 얼음 등
- 재공품 : 밀가루 반죽, 오븐에서 굽는 중인 페이스트리, 식히는 중인 페이스트리 등. 즉, 첫 공정에 보내진 원재료에서부터 최종 검사를 마치기 전의 생산이 완료된 품목까지 공장 내의 각종 단계에 있는 물품들
- 완성품 : 판매 준비가 완료된 케이크, 쿠키, 도넛 등

재고에는 원자재뿐 아니라 노동력에 투입된 자금도 포함된다. 재고가 회사의 소유 재산으로 남아 있는 한 자금은 묶여 있게 된다. 재고 수준을 분석하기 위해 단순하게 실례로 든 도표를 재고흐름도inventory flow diagram라고 한다. 재고흐름도는 공장 내에 남아 있는 재고의 유형과 가치를 보여 준다. 원자재는 상

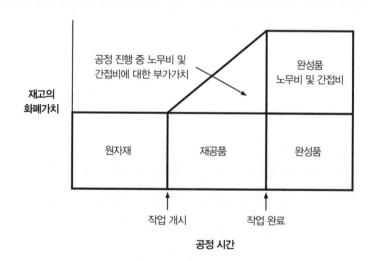

[도표 7 - 4] 재고흐름도

품의 생산 과정에서 노동력과 결합해 보다 높은 가치를 지닌 완성품으로 태어난다.

재고를 보유해야 하는 이유에 따른 재고 형태

재고 보유를 정당화해 주는 다섯 가지의 중요하고도 논리적인 근거는 다음과 같다.

- 파이프라인Pipeline : 생산의 지연을 최소화하고 효율을 극대화하기 위해 보유 중인 재고
- 주기Cycle : 납품업자들은 즉각적인 필요량보다는 많은 최소 주문량을 요구한다.
- 안전Safety : 불확실한 생산 수량에 대비해 품절을 예방하기 위한 재고. 생산이 중단되어 품절 상태가 될 경우 비용을 발생시킨다.
- 예측Anticipatory : 확실시되는 예상 수요에 대비한 재고
- 투기Speculative : 납품업체의 가격 인상에 대비해 구입해 둔 재고

효율적으로 운영되는 기업은 생산 시점에 맞추어 필요한 만큼의 자재만을 입고한다. 소위 JITJust-In-Time(필요한 때에 필요한 양만을 생산하는 방식—옮긴이)라고 하는 적시 생산 방식에 따라 무재고 상태를 유지하기 위한 것이다. 일본 기업들은 JIT를 잘 활용하고 있다. 일본 자동차 기업의 생산라인 근로자들은 칸반kanban이라고 하는 재고 주문 카드를 이용해 필요한 부품을 요청한다. 그러나 JIT 방식이라고 해서 납품업체의 부품 생산자가 자동차 조립라인의 필요만큼 정확한 양을 생산해 낸다는 것을 의미하지는 않는다. 실제로는 자동차 회사의 주문이 들어가기도 전에 약자인 부품업체의 창고에 미리 생산된 부품들이 쌓여 있다. 진정한 JIT는 생산활동의 모든 참여자들이 함께 협력해 생산 수요에 부응하는 것이라 할 수 있다.

경제적 주문량

경제적 주문량EOQ, Economic Order Quantity 특수 공식을 이용하면 부품이나 원자재, 판매상품 등의 적정 주문량을 알아내어 재고를 최소한으로 유지할 수 있다. 경제적 주문량은 재고와 관련된 두 가지 비용의 균형을 근거로 산출하게 된다.

- 유지비용carrying costs : 재고 보유로 인해 부담하게 되는 보관, 보험, 금융 비용. 그들 자금이 다른 부분에 활용에 되었을 경우의 기회비용도 감안해야 한다.
- 주문비용ordering costs : 재고 보충을 위한 주문 행위에 따르는 비용으로, 회계 및 사무 노동력과 기타 관련 요소들의 비용이 포함된다.

재고 주문에는 양극단의 두 가지 방법이 있다. 먼저 부품의 주문 횟수를 줄이는 대신 한꺼번에 많은 양을 주문하는 방식이다. 이 경우 주문비용은 감소하지만 재고 보유비용이 극대화되는 단점이 있다. 두 번째는 조금씩 자주 주문함으로써 재고 보유비용을 줄이는 방식으로, 전자와는 반대로 주문비용이 증가하게 된다. [도표 7-5]에서 EOQ 그래프를 보면 주문비용과 보유비용의 합이 최소화될 때 총비용이 최저 수준이 되어 재고 수준이 결정된다는 것을 알 수 있다.

EOQ 공식은 주문비와 유지비를 합한 총비용이 최소화되는 최적의 주문량을 파악하기 위해 사용된다.

$$경제적 \ 주문량 \ (Q^*) = \sqrt{\frac{(2 \times R \times O)}{C}}$$

Q^* = 최적 재고 주문량

R = 연간 필요 단위(수요)

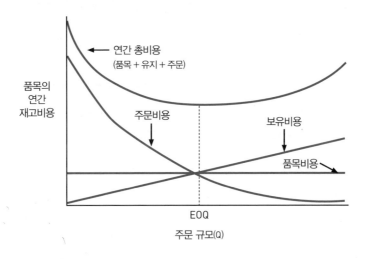

[도표 7 - 5] 주문재고와 보유재고의 균형 - EOQ 그래프

연간 총비용
(품목 + 유지 + 주문)

품목의
연간
재고비용

주문비용

보유비용

품목비용

EOQ

주문 규모(Q)

O = 주문비용

C = 기간당 단위 재고 유지비

캔자스 시에 자동차 실내등용 전구를 납품하는 부품 유통업체를 예로 들어보자. 과거의 판매실적에 따르면 전구의 수요는 연간 2,000개 정도로 나타난다. 한편 이 업체가 GE에 전구를 발주할 때마다 14달러의 주문 처리 비용이 소요된다. 비용에 관해 상세히 검토한 결과 전구 한 개를 1년간 재고로 유지하는 데 0.5달러의 비용이 드는 것으로 밝혀졌다.

$$경제적 주문량 = \sqrt{\frac{(2 \times 200 \times \$14)}{\$0.5}} = 335개$$

따라서 위와 같이 EOQ 공식에 대입하면 가장 경제적인 전구 주문량은 335개로 계산된다. 연간 전구 수요가 2,000개이므로 연간 주문 회수는 약 6회(2,000/335)가 될 것이다. EOQ는 아주 간단해 보이지만 실제로는 그렇지 않다. EOQ의 기본 공식은 수요가 일정하다는 전제하에서만 성립하기 때문이다. 슈퍼마켓에서 판매되는 얼음, 아이스크림, 맥주 등의 상품과 같이 연중 내내 수요가 들쑥날쑥할 경우에는 EOQ 모델이 그다지 가치를 발휘하지 못한다. 그와 같이 수요 변동이 큰 경우를 위해 EOQ 모델을 수정해 계산하는 정교한 컴퓨터 프로그램이 등장해 EOQ를 보다 자주 조정할 수 있는 기능을 하고 있다. 그러한 경우 컴퓨터는 연중 내내 여러 번에 걸쳐 다양한 최적 주문량을 계산해 준다. EOQ 공식의 적용 범위가 한정되어 있기는 하지만 MBA는 그 공식을 이용해 문제가 발생했을 때 재고 전문가와 전문적인 부분에 대해 이야기를 나눌 수 있다. 뜻하지 않게 재고가 누적될 경우에는 문제가 심각해지기 때문이다.

자재소요계획 : 재고 및 생산능력 관리

생산일정 및 재고관리에 관한 지식을 갖추게 되면 선진 방식의 제조활동이 가능해진다. 재고를 계획하고 조절하기 위한 자재소요계획MRP, Material Requirement Planning은 특히 공장에서 필요로 하는 수단으로 생산자원 계획이라고도 한다. 어떤 명칭으로 불리든 간에 MRP는 생산효율을 향상시키기 위한 매우 정교한 시스템인 것은 분명하다. MRP는 생산일정을 수립하고 효율적인 생산에 필요한 최적의 재고량을 산출해 낸다. 자동차나 가전, 전자상품 등과 같이 여러 부품으로 구성된 상품의 경우에는 오직 컴퓨터만이 최적의 재고량을 계산해 낼 수 있다.

컴퓨터 시스템을 설치하기에 앞서 프로그래머는 생산공정과 자재소요계획을 충분히 숙지하고 있어야 한다. 그런 후에야 컴퓨터가 생산수요를 공장 생산과 자재 구입의 지침으로 활용할 수 있는 상세한 주문량으로 전환시킬 수 있다.

MRP 공정은 생산 엔지니어들이 가장 효율적인 생산 방식을 채택하는 것에서부터 시작한다. 예를 들어 혼다 시빅Honda Civic과 같은 자동차는 조립라인을

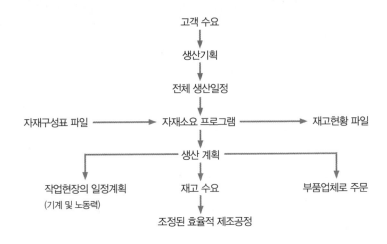

[도표 7 - 6] 자재소요계획 시스템

고객 수요

생산기획

전체 생산일정

자재구성표 파일 ⟶ 자재소요 프로그램 ⟶ 재고현황 파일

생산 계획

작업현장의 일정계획　　　　재고 수요　　　　부품업체로 주문
(기계 및 노동력)

조정된 효율적 제조공정

통한 생산 방식이 가장 효율적이다. 조립라인의 전 단계에 걸쳐, 즉 철판을 가공하는 일에서 시작해 자동차가 공장 문을 나설 때까지 철저한 공정 검사가 실시되어야 한다. 약 1세기 전에 테일러가 열중했던 시간 및 동작에 대한 연구가 필요할 수도 있다. 공장의 생산능력을 파악하려면 기계와 근로자의 능력을 먼저 파악해야 한다. 예컨대 생산 엔지니어들은 전면 패널이 시간당 몇 개나 가공되는지, 프레스 작업에는 몇 시간의 노동이 필요한지 등을 정확히 알고 있어야 한다.

　공정 엔지니어 역시 상품의 '모든' 부품과 원자재에 대한 세부 목록을 작성해야 한다. 이러한 소요자재목록을 일컬어 자재명세서BOM, Bill of Materials 라고 한다. 자재명세서는 컴퓨터에 기록되어 생산수요에 필요한 제반 자재의 소요량을 산출하게 된다. MRP 시스템을 이용하게 되면 혼다 시빅 1대를 생산하는 데에 2개의 헤드라이트와 46개의 2인치 나사못, 4.2쿼트quart(4리터에 해당함.)의 페인트 그리고 수백 개의 기타 부품 등이 필요하다는 것을 알 수 있게 된다. 또한 자재의 재고 현황 역시 MRP를 통해 파악할 수 있다. 따라서 공장 관리자는 MRP의 지시에 맞추어 생산라인이 필요로 하는 만큼의 적절한 재고를 유지할 수 있게 된다. 한편 재고관리자 역시 MRP를 통해 경제적 주문량을 발주할 수 있게 됨에 따라 재고 수준을 최소화하게 된다.

기업용 소프트웨어enterprise software 로 불리기도 하는 완벽한 MRP 시스템은 시장수요에 대한 예측과 완성품의 출하, 이동 중인 재고의 관리, 매장 내 재고의 관리 등을 통해 제조공정을 조정한다. 컴퓨터에 저장된 기준생산계획MPS, Master Production Schedule 은 수요, 생산, 자재와 관련된 모든 정보를 분류하고 저장할 뿐만 아니라 주문서를 발송해 제조공정을 지시하고 조정한다.

기준 및 관리

MRP 시스템을 구축하거나 그 외의 효율적인 MBA 도구들을 활용하는 데 필요한 생산공정에 관한 정보들은 관리자가 성과를 측정하고 조절하기 위한 기준을 제공한다. 기준을 제공한다는 의미의 MBA 용어는 벤치마킹benchmarking 이다. 벤치마킹은 기업의 생산관리 부문을 지원하기 위해 회계사들이 참여하는 분야다. 셋째 날 회계학 강의 중 관리회계 부분에서 회계사들이 차이를 이용해 생산효율을 추적하고 보고하는 방법을 설명한 바 있다. 공장의 생산효율성은 계획한 액수 이상의 자재비 지출(가격 차이)이나 단위 상품당 자재 혹은 노동력 사용량의 초과(자재 및 노동력 사용 차이) 등에 의해 달라질 수 있다. 생산관리자는 기준을 설정하고 그 달성 여부를 확인하여 공정을 관리한다.

품질

생산관리 과목에서는 다소 확장된 기준의 개념과 더불어 미국 경쟁력의 사활을 걸고 있는 '품질' 문제를 다룬다. 품질이란 대체 무엇인가? 품질이란 상품 또는 서비스가 제조업자나 소비자가 설정한 기준을 충족시키는 것이다. 그 이상도 이하도 아니다. 품질이 반드시 결점 없는 상품이나 서비스를 의미하는 것은 아니다. 또한 롤스로이스처럼 같은 업종의 상품 가운데 가장 값비싼 상품을 뜻하는 것도 아니다. 품질 좋은 상품이란 기대한 만큼의 성능을 발휘하는 상품을 말한다. 페이퍼 클립과 같은 일용품은 녹슬지 않고 종이를 잘 고정시키기만 하면 품질이 우수한 것으로 평가받는다.

'품질의 대가'로 불리는 세 주요 인물들, 조셉 주란Joseph Juran, 에드워즈 데밍W. Edwards Deming, 필립 크로스비Philip Crosby는 당시 곤경에 처한 미국 제조업계에 적절한 해결책을 내놓아 크게 주목받았다. 그들이 품질에 관한 저술과 강의, 컨설팅 활동 등을 통해 벌어들인 돈은 천문학적인 숫자에 달한다.

주란의 사용적합성

조셉 주란은 품질에 관해 언급할 때 '사용적합성'fitness for use이라는 표현을 사용한다. 소비자들은 자신이 필요로 하거나 원하는 상품을 신뢰할 수 있어야 한다는 것이다. 또한 제조업체는 품질 좋은 상품을 생산하는 한편 높은 생산성과 가동률 극대화를 이루도록 해야 한다.

사용적합성에는 디자인의 질, 제조 기준의 준수, 낮은 고장률, 만족할 만한 성능, 구입 후 유지보수의 편리성 등 다섯 가지 측면이 있다.

데밍의 통계적 공정관리

에드워즈 데밍은 미국이 품질에 대해 별다른 관심을 보이지 않던 1950년대에 일본에 품질 개념을 전수하여 크게 유명해진 인물이다. 데밍의 주장은 지극히 단순하다. 상품이 대량 출하되기에 앞서 전 공정에 걸친 생산 문제의 원인을 파악하고 생산 과정을 주의 깊게 관찰해 불량품의 발생을 막음으로써 고품질을 실현할 수 있다는 내용이다. 결국 공정의 모든 단계는 효율성을 증진시키기 위한 기회이며 그러한 의미에서 비롯된 용어가 바로 전사적 품질경영TQM, Total Quality Management이다.

데밍은 품질 문제를 '일반적 원인'과 '특수 원인'으로 분류했다. 일반적 원인은 시스템에 의한 문제로서 다수의 근로자나 기계 또는 상품 유형 등이 공유하는 문제다. 이에 비해 특수 원인은 개별 근로자나 기계 또는 자재 운송과 관련된 문제다.

데밍은 주란과 슈하트W. A. Shewhart의 도움으로 이른바 통계적 공정관리SPC, Statistical Process Control라는 문제 식별 도구를 개발했다. 동일한 근로자가 동일한 기계에서 부품을 생산하더라도 그 부품들이 완전히 일치할 가능성은 매우 희박하므로 허용할 수 있는 오차와 불량으로 간주되는 오차를 구별하는 것이 중요하다는 주장이다. 그러한 경계를 구분하는 방법이 바로 통계적 확률이다.

생산 엔지니어들은 각 생산 과업의 기대 허용 오차를 검토해 양자를 구분한다. 예를 들어 코카콜라 공장에 설치된 주입기는 2리터 들이 용기에 정확히 2리터를 주입하지 못한다. 하지만 오차 범위는 불과 몇 밀리리터에 불과하다. 생산 엔지니어들은 각 용기에 주입되는 통상적인 콜라의 양을 측정하기 위해 심층 연구를 해야 한다. 그러한 작업은 곧 주입량에 대한 종형 곡선 또는 통계적 도수분포를 결정하는 일이 된다. 계량분석에서 공부했듯이 정규 또는 종형 곡선에서는 전체 시행 횟수의 68퍼센트에 해당하는 확률 범위를 기대값으로부터의 1표준편차 또는 1시그마one sigma (σ)라고 한다. 이 때 1시그마의 품질 허용 기준을 벗어나는 생산 방법은 문제가 있음을 나타낸다. 생산관리자에 따라서는 2 또는 3시그마의 허용 오차를 택할 수도 있다. 모토롤라에 의해 창안된 '6시그마'는 100만 개당 3.4개의 결점을 목표로 하는 프로그램이다. 현재 많은 기업들이 결점을 줄이고 수익을 늘리기 위한 부문에 6시그마 프로그램을 시행하고 있다.

코카콜라의 예에서 생산 엔지니어는 1시그마의 허용 오차를 선택하고 콜라 용기의 표본조사를 한 결과, 2리터를 전후한 10밀리리터 범위 내에서 콜라가 주입될 확률이 68퍼센트라는 것을 알아냈다.

데밍의 통계적 공정관리를 이용하면, 주입기 관리자는 조립라인 밖에서 시간당 2리터짜리 용기 10개에 콜라를 주입하는 일괄 작업을 해낼 수 있다. 1시그마의 허용 오차를 적용할 경우 2.01리터를 초과하는 표본은 상위통제한계 UCL, Upper Control Limit를 벗어나게 되며, 1.99리터에 못 미치는 표본은 하위통제한계LCL, Lower Control Limit를 벗어나게 된다. 한계범위를 벗어나는 측정치는 '특수 문제'의 발생을 알리는 신호이며 주입 라인이 구겨지거나 막혔음을 의미한다. 따라서 공정은 '관리 한계를 벗어난' 것으로 간주되고 주입기 관리자는 개선 조치를 취하라는 지시를 받게 된다. 개선 조치 이후의 샘플들이 10밀리리터의 허용 오차 안에 든다면 공정은 정상을 회복하고 주입기의 가동이 시작된다. (상위통제한계와 하위통제한계를 예시한 코카콜라의 사례는 관련 주제를 소개하기 위해 최대한 단순화한 사례이다. 관리자가 조사한 각 표본의 빈도와 수치는 한계범위에 대한 통계적 계산에 커다란 영향을 미친다.) [도표 7-7]의 그래프를 보자.

주입기 관리자는 통계적 공정관리를 이용해 콜라 용량 표본의 측정치를 SPC 차트에 기록한다. 관리자는 평균치관리도X Bar Control Chart에 시간별로 표본 측정치의 평균치를 기록한다. 평균치관리도는 시간의 흐름에 따른 기계의 작업 변동 추이를 보여 준다. 차트가 통제 한계에 가까워지게 되면 관리자가

[도표 7 - 7] 콜라 주입량의 종형 곡선

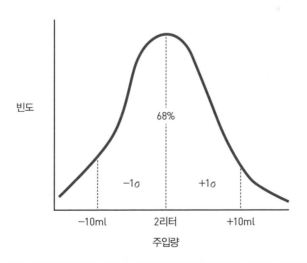

미리 주입기를 점검함으로써 통계적 관리에서 벗어나는 것을 예방할 수 있다.

또한 범위관리도Range Control Chart를 이용하면 시간의 흐름에 따른 작업공정의 임의적인 행동 추이를 알 수 있다. 범위관리도는 평균치관리도 작성에 사용된 동일 표본의 최대 측정치와 최소 측정치 사이의 범위를 보여준다. 하지만 각 그룹 표본 내의 표본 측정치 평균에 의해 도저히 허용될 수 없는 편차가 은폐될 수도 있다. 예를 들어 각기 1리터와 3리터로 측정된 두 표본의 평균이 2리터로 나타남으로써 평균치관리도상에 수용 가능한 값으로 나타날 수도 있기 때문이다. 말할 필요도 없는 일이지만 콜라가 넘쳐흘러 병이 끈적거리거나 콜라병이 절반만 채워져 있는 경우에 기분이 좋은 고객은 없을 것이다. 결국 범위관리도의 한계범위를 벗어날 경우 역시 반드시 관리자의 개선조치가 필요하다.

[도표 7-8]의 통계적 공정관리 방법을 활용해 작성된 12시간 교대 작업 팀의 가상 평균치관리도와 범위관리도를 통해 문제를 보다 명확히 확인할 수 있다. 먼저 평균값의 급격한 변화는 기계에 문제가 있거나 구체적인 작업 내용에 익숙하지 못한 신규 작업자가 있음을 의미한다. 또한 범위의 확장은 기계의 성능이 저하되거나 제어장치가 제대로 작동되지 않거나 근로자가 피로해졌거나 하는 등의 이유로 주입량이 기준을 벗어난 것으로 해석할 수 있다.

크로스비의 '품질은 무료다'

필립 크로스비가 명성을 얻게 된 것은 '품질은 무료'Quality Is Free 라는 주장 때문이다. 그는 제조업체가 '요건에 맞추어' 품질을 개선하게 되면 총생산비용이 감소한다고 믿었다. 크로스비는 품질 프로그램을 도입하는 궁극적인 목표는 무결점Zero Defects이라고 주장했다. 따라서 경영진은 품질 개선을 위해 디자인과 생산 방법을 변경할 수 있도록 협조를 아끼지 말아야 한다는 것이다. 그의 견해에 따르면, 품질 개선에 소요되는 비용은 결함을 바로잡는데 지출되던 자재 및 노무비의 절감을 통해 상쇄될 수 있다.

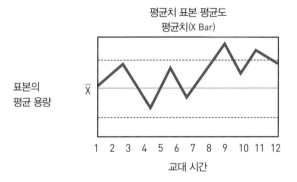

▶ 평균치의 급격한 변화는 기계적인 문제가 있거나 작업에 익숙하지 못한 신규 작업자
가 있음을 의미한다.

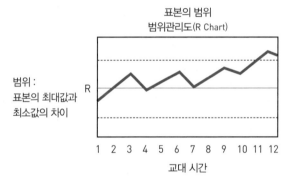

▶ 범위의 확장은 기계의 성능이 저하되거나 제어장치가 제대로 작동되지 않거나 근로
자가 피로해졌음을 나타낸다.

겐이치 다구치의 '품질 불량은 범죄다'

일본의 품질 전문가 겐이치 다구치Genichil Taguchi 는 전후의 일본에 품질 이론
을 전개한 주요 인물이다. 그는 '품질 나쁜 상품을 만드는 것은 도둑질보다도
나쁜 짓'이라는 다소 계몽적인 관점을 통해 사람들을 계도했다. 절도는 부의
재분배라고 볼 때 사회 전체로는 제로섬이 되므로 그로 인한 손실이 없다고
할 수 있지만, 품질 나쁜 상품은 모든 사람에게 손실을 끼친다는 것이다.

최근의 화제들

지금까지 생산능력, 일정계획, 기준, 관리 등의 기본 개념들을 공부했다. 그러나 생산관리 관련 기사에 자주 등장하는 최신 유행어까지 섭렵해야 이번 강의를 마무리했다고 할 수 있을 것이다.

사이클 타임

기업이 상품 아이디어를 신상품으로 전환하거나 기존 상품을 개선하는 데 걸리는 시간을 도입 사이클 타임Cycle Time of Introduction이라고 한다. 미국 자동차 업계의 경우 새 차를 설계하고 그에 맞추어 생산설비를 변경하는 데는 2년 이상의 시간이 소요된다. 새로운 유행 상품을 디자인해 매장에 진열하기까지 걸리는 기간은 대개 6개월 정도다. 소비자의 욕구에 부응한 신상품을 출시하는 속도가 빠를수록 기업의 시장 경쟁력은 더욱 강해진다. 따라서 신속한 사이클 타임은 곧 경쟁 우위를 뜻하는 동시에 MBA 과정의 주요 화제이기도 하다. 시류에 민감한 일부 MBA들은 사이클 타임 경쟁을 가리켜 시간 기준 경쟁TBC, Time-based Competition이라고 부르기도 한다.

신기술과 통합

신기술은 효과적으로 이용될 경우에는 유익하지만 그 자체만으로는 반드시 유익하다고 할 수는 없다. 지난 1980년대 GM 자동차는 조립라인의 자동화를 위해 로봇 개발에 수십억 달러를 투입했다. GM은 그러한 막대한 투자를 통해 품질 향상과 원가 절감을 모두 달성할 수 있기를 기대했다. 하지만 기술적 전문지식의 부족으로 인해 그러한 신기술을 효과적인 생산으로 이끌어 내지 못하는 결과를 가져왔다.

반면 미국 현지의 일본 자동차회사들은 전통적인 재래 기술 장비를 사용하고 미국인 근로자들을 채용하고도 높은 생산성 및 품질 기준을 달성해 왔다. 혼다의 경우 유연한 작업 규정, 생산 작업팀, 참여관리 방식 등을 도입해 생산성과 품질 개선을 이룩했다. 미국 기업들이 첨단기술 투자를 통해서만 가능하다고 여겼던 성과였다.

대량주문생산Mass customization은 1992년 호라이즌 그룹Strategic Horizons group에 의해 확산된 새로운 개념이다. 대량주문생산은 컴퓨터 정보 시스템과 새로운 작업 방식, 즉 유연성 있는 제조와 적시 생산 방식을 연계한다는 발상에 기초를 두고 있다. 회사는 그러한 연계 시스템을 이용해 고객들에게 산업혁명 이전의 공예 시대와 같은 매력적인 맞춤식 혜택을 현대식 대량생산을 통한 저렴한 가격으로 제공할 수 있게 된다. 이러한 방식을 통해 제공될 수 있는 상품으로는 맞춤 구두나 잡지, 서적, 컴퓨터 등이 있다.

정보기술

정보기술IT, Information Technology 과목은 최근 미국 내 10위권 경영대학원에서 별도 과정으로 추가되었다. 정보기술에 관한 주제는 학술지와 경영 전문지, 순회강연 등에서 커다란 인기를 얻고 있다. 컴퓨터는 이제 보다 강력한 기능과 인터넷으로 무장했고 그에 따라 경쟁 우위 확보를 위해 유용한 정보를 수집하고 통합하는 귀중한 도구가 되었다.

고객의 욕구를 제대로 파악하는 기업만이 경쟁을 물리치고 우위에 설 수 있다. 대형 컴퓨터에 연결된 판매등록기는 소비자의 요구와 선호에 관한 일일 정보를 제공한다. 메이시스나 월마트 같은 백화점은 유행하는 의류를 찾아내거나 판매가 부진한 의류의 주문을 줄이기 위해 진열대의 상품들을 추적하는 IT기술을 도입했다. 슈퍼마켓의 계산대 스캐너 역시 같은 목적으로 이용된다. 진열 공간이 한정되어 있는 슈퍼마켓의 경우, 계산대 스캐너에 기록된 매출 결과를 이용해 회전율이 낮은 품목을 보다 인기 상품으로 교체함으로서 매출 확대를 꾀할 수 있기 때문이다. 또한 컴퓨터 데이터베이스에 저장된 정보를 이용하면 판매 대상이 될 만한 고객들을 겨냥해 DM을 발송할 수도 있다.

고객관계관리CRM, Customer Relationship Management는 기업 자동화와 관련된 인기

현안이다. CRM은 이행 절차가 복잡하고 비용도 많이 들기 때문에 MBA 컨설턴트들의 주가가 상승되는 분야다. 이론상으로는 고객 데이터 습득에서 고객 유치에 이르기까지 기업의 고객관리에 관련된 모든 부분에서 자동화가 가능하다. 고객과의 접촉은 직접 대면, 이메일, 인터넷 혹은 전화로 이루어질 수 있다. 고객 데이터 수집에서부터 고객과 잠재 고객에 대한 정확한 실시간 데이터를 제공하여 그들의 궁금증을 해결하는 일까지 모든 범위에 걸쳐 기술이 적용된다. 이른바 쌍방향 음성 응답IVR, Interactive Voice Response으로 불리는 자동 교환 장치는 정보를 제공하거나 가장 나은 서비스를 제공할 수 있는 사람에게 전화를 연결해 준다. 기업 내의 데이터베이스가 제대로 구축되어 있을 경우 상품을 개발하기 위한 기회와 현 상품의 매출을 확장시키는 추가 시장을 찾아낼 수 있다. CRM 시스템에 포함될 수 있는 잠재 정보에는 회계, 생산, 마케팅, 재무 등과 같은 조직의 모든 부문이 속한다. 이러한 기능들 간의 상호작용은 흔히 기술적 장벽에 의해 방해를 받게 되며, 그에 따라 CRM을 실시하기 위해서는 거액의 비용과 어려움이 따르게 된다. 그들 각 기능의 데이터에 대한 보안 유지는 매우 중요하다.

CRM의 이행 범위는 매우 포괄적이다. 따라서 CRM 전략을 창출한 뒤 실제 적용 단계에서 초기 투자에 대한 최대의 수익을 낳을 수 있는 초기 CRM을 선택하도록 해야 한다. CRM 사이클에는 다음의 다섯 가지 기능이 포함된다.

- 상품 개발 : 연구, 아이디어 개발
- 판매 : 주문, 연계 판매, 선도, 예측, 입찰과 견적
- 보다 나은 고객 경험 : 개인화, 서비스, 대기행렬 관리
- 고객 유지와 고객 되찾기 : 기존고객을 위한 특권 제공, 타사 고객 적극 유치
- 목표 고객 선정과 마케팅 : 판촉, 가격 책정, 고객 세분화, 행동 모형, 고객 채점, 분석

가트너 그룹 Gartner Group의 설문조사에 따르면 CRM 프로젝트의 55퍼센트가 성과를 거두지 못하는 것으로 나타났다. 연간 1억 달러에 육박하는 CRM 비용을 들여 다음과 같은 일반적인 실책을 범하는 일은 없어야 할 것이다. 즉, 오로지 기술적인 면에만 초점을 맞추거나 고객의 관점을 고려하지 않거나 경영진의 지원이 부족하거나 실무 과정상의 유연성이 부족하거나 경영진의 변화를 과소평가하거나 CRM의 효용성을 과소평가하는 등의 실책을 말한다.

MBA 과정의 학생들은 수많은 컴퓨터 전문용어를 공부하여 첨단기술에 대한 대화에 정통할 수 있도록 대비한다. MBA들은 전문용어 습득에 뒤떨어지는 것을 참지 못한다. 가장 기본적인 컴퓨터 관련 용어들을 알아보기로 하자.

- EDI Electronic Data Interchange : 전자식 문자 교환
- CAD / CAM : 컴퓨터를 이용한 디자인 / 제조
- Online / Real Time : 지속적으로 최신 정보를 갱신하는 컴퓨터 시스템(예: 항공사 예약 시스템)
- POS : 판매 시점 시스템, 물품 계산대의 컴퓨터 단말기
- Hardware : 컴퓨터 기기(예: IBM, 애플, EMC)
- Software : 컴퓨터 프로그램
- Application : 소프트웨어와 동의어
- Mainframe : 대형 컴퓨터
- Microcomputer : 데스크톱 또는 휴대용 컴퓨터
- CPU : 중앙처리장치
- LAN : 근거리 통신망
- AI : 인공지능, 사람처럼 생각하는 컴퓨터
- Intranet : 개인 네트워크 시스템
- QR 코드 : 바코드보다 훨씬 많은 정보를 담을 수 있는 매트릭스 형식의 2차원 바코드. 흑백 격자 무늬 패턴으로 정보를 나타낸다.

- RFID : 무선 주파수를 이용한 재고관리용 태그
- URL : 인터넷상에서 자원의 주소를 일관되게 표현하는 이름. 웹 페이지 주소.
- HTTP : 하이퍼텍스트 전송 규약. 브라우저과 서버 컴퓨터와의 의사전달 방식
- HTML : 하이퍼텍스트 문서를 만드는 데 사용되는 언어. 인터넷 웹 페이지의 컴퓨터 언어
- Hypertext : 관련된 웹 페이지를 서로 연결하는 시스템
- Firewall : 외부 컴퓨터 사용자의 허용되지 않은 네트워크 접속을 차단하는 장치
- 무어의 법칙Moore Law : 인텔의 설립자인 고든 무어의 견해로 마이크로칩의 용량은 18개월마다 두 배로 증가하는 반면 디지털 산업화 비용은 그에 반비례하여 감소한다는 이론

MBA들은 용어를 숙지하는 것 외에 컴퓨터 구입에도 상당한 지식을 갖추어야 한다. 컴퓨터는 경쟁적 우위를 가져다 주는 고마운 도구일 수도 있지만 기업의 필요에 맞추어 변화하지 못할 경우에는 오히려 불이익을 안겨 주는 도구가 될 수도 있다. 컴퓨터 및 여타 기술들은 기업의 장기적인 전략을 충분히 고려한 후에 구입하도록 해야 한다.

생산관리 요점 정리

생산관리와 관련해서는 언제나 생산능력, 일정계획, 재고관리, 기준, 통제 등 다섯 가지 요소를 포함하는 접근 방식이 적용된다. 명문 경영대학원들은 그러한 접근 방식과 간략한 역사, 용어, 공식 등의 이론과 더불어 학생들을 실무 세계로 밀어 넣는다. 자신을 IBM에 스위치를 납품하는 온오프Onoff 라는 회사의 생산관리를 점검하는 컨설턴트라고 가정해 보자. 온오프는 운영자금이 거의 바닥난 데다 높은 상품 결함률과 원가 상승까지 겹쳐 심각한 운영난을 겪고 있다. 이 경우 지금까지 학습한 생산관리 지식을 바탕으로 다음과 같은 질문을 통해 조사 작업에 착수하게 된다.

· 공장에서 채택하고 있는 관리 방식은 X이론, Y이론, Z이론 가운데 어느 것인가?
· 작업자들은 제대로 훈련되어 있는가?
· 생산장비는 적합하고 효율적인가?
· 자재 공급업자에게 품질, 납기 등의 문제는 없는가?
· 생산 공정이 효율적으로 짜여 있는가? 흐름도 작성을 고려하라.
· 선형계획을 통해 보다 수익성 있는 상품 믹스를 개발할 수 있는가?
· MRP 시스템을 이용해 전체 생산 공정을 조정하거나 CRM 시스템을 활용해 고객을 관리할 수 있는가?
· 재고를 최소화하고 자금 문제를 해결하기 위해 경제적 주문량EOQ을 적용하고 있는가?
· 통계적 공정관리SPC, 품질관리서클quality circle 등과 같은 품질 개선 프로그램을 도입하고 있는가?
· 적절한 목표 기준의 설정과 점검, 또한 시기적절한 변경이 이루어지고 있는가?

생산관리 문제를 점검하는 MBA의 머릿속에는 위와 같은 질문들이 떠오르기 마련이다. 오늘 공부한 내용들에 유념해 MBA처럼 문제의 본질을 파악할 수 있는 질문을 생각할 수 있도록 하자.

반드시 챙겨야 할 생산관리 용어

- **프레더릭 테일러**Frederick Taylor : 과학적 생산관리의 아버지(X이론)
- **엘튼 메이요**Elton Mayo : 생산관리에 있어 인간관계 운동의 아버지로 불림(Y이론)
- **생산관리적 문제 해결**Operational Problem Solving : 생산능력, 일정계획, 재고관리, 기준, 통제
- **생산능력의 6M** : 인력, 기계설비, 원자재, 자금, 방법, 메세지
- **흐름도**Flow Diagram : 효율성을 높이기 위해 작업의 흐름을 지도로 그린 것.
- **선형계획법**Linear Programming : 제약이 존재하는 상황에서 최적의 해결책을 찾기 위해 컴퓨터를 이용한 방법
- **간트 차트**Gantt Chart : 간단한 프로젝트 일정을 계획하기 위한 도구
- **임계경로법**CPM, Critical Path Method : 프로젝트를 위한 정교한 일정계획 방법
- **대기행렬 이론**Queuing Theory : 대기행렬에서의 서비스 효율을 높이기 위한 수학적 방법
- **생산 단계에 따른 재고 형태**Inventory Types by Stage of Production : 원자재, 재공품, 완성품
- **보유해야 하는 이유에 따른 재고 형태**Inventory Types by Reason for Holding : 파이프라인, 주기, 안전, 예측, 투기
- **경제적 주문량**EOQ, Economic Order Quantity : 재고비용을 최소화하기 위한 수학 공식
- **자재소요계획**MRP, Material Requirements Planning : 재고 및 생산능력 관리에 대한 정교한 방법
- **품질경영의 대가**Quality Guru : 조셉 주란, 에드워즈 데밍, 필립 크로스비
- **통계적 공정관리**SPC, Statistical Process Control : 통계적 품질 관리 기술
- **고객관계관리**CRM, Customer Relationship Management : 고객과의 전체적인 관계를 관리하고 개선시키는 시스템

경제학

Economics

옛날 왕들이 점성술사들에게서 별 도움을 받지 못했듯이 오늘날 대기업들 주변에도 역시 도움이 되지 않는 온갖 경제 예측가들로 넘쳐 나고 있다. 그들의 예언은 재미있고 흥미롭기는 하지만 별 쓸모는 없는 것으로 드러났다.

출처 : 《포브스》, '음울한 과학의 침울했던 나날들'

이 말은 경제학 수업을 빼먹을 수 있는 좋은 핑곗거리가 될 법하지만 경제학은 분명히 공부할 가치가 있는 과목이다. 경제학은 명확한 그림을 제시하지는 않지만 전 세계적으로 펼쳐지는 기업행동의 저변에 놓인 '보이지 않는 힘'에 대한 통찰력을 갖게 해준다. MBA의 다른 과목들처럼 경제학 지식을 착실히 쌓으면 사무실 동료들에게 지적인 사람이라는 인상을 줄 수 있을 것이다.

시카고나 MIT 같은 대학들은 정통 경제학 교과서를 공부하는 것을 매우 중시한다. 그러나 대부분 다른 대학들은 정석보다는 응용학을 더 많이 다룬다. 하버드와 다든 경영대학원은 경제학을 다른 국제학 과정에 통합했다.

경제학은 그저 몇 가지 기본 개념을 뽑낼 수 있을 뿐이다. 그렇다면 경기 변

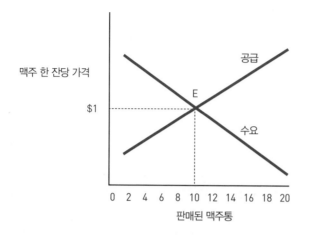

맥주 한 잔당 가격

공급

E

$1

수요

0 2 4 6 8 10 12 14 16 18 20

판매된 맥주통

동의 호황과 불황을 설명하고자 하는 두껍기 그지없는 저 학술서적들은 어떻게 설명해야 할까? 완전경제 모델은 마치 성배聖杯와도 같이 수많은 열성적인 교수와 박사들을 유혹하는 잡히지 않는 목표물이다. 지난 수백 년간을 돌아보면 그들은 마법과도 같은 수많은 공식과 그래프, 도표들을 남겼다. MBA는 경제학의 기본 원리와 용어들을 익히기만 하면 된다. 그 후에는 돈키호테 같은 이론가들에게 풍차 이론을 추적하도록 놔두면 된다. 이 점에 유념해 이 장에서는 기본에 충실하고자 한다. 그냥 건너뛴다 해도 이내 잊어버릴 쓸모없는 복잡한 공식이나 난해한 개념은 자세히 설명하지 않을 것이다.

경제학은 사회가 지구의 한정된 자원을 인간의 무한정한 욕망에 맞추어 어떻게 할당하는지를 연구하는 학문이다. 여기에 수요와 공급이 작용한다. '균형'이라고 불리는 지점 E에서 시장가격은 수요량에 맞추어 공급량을 결정한다. 바로 그 지점에서 공급자는 기꺼이 팔고자 하고 소비자는 기꺼이 구매하고자 한다. 공급은 특정한 가격에서 수요와 일치한다. 요컨대 이것이 모든 경제 이론의 기본이다.

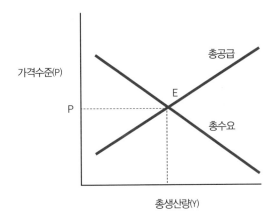

더프Duff 맥주라는 자신의 고유한 맥주를 양조하는 시골주점 포스 태번Porth Tavern을 예로 들어 보자. 당신은 하이네켄Heineken 애호가이고 이 주점은 한 잔에 1달러라는 특별가격으로 더프 맥주를 판매하고 있다고 하자. 주인은 맥주 열 통을 가지고 있지만 만약 평소 가격으로 맥주를 팔게 되면 한 통이나 두 통밖에 팔지 못할 것이라고 생각한다. 당신은 하이네켄을 좋아하지만 1달러의 값싼 맥주가 있다면 그 맥주를 마실 것이다. 이제 이 주점에서 경제학의 '보이지 않는 손'이 작용하게 된다. '적정한' 가격에서 맥주 열 통에 대한 수요가 존재하는 것이다. [도표 8-1]은 맥주 한 잔의 단가가 증가할수록 양조장 주인은 더 많이 생산하려 하는 데 반해 사람들은 덜 사려고 하는 것을 보여 주고 있다.

이 단순한 관계를 경제 전체로 일반화해 보면 총공급AS, Aggregate Supply은 균형가격과 경제적 산출량 수준에서 총수요AD, Aggregate Demand와 일치한다. [도표 8-1]과 마찬가지로 [도표 8-2]에서도 똑같은 관계가 성립된다. 그러나 MBA 과정에서는 [도표 8-2]에 내포된 요소들이 훨씬 더 중요한 주제이다.

경제학 수업을 듣는 학생들이라면 미시경제학이나 거시경제학을 공부하게 된다. 이 미시경제학과 거시경제학이 바로 경제학의 차원이다.

미시경제학은 개인, 가계, 회사 혹은 산업의 공급방정식과 수요방정식을 다룬다. 하이네켄과 더프의 경쟁은 미시경제학적 전투의 한 예라고 할 수 있다.

반면 거시경제학은 [도표 8-2]에서 볼 수 있듯이 도시, 국가 혹은 세계의 경제에 관심을 갖는다.

간단하게 말하면 '미시'경제학은 '작은 것', 구체적인 상황을 다루고 '거시' 경제학은 전체 경제의 '큰' 그림을 보는 것이다.

미시경제학

미시경제학은 거시경제학에 비해 매력은 떨어지지만 보다 실용적이다. 우리들 대부분이 경제에 거시적 영향을 미칠 만한 존재는 아니므로 미시경제론을 이루는 몇 가지 기본 개념에 중점을 두고 공부해 보자.

기회비용

재화와 서비스에 대한 우리들의 기호는 무한정이기 때문에 한정된 자원을 어떻게 할당할 것인가를 결정해야 한다. 대부분의 경우 재화나 서비스의 생산 증가는 비용이나 희생을 요구한다. 경제학자들은 이러한 비용을 '기회비용'이라고 부른다.

예를 들어, 1990년대에 할리 데이비슨 오토바이에 대한 수요가 폭발적으로 증가하여 오토바이 생산 공장은 100퍼센트 가동률로 작업에 돌입했다. 할리 데이비슨은 고가의 대형 오토바이 시장을 60퍼센트나 장악하고 있었고 경영진은 그러한 수요를 충족시키기 위해 한정된 생산능력을 어떻게 할당할 것인지 결정해야 했다. 그들은 일부 판매 모델을 미국과 해외에서 생산하기로 결정했다. 결과적으로 할리 데이비슨은 엄청난 기회비용을 유발하게 되었는데, 가장 비싸고 이윤이 높은 일본 수출용 모델을 생산하는 데 생산능력을 집중

투입하지 않았기 때문이었다. 그러나 만일 할리가 단기 이윤의 극대화만 노렸다면 오토바이 애호가들로 이루어진 국내 시장에 존재하는 오토바이 애호가들을 잃는 것을 감수해야 했을 것이다. 그들 국내 애호가들이야말로 일본 진출을 가능하게 한 할리 신화의 공신들이었다. 따라서 기회비용은 산출량과 시간, 자금이 한정되어 있을 때 어떤 부분을 포기하는 선택의 비용이다.

한계수입과 한계비용

기회비용과 밀접하게 관련된 개념이 한계수입MR, marginal revenue과 한계비용MC, marginal cost이다. 기업들은 수입을 최대화하고 비용을 최소화함으로써 총이윤을 극대화하려고 한다. 만약 단 한 단위만이라도 이윤을 남기고 팔 수 있는 '기회'가 있다면 생산을 해야 한다. 그 판매에서 비롯되는 한계수입은 생산에 따르는 한계비용을 초과하게 된다.

기업은 자신의 한계수입이 한계비용과 같아질 때까지 생산을 계속할 것이다. 그 균형점에서 한 단위 더 판매할 때 한계이윤은 0이 된다. 장부상으로 아무런 이윤도 남지 않는 수준이다. 그 수준을 지나서 추가로 한 단위씩 더 판매할 때 한계수입은 감소하고 한계비용은 증가하게 된다. 경험상으로도 알 수 있듯이 기업이 시장에 상품을 추가적으로 판매하려 할수록 시장은 그 재화에 대한 비용을 더 적게 지불하려고 한다. 추가 한 단위를 생산하는 비용도 적다.

그러나 여분의 생산시설이 없는 상태에서 기업이 더 많은 단위를 생산하려고 하는 경우 기업은 신규 노동자를 고용하고 새로운 시설에 투자하며 더 큰 공장을 임대하거나 지어야 할 것이다. 따라서 공장이 그 가동능력에 도달하고 나면 추가 한 단위를 생산하는 데 드는 한계비용은 직전의 한 단위를 생산하는 데 든 비용보다 더 증가하게 된다.

목장 주인 버드 몬타나Bud Montana의 경우, 소 한 마리가 더 추가된다고 해도 한계비용은 매우 낮다. 담장은 소 한 마리가 추가되기 전에도 수리해야 하는 것이고 목장 역시 늘 돌봐야 하는 곳이다. 몬타나는 합리적인 의사결정자이므

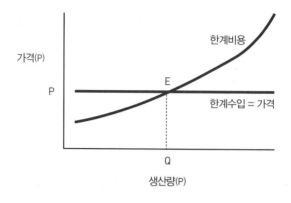

[도표 8 - 3] 한계수입과 비용 균형

가격(P)

한계비용

P   E

한계수입 = 가격

Q

생산량(P)

로 추가된 소 한 마리의 판매로부터 얻는 한계수입이 그 소를 키우는데 들어가는 한계비용을 충당하는 점까지(MR=MC) 소를 늘릴 것이다. 추가 한 단위를 키우는 비용이 현재의 시장가격보다 높아지면 버드 몬타나는 더 이상 소를 늘리지 않을 것이다. [도표 8-3]의 수요곡선이 다른 수요곡선들과는 달리 아래로 내려가지 않고 수평한 이유는 쇠고기 가격이 경쟁 입찰을 통해 결정되기 때문이다. 쇠고기 가격은 수많은 목장주와 육가공업자들의 산출량에 의해 결정되므로 몬타나의 소 몇 마리가 시장에 추가된다 해도 별다른 가격 변화는 일어나지 않는다. 만일 몬타나가 쇠고기 시장에 영향력을 미친다거나 독점적 지위를 가지고 있다면 그는 항상 한계수입이 한계비용과 같아지는 점에서 생산 및 판매를 하려고 할 것이다. 따라서 한계수입곡선은 맥주와 거시경제학의 예에서 본 표준적인 수요곡선처럼 오른쪽 아래로 내려갈 것이다.

한계비용과 한계수입의 개념은 대규모의 특별주문을 받은 쿠키 공장에도 똑같이 적용된다. 자신이 그 공장의 경영자라고 생각해 보자. 고객은 교회 장터에서 한 다스에 1달러씩 100다스의 쿠키를 사려고 한다. 공장에는 여분의 생산설비가 있기 때문에 당신은 회계 담당자에게 고객의 주문에 맞추려면 비용이 얼마나 드는지를 묻는다. 회계 담당자는 한 다스에 1.45달러의 비용이 들 것이라고 말한다. 그는 당신에게 다음과 같은 내역을 근거로 제시한다.

쿠키 반죽	$0.80
인건비	$0.25
공장설비	$0.20
공장유지비	$0.20
총비용	$1.45

이와 같은 내역을 통해 자동화된 쿠키 생산라인을 가동하는 데 추가되는 한계비용은 단지 추가되는 반죽뿐이라는 것을 알 수 있다. 기계 운전자는 늘 일하던 사람이고 대형 오븐도 늘 있던 것이다. 공장은 항상 일상적인 유지보수를 필요로 한다.

결국 공장 경영자는 주문을 환영할 것이다. 추가 이윤을 얻을 수 있기 때문이다. 주문을 거절할 유일한 이유는 2달러짜리 쿠키를 1달러에 판다는 소문이 단골 고객들에게 들어갔을 경우뿐이다. 모든 사람에게 한 다스에 1달러의 특별가격으로 판매하게 되면 기계 운전자의 임금과 같은 고정비용이나 공장 가동비용을 지불할 초과이윤이 없어지기 때문이다.

목장의 소나 쿠키의 예에서 보듯이 한계비용과 한계수입은 한계가격을 설정하거나 생산을 결정하는 데 매우 중요한 역할을 한다. 그러나 한 가지 거래가 아니라 전체 사업의 수익성을 평가하기 위해서는 총수입이 회사 이윤의 최저치를 설정하는 총비용을 초과해야 한다.

한계효용

효용은 생산물이 소비자에게 갖는 가치를 설명하는 데 쓰이는 용어다. 한계효용MU, Marginal Utility 은 생산물 한 단위를 추가적으로 더 갖는 데 따르는 유용성 혹은 효용을 의미한다. 구매자의 욕구는 어느 시점에 이르면 완전히 충족되어 추가 단위가 아무런 효용을 갖지 못하게 된다. 맥주의 예로 돌아가서, 고객이 온갖 괴로움을 잊어버리려고 포스 태번에서 맥주 한 잔을 시켰다고 하자. 두 번째 잔 역시 매우 흡족하고 아주 큰 한계효용을 가질 것이다. 다섯 시간에 걸쳐 열두 잔의 맥주를 마신 고객은 웃고 떠들고 춤을 추면서 고민을 완전히 잊어버렸다. 이 시점에 이르면 이후에 추가로 마시는 맥주는 별다른 가치를 갖지 못한다. 결국 열세 잔째 맥주의 한계효용은 무시해도 좋을 만한 수준이라고 할 수 있다.

수요의 가격탄력성

수요와 공급에 관한 첫 번째 예에서 하이네켄 고객들은 특정한 가격에서 기꺼이 더프 맥주를 마시고자 했다. 그렇듯 가격이 떨어지면 수요가 증가하는 반면 가격이 높아지면 수요가 떨어진다. 가격의 변화에 대한 구매자의 반응성 혹은 민감성을 일컬어 탄력성이라고 한다.

수요의 탄력성은 MBA 출신들이 어쩌다 사용하는 몇 안 되는 경제이론 가운데 하나다. 예컨대 P&G의 주요 경영진들이 가격 변화가 자사의 비누 브랜드 수요에 얼마나 영향을 미치는지 알고 싶어한다고 가정해 보자. 또한 포드자동차회사의 생산 책임자는 가격 변화가 자신들의 필요 생산량에 미치는 영향을 알고 싶어한다.

소비자들이 가격 변화에 민감할 때에는 수요가 탄력적이라고 말한다. 타코벨Taco Bell에 대한 패스트푸드 애호가들의 구매 습관을 생각해 보자. 1988년 타코벨은 '밸류 밀'Value Meals(일종의 대량구매에 대한 할인판매—옮긴이)을 도입하면서 가격을 낮추었다. 소비자들은 대단한 호응을 보이며 구매를 늘렸다. 타코 가격이 59센트로 떨어지자 59센트짜리 상품만으로 매출이 3분의 1 혹은 4분의 1 이상 늘어났다. 경쟁업체들이 뒤를 따랐다. 맥도날드의 세트 판매 전략은 무엇을 고를지 망설이는 소비자들에게 따로 따로 주문할 때보다 저렴한 가격으로 더 많은 감자튀김, 콜라, 애플파이 등을 주고, 빅맥_{Bic Mac} 제품을 20~50센트 할인함으로써 구매율을 높이려고 했다.

소비자들이 가격에 민감하지 않을 때 경제학에서는 소비자수요가 비탄력적_{inelastic}이라고 말한다. 수요가 비탄력적인 소비자의 구매 양식은 가격의 변동에 상관없이 아무런 변화도 보이지 않는다. 의료서비스나 담배와 같은 필수품들은 이러한 비탄력적 범주에 속한다. 맹장염으로 고통받는 환자는 의사가 원하는 대로 값을 지불한다. 같은 맥락에서 니코틴 중독자들 역시 담배가격 인상을 그대로 받아들인다.

이제까지의 학습을 통해 알 수 있겠지만 생산물에 대한 소비자수요의 가격탄력성_{price elasticity}은 생산물의 가격 책정에 매우 중요하게 작용한다. 탄력성을 계량화하는 데에는 탄력계수_{elasticity coefficient}가 사용된다.

$$수요량의\ 탄력성 = \frac{수요량의\ 변화율(\%)}{가격의\ 변화율(\%)}$$

$$총수입의\ 탄력성 = \frac{총수입의\ 변화율(\%)}{가격의\ 변화율(\%)}$$

탄력계수가 높을수록 가격탄력성은 크다. 탄력계수가 1보다 크거나 같을 때는 탄력적이라고 할 수 있다. 예를 들어 경제학자들은 식당 음식에 대한 탄력성을 2로, 의료서비스를 0.31로 계산한다. 탄력성을 결정하기 위해서는 통상 많은 연구가 필요하지만 정확성을 차치하면 그 과정은 단순화될 수 있다. 경영자들은 과거의 자료를 분석하면서 수요의 변화를 야기한 비가격적 요인, 즉 날씨나 경쟁 등의 요인을 가려내야 한다.

또 하나 명심해야 할 것은 탄력성이 모든 가격수준에서 동일한 것은 아니라는 점이다. 가격수준이 다르면 탄력성은 다르게 나타날 수 있다. 이러한 현상은 특정 정육점에서 파는 햄버거 고기의 가격 변화에 대해 사람들이 어떻게 반응하는지를 보여 주는 가상의 도표를 통해 설명할 수 있다.

[도표 8 - 4] 햄버거의 수요탄력성(가상)				
1파운드당 가격	총수요량 파운드	총수입	총수요의 탄력성	총수입의 탄력성
$5	1,000	$5,000		
+25%	−50%	−38%	2.00 E	1.5 E
$4	2,000	$8,000		
+33%	−50%	−33%	1.50 E	1.00 E
$3	4,000	$12,000		
+50%	−56%	−33%	1.10 E	0.67 I
$2	9,000	$18,000		
+100%	−44%	+13%	0.44 I	0.13 I
$1	16,000	$16,000		

E = 탄력적   I = 비탄력적

정육점을 운영하는 독자라면 이 정보가 자신의 예상과 일치함을 알 수 있을 것이다. 대부분의 가정이 구입할 수 있는 낮은 가격대에서는 가격의 변화로 인해 바로 다른 고기를 구매하는 일은 생기지 않는다. 그러나 가령 1파운드당 2달러에서 5달러대로 가격이 인상된다면 햄버거는 더 이상 폭넓은 인기를 누리지 못하게 된다. 구매자들은 쇠고기 대신 핫도그나 심지어 파스타를 선택함으로써 탄력적 수요를 보여 준다. 하지만 돈이 무한정 많은 사람들은 가격에 대해 훨씬 더 비탄력적이다. 수요량의 탄력성이 총수입의 탄력성과 다른 것은 바로 그 때문이다. 쇠고기라면 사족을 못 쓰는 쇠고기 애호가들은 가격이 올라가도 기꺼이 구매하므로 그로 인한 매출액 증가가 정육점 주인의 수입 감소를 어느 정도 상쇄시킨다.

수요탄력성과 똑같은 개념을 경제의 공급 측면에도 적용할 수 있다. 단, 그 방향은 반대다. 가격상승은 생산을 촉진하지만 동시에 소비를 위축시킨다. 반면 가격하락은 생산을 위축시키지만 소비를 진작시킨다. 공급량과 수요량이 특정한 시장가격에서 만날 때 그 점에서 시장은 균형에 도달한다.

경쟁적 시장의 구조

수요탄력성과 더불어 경쟁적 환경 역시 공급과 수요, 가격에 영향을 미친다. 주어진 시장에서 경쟁이 치열할수록 시장가격은 공급과 수요의 변화에 더 민감하게 반응한다. 금 시장의 경우에는 전 세계에 걸쳐 많은 공급자가 있으며 상품거래소를 통해 날마다 가격이 오르내린다. 버드 몬타나가 활동하고 있는 우시장牛市場 역시 마찬가지다. 이제 지금까지 공부한 원리와 더불어 네 가지 기본적인 시장구조에 대해 살펴보자.

순수독점

유일한 생산물을 공급하는 유일한 판매자가 존재하는 경우 그 판매자는 순수독점Pure Monopoly을 차지하고 있다고 말한다. 예컨대 프로농구를 관장하는 전미프로농구협회나 전력을 공급하는 전력회사 등이 그에 해당한다. 그들은 경기장 티켓이나 전력의 가격을 정할 수 있기 때문에 가격 책정자price maker가 된다. 또한 배타적 특허를 가지고 있는 제약회사, 즉 에이즈 치료제인 AZT를 개발한 글락소스미스클라인GlaxoSmithKline은 생산비용이 거의 들지 않는 치료약에 수천 달러의 가격을 매길 수도 있다. 이러한 탐욕에 대한 유일한 억제책은 대부분 정부의 규제뿐이다. 독점은 소비자가 구매를 바꿀 수 있는 유사한 대체재가 존재하지 않을 때 가능하다.

과점

대체재가 거의 없는 생산물을 소수의 생산자가 공급할 경우 과점Oligopoly이 시장을 지배하게 된다. 경쟁자가 소수이므로 이들이 가격경쟁을 벌이지 않기로 한다면 가격은 높은 수준에서 유지될 수 있다. 그렇지 않다면 시장참여자들은 가격인하를 유발하는 치열한 가격경쟁에 시달리게 될 수도 있다. 항공회사는 두 가지 경우 모두의 좋은 예에 해당한다. 승객이 많은 노선에서 가격전쟁이 발발하기도 하지만 결국 누구에게도 득이 되지 않는 전쟁이라는 사실이 명백해지면 가격은 다시 높은 수준으로 올라가게 된다.

독점적 경쟁

다수의 생산자들이 차별화가 가능한 상품을 공급하는 시장에서는 독점적 경쟁Monopolistic Competition이 성립된다. 복사 서비스를 제공하는 가게는 독점적 경쟁의 대표적인 예라고 할 수 있다. 복사 자체는 똑같지만 서비스는 다양하기 때문이다. 일례로 페덱스 킨코스FedEx Kinko's는 장당 11센트의 복사료를 받는 반면 값이 싼 다른 가게들은 5센트만을 받는다. 페덱스 킨코스는 24시간 영업, 쾌적한 점포, 능률적이고 친절한 서비스 제공 등을 통해 높은 가격을 정당화한다. 그에 비해 가격이 낮은 복사 가게들은 최소한의 서비스만을 제공한다. 그러나 할인점의 등장과 더불어 시장 전체에 복사 가격의 일대 혼란이 야기되고 있다. 이들 할인점에 비해 가격이 2~3배 높다면 페덱스 킨코스의 매출은 결국 하락세로 접어들게 될 것이다.

완전경쟁

완전경쟁Pure Competition하에서는 비슷비슷하고 대체 가능한 상품을 판매하는 수많은 경쟁자들이 존재한다. 어떠한 판매 전략도 생산자들이 받는 가격에 별다른 영향을 미치지 못한다. 금, 은, 밀, 옥수수 등이 이 범주에 속한다. 수많은 공급자와 구매자들이 상품거래를 둘러싸고 경합을 벌이지만 가격은 수요와 공급에 의한 시장의 힘에 의해 결정된다. 생산자들은 경쟁입찰competition bidding에 의해 시장에서 도출되는 가격을 수용해야 하는 가격 수용자price taker가 된다.

요약하자면, 한 산업이나 기업의 특수한 시장조건을 생각한다든지 개인의 구매행동을 생각할 때는 미시경제학 이론이 유효하다. 그에 따르면 산업은 경쟁적 시장구조에 기초하는 균형가격에서 수요를 충족시킬 만큼의 양을 생산한다. 또한 기업은 최종 생산단위의 한계수입이 그 한계비용과 일치하는 양을 생산하며, 개인은 그들의 수요탄력성에 기초해 구매한다.

거시경제학

MBA 과정에서 거시경제학을 공부하는 이유는 기업들의 활동 마당인 보다 큰 경제를 구성하는 힘을 이해하기 위함이다. 불황이 닥칠 것인가? 금리가 오를 것인가? 인플레이션이 위협적인가? 기업주들은 바로 이러한 문제에 대해 묻고 고민해야 한다. 이론을 통해 정답을 구할 수는 없겠지만, 거시경제학의 기본 원리를 이해하게 되면 미래에 대한 보다 큰 구도의 통찰이 가능해진다.

경제학 사상 논쟁 : 케인스 VS 프리드먼

경제를 움직이는 힘이 무엇인가에 대해 경제학자들은 좀처럼 합의를 이루지 못한다. 정치에 민주당과 공화당이 있다면 경제학에는 케인스학파Keynesian 와 통화주의학파Monetarist가 있다. 케인스학파는 정부 개입이 경제의 작동을 적잖이 개선할 수 있다고 주장한다. 반면 통화주의자는 정부 개입을 최소화하고 시장 자율에 맡길 때 경제가 완전하게 작용한다고 믿는다.

그들 양대 학파 창시자의 탄생에는 시대적 영향이 크게 작용했다. 케임브리지 대학의 존 메이너드 케인스John Maynard Keynes는 1930년대 세계적 대불황의 혼돈 속에서 현대 케인스학파 거시경제학의 머릿돌이 된 논문 〈고용과 이자, 화폐에 관한 일반 이론〉The general theory of employment, interest and money(1936)을 발표했다. 케인스는 세계 각국 지도자들의 방임 정책이 실패했다고 보고 현명하고 시기적절한 정부의 개입이 경제를 안정시키고 긍정적인 영향을 미칠 수 있다고 생각했다.

제2차 세계대전에 뒤이은 호황기 동안에 시카고 대학의 밀턴 프리드먼은 통화주의 경제학파의 강력한 지지자로 대두되었다. 프리드먼은 윤리학 강의에서 이미 거론한 바 있지만, 기업의 유일한 기능은 오직 이윤을 창출하는 것이라고 주장한 바로 그 인물이다. 아이젠하워Eisenhower 와 케네디Kennedy 시절의 번영을 목격한 그는 시장은 스스로를 치유하는 힘이 있다고 믿었다. 프리드먼의 주장에 따르면 정부는 결코 경제에 개입해서는 안 된다. 그는 소득세 정책, 농업보조금, 공공주택 및 여타 다양한 분야에 대한 정부의 규제가 이익보다는 해를 끼치게 된다고 주장했다.

좋은 정부 대 나쁜 정부라는 거시경제학에 대한 논쟁은 MBA 수업 시간에도 격렬하게 일어난다. 보수적인 공화당 지지자들이 주류를 이루는 MBA의 다수파는 수는 적지만 목소리만은 강한 민주당 소수파와 곧잘 부딪히곤 한다. [도표 8-5]를 지침 삼아 토론에 임한다면 진정 MBA다운 방식으로 양측 모두를 반박할 수 있을 것이다.

단순하기는 하지만 거시경제학의 주요 이론적 쟁점을 모두 망라한 표라고 할 수 있다.

[도표 8 - 5] 케인스학파와 통화주의학파의 견해

케인스학파의 견해	통화주의자의 견해
정부 개입 없는 자유기업은 완전고용을 보장하지 못한다.	실업에 대한 비용이 발생하더라도 장기적으로는 자유시장경제체제가 최선이다.
실업은 해결되어야 할 중요한 문제다.	인플레이션은 거대한 악이며 만인에 대한 과세이다.
정부는 정부지출과 통화정책을 통해 경기변동을 완화해야 한다.	정부가 나서면 장기적으로 볼 때 경제가 더 나빠진다.
적절한 정보가 정부 개입에 유용하게 작용한다.	입수할 수 있는 경제자료들은 대개 부정확하고 유익한 정부 개입 시점보다 게 확보된다.
정부지출은 효과적인 경제 성장에 도움이 된다.	정부지출은 효과적인 민간 경제활동을 밀어낸다.

국민총생산, 인플레이션, 케인스학파의 견해

거시경제학의 핵심은 한 나라의 국민총생산GNP, Gross National Product을 이해하는 것이다. GNP는 한 경제가 한 해 동안 생산한 모든 '최종' 재화 및 서비스의 총시장가치를 말한다. GNP의 변화는 한 경제의 건전성을 측정하는 지표로 사용된다. 여기서 명심해야 할 것은 '최종'이라는 수식어다. 계산이 중복되어서는 안 되기 때문이다. 예를 들어 자동차는 여러 가지 다양한 부품으로 이루어진다. 자동차가 완성되었을 때 철강은 생산에서 단 한 번만 계산된다.

물가는 해마다 바뀌기 때문에 경제학자들은 매년 물가를 비교하여 GNP를 조정해야 한다. 일반적으로 철강 1파운드를 생산하는 비용은 매년 증가한다. 이렇게 물가수준이 상승하는 것을 인플레이션inflation이라고 하며, 인플레이션을 감안해 조정한 GNP를 실질 GNPreal GNP라고 부른다. 조정되지 않은 이른바 명목 GNPnominal GNP는 비록 그 경제가 똑같은 양의 재화와 서비스를 생산했다 하더라도 금액은 증가한 것으로 나타날 수도 있다.

조정되지 않은 명목 GNP를 실질 GNP로 바꾸기 위해서 경제학자들은 GNP 디플레이터GNP deflator 지수를 사용한다. 가령 2005년도를 기준 연도로 정하여 그 해의 물가를 100으로 보고 GNP 디플레이터 지수를 구하는 것이다. 그 경우 1950년의 GNP 디플레이터 지수는 17이 된다. 즉, 1950년에는 재화와 서비스의 가격이 2005년 가격의 17퍼센트에 불과했다는 뜻이다. 실질 GNP는 경기후퇴기나 불황기에는 감소하고 호황기에는 증가한다.

예를 들어 2011년에 자신의 주방에서 1파운드의 캐러멜 과자를 생산했고 그 가치가 1달러였다고 하자. 다음 해에 똑같은 1파운드의 과자를 만들었는데 이제 그 가격이 인플레이션으로 인해 1.04달러라고 하자. 명목상으로는, 즉 2012년 달러 경상 계정으로는 4퍼센트 더 많은 가치를 생산한 것이다. 하지만 잘 알다시피 실제로는 그렇지 않다. 두 해의 생산량은 똑같다. 바로 그런 이유에서 경제학자들은 디플레이터를 통해 명목 GNP 수치를 실질 GNP로 조정하는 것이다. 분석가들은 실질 수치를 통해 그 경제의 실질 성장을 측정하고 비교한다.

경제학자들은 GNP 디플레이터와 더불어 또 다른 두 가지 지표, 즉 소비자물가지수와 생산자물가지수를 이용해 인플레이션이 경제에 미치는 충격을 측정한다. 소비자물가지수CPI, Consumer Price Index 는 사람들이 가장 자주 구입하는 특정한 소비재 집단과 서비스 집단의 가격 변화를 측정한다. 이들 장바구니 품목 혹은 재화 집단은 해마다 동일하다. 생산자물가지수PPI, Producer Price Index 는 생산자들이 가장 자주 쓰는 원재료 집단의 가격 변화를 측정한다. CPI는 1982년~1984년을 기준 연도로 사용(1982~1984년=100)하며, PPI는 1982년이 기준 연도(1982=100)이다. 2010년의 CPI는 224, PPI는 184였다. 이는 2010년 소비자물가가 1984년의 똑같은 품목에 비해 224퍼센트 높았음을 의미한다.

GNP 측정에는 또한 국민순생산NNP, Net National Product과 국내총생산GDP, Gross Domestic Product으로 불리는 두 가지 다른 개념이 있다. 국민순생산은 생산과정에서 기계류, 공장, 설비 등이 사용된 비용을 감안한다. 잘 기억하고 있겠지만 회계상으로는 그러한 자산의 소모를 감가상각이라고 한다. 따라서 NNP는 GNP에서 그 경제가 사용한 고정자산의 감가상각비를 뺀 값이다.

국내총생산GDP은 GNP 중 그 나라 국경 내에서 생산된 몫만을 말한다. GDP는 무역량이 많은 경제의 경우에는 상당히 중요한 개념이라고 할 수 있다. 예컨대 일본의 GNP에는 미국 소재의 혼다 자동차 조립공장의 이윤이 포함된다. 그러나 일본의 GDP에는 그러한 이윤이 제외된다. 이러한 GDP 개념은 폭넓게 이용되고 있다.

GNP 방정식

케인스학파의 이론에 따르면 국민총생산은 각기 다른 주체의 소득으로 돌아가는 네 가지 유형의 지출로 구성된다. 각각의 구성 항목은 지속적인 경제성장과 낮은 실업률을 유지하고자 하는 정부의 의도에 의해 영향을 받으며,

당연히 그래야 한다. MBA 과정에서는 GNP의 각 구성 항목을 일컬어 GNP의 동인動因이라고 한다.

$$GNP = C + I + G + X$$

C : 개인소비

I : 민간투자

G : 정부지출

X : 수입을 초과하는 순수출

방정식을 통해 알 수 있듯이 소비, 투자, 정부지출의 증가는 모두 경제 성장을 초래한다. 중국이나 일본, 대만 등의 나라는 수출이 성장의 엔진 역할을 하고 있는 데 반해 미국은 매년 무역적자가 경제의 발목을 잡고 있다.

앞에서 언급했듯이 케인스학파의 주요 목표는 완전고용이다. GNP의 감소는 곧 일자리의 감소를 의미하므로 결코 바람직하지 못하다. 경제가 완전고용 수준 이하에서 작동하고 있는 경우에는 이른바 GNP 갭GNP gap이 존재하게 된다. 이때 정부가 지출을 늘려 국민소득 방정식에 개입한다면 경제가 살아나고 고용이 증가하게 되어 그 갭이 줄어들 것이다.

통화주의자는 정부통계가 제시하는 경제수치는 정확하지 않다고 시비를 걸 것이다. GNP에는 지하경제나 공인받지 못하는 위법한 경제, 미신고 소득, 가정에서 일하는 주부들의 생산 가치 등은 포함되지 않는다. 또한 GNP는 환경보호의 비용을 공제하지 않으며 여가 시간의 가치 역시 추가하지 않는다.

승수효과와 재정정책

케인스학파 이론가들이 경제를 활성화하려는 정부의 지출을 옹호하는 이유는 그 긍정적 효과를 신봉하기 때문이다. 개인이나 정부의 지출은 또 다른 개인이나 기업에게 소득으로 돌아간다. 이처럼 지출이 경제 전반을 통해 지출과 소득의 반복적 사이클을 가져오는 것을 가리켜 승수효과Multiple Effect라고 한다. 또 의회나 대통령이 어떻게 자금지출을 결정하는가를 가리켜 정부의 재정정책Fiscal Policy이라고 한다.

케인스학파는 정부의 재정정책이 침체의 늪에 빠진 경제에 활력을 불어 넣을 수 있다고 믿는다. 2009년 미국 국회는 침체된 경제를 살리기 위해 앞 다투어 공공사업 프로젝트를 전개했다. 도로 건설은 자갈, 시멘트, 철강, 설비, 노동의 구매를 가져오고 이들 사업에 관련된 사람들은 자신들의 임금과 이윤을 식품이나 의류 구입, 주택 마련 등에 지출할 것이다. 이러한 과정은 사회 전체에 걸쳐 최초의 정부지출의 효과를 배가시키게 된다.

이 건설사업에서 지불된 임금 100만 달러를 통해 승수가 어떻게 작동하는지 살펴보자. 그들 노동자들이 경제에 미치는 효과는 그들의 한계소비성향 MPC, Marginal Propensity to Consume 혹은 자신이 번 돈을 지출하는 성향에 달려 있다. 건설노동자들이 소득의 80퍼센트를 소비하고 20퍼센트를 저축할 경우, 그들의 MPC는 0.8이라고 할 수 있다. MPC가 클수록 소득이 경제에 미치는 효과 역시 더 커진다. 건설노동자들이 경제에 미치는 효과는 다음과 같이 계산될 수 있다.

$$
\begin{aligned}
\text{지출승수} &= \frac{1}{(1 - \text{MPC})} \\
&= \frac{1}{(1 - 0.8)} \\
&= 5
\end{aligned}
$$

임금 100만 달러의 효과는 경제에 500만 달러(100만 달러 × 5)의 총지출로 나타난다. 덕분에 자신의 지역구에서 공공사업이나 방위계약을 따낸 국회의원들의 지지율 또한 다섯 배로 늘어나게 될 것이다.

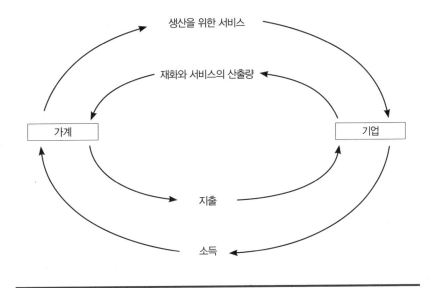

생산을 위한 서비스

재화와 서비스의 산출량

가계

기업

지출

소득

생산물시장과 화폐시장의 IS/LM곡선

케인스에 따르면, 이자율 역시 경제를 움직이는 강력한 동인이다. 이자율이 높으면 경제 성장을 촉진시키는 투자(I)는 위축된다. 이자율이 높아서 월 할부금 납부가 버겁다면 소비자들은 자동차나 주택과 같은 고가품을 구매하지 않으려 할 것이다. 이와 같은 관계를 설명하는 우하향 곡선을 일컬어 투자소비 곡선IS curve, Investment and Spending curve 이라고 한다.

화폐의 힘을 인식한 케인스는 이자율이 높을수록 화폐에 대한 유동성 선호 liquidity preference도 높다고 지적했다. 1980년 12월 19일 이자율이 최고치인 21 퍼센트에 도달하자 사람들은 화폐시장 펀드에 투자하려 몰려들었다. 1992년 에는 이자율이 3퍼센트에서 5퍼센트 사이를 오르내리자 투자자들은 현금을 털어 주식시장으로 몰려갔다. 2003년 이자율이 1퍼센트에서 3퍼센트 사이에 머물고 주식시장이 다소 위태로운 모습을 보이자 이번에는 투자자들이 부동산으로 이동했고 2007년과 2008년에 그 거품이 꺼지면서 붕괴 사태를 맞고

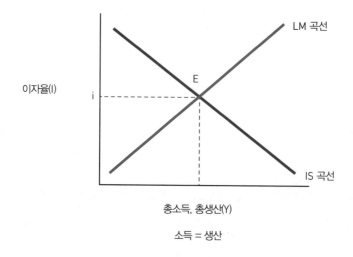

이자율(I)

i

E

LM 곡선

IS 곡선

총소득, 총생산(Y)

소득 = 생산

말았다. 이러한 상황은 유동성화폐곡선LM Curve, Liquidity and Money curve이라고 불리는 우상향 곡선을 통해 알 수 있다. 이론상으로 IS곡선과 LM곡선은 균형 이자율과 일정 수준의 GNP에서 만나는 균형점이 존재한다.

IS/LM 곡선은 고정되어 있지 않다. 불황기에 정부가 경기부양을 위해 지출을 증가시키면 사회 전반에 걸쳐 지출이 늘어날 것이다. 이런 경우 전체 IS곡선은 위로 이동할 것이고, 그 결과 이자율이 올라가고 GNP도 증가한다. 이때 만일 화폐의 공급이 지출 증가를 견제할 정도로 적절히 증가한다면 이자율은 똑같은 수준에 머물 것이다. 물론 이것은 이론상으로 그렇다는 것이다.

경제 전체에 하나의 이자율만 있는 것은 아니며, 이자율에 대해 소비자들의 지출이 어떻게 반응할지 정확히 예상할 수도 없다. 그런 만큼 이것은 어디까지나 경제학 속에서의 설명일 뿐이다. IS/LM 곡선이 반드시 정확하다고는 할 수 없지만, 논리적으로 의미 있는 관계를 예시해 주고 있다.

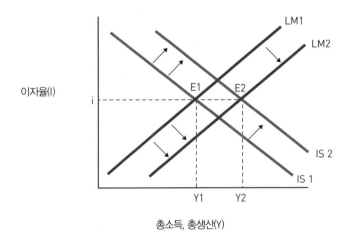

LM1

LM2

이자율(I)

i

E1 E2

IS 2

IS 1

Y1 Y2

총소득, 총생산(Y)

경제 성장과 통화주의의 견해

화폐란 무엇인가

통화주의자들에 대한 설명을 듣기에 앞서 그들이 가장 중요시하는 화폐에 대해 먼저 공부해 보자. 화폐는 재화와 서비스를 사고파는 교환의 매개체다. 그렇다면 화폐는 현금만을 의미하는가? 그렇지 않다. 경제학자들이 화폐의 공급량에 대해 이야기할 때는 그 속에 당좌예금 잔고나 화폐시장기금과 같은 화폐 등가물도 포함된다.

화폐공급량은 M1과 M2로 설명된다. 가장 널리 통용되는 화폐인 M1에는 현금, 당좌예금 잔고, 비은행 여행자수표만이 포함된다. M2에는 M1 외의 저축과 화폐시장 잔고가 포함된다. 2010년에 미국의 M1과 M2는 각각 2조 달러와 9조 달러를 기록했다. 정부는 화폐공급을 면밀히 감시해 전체 경제의 화폐 수요 및 그 건강 상태를 점검한다.

화폐수량방정식

케인스가 LM 곡선을 가지고 경제의 화폐 측면을 설명한 것과는 달리 통화주의자들은 화폐를 GNP의 주요 동인으로 간주한다. 통화주의자들의 이러한 견해는 화폐수량방정식Quantity Theory Equation을 통해 잘 나타난다. 화폐공급의 변화는 명목 GNP에 직접적인 변화를 야기한다.

$$M \times V = P \times Q$$
화폐Money × 유통속도Velocity ＝ 물가Price Level × 실질 GNP
화폐공급 ＝ 명목 GNP

통화주의 이론은 화폐공급을 화폐의 양과 화폐가 그 경제를 유통하는 유통속도의 산물로 본다. 유통속도는 화폐의 주인이 바뀌는 속도를 말한다. 분명한 것은 현금이 장판 밑에 숨겨져 있을 경우 그 돈은 경제에 아무런 가치도 부여하지 않는다는 사실이다. 즉, 그 돈의 유통속도는 0이다. 똑같은 돈이 여러 번 주인을 바꾼다면(어떤 사람에게서는 지출되고 어떤 사람에게는 소득이 된다.) 그 경제의 성장률은 증가한다. 그럼에도 불구하고 통화주의자들은 화폐의 유통속도가 일정하다고 믿는다.

화폐수량방정식을 이해할 때 화폐의 유통속도가 일정하다는 가정은 매우 편리하다. 유통속도가 일정할 경우 화폐공급은 경제성장을 결정하는 유일한 요소가 된다. 케인스학파는 이러한 가정을 헛된 것으로 본다. 걱정이 있을 때와 마음이 편할 때처럼 조건이 다른 상황에서는 유통속도도 변화한다는 것이 케인스학파의 생각이다. 예를 들어 경기가 불황일 때 사람들은 다음 월급이 마지막이 될지도 모른다는 두려움 때문에 가급적 저축을 해두려 한다.

화폐수량방정식에 따르면 정부가 조폐기를 빨리 돌림으로써 경제에 고속성장의 기어를 달 수 있다는 결론을 내릴 수도 있을 것이다. 물론 그럴 수도 있다. 그 경우 명목 GNP는 신기록을 달성하겠지만 인플레이션율을 조정하고 나면 결과적으로 실질 GNP는 동일 수준에 불과하거나 그 이하가 될 수도 있다.

통화주의자들이 가장 큰 관심을 갖는 부분은 물가수준의 변화나 인플레이션이다. 물가상승으로 화폐가치가 떨어지면 그 경제의 산출물은 실질가치가 감소한다. 그에 대한 해결책은 정부의 현명한 관리로 하여금 인플레이션 없이 경제 성장을 이룰 수 있을 정도로 화폐공급을 적절히 늘리도록 하는 것이다.

케인스학파는 약간의 인플레이션을 선호한다. 그러한 선호는 런던 대학 정경학부의 올번 윌리엄 필립스Alban William Phillips의 연구에 의해 뒷받침되고 있다. 필립스는 인플레이션이 높으면 실업률은 낮아진다고 주장한다. 인플레이션과 실업의 관계는 필립스 곡선Phillips curve이라고 불리는 그래프를 통해 나타난다. 통화주의자들은 이 말을 곧이듣지 않는다. 그들은 인플레이션이 낮을 경우에도 실업률이 낮을 수 있다고 믿는다. 미국의 과거 자료에 따르면 케인스학파가 주장하는 관계가 성립함을 알 수 있다. 특히 1950년과 1985년 사이에는 그러한 이론이 제대로 들어맞고 있다. 그러나 1985년 이후의 상황에서 알 수 있듯이 그들의 주장이 언제나 사실과 부합한다고는 할 수 없다.

통화정책 수단

이미 언급한 바 있듯이 통화 공급은 조절될 수 있다. 워싱턴의 연방준비위원회Federal Reserve Board of Governors에는 대통령이 임명한 일곱 사람이 앉아 있다. 연준위Fed라고도 불리는 이 위원회는 경제를 조절할 수 있는 세 가지 통화정책 수단에 대한 재량권을 가지고 있다.

할인율 조정

은행들은 연방준비위원회로부터 일정 할인율로 돈을 빌려 더 높은 이자율로 고객에게 대출한다. 할인율이 낮아지면 은행의 대출이자율과 연준위로부터 빌려오는 비용 간의 격차가 커진다. 그에 따라 은행들은 기업과 소비자에게 주택이나 자동차 구입, 신용카드 결제 등에 필요한 자금을 더 많이 대출해 주게 된다. 은행들은 최우수고객에게는 가장 낮은 이자율, 즉 우대금리prime rate 를 제공한다. 대출 증가로 인해 경제 전체의 통화공급이 늘어나게 되면서 승수효과가 시작된다. 2001년 9월 11일 이후 연준위는 심각한 불황이 전개되는 것을 막기 위해 이자율을 1퍼센트로 낮춘 바 있다. 그리고 20008년 금융 위기 사태 이후로는 이마저도 제로로 낮췄다.

정부채권의 매매

연준위는 금융시장에서 실제로 정부채권을 거래한다. 연준위는 정부가 직접 발행한 재정증권을 팔고 산다. 이른바 공개시장조작open market operation이라는 것이다. 연준위는 사람들로부터 정부채권을 사들이면서 액면가 이상의 대금을 지불함으로써 화폐공급을 증가시킨다. 이를 양적 완화QE, Quantitative Easing라고 한다. 연준위는 제로 수준으로 금리를 낮추는 거은 물론이고 경기 침체에서 벗어나기 위해 2008년부터 2010년까지 2조 달러 이상을 투입하여 정부채권을 사들였다. 반면에 투자자들이 연준위가 판매하는 정부채권을 살 경우에는 그들의 현금잔고가 줄어들게 되므로 화폐공급이 감소하게 된다.

금융기관 지급준비금의 조절

연준위는 은행이나 증권회사 등의 금융기관에게 고객들이 맡긴 현금의 일정 비율을 현금으로 보유하고 있을 것을 요구한다. 이 현금을 지급준비금reserve requirement이라고 부른다. 지급준비금은 은행이 매일의 거래를 수행하고 예금을 인출하려는 고객들의 요구에 부응하는 데에 필요하다. 준비금은 금융 안정에 기여한다. 고객들이 맡긴 나머지 돈은 고객들에게 대출된다. 조정당국이 높은 비율의 준비금을 요구하면 은행들은 그만큼 대출을 줄일수밖에 없게 되며, 그에 따라 경제 전체에 화폐공급이 감소된다.

연준위는 이들 세 가지 수단을 통해 화폐의 공급뿐 아니라 화폐의 비용, 즉 이자율도 조정할 수 있다. 연준위는 경제가 성장하게 되면 서서히 화폐의 공급을 증가시키고자 한다. 이러한 조치가 적절히 이루어질 경우 인플레이션과 이자율은 낮은 수준에 머물고 경제는 성장하게 된다. 화폐공급이 지나치게 긴축되면 1980년대 초에 경험한 바와 같이 심각한 불황이 야기될 수 있다. 반면 화폐공급이 무절제하게 방치되면 지난 20년간 많은 남미 국가에서 그랬듯이 걷잡을 수 없는 인플레이션에 직면하게 된다.

어느 쪽을 선택할 것인가

보수 성향을 지닌 독자라면 프리드먼 진영으로 기울겠지만 정치적으로 진보주의자에 속하는 독자라면 케인스학파의 경제학에 매력을 느낄 것이다. 케인스학파는 좀 더 적극적인 정부 개입을 주장하기 때문이다. 그러나 현실에서는 양쪽 모두 경제 안정을 지속시키는 데에는 그다지 좋은 성적을 내지 못하고 있어서 미국의 경기 침체는 여전히 계속되고 있다.

통화주의 이론이나 소비주의 이론 모두 경제체제의 운영에 있어 매우 중요한 역할을 한다. 둘의 관계는 마치 달걀이 먼저냐 닭이 먼저냐는 논쟁과도 같다. 어느 것이 먼저일까? 통화주의 정책에 의해 화폐의 공급이 결정되고 화폐의 공급에 의해 지출과 GNP가 영향을 받는 것일까? 아니면 케인스학파가 말하듯이 지출이 거꾸로 통화주의에 영향을 미치는 것일까? 행여 그 답을 알아내는 독자가 있거든 부디 책으로 발간해 모든 경제학자들의 고민을 해결해 주길 바란다.

그 외에 알아 두어야 할 경제학자들

이제 프리드먼과 케인스는 접어 두고 다음 다섯 명의 경제학자들에 대해 몇 가지 알아보자. 그들은 오늘날 우리가 알고 있는 근대 경제학의 기틀을 세운 인물들로 자주 언급되는 학자들이다.

애덤 스미스와 국부론

애덤 스미스Adam Smith는 세계 최초의 경제학자 가운데 한 사람으로서 아직까지도 여전히 거론되는 인물이다. 그의 저서인 《국부론》The Wealth of Nations (1776)은 경쟁이라는 '보이지 않는 손'이 이기심에 기초한 경제체제를 이끌어 간다고 묘사하고 있다. 그의 시각에 따르면 '국부'는 분업에 의해 증가한다. 그는 핀 공장의 예를 통해 각각의 작업들이 적절한 기술을 가진 노동자들에게 분담되었을 때 공장의 생산성이 얼마나 증가하는지를 설명했다. 그가 고찰한 바에 의하면, 한 사람이 모든 작업을 다 할 경우 하루에 만들 수 있는 핀은 고작 몇 개에 불과하지만, 분업을 통해 열 사람이 각각의 작업을 분담하게 되면 하루 4만 8,000개의 핀을 만들 수 있다.

조셉 슘페터와 창조적 파괴

하버드 출신의 경제학자인 조셉 슘페터Joseph Schumpeter는 오래전 세상을 떠나 잊혀졌다가 1980년대에 새롭게 소생한 인물이다. 슘페터가 다시 주목을 받게 된 것은 '경제의 핵심 인물은 기업가entrepreneur'라는 그의 주장 때문이다. 최근에 나온 경영 관련 잡지를 보게 되면 기업가 또는 그 비슷한 단어가 관사나 정관사만큼이나 자주 쓰이고 있다는 사실을 알게 될 것이다.

슘페터는 자본주의를 균형체계라기보다는 무질서하고 통제하기 어려운 유동적인 체제로 보았다. 그는 자신의 저서 《자본주의, 사회주의, 민주주의》 Capitalism, Socialism and Democracy(1942)에서 다음과 같이 자본주의를 '창조적 파괴'의 체제로 표현하고 있다. "기업가는 고통과 혼란을 통해 다른 산업을 대신하는 새로운 산업을 창조한다." 1980년대의 공개매수와 차입매수의 광풍 속에서 기업사냥꾼들은 자신들의 행동과 이윤을, 자본주의를 정화하는 건전한 기업 활동으로 정당화하기 위해 슘페터를 인용했다. 이론가들은 스스로 헤쳐 나갈 배짱이 없는 MBA들을 위해 기업에 속박되어 있지만 변화의 주역이 되고자 하는 사람들을 위로하기 위해 '잠재적 기업가'라는 말을 만들어 냈다.

존 케네스 갈브레이스와 자유주의적 관점

하버드 출신 경제학자인 존 케네스 갈브레이스John Kenneth Galbraith는 위대한 이론이나 정교한 연구 업적보다는 다방면에 걸친 정책적 발언으로 더 유명하다. 획기적인 사상가는 아니지만 감동적인 강연과 저서 판매 능력을 통해 경제학계에 큰 이름을 날리게 되었다. 갈브레이스는 1951년 《미국 자본주의 : 견제력의 개념》American Capitalism: The Concept of Countervailing을 통해 노동조합을 옹호했으며 《풍요로운 사회》The Affluent Society(1958)에서는 공공서비스를 위해 경제가 생산을 덜 중시해야 한다고 주장했다. 또한 1967년의 저서 《신산업국가》The New Industrial State에서는 사회주의를 향한 미국의 점진적 변화를 이야기하고 있다.

아서 오쿤과 오쿤의 법칙

아서 오쿤Arthur Okun 역시 올번 윌리엄 필립스와 마찬가지로 경제성장과 실업에 대해 연구했다. 예일대 출신의 오쿤은 케네디와 존슨 행정부 시절, 대통령 경제자문위원회에 가장 막강한 영향력을 행사한 경제학자 가운데 한 사람이었다. 그는 높은 경제성장률은 낮은 실업률을 수반한다는 사실을 발견했다. 과거 역사를 통한 그의 연구에 따르면 실질 GNP가 2.2퍼센트 포인트 상승할 때마다 실업률은 1퍼센트 포인트씩 낮아진다. 이 법칙은 1960년대에 미국 정부의 확장정책 추진을 정당화하는 데에 널리 이용되었다.

아서 래퍼와 1980년대의 공급중시 경제학

아서 래퍼Arthur Laffer는 1980년대에 등장한 가장 유명한 공급 중시 경제학자 가운데 한 사람이다. 공급 중시 경제학자들은 감세의 경기 활성화 효과를 신봉한다. 그들의 주장에 따르면 조세유인책과 연방정부의 지출 감소는 저축과 투자를 증가시킴으로써 성장을 유도하는 데 결정적인 역할을 한다. 개인과 기업의 소득이 늘어나게 되면 저축과 사업투자가 신장되며 그에 따라 전체 경제

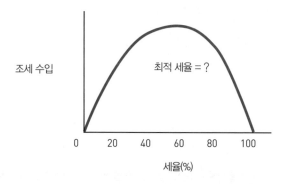

[도표 8 - 9] 래퍼곡선

의 생산성이 향상된다. 이러한 생산성 증가는 '공급'의 확대로 연결되어 보다 큰 부와 경제성장을 창출하게 된다.

서던캘리포니아 대학 재직 당시, 세율의 경기 자극 효과를 설명하기 위해 진행되었던 래퍼의 연구는 후에 래퍼 곡선Laffer curve으로 알려지게 되었다. 래퍼 곡선은 학문적인 기여뿐 아니라 실제로도 큰 역할을 했다. 1981년 레이건 행정부와 의회는 실제로 래퍼 곡선의 도움을 받아 조세를 감면할 수 있었다. 래퍼의 이론에 따르면 세입은 세율과 밀접한 관련을 보인다. 래퍼 곡선은 세율이 증가함에 따라 총세입도 증가하지만 일정 시점을 지나면 세율의 증가로 인해 총세입이 감소한다는 것을 보여 준다. 높은 세율은 탈세를 부추기며 사람들의 근로 의욕을 감퇴시킨다. 세율이 너무 높을 경우에는 세율을 낮춤으로써 사람들을 보다 열심히 일하게 할 수 있을 것이다. 그 경우 비록 소득 1달러에 대한 한계세액은 작아지겠지만 총세입은 증가할 것이다. 그러나 이 이론의 문제점은 너무 추상적이라는 데에 있다. 이론적으로는 최적 세율이 존재하겠지만 그것이 얼마인지는 아무도 모른다.

그 밖에 레이건 시절 이후 급진적 공급 중시 경제학자들로는 《부와 권력》

Wealth and Poverty (1981)의 저자 조지 길더George Gilder와《세계를 움직이는 원리》 The Way the World Works (1978)의 저자 주드 와니스키Jude Wanniski 등이 있다.

게리 베커와 행동 경제학

게리 베커Gary Becker는 사회학의 주제를 경제 이론에 적용한 최초의 경제학자 중 한 사람이다. 그는 과거 습관적이고 비이성적이라 규정되던 다양한 종류의 인간 행동이 사실은 이성적 원칙에 따른 경제적 동기에 의한 것이고 효용을 극대화한다고 주장했다. 그는 인종 차별, 범죄, 가족 구성, 마약 중동 등을 경제학으로 분석, 설명하려 한 연구로 경제학의 지평을 넓혔다고 평가받는다. 한편 시카고 대학의 교수인 스티븐 레빗Steven Levitt은《괴짜 경제학》Freakonomics이라는 책을 통해 행동경제학Behavioral Economics이라는 분야를 대중화했다.

국제경제학

좀 더 넓은 시각으로 경제를 바라보는 국제적 차원의 거시경제학은 경영대학원의 인기 과목이다. 세계경제가 범지구적으로 변화하면서 국제경제학은 MBA 교과과정의 인기 과목으로 부상했다. 또한 명문대학의 입학관리처는 강의실에 국제적 분위기를 조성하기 위해 모든 강좌에 적정 수의 외국인 학생을 참여시키고자 각별히 노력하고 있다.

각국의 비교우위

1817년 데이비드 리카도는 그의 저서《정책, 경제, 조세의 원리》Principles of Policy, Economy and Taxation에서 '비교우위' 원리를 설명하였다. 한 국가의 비교우위란 생산물을 교역 상대국보다 더 낮은 비용으로 생산할 수 있는 능력을 말한다. 이론적으로 볼 때 각 나라는 자국의 토지비옥도, 노동력, 기후 등에 따라 가장 더 효율적으로 생산할 수 있는 재화의 생산을 극대화해야 한다. 설사 한 나라가 어떤 생산물을 다른 한 나라에 비해 절대적으로 낮은 비용으로 생산할 수 있다 하더라도 그 나라는 다른 여러 국가들에 비해 상대적으로 더 효율적으로 생산할 수 있는 생산물에 주력해야 한다. 리카도는 포르투갈이 포도주와 양모 모두를 영국보다 절대적으로 더 낮은 비용으로 생산할 수 있다 해도 포도주는 영국에 수출하되 양모는 영국으로부터 수입할 것을 제안한다. 포르투갈의 생산능력은 한정되어 있고 양모에 비해 포도주가 생산효율성이 더 높다는 것이 그 이유다. 따라서 포르투갈의 생산능력은 포도주 생산에 최적으로 활용되어야 하며 대신 양모는 영국으로부터 수입하는 것이 가장 효율적이라는 것이다.

미일 교역관계에서 미국은 보다 낮은 비용에 의한 식품 생산능력을 극대화해야 한다. 비옥한 토지와 농기계, 비료, 기술 전문가, 노동력 등이 풍부한 까닭에 미국의 농업 생산성은 일본의 세 배에 달한다. 그에 비해 일본은 전자상품과 자동차 생산에 유리하다. 이론적으로 볼 때, 세계에 이들 두 나라만이 존재한다면 미국은 모든 전자상품의 생산을 중단하고 식품 생산에 주력해야 한다. 반대로 일본은 비효율적인 식품 생산을 그만두어야 한다. 그러나 현실에서는 국가마다 의사가 다를 뿐 아니라 특수한 이해관계들로 인해 무역장벽을 세울 수밖에 없으며, 그에 따라 비교우위의 효율성이 작동할 수 없게 된다. 수입관세나 수입할당제, 그 밖의 교역규제와 같은 무역장벽들은 국내 산업과 일자리를 보호하기 위한 정부 시책이라 할 수 있다. MBA 과정에서는 그러한 관세와 무역장벽들이 나쁜 것이며 자유무역이 장기적인 경제성장에 더 유리하다는 사실을 일관되게 설파한다.

국제수지

기업의 거래 내역은 재무제표를 통해 알 수 있듯이 국가의 교역활동은 국제수지BOP, Balance of Payment 계정을 통해 알 수 있다. 국제수지는 한 나라가 다른 나라에 대해 가지고 있는 채권과 채무의 변화에 대한 기록으로서 기업의 회계

[도표 8 – 10] 외화원장 기입 항목	
외환의 원천	**외환의 사용**
외국인 여행객의 국내 여행경비	자국민의 해외여행 경비
국내 운송업자가 외국인으로부터 받은 운송료	내국인이 해외에 지불한 운송료
외국으로부터 받은 수수료와 로열티	해외에 지불한 수수료와 로열티
해외투자를 통한 수입	해외에 지불한 이자와 배당금
정부의 해외 원조금 수령	정부의 대외 원조 제공
개인이 국내로 송금한 돈	개인이 해외로 송금한 돈
외채의 증가	해외 자산의 증가

담당자가 작성하는 현금흐름표와 유사하다. 국제수지는 일정기간 동안의 외환의 변화를 보여 준다. 외환은 다른 나라에 대금을 지급하는 데에 사용될 수 있는 현금이나 금 준비금 등의 유동자산 잔고를 말한다.

[도표 8-10]의 목록은 외환원장에 가장 자주 기입되는 항목들을 개괄적으로 나타낸 것이다. 물론 국제 마약 거래와 기타 신고되지 않은 거래 내용은 계산에 포함되지 않았다. 언론은 대개 국제수지의 전체적인 내용은 무시한 채 상품무역 적자merchandise trade deficit에만 관심을 집중한다. 2010년 미국의 상품무역 적자는 6,500억 달러에 달한다. 하지만 언론은 1,500억 달러를 기록한 컨설팅과 엔지니어링 같은 서비스 교역의 흑자와 1,600억 달러의 투자수입 흑자에 대해서는 관심을 갖지 않는다. 따라서 총 14조 달러 규모의 미국 경제의 순 무역적자는 3,400억 달러라고 할 수 있다.

외환을 충분히 보유하는 것은 매우 중요한 일이다. 2008년 짐바브웨의 통화 제도가 붕괴된 것은 중앙은행의 외환 보유 부족으로 인해 짐바브웨 정부와 자국민의 구매를 충당하지 못했기 때문이다. 외국인들이 짐바브웨에 대한 채권을 미국 달러로 바꾸려 했을 때, 짐바브웨 중앙은행의 외환은 이미 바닥난 상태였다. 태환성兌換性이 없음으로써 거의 무용지물이나 다름없게 된 짐바브웨 달러는 결국 휴지조각이 되고 말았다. 미화 1달러는 짐바브웨 1조 달러에 달하자 짐바브웨 정부는 자국 통화를 폐기할 수밖에 없었다.

환율과 구매가격 등가

환율exchange rate은 한 나라의 통화가 다른 나라의 통화로 교환되는 비율을 말한다. 2011년 7월 현재, 미화 1달러의 가치는 중국 화폐 6.5위안, 일본 화폐 80엔, 영국 파운드화의 66퍼센트, 유로화의 68퍼센트에 해당했다. 1980년대 초반과 중반에는 달러화의 가치가 그보다 훨씬 높았다. 당시 유럽을 여행하던 미국인들은 물건 값이 매우 싸다고 느꼈다. 하지만 2000년대에 들어 달러화의 약세가 심화되자 미국인이 유럽을 여행할 때 상당히 비싼 경비가 소요되었다. 이렇듯 한 나라의 통화가치가 다른 나라의 통화가치보다 높아지게 되는 이유는 무엇일까? 그것은 바로 저 오랜 수요 공급의 관계에 기인한다. 국제 환거래자들은 각국 통화의 움직임을 예측하기 위해 항상 다음 네 가지 요인을 염두에 둔다.

- 상품 및 용역 대금으로 지불할 통화의 거래 수요
  미국이 프랑스 포도주를 수입해야 할 경우 수입상들은 유로화로 결제하기 위해 달러화를 매도하고 유로화를 사들인다.
- 유망한 투자에 사용될 통화에 대한 수요
  다른 나라에 비해 미국의 이자율이 상대적으로 높을 경우 외국인들의 미국채권 매입이 활기를 띠게 된다. 또한 미국의 경제성장률이 다른 나라에 비해 상대적으로 높을 경우에는 외국인들의 미국 주식 매수가 활기를 띠게 된다.
- 불확실성이 높은 시기에 안전한 통화수단에 대한 수요
  정국이 혼란하거나 전쟁이 발발하게 되면 투자가들은 안정성 있는 나라의 통화를 찾게 된다. 1991년 걸프전 당시 투자가들은 정세가 불안

한 가운데서도 미국은 다른 나라보다 안전할 것이라 믿고 달러를 매입한 바 있다. 반면 2003년 이라크전 후에는 유럽연합의 유로화가 투자가들의 인기를 끌었다.

• 다른 나라에 비해 낮은 인플레이션 수준

1987년 미국의 인플레이션은 3.6퍼센트에 불과한 데 비해 레바논의 인플레이션은 내전의 혼란으로 인해 723퍼센트에 달했다. 레바논의 투자가들은 자국 파운드화의 가치가 급격히 곤두박질치고 있었기 때문에 당연히 달러화에 대한 투자를 고수하고자 했다. 구매력 등가 purchasing-power parity 이론에 따르면 각국 통화들의 가치가 인플레이션으로 인해 서로 어떻게 조정되는지를 알 수 있다. 가령 상대 국가에 비해 인플레이션이 심할 경우 그 나라의 통화가치는 연간 손실분을 상쇄하기 위해 하향 조정된다. 1986년과 1987년 내전 당시 레바논 파운드화의 환율은 달러당 38파운드에서 496파운드까지 내려가면서 86퍼센트에 달하는 인플레이션 손실을 벌충해야 했다. 결국 인플레이션이 계속되면서 2011년 현재 레바논 화폐의 가치는 1달러에 1,510파운드에 이르고 있다.

국제무역에 종사하는 기업에게 있어 환율 변동은 극히 중요한 문제다. 경우에 따라서는 계약을 체결한 시점과 대금 결제 시점 사이의 환율 변동으로 인해 당초 예상했던 이익을 전혀 실현하지 못할 수도 있다. 예컨대 미국 농부가 일본에 1달러어치의 쇠고기를 팔 계획이라고 가정해 보자. 그는 5퍼센트의 이익을 예상하고 2011년도 환율인 80엔을 기준으로 가격을 책정했다. 그러나 그가 쇠고기 값을 받을 시점에는 환율 변동으로 인해 똑같은 1달러를 사기위해 100엔을 지불해야 할 수도 있다. 비록 엔화가격은 80엔을 계속 유지할 수도 있겠지만 통화가치의 변동으로 인해 달러의 구매력은 25퍼센트가 줄어들게 될 것이다. 기업과 개인들은 이러한 종류의 통화거래에서 발생할 수 있는 손실을 상쇄하거나 회피하기 위해 선물과 옵션 시장을 활용한다. 물론 여섯째 날 강의 재무관리 부분에서 말한 주식옵션에 의한 위험 방지책stock-options hedging 과는 그 성격이 다르다.

환율제도

환율은 자국의 환율제도에 의해 관리된다. 변동환율제를 택하고 있는 나라의 통화가치는 앞에서 설명한 네 가지 요인들에 근거해 아무런 구속 없이 변동한다. 반면 고정환율제를 택하고 있는 정부는 이율을 변경하거나 외화를 매입함으로써 달러나 유로화 혹은 통화 바스켓에 대해 자국 통화의 고정 가치를 유지하고자 한다. 이를 일컬어 자국의 통화가치가 다른 통화에 고정peg되어 있다고 한다. 1945년에서 1971년까지의 브레턴 우즈Bretton Woods 체제하에서는 미국의 달러화가 일정액의 금 가치에 고정되고, 그 외의 모든 통화는 미국의 달러화에 고정되었다. 그러한 체제는 1971년 많은 나라들이 변동환율제를 채택하기로 하면서 막을 내리게 되었다.

국가는 자국 통화에 대해 어떠한 일도 할 수 없다. 소위 '동시 선택이 불가한 3개안'impossible trilogy 의 개념에 따르면 정부는 다음의 세 가지 선택안 가운데 두 가지만을 선택할 수 있다.

- 독자적 통화정책
- 고정환율
- 자본 통제의 결여

예컨대 고정환율제를 채택하고 있는 나라는 독자적 통화정책을 포기하고 그 밖의 독자적 통화에 맞서 자국의 고정된 기준 환율을 유지할 수 있도록 자본을 통제해야 한다. 화폐가치가 심한 변동을 보이는 시기에 고정환율제를 택하기로 할 경우에는 고정환율을 유지하는 데 비싼 값을 치르게 된다. 고정환율제에 실패하게 되면 1994년 멕시코와 1998년 동남아시아의 사례와 같이 자국 통화의 가치가 거품을 거두고 실제 수준으로 하락함에 따라 통화 위기에 직면하여 교역 와해 및 투자 붕괴가 야기될 것이다.

시카고 대학의 그레고리 맨큐Gregory Mankiw는 다음 쪽에 소개한 바와 같이 이자율, 국제 자본 흐름, 환율 등을 총괄하여 세계 경제 시스템을 이른바 '3-패널 다이어그램'으로 정리해놓았다.

미국을 비롯한 각국의 실질 금리 수준은 대부 자금loanable fund의 수요와 공급에 따라 결정된다. 예금자가 제공하는 달러화 공급 수준과 투자자의 달러화 수요가 균형을 이루는 지점에서 이른바 균형 금리가 형성된다.

국제 시장에서는 달러화로 표시된 투자 자금의 금리가 매력적인 요소일 수도 혹은 그렇지 않을 수도 있다. 각 국가의 위험도, 국제 무역에서의 통화 수요, 금리 등에 따라 해당 국가의 순자본유출량이 결정된다. 이러한 자본 유출을 통해 국제 외환 시장에 달러화가 공급된다. 그리고 국제 시장에서의 달러화 수급에 따라 달러화의 환율이 정해진다.

[도표 8-11]에서 보는 바와 같이 국제 거시 경제 시스템 하에서는 국내 금리, 자본 흐름, 환율 등 세 가지 변수가 동시에 작용하면서 균형 지점을 끊임없이 변동시킨다. 한 마디로 이것을 거시경제학이라고 한다.

국가 분석

경영대학원에서는 또한 한 국가의 미래를 예측하고자 할 때 무엇을 고려해야 하는지 가르친다. 최근 경영대학원의 목적이 다국적기업의 최고경영자들을 배출하는 것인 만큼 장래의 산업 지도자들이 해외 투자 기회를 평가 할 수 있도록 다양한 능력으로 그들을 무장시켜야만 한다.

하버드 경영대학원이 개발한 국가 분석country analysis은 전략 개발에 필요한 경제, 사회, 정치, 지리 등의 온갖 가능한 데이터들을 체계화하기 위한 4단계 과정으로 구성되어 있다.

출처: 위키피디아

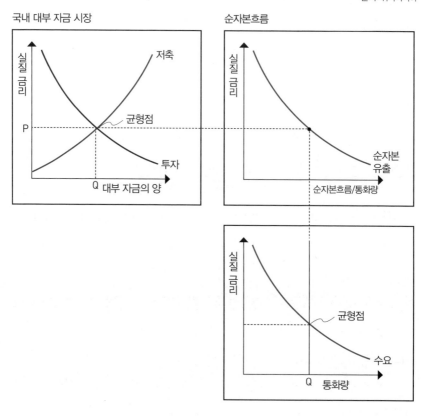

1. 해당 국가의 과거 성과를 분석한다

   외부 측정 자료 – 국제수지, 환율

   내부 측정 자료 – 일반적 측면 : GNP, 인플레이션, 실업률

   공급 측면 : 이자율, 투자, 생산능력

   수요 측면 : 소비, 소득분배

   사회적 측면 : 거주지 이전, 인구 증가, 교육

2. 국가의 전략을 파악한다

   목표 : 자율성, 생산성, 공정성

정책 : 재정, 통화, 교역, 사회적 정책

3. 국가가 처한 상황을 분석한다

물리적 상황 : 면적, 인구, 지리

정치적 상황 : 정부 형태, 안정성, 부패, 지도자들

제도적 상황 : 정부기관, 기업, 노동, 종교, 농업 등의 제도

이념적 상황 : 정부의 역할, 가정, 문화, 개인주의

국제적 상황 : 교역 우위, 경쟁력

4. 1～3단계에 기초해 예측한다

심각한 부채와 더불어 정치적 교착 상태에 빠져 있는 나라의 일례로 1990년의 미국을 들어 보자. 1990년으로 돌아가 스위스 취리히 은행의 소유주인 프란츠 다닝거Franz Danninger의 입장이 되어 생각해 보자. 그는 고객의 돈을 세계화 포트폴리오, 즉 세계 분산투자의 일환으로 미국에 투자해야 하는지 고려하는 중이다. 그 분석 과정은 넓은 의미에서 볼 때 MBA의 의사결정을 위한 분석과 일맥상통한다고 할 수 있다.

1. 과거 미국의 성과를 분석한다

외부 측정 자료 : 1990년 미국의 무역적자는 600억 달러로 1987년의 1,500억 달러에 비해 대폭 줄어들었다. 달러화는 다른 주요국 통화에 대해 미약하나마 일관된 약세를 유지해 왔다. 인플레이션은 지난 5년 동안 큰 변동 없이 2~5퍼센트의 낮은 수준을 지켜 왔고 앞으로도 크게 심화될 조짐은 거의 없다. 마찬가지로 실업률 역시 5~6퍼센트의 낮은 수준을 유지해 왔다.

내부 측정 자료 : 미국의 GNP는 5조 4,000억 달러 규모의 경제에서 겨우 1퍼센트라는 미미한 증가세에 그쳤다. 그러나 미국의 경제는 세계 최대 규모로서 일본의 2배, 독일의 4배, 영국의 7배에 달한다.

공급 측면 : 대출 우대금리가 8~9퍼센트를 유지하는 가운데 이자율은 꾸준한 하락세를 보이고 있다. 인플레이션이 낮은 것을 감안하면 이자율이 높은 편이라 할 수 있다.

수요 측면 : 1990년의 개인소비 증가율은 6퍼센트로 낮은 수준이지만 지속적인 증가 추세를 보이고 있다. 인구집단의 소득 분배는 불균등한 상태에 있으며 소수민족의 노동시장 참여 비중은 과거보다 더 낮게 나타나고 있다.

사회적 측면 : 현저한 인구 변동 사항은 없다. 풍요로운 산업국가들이 의례 그렇듯이 출생률은 낮고 인구 증가율은 0퍼센트에 가깝다. 모든 아동에게 의무교육이 제공되고 있지만 학생과 성인들의 높은 문맹률은 여전히 문제가 되고 있다.

이러한 통계로 미루어 볼 때 이 나라의 경제는 둔화 상태에 있다고 결론지을 수 있다. 얼마간의 문제는 있지만 큰 혼란을 야기할 만한 것들은 아니다. 이제 어느 정도 과거 자료를 수집한 만큼 다음 단계로 미국의 지도자들이 어떤 방향으로 국가를 이끌어 가고자 하는지 알아보도록 하자.

2. 미국의 전략을 파악한다

목표 : 미국은 세계의 크고 작은 문제에 앞장서는 것으로 알려져 있다. 1981년과 1982년의 경기 침체 이후에 정치가들과 기업가들은 미국 산업기반의 생산성을 높이는 데 관심을 집중했다. 공장 생산성은 자동화와 새로운 경영방식, 정리해고 등에 힘입어 1983년 이후 연간 3.1퍼센트의 증가세를 보였다. 정치 지도자들은 경제적인 평등을 우선시하지 않았다. 그들은 트리클 다운 이론trickle down theory, 즉 정부 자금을 대기업에 유입시키면 그것이 중소기업과 소비자에게 미쳐 경기를 자극한다는 이론을 내세운다. 그 이론에 따르면, 경제

가 잘 되면 결국 모두에게 혜택이 돌아간다.

정책 : 의회와 행정부의 지출정책은 1990년에도 재정적으로 거의 제한을 받지 않은 것으로 보인다. 당시의 예산 적자는 무려 2,200억 달러에 달했다. 10년에 걸쳐 계속된 초과 지출로 인해 부채는 2조 달러나 새로 늘어났다. 1990년 연방정부 예산의 14퍼센트는 부채에 대한 이자를 갚는 데 쓰였다. 독립기관인 연방준비위원회는 통화 공급량을 크게 제한함으로써 인플레이션은 낮되 이자율은 높은 수준으로 유지하는 통화정책을 펼쳤다. 미국은 자유무역국가를 표방하고 있는 만큼 연방정부는 공식적인 무역정책을 시행하지는 않는다. 문제가 생기면 그때그때 상황에 따라 대처한다.

3. 미국이 처한 상황을 분석한다

물리적 상황 : 미국은 세계에서 면적이 가장 큰 나라 가운데 하나다. 천연자원 또한 풍부하지만 원유와 금속은 수입해야 한다.

정치적 상황 : 미국 정부는 세계에서 가장 안정된 입헌민주주의 체제이다. 연방공화국인 미국은 중앙정부와 50개의 주정부 사이에 권한이 분산되어 있다. 부패가 존재하기는 하지만 언론의 감시 덕분에 최소한으로 유지되고 있다.

제도적 상황 : 미국은 산업화된 선진국이다. 정부기관, 기업, 노동, 종교, 농업의 기반조직이 있으며, 이 기반조직은 가장 발전된 형태의 관료체제처럼 운영된다.

이념적 상황 : 미국은 정부를 국민의 봉사자로 여긴다. 미국의 헌법은 정부가 침해할 수 없는 개인의 권리장전을 명시하고 있다. 미국 문화는 신대륙 이민자들의 과거와 자본주의 경제의 반영물로서 매우 다양한 측면을 가지고 있다.

미국 사회에 널리 퍼져 있는 공통의 맥락은 물질적 부에 대한 깊은 존경심이
라 할 수 있다.

  국제적 상황 : 미국은 세계 최대의 소비시장이기 때문에 세계무역에서 지배
적인 역할을 한다. 또한 달러화의 안정세와 낮은 인플레이션 덕분에 여전히
경제강국의 자리를 지키고 있다.

4. 미래를 예측하고 투자 여부를 결정한다

  프란츠 다닝거의 입장에서는 지금까지의 자료를 근거로 다음과 같은 분석
과 예측이 가능할 것이다. "미국은 스위스와 마찬가지로 경기 순환 면에서 성
장의 둔화를 겪고 있는 안정된 산업국가다. 취리히 은행은 미국경제에 계속
문을 열어 놓아야 한다. 미국의 주식 및 채권시장에 대한 투자는 계속되어야
한다. 우리 고객들의 자금을 투자하기에 미국 이상으로 안정된 나라를 찾을
수 없었다."

  프란츠가 미래에 대해 여러 가지 예측을 할 경우, MBA 과정에서는 그것을
시나리오 분석scenario analysis이라고 한다. 경기 침체의 예견을 뒷받침하는 정황
들은 또한 미국의 경제 호황이나 불경기를 예고하는 시나리오의 근거로도 쓰
일 수 있다. 용의주도한 경영자라면 이러한 시나리오들 가운데 한 가지가 전
개되기 시작할 경우 그에 대한 비상 계획을 세워야 한다.

  국가 분석은 한 국가를 분석하는 데에 이용할 수 있는 온갖 경제 관련 자료
를 분류할 수 있게 해주는 다목적 도구라 할 수 있다. MBA 신입생인 여러분
은 이제 세계적으로 유명한 투자회사들뿐만 아니라 세계적 전략가들이 다국
적기업의 임원실에서 사용하고 있는 프레임워크를 얻게 된 것이다.

경제학 요점 정리

지금까지의 내용에서 알 수 있듯이 MBA 과정에서 필요로 하는 기초 지식만을 알고자 한다면 미시경제학과 거시경제학도 그다지 복잡한 것은 아니다.

- 미시경제학 : 수요와 공급은 균형가격에서 서로 일치한다. 소비자들은 기회비용을 최소화하는 한편 한계이윤과 한계효용을 극대화하기 위해 노력한다. 소비자들이 가격 변화에 반응을 보일 경우 경제학자들은 소비자 행동이 탄력적이라고 말한다.

- 거시경제학 : 케인스학파는 정부지출이나 소비 지출을 선호하는 데 반해 프리드먼을 위시한 통화주의자들은 화폐공급의 조절을 중시한다. 양측의 주장 모두 타당한 측면이 있지만 어느 쪽도 경제가 움직이는 원리를 정확히 설명하지는 못하고 있다. 어떠한 경우에도 균형가격에서 수요와 공급은 일치한다. 양측이 동의하는 부분은 단지 그 정도에 그친다.

- 국제경제학 : 세계 각국은 국제수지를 통해 자국의 교역활동 내용을 파악한다. 그들의 활동 성과가 좋을 경우 낮은 인플레이션과 꾸준한 경제 성장, 높은 외환 보유고, 원래의 자국통화가치 등을 유지할 수 있게 된다. 그러나 성과가 좋지 않을 경우, 그 나라의 경제는 레바논과 마찬가지로 헤어나기 힘든 수렁에 빠지게 된다. 만약 예언가가 되어 자신이 가장 관심을 갖는 국가의 경제를 예측하고 싶다면, 국가분석 프레임워크를 활용하도록 하자.

반드시 챙겨야 할 **경제학 용어**

- **미시경제학**Microeconomics : 개인과 가계, 기업, 산업계 등의 경제행위를 연구하는 학문
- **거시경제학**Macroeconomics : 총체적인 경제 주체, 즉 국가의 경제행위를 연구하는 학문
- **균형점**Equilibrium : 공급 수량과 수요 수량이 일치하고 상호 동의할 만한 가격이 결정되는 점
- **한계수익과 한계비용**Marginal Revenue and Marginal Cost : 상품 한 개를 추가로 생산하고 판매하는 데 추가되는 수익과 비용
- **탄력성**Elasticity : 가격의 변화에 따르는 구매자의 수요 변화의 정도
- **시장구조**Market Structure : 판매자의 수와 상품의 특성에 의해 결정되는 업계 내의 경쟁 환경
- **케인스학파 이론**Keynesian Theory : 경제를 활성화하는 주축은 지출과 소비라는 이론
- **통화주의자 이론**Monetarist Theory : 경제 성장은 화폐공급의 규모와 증가에 의해 결정된다는 이론. "화폐가 세상을 움직인다."
- **국민총생산**Gross National Product : 한 국가가 한 회계연도 동안에 생산한 최종 재화와 용역의 총액
- **소비승수**Spending Multiplier : 한 국가 내에서 순환되는 화폐의 경제적 파장 효과. 즉 한 사람의 소비가 다른 사람의 수입이 되는 데에 따르는 파장 효과
- **재정정책**Fiscal Policy : 정부의 지출정책
- **통화정책**Monetary Policy : 화폐공급과 이자율을 조절하기 위한 정부 시책
- **애덤 스미스**Adam Smith : 1776년 《국부론》을 통해 자본주의의 '보이지 않는 손invisible hand'을 설명한 경제학자
- **아서 래퍼**Arthur Laffer : 세율이 낮을수록 세금 수입률이 높아진다는 사실을 입증하는 래퍼 곡선을 만든 1980년대의 경제학자
- **국제수지**Balance of Payment : 한 나라의 외환 유출과 유입을 기록하는 계정
- **국가분석**Country Analysis : 한 나라의 전망을 예측하고 경제 관련 데이터를 정리하기 위한 체계적인 프레임워크

아홉째 날

전략

Strategy

전략 과목은 새로 습득한 경영지식과 기술을 활용해볼 수 있는 기회를 제공하기 때문에 MBA 과정 가운데 가장 흥미로운 과목이라고 할 수 있다. 대다수의 교수들은 전략 과목을 수강하기에 앞서 여타 주요 과정들을 먼저 이수해야 한다고 주장한다. 전략을 공부하기 위해서는 MBA 전 과목에 대한 배경지식이 필요하기 때문이다. 전략 수업 중에 학생들은 이사회의 의장 입장에 서게 되는데, 그들은 그 상황을 몹시 반긴다. 필자를 지도한 전략학 교수는 전략 개념을 이해하게 되면 기업을 보는 시각이 달라진다고 늘 강조했다. 전략적 사고에는 해당 업계와 경쟁업체, 사업 환경 등 기업과 관련된 장단기적인 포괄적 분석이 포함된다. 궁극적으로 전략이란 기업의 목표 달성을 위한 계획이라 할 수 있다.

기업 경영진들 중에서도 흔히 자신이 무엇을 원하는지 또는 목표로 하는 것을 어떻게 달성해야 하는지 명확히 알지 못하는 경우가 적지 않다. 실제로 그런 상황이라면 이사회의 회의는 마치 루이스 캐롤Lewis Carroll의 《이상한 나라의 앨리스》Alice Adventures in Wonderland의 한 장면과 같을 것이다.

앨리스 : 제가 어느 쪽으로 가야 할지 말해 주시겠어요?

체셔 고양이 : 그것은 네가 어디로 가기를 원하느냐에 달렸지.

앨리스 : 어디로 가든 별로 상관없어요.

체셔 고양이 : 그렇다면 어느 쪽으로 가도 괜찮아.

기업의 전략계획은 주도면밀해야 한다. 전략을 잘 세운 기업은 승리자가 되지만 그렇지 않은 기업은 경쟁 시장의 희생양이 될 수밖에 없다.

조직의 한 부분으로서의 전략 : 7S 모델

전략적 계획은 진공 상태에서는 수립될 수 없다. 마케팅 계획이 상품에 적합해야 하듯이 전략적 계획은 조직에 맞아야 한다. 전략계획은 구성과 실행이라는 두 개의 별도 단계를 특징으로 한다. 전략 담당자들이 계획을 세울 경우에는 항상 전략의 실행을 염두에 두어야 한다. 《초우량 기업의 조건》In Search of Excellence의 저자 톰 피터스Thomas J. Peters는 '전략은 조직이라는 옷감 속에 섞여 함께 직조되어야 한다'고 역설하며 7S 모델을 제시한다. 실제로는 피터스 외에도 로버트 워터맨Robert H. Waterman, 줄리안 필립스Julien R. Phillips 등이 7S 모델의 고안에 함께 참여했지만 뛰어난 연설가인 피터스가 대부분의 공로를 인정받고 있다. 그들이 창안한 모델은 회사 전체를 고찰할 수 있는 구조를 제시하며 조직 내의 문제 진단과 더불어 그에 따른 전략 수립과 이행을 가능하게 한다. 전략에 의한 근본적 조직개편을 일컬어 리엔지니어링reengineering(기업의 조직 · 업무 등을 수정 · 재조직하는 경영 혁신—옮긴이)이라고 한다.

7S 모델은 다음과 같다.

- 구조Structure
- 시스템System

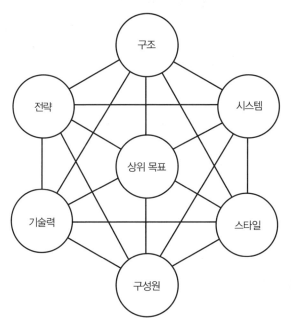

출처 : Business Horizons, June 1980. © 1980 by the Foundation for the School of Business at Indiana University.

- 기술력Skill
- 스타일Style
- 구성원Staff
- 상위 목표/공유가치Superordinate Goals/Shared Value
- 전략Strategy

[도표 9-1]은 조직의 변화 능력에 영향을 끼치는 다양한 요소mulitplicity와 그들의 상호관련성interconnectedness을 나타내고 있다. 그림에서 알 수 있는 또 다른 특징은 그들 요소 사이에 어떤 시작점이나 묵시적 상하관계도 존재하지 않는다는 사실이다. 다른 요인들에 의해 움직이는 조직도 있을 수 있지만 우수

한 조직에서는 이들 7S가 각기 서로를 보완하면서 일관되게 회사의 목표를 향해 나아간다. 첫째 날에 설명한 바 있지만 마케팅 계획은 '내부적으로 일관되고 상호보완적이어야 한다'는 내용과 조금도 다르지 않다. 7S 모델은 체계적인 사고를 통해 복잡한 문제를 확실하게 규명하고 효과적으로 해결할 수 있도록 돕는 매우 유용한 도구다.

만약 넷째 날의 조직행동론에서 개괄한 바 있는 기본 조직 모델을 기억하고 있다면 7S 모델이 분명 익숙하게 느껴질 것이다. 전략 이론가들은 다른 MBA 과목에서 배운 각종 개념과 생각들을 차용하고 이를 통합하여 새로운 전략을 구축한다. [도표 9-1]의 7S 모델 역시 동일한 모델에 약간의 첨삭을 가했을 뿐이다.

구조

기업의 구조는 그 기업의 전략계획뿐만 아니라 변화 능력에도 많은 영향을 미친다. 조직행동론에서 설명한 바 있듯이 소비자나 지역을 중심으로 회사의 구조를 구축할 수도 있다. 예컨대 전략을 변경해 소비자의 요구에 보다 잘 대응하고자 하는 회사는 '소비자 중심'의 조직구조를 채택할 필요가 있다. 소비자 중심 구조에서는 회사의 모든 기술을 소비자의 구체적 요구를 충족시키는 데에 집중할 수 있기 때문이다. 전동 공구 제조업체의 경우 경쟁으로 인해 제조, 판매, 재무 부문 등으로 분리된 기능적 형태에서 두 개의 고객부서로 구성된 조직체제로 전환하라는 조치가 내려질 수도 있다. 두 고객부서 중 한 곳은 가계 소비자를, 다른 곳은 산업 소비자를 담당하게 될 것이다. 이러한 시장의 두 고객층은 각기 다른 요구를 가지고 있으며 그러한 요구는 각각의 고객부서를 통해 가장 효과적으로 해결될 수 있다. 특수한 상황에서는 신상품 개발에 능숙한 프로젝트 팀을 구성하기 위해 한시적인 매트릭스 구조를 채택할 수도 있다.

전략

전략이란 기업이 외적 환경, 소비자, 경쟁사들의 변화에 대응해 혹은 그러한 변화를 예측해 계획하는 실행 조치들을 말한다. 오늘 강의를 통해 회사가 선택할 수 있는 다양한 전략에 대해 중점적으로 공부하고자 한다.

스타일

스타일은 기본 조직 모델의 어느 요소와도 관계가 없는 것 같지만 사실은 문화와 매우 밀접하게 관련되어 있다. 문화 또는 스타일은 시간이 지나면서 조직 내의 모든 사람들에게 전이되는 행동, 사고, 신념, 상징 등을 총칭하는 말이다. 뿌리 깊은 사내 문화는 변화하기가 매우 어렵기 때문에 새로운 전략을 개발할 경우에는 결코 그 점을 간과해서는 안 된다. 일례로 보수적 성향을 가진 소비재 생산회사의 경우에는 신상품의 효용성과 성장성에 대한 확신이 있어야만 생산을 결정할 수 있다. 전통적으로 혁신 속도가 더딘 기업군에 속했던 P&G는 최근 들어 그 행동 양태가 달라지고 있다. P&G는 섬유유연제 바운스Bounce 상품을 출시할 때 수년간의 시험판매를 거친 다음에야 전국 시판을 결정하는 보수적인 기업이었다. 하지만 이제는 불과 수개월 만에 신상품을 미국 전역에 출시할 만큼 달라진 모습을 보이고 있다.

구성원

따뜻한 인간의 체온이 없다면 회사는 존재할 수 없다. 톰 피터스에 따르면, 구성원은 인적 자원 시스템을 의미하며 그 시스템 속에는 평가와 교육, 임금 등과 더불어 직원 동기, 도덕성, 태도와 같은 무형적인 것들도 포함된다. 동기를 부여받은 자발적인 노동인력을 갖춘 회사는 변화에 대해 적응하고 경쟁력을 발휘할 수 있다. 최고경영진들은 구성원이라는 전략 요소를 외면하는 경우가 많다. 한편으로는 인적 자원을 대수롭지 않게 여기는 동시에 다른 한편으로는 너무 민감하게 여기기 때문이다. '인사관리부에서 알아서 하게 놔두라'

는 것이 그들의 일반적인 태도다. 그러나 인적 요소는 매우 중요한 요소다. 구성원들의 협조가 없다면 어떤 회사도 성공할 수 없을 것이다.

기술력

기업이 지닌 특별한 능력과 재능은 구성원과 매우 밀접한 관계가 있다. 직원의 유창한 스페인어 회화 능력에서부터 통계 처리나 컴퓨터 활용 능력에 이르기까지 기술력의 범위는 매우 넓다. 회사에 따라서는 매우 특별한 분야에서 두각을 나타내기도 한다. 가령 듀퐁과 3M은 연구개발 분야의 능력이 뛰어난 것으로 유명하며 IBM과 GE는 자사 상품에 대한 우수한 서비스 지원 능력이 강점이다. 한편 다국적기업들은 외국어 능력과 더불어 다른 문화와 관습에 대한 깊은 조예를 갖춘 사람들을 필요로 한다. 아메리칸 익스프레스American Express는 경쟁 시장의 현지 지식인을 고용해 그러한 기술력을 획득하고 있다.

시스템

기업의 시스템은 조직을 운영하고 정보를 수집하는 공식 및 비공식적 절차들로 구성된다. 톰 피터스는 시스템을 구성원이라는 인적 부분과 연계해 생각하며 정보 수집뿐만 아니라 자재 및 자금의 할당과 관리에도 시스템이 이용되어야 한다고 여긴다.

회사가 시장에서 중대한 도전에 직면하게 될 경우 경영진들은 회사의 운영 상태와 소비자 및 경쟁사 등에 관한 상세한 데이터를 가지고 있어야만 상황의 심각성을 판단할 수 있다. 이 경우 관리회계 시스템은 생산 및 원가에 대한 운영 데이터를 제공하며 마케팅 리서치와 매출 추적 시스템은 고객에 관한 정보를 알려 준다. 또한 효율적이고 지능적인 시스템은 타사의 현황을 파악할 수 있는 통찰력을 제공한다.

상위 목표

7S의 마지막 요소인 상위 목표는 조직의 핵심에 위치하고 있다. 피터스는 '상위라는 단어는 문자 그대로 보다 높은 위치를 의미한다'고 말한다. 상위 목표는 문자화되지 않는 가치나 영감과 같은 길잡이 개념을 뜻하며 상투적인 문구로 표현되는 기업 목표와는 그 차원이 다르다. 피터스의 말대로 "상위 목표는 사업 구상과 관련된 가장 근본적인 생각들이다." 1980년 피터스는 자신의 저서를 통해 다음과 같은 예를 들었다. "HP의 상위 목표는 '조직의 모든 계층에 혁신적인 인물들'을 배치하는 것인 반면 3M은 '새로운 상품'의 생산을, IBM은 '고객 서비스'를 상위 목표로 한다."

사명선언서

기업의 목표와 관련해 종종 언급되곤 하는 사명선언서mission statement는 기업의 주요 이념과 목표를 짧고 간결한 내용으로 표현한 것을 말한다. 하지만 쓸데없이 장황하고 지루한 내용으로 문서화된 사명선언서도 쉽게 찾아볼 수 있다. 명문 경영대학원에서 고액의 경영 관리 프로그램을 이수하고 돌아온 경영자들은 대개 전담팀을 구성하거나 컨설턴트를 고용해 사명선언서를 만들고자 한다. 그러한 행동은 다분히 남들에게 뒤지지 않기 위한 과시욕에서 기인한 것이다. 한 회사의 연보annual report에 사명선언서가 실리게 되면 경쟁기업들 역시 앞을 다투어 사명선언서를 급조하기에 바쁘다. 크라이슬러와 캠벨의 연보에 실린 사명선언서는 내용도 훌륭하며 탄탄한 구성이 돋보인다.

크라이슬러는 고객 만족을 제1의 목표로 한다. 우리는 앞선 기술과 혁신적인 상품, 우수한 품질, 보다 나은 서비스를 통해 목표를 달성한다. 또한 우리 모두는 하나의 팀으로서 목표 달성에 정진한다.

캠벨의 모든 활동은 소비자를 중심으로 시작된다. 우리의 목표는 품질과 가치에서 앞선 소비자 식품 판매를 통해 수익과 주주 가치를 최대화하고 모든 경쟁 분야에서 1~2위의 선두 지위를 확립하고 고수하는 것이다.

두 선언서는 각 회사의 목표를 분명히 나타내고 있다. 크라이슬러는 고객 만족에 초점을 맞추고 있는 데 비해 캠벨은 주주들의 만족을 주요 목표로 하고 있다. 사명선언서는 그 시점에서 가장 중요한 지지기반이 될 대상들의 환심을 사기 위해 만들어지기도 한다. 크라이슬러의 경우에는 운영 상태도 좋고 주가도 높은 상황에서 매출 증대에 역점을 두기 위해 선언서를 발표했다. 반면 캠벨은 당시 회사가 일반 주주들보다는 지배권을 가지고 있는 도랜스 일가의 이익만을 위해 운영된다는, 좋지 않은 평을 듣고 있었다. 한편 상위 목표가 없는 기업에게 사명선언서는 그 작성 의도나 배경과는 무관하게 상위 목표에 대한 유용한 대용물 역할을 할 수 있다.

7S 모델의 실례

회사의 7S가 모두 조화를 이루어 협력할 경우 그 기업은 무서운 경쟁력을 발휘하게 될 것이다. 애플 컴퓨터의 초기 성공 요인 역시 그들의 전략 요소, 즉 7S의 균형에서 비롯되었다고 한다. 애플의 설립자들은 자신들만의 기업 '스타일'을 조성해 가장 명석하고 창조적인 '구성원'들을 끌어들였다. 최첨단의 '기술력'을 갖춘 설립자들은 구성원들의 인성 및 신상품 개발 업무에 적합한 느슨한 기업 매트릭스 '구조'로 회사를 조직했다. 또한 조직력 강화 '시스템'을 개발해 기술혁신을 보상하고 운영 상태를 계속 파악할 수 있도록 했다. 이러한 보상 시스템은 회사의 모든 가정에 사용자가 쓰기 편한 컴퓨터를 보급한다는 '상위 목표'를 달성하기 위한 팀워크와 즐거움이라는 공유가치를 뒷받침했다. 애플의 '전략'은 가정과 학교, 그래픽 시장을 위한 독점적인 사용자 중심 시스템을 개발하는 것이었으며, 조화롭게 어우러진 모든 전략 요소들은 목표를 위해 서로를 보완할 수 있었다.

이제 자신이 가장 좋아하는 조직을 직접 분석해 보도록 하자. 종이에 7S를 나열한 뒤 하나하나 심도 있게 연구해 보는 것이다. MBA 출신의 전략 컨설턴트도 지금 우리가 하고 있는 7S 모델 분석과 똑같은 작업을 한다. 하지만 그들은 화려한 컴퓨터 그래픽을 곁들인 연구보고서를 바인더에 넣어 제출한 후 상당한 금액을 청구하게 된다.

가치사슬과 통합

MBA가 회사의 전략 분석을 시작하면서 가장 먼저 묻는 질문 가운데 하나는 "어떤 사업에 종사하고 있느냐?"라는 것이다. 가치사슬과 통합에 관한 개념은 이러한 질문에 답하는 데 도움이 된다.

가치사슬

앞의 기본적인 질문에 대한 답을 듣고 나면, 전략분석가는 상품의 부가가치를 평가한다. 예를 들어 의류회사의 가치사슬은 다음과 같이 연결될 수 있다.

양모면 → 섬유 → 실 → 천 → 옷 → 유통 → 소매 → 소비자

사슬의 각 연결 단계에 있는 유통채널 참가자들은 소비자를 향해 이동하는 과정에서 상품에 다양한 가치를 부가하게 된다. 먼저 원료의 생산이나 수확, 채굴 등이 이루어져야 한다. 이러한 생산 요소들(양모, 면, 화학상품)은 옷을 만들기 위해 혼합된다.

상품이 생산되고 나면 마케팅 담당자는 판촉활동을 하고 유통업자들은 물건을 수송하며 소매업자는 소비자에게 옷을 판매하게 된다.

통합

전방위 통합과 후방위 통합

사슬의 어떤 연결 단계에서도 사업 활동은 가능하다. 기업이 가치사슬의 하위 분야에서 사업을 운영할 때 이를 소비자를 향한 전방위 통합forwardly integrated이라고 한다. 예컨대 과수원 주인이 과일을 재배해 소비자들에게 판매한다면 이는 소비자를 향한 전방위 통합이라고 할 수 있다. 과수원 주인은 식료품 가게보다 저렴한 값으로 과일을 판매할 수도 있고 식료품 가게와 같은 가격으로 판매해 추가 수익을 올릴 수도 있다.

이에 비해 원자재에 근접한 영역의 사업체에 대해서는 후방위 통합backwardly integrated이라고 한다. 자사 소유의 삼림과 더불어 제지 시설까지 갖추고 있는 인터내셔널 제지는 후방위적 통합 기업으로 분류될 수 있다.

같은 회사라도 가치사슬의 어느 위치에서 바라보느냐에 따라 전방위 통합으로 볼 수도 있고 후방위 통합으로 볼 수도 있다. 가령 과수원 주인을 재배자로 간주할 경우에는 사슬의 소매점을 향해 전방위 통합된 것으로 볼 수 있을 것이다. 그러나 그의 주된 사업을 일반 소비자들에게 과일을 판매하는 것으로 여길 경우에는 자신이 파는 물건을 직접 재배하기 때문에 사업이 후방위 통합되어 있다고 말할 수 있다.

인터내셔널 제지는 삼림 사업에 관해서는 후방위적으로, 종이 제조 및 유통 활동에 대해서는 전방위적으로 통합되어 있다. 제지업의 가치사슬은 다음과 같다.

임업 ← 후방 통합 ← **인터내셔널 제지** → 전방 통합 → 소매용 종이

수직 통합과 수평 통합

업계에 대한 시각은 수직적 관계와 수평적 관계로 분류할 수도 있다. 수직

통합_{Vertically Integration}이라는 용어는 가치사슬 내의 여러 단계에 참여하고 있는 회사에 대해 사용된다. 인터내셔널 제지는 나무(원자재 단계)와 제지 공장(가공 단계)을 모두 소유하고 있기 때문에 수직적으로 통합된 회사라고 할 수 있다. 수직 통합은 곧 전후방 양쪽으로 통합된 회사를 일컫는 말로서, 한 회사가 여러 가지의 가치 부가 기능을 하고 있다는 뜻이다.

엑슨은 1999년 모빌을 매입함으로서 가치사슬 내 같은 단계에 있는 경쟁 회사를 인수했다. 이를 수평적 통합_{Horizontal Integration}이라 한다. 엑슨은 또 다른 부가가치 활동에 참여하지 않기로 결정하는 대신 수평적 또는 횡적 이동을 택했다. 만약 엑슨 모빌이 석유탐사기업 아파치_{Apache}를 인수했다면 그것은 수직적 통합이 되었을 것이다. 그리고 그 경우 엑슨모빌의 가솔린 제조활동에는 또 다른 가치 기능이 부가되었을 것이다.

전략분석가들은 업계의 가치사슬 검토를 통해 현재와 미래의 경쟁 원천을 파악하고자 한다. 화학회사들은 보다 높은 이득을 추구하려 할 때 의류나 카펫용 섬유 등의 고부가가치 상품 분야로 전방위 통합을 한다. 듀퐁은 가치사슬 내 같은 단계에 있는 섬유사업과 통합함으로써 기업의 경쟁력을 더욱 강화했다. 리미티드_{The Limited} 역시 유사한 예로 가치사슬의 제조와 유통, 판매 단계를

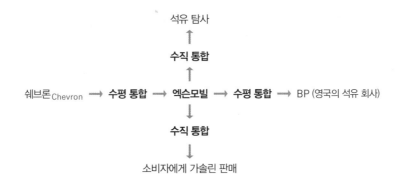

[도표 9 - 2] 수직 통합과 수평 통합

통합한 후 포화 상태의 의류 업계에서 한결 경쟁력을 발휘할 수 있게 되었다.

통합 전략은 안전한 투자와 저렴한 단가 등의 확실한 혜택을 가져올 수도 있지만 단일 업계 내의 불황에 매우 취약하다는 단점도 가지고 있다. 기업의 모든 것을 한 가지 사업에 걸었기 때문이다. 예컨대 불경기의 경우 엑슨모빌의 원유 공급자가 엑슨 자신이라고 한다면 원유 공급자에게 양보를 강요할 수 없게 된다. 마찬가지로 유일한 사용자가 자기 회사뿐이라면 아무리 대단한 GM이라 할지라도 소비자들에게 잉여 엔진 재고를 팔아넘길 수 없는 것이다.

전략 단계

전략이란 대단히 광범위한 의미의 용어다. 전략은 일반적으로 보다 '큰 그림'을 바라보는 사고의 총체를 말하지만 사실은 훨씬 더 복잡하다. 전략은 다음의 세 가지 차원에서 생각할 수 있다.

- 기능적 전략Functional Strategy : 관련된 가치 활동
- 사업 전략Business Strategy : 경쟁기업과 싸우는 방법, 전술
- 기업 전략Corporate Strategy : 사업 구상

전략이라는 모자를 머리에 쓰게 되면 먼저 다음과 같이 자문해야 한다. "내가 생각하고자 하는 것이 기능적, 사업적, 기업적 전략 가운데 어디에 해당되는가?"

기능적 전략

기능적 전략이란 경영진이 사업을 위해 선택하는 운영 방법 및 부가가치 활동을 말한다. 알트리아 그룹Altria Group의 필립 모리스의 기능적 전략은 최첨단 공정 기술을 활용해 원가를 낮추는 것이었다. 만약 필립 모리스가 단독 담배

공급업자에 대해 불안을 느낀다면 공급업체를 여러 곳으로 늘리는 것이 바람직한 전략일 것이다.

사업 전략

사업 전략이란 각종 경쟁 계획을 말하는 것으로 동종 업계 내의 다른 기업들과의 경쟁에 적용된다. 기능적 전략에 비해 한 단계 높은 차원의 전략이지만 회사의 운영 및 경쟁 방법에 있어서는 서로 겹치는 부분이 있다. 필립 모리스의 '사업' 전략은 다양한 브랜드로 상점 진열대를 독차지하고 막대한 광고비를 투입해 그들 브랜드를 홍보함으로써 경쟁사들을 물리치는 것이었다. 대형 담배 회사들은 흔히 그러한 사업 전략을 이용해 시장 점유율을 유지하는 동시에 새로운 경쟁자들의 업계 진출을 저지하곤 한다.

기업 전략

기업 전략은 모든 영역의 사업 기회를 살피는 것이다. 필립 모리스가 알트리아로 이름을 바꾼 것을 통해서도 확실히 알 수 있다. 알트리아의 기업 전략은 담배 상품에서 각종 소비재까지 업종을 다양화하는 것이었다. 알트리아의 경영진은 담배 산업의 성장 가능성과 법적 환경, 건강에 관한 소비자들의 인식 제고 등을 검토한 뒤 '건강에 좋은' 사업을 하는 것이 현명하다고 결론지었다. 그에 따라 제너럴 푸드, 크래프트, 나비스코, 밀러 등을 인수함으로써 기업 전략을 이행했다. 2009년까지 알트리아는 주주 가치를 극대화하기 위해 위계열사를 모두 매각했다. 담배에 대한 부정적 이미지와 더불어 법적 환경도 담배 회사에 불리하게 전개되면서 시장에서 '필립 모리스'를 부정적으로 인식하게 됐기 때문이다. 이처럼 기업 전략은 매우 역동적이다.

확장 전략

학자들은 자신의 이론을 과시하고 보다 쉽게 활용할 수 있도록 각종 도표를 만들어 내곤 한다. 전략 도표 가운데 비교적 단순한 것에 속하는 앤소프 매트릭스Ansoff Matrix를 살펴보자. 1957년 앤소프H. Igor Ansoff에 의해 창안된 이 도표는 사업 확장 경로를 분류하기 위한 확실한 방법을 제시한다. 전략을 분류하는 두 가지 변수는 상품의 참신성과 목표 시장에 대한 회사의 경험이다. 여기서 말하는 참신성은 전략을 구상 중인 기업에게 있어 해당 상품이나 시장이 얼마나 새로운가를 말하는 것일 뿐 오래된 정도를 의미하는 것은 아니다.

이 매트릭스의 강점은 어떠한 산업에도 적용될 수 있다는 점이다. 앤소프는 전략적 방향을 전달할 수 있는 용어도 만들었다. 허쉬 푸드Hershey Food Corporation가 미국 내에 더 많은 초콜릿을 판매할 계획을 세운 경우, 기존 상품을 보유하고 있고 시장도 확보하고 있는 상황이므로 이 전략은 침투 전략penetration strategy이라고 말한다. 반면 동유럽에 초콜릿을 팔고자 한다면 기존 상품은 보유하고

[도표 9 - 3] 앤소프 매트릭스

	상품	
	구(舊)	신(新)
시장 구(舊)	시장 침투	관련 다각화 (시장 개발)
시장 신(新)	확장(상품 개발)	비관련 다각화

출처 : Harvard Business Review, "Strategy for diversification" by H. Igor Ansoff, Volume 35, No. 5 (September/October 1957). Copyright ⓒ 1957 by the President and Fellows of Harvard College.

있으나 시장은 개척해야 하므로 이 전략은 확장 전략expansion strategy에 해당된다. 또한 새로운 풍선껌을 개발해 미국 전역에 이를 시판한다면 새로운 상품을 개발해야 하지만 시장은 보유하고 있으므로 관련 다각화 전략related diversification strategy을 구사했다고 할 수 있다. 또한 네팔에 자동차를 팔고자 한다면 상품도 개발해야 하고 시장도 개척해야 하므로 이는 비관련 다각화unrelated diversification가 될 것이다. 이같이 기업은 언제든 각종 확장 전략을 선택할 수 있다.

한 가지 유의해야 할 점은 사업을 효과적으로 확장하기 위해서는 자금과 준비 기간이 충분해야 한다는 점이다. 만약 허쉬 경영진이 위에서 언급한 네 방향으로 모두 사업을 확장하기로 한다면 여러 가지 사업이 제대로 운영되지 못하는 결과에 이를 것이다. 전략을 이행하는 데 있어 충분한 것은 오직 시간뿐이다. 만약 새로운 모험사업을 감행할 수 있다 해도 자금 부족으로 인해 제대로 전략을 뒷받침하지 못할 수도 있다.

업계 분석

확장(통합 및 다각화)에 관한 용어와 더불어 생존 전략의 개발을 돕는 도구 역시 필요하다. 하버드 대학의 마이클 포터Michael F. Porter는 다섯 가지 경쟁유발 요인Five Forces Theory of Industry Structure을 설명하는 모델을 개발해 경쟁 환경 속에서 기업들이 살아남을 수 있도록 돕고 있다. 그의 저서인《경쟁 전략》Competitive Strategy과《경쟁 우위》Competitive Advantage는 전략적 사고를 위한 진정한 지침서라고 할 수 있다. 본서 외에 경영서적을 읽고자 한다면 결코 빠뜨려서는 안 될 책들이다. 포터의 이론은 기존 사업의 생존 전략을 수립하는 데는 물론 사업의 확장을 위해 타 업종의 매력을 평가하는 데도 활용될 수 있다. 포터는 또한 그들 다섯 가지 요인을 조사하기 위한 도구를 제시하고 있다. 업계의 경쟁 수준은 물론 그로 인한 이익수준까지도 그 다섯 가지 요인에 의해 결정된다.

산업 경쟁을 가속화하는 다섯 가지 요인은 다음과 같다.

- 대체재의 위협
- 신규 진입업체의 위협
- 공급업자의 교섭력
- 구매자의 교섭력
- 기업간의 경쟁 강도

다섯 가지 요인의 예

통조림 캔 업계에 포터의 모델을 적용해 보자. 마이클 포터가 저서에서 지적했듯이 캔 업계에는 여러 가지 영향 요인들이 존재하는 만큼 업계 내의 경쟁 또한 극심하다고 볼 수 있을 것이다. 철강 공급업자는 다양한 업계에 자신들의 상품을 판매하기 때문에 통조림 캔 산업이 철강 시장에 미치는 영향력은 그다지 크지 않다. 포터의 이론은 힘에 초점을 둔다. 힘이란 가치사슬 내의 한 참여자가 다른 참여자에게 자신의 뜻을 강요할 수 있는 능력을 의미한다.

가장 대표적인 캔 사용자는 대형 식품 가공업자들이다. 그들은 자신의 힘을 행사해 캔 제조업자들이 가격을 인하할 수밖에 없도록 업체들 사이에 경쟁을 유도한다. 또한 델몬트Del Monte 정도 크기의 가공업자들은 플라스틱 포장으로 캔을 대체하겠다고 위협할 수도 있다. 실제로 많은 식품 가공업자들이 포장용기를 플라스틱으로 바꾸고 있다. 결국 캔 수요의 감소와 더불어 경쟁은 더욱 격렬해지게 된다.

설상가상으로 신규 진입업체가 캔 제조기를 손쉽게 구입할 수 있다는 점도 경쟁을 격화시키는 요인이 된다. 캔은 낮은 비용으로 그리고 비교적 적은 물량으로도 효율적인 생산이 가능하다. 따라서 이윤 폭이 괜찮다 싶으면 언제든 새로운 경쟁자들이 뛰어들 수 있다. 델몬트의 경우에는 원하기만 한다면 포장 장비를 구입해 직접 캔을 만들어 낼 수도 있다. 제조 기술이 일반화되고 가격이 적정해지면 진입 장벽이 낮아지며 신규 진입이 용이해지면서 결국 잠재적 경쟁수준도 높아지게 된다.

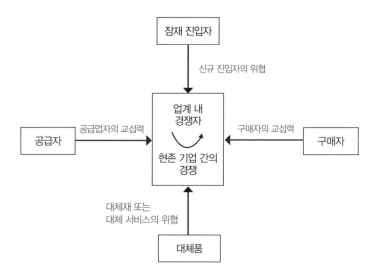

출처 : Competitive Advantage: Creating and Sustaining Superior Performance by Michael E. Porter. Copyright ©
1985 by Michael E. Porter

이 같은 네 가지 요인들에 의해 업계의 경쟁이 심화되기 때문에, 다섯 번째 요인인 '기존 기업 간의 경쟁' 역시 똑같이 치열하다. 판매 직원들은 수요가 줄어든 상황에서 주문을 얻고자 각축을 벌이는 만큼 경쟁 상황을 몸으로 실감한다. 이러한 경쟁 요인은 뼈아픈 가격전쟁을 야기하기도 한다. 특정한 상황의 경우 경쟁업체들은 수익에 미치는 충격에도 불구하고 고의적인 저가 정책을 채택하게 되는데, 이는 어떤 대가를 치르고라도 반드시 이기고자 하기 때문이다. 포터의 모델에서 보듯이 업계의 경쟁 강도는 다섯 가지 요인들이 업계에 압력을 행사한 결과라고 할 수 있다.

이와 같은 경쟁 환경에서 기업은 어떻게 해야 할까? 필라델피아에 소재한 크라운 코르크 앤드 실Crown Cork & Seal은 자사 상품에 가치를 부가하는 전략을 추구해 왔다. 이 회사는 전문 컨설팅 서비스를 통해 고객의 포장 문제를 해결

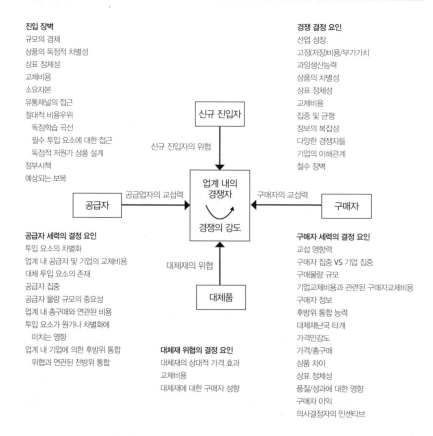

진입 장벽
규모의 경제
상품의 독점적 차별성
상표 정체성
교체비용
소요자본
유통채널의 접근
절대적 비용우위
　독점학습 곡선
　필수 투입 요소에 대한 접근
　독점적 저원가 상품 설계
정부시책
예상되는 보복

신규 진입자

신규 진입자의 위협

업계 내의 경쟁자

경쟁의 강도

공급업자의 교섭력

구매자의 교섭력

공급자

구매자

대체재의 위협

대체품

경쟁 결정 요인
산업 성장
고정(저장)비용/부가가치
과잉생산능력
상품의 차별성
상표 정체성
교체비용
집중 및 균형
정보의 복잡성
다양한 경쟁자들
기업의 이해관계
철수 장벽

공급자 세력의 결정 요인
투입 요소의 차별화
업계 내 공급자 및 기업의 교체비용
대체 투입 요소의 존재
공급자 집중
공급자 물량 규모의 중요성
업계 내 총구매와 연관된 비용
투입 요소가 원가나 차별화에
　미치는 영향
업계 내 기업에 의한 후방위 통합
　위협과 연관된 전방위 통합

대체재 위협의 결정 요인
대체재의 상대적 가격 효과
교체비용
대체재에 대한 구매자 성향

구매자 세력의 결정 요인
교섭 영향력
구매자 집중 VS 기업 집중
구매물량 규모
기업교체비용과 관련된 구매자교체비용
구매자 정보
후방위 통합 능력
대체재난국 타개
가격민감도
가격/총구매
상품 차이
상표 정체성
품질/성과에 대한 영향
구매자 이익
의사결정자의 인센티브

출처 : Competitive Advantage: Creating and Sustaining Superior Performance by Michael E. Porter. Copyright ⓒ 1985 by Michael E. Porter

하며 신속한 배달을 통해 고객의 재고비용을 낮추며 맞춤식의 혁신적인 포장 변형 작업을 통해 고객의 특별한 요구에 부응하고자 했다. 또한 비용 면에서는 저원가 생산에 초점을 맞춤으로써 가격적인 경쟁력도 갖출 수 있었다. 그 결과 크라운 코르크 앤드 실은 경쟁에서 살아남은 것은 물론 아직까지도 성장을 거듭하고 있다.

통조림 캔 산업에 진입하고자 하는 기업은 먼저 다음 문제를 고려해야 한다.

- 참여할 만한 매력이 있는 업종인가?
- 크라운 코르크 앤드 실의 전략을 그대로 답습할 수 있을까?
- 사업 진출을 택할 경우 가격전쟁에서 살아남을 수 있을까?
- 사업 진출을 택할 경우의 잠재적 수익은 어떠한가?
- 다른 업종에 투자하는 것이 더 낫지 않겠는가?

업종을 불문하고 새로운 분야로 사업을 확장하고자 하는 관리자라면 반드시 짚고 넘어가야 할 문제들이다. 사업 확장을 계획하고 있지 않더라도 포터의 모델은 현재의 업계 내에서 보다 효과적으로 경쟁하는 방법을 통찰할 수 있게 해준다. 구체적인 포터 모델에 등장하는 다섯 가지 세력의 결정 요인들을 주의 깊게 살펴보도록 하자. 그러한 요인들이 바로 MBA들이 경쟁 우위를 확보하기 위해 숙고하는 문제들이다.

업계 내의 작용 요인들은 매우 동적이다. 전략의 본질은 현재의 요인들을 이해하고 그들을 자신에게 유리하게 활용하는 것이다. 폐기물 처리 업계에 참여하고 있는 웨이스트 매니지먼트는 엄격한 환경 규제 법규를 제정하도록 열심히 로비 활동을 펼친다. 불과 소수의 회사만이 그 법규를 따를 수 있기 때문이다. 따라서 그 법규는 웨이스트 매니지먼트에게는 도움이 되는 반면에 타회사에는 걸림돌로 작용하게 된다. 엄격한 규제는 신규 진입업체에 대한 진입 장벽을 형성하며 무엇보다도 기존 폐기물 처리업체들의 수익을 증가시키게 된다. 제약회사들 역시 똑같은 이유로 비타민제와 영양보충제 산업에 대한 규제 압력을 넣고 있다.

본원적 전략

기업은 여러 가지 방법을 통해 자사의 경쟁 과제를 분석할 수 있다. 방금 공부한 바 있는 포터의 다섯 가지 경쟁 요인 모델을 이용하는 것 역시 그러한 방법 가운데 하나다. 그러나 실제로는 소위 본원적 전략generic strategy이라는 것을 택하게 되는 경우가 대부분이다. 본원적 전략은 키친타월에서 컴퓨터에 이르기까지 다양한 산업에 걸쳐 활용될 수 있는 전략이다. 포터는 기능적 전략과 사업 전략의 가능성을 기반으로 다음의 세 가지 주요 전략을 찾아냈다.

- 원가 우위Cost Leadership
- 차별화Differentiation
- 집중화Focus

원가 우위 및 학습 곡선

이들 가운데 가장 단순한 전략은 원가 우위 전략이다. 업계 내에서 상품의 최저원가를 실현한 기업은 그로 인한 이익을 계속 상품의 연구개발에 투자하거나 상품 가격을 낮출 수 있게 된다. 또한 이들 저원가 생산업체LCPs, Low Cost Producers는 그들의 이익을 상품 광고와 판매 활성화에 사용하게 될 수도 있다.

원가 우위와 관련된 생산 개념은 바로 규모의 경제economies of scale다. 즉, 생산량이 증가할수록 단위 원가가 낮아진다는 뜻이다. 생산량이 증가함에 따라 기업은 여러 면에서 보다 효율이 높아지는 것을 학습하게 된다.

이 같은 '학습' 효율은 다음의 여섯 가지 기반에서 비롯된다.

- 노동효율 : 반복이나 자동화를 통한 학습. 로봇과 CAM의 도입으로 공장 자동화는 엄청난 진보를 이루었다.
- 새로운 공정 및 개선된 방법 : 동일한 과업을 보다 적은 비용으로 수행하는 방법을 말한다.
- 상품 디자인 변경 : 원료 및 노동비용 절감을 위한 디자인 변경. 컴퓨터를 이용하여 상품을 디자인하는 것을 CADComputer-Aided Design라고 한다.
- 상품 표준화 : 상품 구성품의 변동을 줄인다.

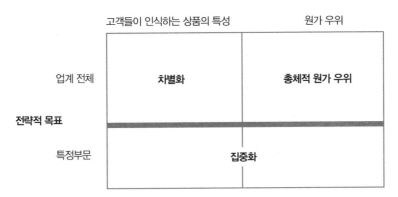

[도표 9 - 6] 세 가지 본원적 전략

전략적 우위

	고객들이 인식하는 상품의 특성	원가 우위
업계 전체	차별화	총체적 원가 우위
특정부문	집중화	

전략적 목표

출처 : Competitive Strategy: Techniques for Analyzing Industries and Competitors by Michael E. Porter.
Copyright ⓒ 1980 by The Free Press

- 규모의 효율 : 생산능력을 두 배로 확충한다고 해서 비용이 두 배로 늘지는 않는다. 기계 장비를 증설하거나 작업장을 확장할 때는 처음 신설할 때처럼 많은 비용이 소요되지 않는다.
- 대체 원료 : 보다 저렴하면서도 적절한 원료를 사용한다.

학습 개념은 계량화가 가능할 경우에만 유용하다. 그러한 계량화를 가능하게 하는 수단이 학습 곡선learning curve이며, 경험 곡선experience curve이라고도 부른다. 1960년대 보스턴 컨설팅 그룹BCG에 의해 개발된 학습 곡선은 규모의 경제에 의해 이득이 발생한다고 믿고 그것을 수치로 나타낸 것이다. BCG는 상품의 '누적' 생산량이 두 배가 될 때마다 제조비용이 예측할 수 있는 비율로 꾸준히 줄어든다는 사실을 발견했다.

예컨대 컨설턴트가 제조 과업을 조사한 결과 약 80퍼센트의 학습 곡선이 확인되었다고 하자. 이는 누적 생산량이 두 배가 될 때마다 추가로 생산하는 상품은 먼저 상품에 비해 80퍼센트만의 원가로 제조할 수 있다는 뜻이다. 20퍼센트의 원가가 절감된다는 말이기도 하다. 그러한 학습 곡선 효과는 컴퓨터 스프레드시트 프로그램을 이용해 계산할 수 있다. 유의해야 할 점은 누적 생산의 개념은 같은 달이나 같은 해에 생산된 첫 상품이 아니라 동일한 제조 방법을 사용하는 조립라인에서 나온 첫 상품부터 적용된다는 사실이다.

가상의 예를 통해 관련 계산 방법을 살펴보기로 하자. [도표 9-7]은 1회용 질레트 면도기 생산원가에 미치는 80퍼센트 학습 곡선의 효과를 나타낸 것이다. [도표 9-7]의 계산에 따르면 면도기 생산량이 21회에 걸쳐 배로 증가하면서 단위당 생산원가가 매번 20퍼센트씩 감소해 10달러에서 9센트까지 떨어졌음을 알 수 있다. 또한 [도표 9-8]을 통해서도 간단한 학습 곡선을 나타낼 수 있다.

학습 곡선의 전략적 의미는 경쟁사들보다 한 발 앞서 학습 곡선을 끌어내리는 데 있다. 원가 우위를 확보하고자 하는 기업은 경쟁사들보다 더 많은 상품을 생산하기 위해 노력해야 한다. 보다 많은 상품을 생산하게 되면 생산원가 또한 그만큼 빨리 낮출 수 있기 때문이다.

원가 이하로 상품을 판매하는 덤핑dumping 개념은 전자산업 분야에서 원가 우위 확보를 위해 일본 기업들이 활용해 온 전술이다. 미래지향적 사고를 가진 일본 기업들은 비디오 레코더를 싼 값에 내다 팔면서 생산 증대와 더불어

[도표 9 – 7] 학습 곡선 효과 – 면도날 생산원가

상품 수	단위원가($)	산출근거	생산방법
1	10.00		수작업
2	8.00	10 x 0.8	
4	6.40	8 x 0.8	수동조립라인
1,048,576	0.12	$10 \times (0.80)^{20}$	
2,097,152	0.09	$10 \times (0.80)^{21}$	완전자동화

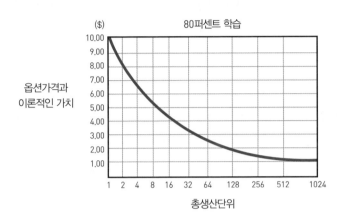

[도표 9 - 8] 면도날 학습 곡선

80퍼센트 학습

($)

옵션가격과
이론적인 가치

총생산단위

저원가를 통한 이익이 실현될 시기를 예상했다. 일본의 제조기업들은 1년이
아닌 5년을 기한으로 이익을 계산했다. 그에 따라 첫해의 손실을 미리 계획에
넣고 3~4년 후에 보다 큰 수익을 실현할 수 있도록 계획했다. 미국의 경쟁업
체들이 자신들의 업계가 가격경쟁에 의해 병들고 수익성이 없어졌다고 비관
하는 동안 전략적 사고를 가진 일본 기업들은 마음껏 시장을 누비고 다녔다.
결국 일본 기업들은 시장을 점유하기 시작했고, 학습 곡선 전략에 힘입어 미
국의 경쟁 기업들을 밀어낼 수 있었다. 먼저 출시한 상품이 성숙기에 접어들
자 일본 기업들은 DVD 등의 신상품 개발에 그동안 벌어들인 판매 수익을 투
자했다.

상품이 수명주기상 성숙기에 접어들고 소비자에게 널리 수용되고 나면 학
습 곡선의 효용가치가 떨어지게 된다. 그 시점에서 누적 생산을 두 배로 늘린
다는 것은 엄청난 양적 증가를 의미하는 만큼 전혀 현실성 없는 얘기다. 수익
성 또한 낮아지기 마련이다. 이 경우 끝까지 포기하지 않고 잔존하는 경쟁업
체는 결국 시장 점유 기회를 얻게 된다.

학습 곡선은 불변적인 것이 아니다. 새로운 공정이나 원료에 의해 노동자의

생산성이 증대될 수 있으며, 그 결과 학습 곡선 또한 변할 수 있다. 면도기의 사례에서 새 조립기계 덕분에 80퍼센트 대신 75퍼센트의 학습 곡선이 적용될 수도 있을 것이다. 그런 상황을 '새로운 곡선으로의 도약'jumping to a new curve이라고 한다. 이때 총 누적 생산단위는 0으로 설정되고 새로운 곡선이 형성되기 시작한다. 생산량이 두 배에 이르게 되면 그 이후의 상품 생산원가는 새로운 공정을 이용해 생산된 첫 상품에 비해 25퍼센트가 줄어든 75퍼센트가 될 것이다. 단, 지속적으로 혁신되는 상품의 경우에는 학습 곡선이 별로 유용하지 않다. 매번 곡선이 새롭게 형성되므로 그 곡선을 끌어내릴 시간이 부족하기 때문이다.

차별화

차별화는 최상의 마케팅 목표다. 차별화는 상품이나 서비스를 통해 고객에게 격이 다른 느낌을 주는 것이라 할 수 있다. 상품에서의 차별화는 보다 나은 디자인과 신뢰감, 서비스, 배송 등을 제공하는 것을 의미한다. 서비스에서는 직원의 공손한 태도, 손쉬운 접근, 전문성, 위치 등이 차별화의 관건이 된다. 똑같은 상품과 서비스도 광고를 통해 차별화될 수 있다. 매체 광고는 소비자들에게 해당 상품이 더 우수하다는 확신을 심어 준다. 예를 들어 나이키의 신발이 컨버스Converse보다 낫다는 유명인사의 보증이 소비자들을 설득할 수도 있는 것이다.

집중화

집중화 전략을 이용할 경우 기업은 하나의 시장 지역이나 세분 시장 또는 한 가지 상품에만 전력을 기울이게 된다. 집중화 전략의 강점은 소비자와 상품의 범주를 속속들이 알고 있다는 데서 비롯된다. 기업들은 시장에서 프랜차이즈를 구축한다. 앤호이저 부시Anheuser-Bush, 쿠어스Coors, 밀러 등 대기업들이 지배하는 맥주 시장에서 소기업인 휴드폴 비어Hudepohl Beer(일명 후디Hudy)는 오

444

하이오 주에 독자적인 시장을 구축했다. 대기업들은 낮은 원가와 선진 마케팅 활동을 자랑하지만 독특한 지역 문화 추종 세력은 가지고 있지 못했다. 후디는 수년간 지역광고 및 사회 참여 활동을 통해 충성스러운 추종 세력들을 형성했으며 오직 오하이오 시장에만 '집중'하고 있다.

블루 오션 전략

2005년에 발표된 《블루 오션 전략》Blue Ocean Strategy 이라는 책을 통해, 이른바 '블루 오션'이라는 무경쟁 시장에서 새로운 수요를 창출할 때 무한 성장과 고수익이 보장된다는 개념이 널리 알려졌다. 블루 오션 전략의 목적은 이미 성숙한 시장에서 기존 제품과 소비자를 놓고 벌여야 하는 직접 경쟁을 피하자는 데 있다. 기업은 원가 우위와 차별화를 한데 묶은 혼합 전략으로 새로운 시장을 창조할 수 있다. '블루 오션' 전략을 이용한 대표적인 기업으로는 사용자의 신체 움직임을 감지하는 게임기 닌텐도 위Nintendo Wii 와 휴대용 게임기 닌텐도 디에스Nintendo DS 를 개발한 닌텐도Nintendo 를 들 수 있다.

경쟁전술 : 신호

신호는 주요한 전략 도구 가운데 하나로 자신이 가지고 있는 생각을 경쟁자에게 알리는 것을 말한다. 경쟁 중인 기업은 상대의 움직임에 대응해 자신이 어떤 계획이나 조치를 취할 것인지 신호를 보내게 된다. 물론 과장된 신호를 보낼 수도 있다.

신호는 상호 공멸에 이르는 가격전쟁을 예방하는 데 이용되기도 한다. 경쟁사 간의 직접 접촉을 통해 가격을 결정하거나 또는 시장을 분할하는 행위는 불법이며 그러한 담합은 독점금지법에 의해 규제를 받는다. 그러나 기업 간에 적절한 신호를 이용하면 법을 어기지 않고도 바라던 결과를 얻을 수 있다.

항공 업계에서는 신호가 거의 일반화되어 있다. 그 업계에서는 날이면 날마다 미국 국내선 항로의 예약을 둘러싼 쫓고 쫓기는 싸움이 계속된다. 가령 델타Delta 항공이 자사의 주요 노선인 애틀랜타와 LA 간 항로에서 아메리칸 에어라인American Airline의 가격인하에 맞서 항공료를 대폭 인하했다고 하자. 델타 항공의 가격인하가 의미하는 바는 '아메리칸 항공이 이 노선에서 한판 붙고자 한다면 유혈 사태도 불사하겠다'는 신호다. 그에 대한 답으로 아메리칸 에어라인이 다시 가격을 올린다면 그것은 '휴전하자!'는 신호가 된다. 그러나 델타 항공의 신호에도 불구하고 계속 낮은 가격을 고수한다면 그것은 도전장을 받아들이겠다는 신호다. 마치 포커 게임을 하면서 상대의 표정을 주시하는 것과 같다고 할 수 있다.

일반적으로 사용되는 여섯 가지의 합법적인 신호는 다음과 같다.

- **가격 조정** : 각종 의도를 표시하거나 수용할 수 없는 행위를 응징하기 위해 사용되는 방법이다.
- **사전 공표** : 경쟁자를 위협하거나 그들의 결의를 시험하거나 느닷없이 놀라게 하는 일을 피하기 위해 사용된다. 소매업계의 경우 막강한 세력을 지닌 회사가 경쟁사의 어떠한 가격에 대해서도 '맞대응하거나 더 강하게 밀어붙이겠다'고 공표한다면 그것은 회사의 결의를 전하는 강력한 신호라고 할 수 있다. 결국 세력이 약하거나 규모가 작은 경쟁업체는 가격에 관해서는 대항할 수 없게 될 것이다.
- **매스컴 토론** : 경쟁사에게 자신의 행동에 대한 이론적 근거나 자신의 생각을 전하기 위한 방법이다. 경쟁기업들의 경영진 사이에는 직접적인 의사소통이 법으로 금지되어 있기 때문에 매스컴을 통해 간접적으로 의사를 전하는 것이다. 예컨대 엑슨모빌의 경영진이 실익 없는 가격경쟁에 지쳤으며 '마케팅 메시지'를 통해 경쟁 질서를 확립하고자 한다는 의사를 표명한다고 하자. 그 경우 쉐브론텍사코ChevronTexaco와 BP 등의 회사들은 가격상승을 준수하라는 엑슨모빌의 신호를 받아들여 적

절한 행동을 취하게 될 것이다.

- **반격** : 경쟁사가 자사 지역을 침범할 경우 그에 대한 보복으로 경쟁사의 본거지에서 가격인하나 판매촉진을 단행하는 것을 말한다. 가령 맥스웰 하우스 커피의 본거지는 뉴욕이고, 폴저스의 본거지는 캘리포니아라고 가정해 보자. 맥스웰 하우스의 브랜드 매니저가 가격인하 및 판매촉진을 통해 폴저스의 구역을 공략한다면 폴저스의 브랜드 매니저 역시 그에 맞서 반격 태세를 갖출 것이다. 그가 선택할 수 있는 방법은 두 가지다. 하나는 캘리포니아 시장을 적극적으로 방어하는 것이고, 다른 하나는 맥스웰 하우스의 뉴욕 시장을 공략하는 것이다. 두 번째 방법을 택할 경우, 그는 자신의 분노를 표시하면서 휴전만이 양측 모두를 위한 길이라는 것을 암시할 것이다.

- **결과 공표** : 경쟁업체들에게 행동의 결과를 명확히 전달함으로써 값비싼 대가를 치르게 될 오해를 피하기 위한 방법이다. 이를테면 신상품을 시험판매 중인 기업은 판매 결과를 실패로 공표함으로써 자사의 기성 상품들에 대한 경쟁업체의 반격을 단념시키고자 할 수 있다. 또한 가격경쟁 중인 기업들의 경우에는 장기적인 저가 유지 의도를 드러내지 않으려는 목적으로 한정된 기간에 한해 가격인하를 실시하는 것으로 공표할 수도 있다.

- **소송** : 경쟁사를 법정에 출두시키는 것을 말한다. 코닥Kodak이 즉석사진 업계에 진출했을 당시 폴라로이드Polaroid는 코닥의 카메라와 필름을 특허권 침해로 간주해 소송을 제기했다. 또한 공개 발표를 통해 취할 수 있는 모든 수단을 동원해 자신들의 요구를 관철하겠다고 밝혔다. 결국 코닥은 1991년 폴라로이드에 대한 10억 달러의 배상금 지급에 합의하고 즉석사진 사업에서 물러났다.

신호, 죄수의 딜레마 그리고 게임 이론

신호와 관련된 또 하나의 개념은 기업 전쟁에서 자주 언급되곤 하는 '죄수의 딜레마'Prisoner's dilemma다. 살인 혐의로 체포된 두 사람이 서로 의사소통을 하지 못하도록 곧바로 분리 수감되었다고 하자. 경찰은 어느 누구에 대해서도 유죄를 입증할 만한 충분한 증거를 얻지 못한 상태지만 둘 중 한 사람이 상대에게 불리한 자백과 증언을 한다면 유죄를 입증할 확실한 증거를 확보할 수 있게 된다. 따라서 경찰은 각 수감자에게 상대에게 불리한 상황 증거를 제시할 경우 그 대가로 형량을 가볍게 해주겠다고 약속한다.

만약 두 명 모두가 자백하길 거부하고 상대방의 연루를 부인한다면 그들은 증거 불충분으로 풀려나게 될 것이다. 그러나 분리 수감된 두 사람은 상대방이 어떻게 행동할지 전혀 알 수 없다. 과연 그들은 상대가 침묵을 지킬 것이라고 믿을 수 있을까?

이런 시나리오는 항공 업계와 같이 경쟁이 치열한 상황에서 두 경쟁업체가 상대방 역시 같은 행동을 취하리라고 믿으면서 고가 전략을 유지하는 사례와 비슷하다. 그러나 가격전쟁을 통해 경쟁사를 시장에서 제거하는 성과를 올릴 수도 있기 때문에 늘 이러한 묵시적 조약을 깨고 싶은 유혹을 느끼기 마련이다. 만약 두 경쟁기업이 이같이 불안정한 상황에 협조하기로 결정한다면 양측 모두 죄수의 딜레마에 빠지게 된다.

경쟁기업이 비합리적으로 행동할 경우에는 앞서 말한 합법적으로 사용하는 신호들은 무용지물이 되고 만다. 그러한 상황에서는 휴전을 요구하는 신호도 전혀 상대의 주목을 끌지 못한다. 불합리한 경쟁 심리로 인해 이익의 극대화보다는 오로지 승리만을 목표로 삼기 때문이다.

게임 이론은 경쟁의 상호작용에 대한 공식적 연구다. 게임 이론을 이용하면 서로가 득점하고자 하는 상황, 즉 브리지 게임(4명이 2인1조로 편을 짜서 높은 숫자의 카드로 상대편 카드를 얼마나 이기는가를 겨루는 게임—옮긴이)이나 정치, 전쟁, 사업 등의 상황에서 초래될 수 있는 결과들을 분석할 수 있다. 그러한 상황

	침묵	자백
침묵	두 사람 모두 무죄	가벼운 형량/ 무거운 형량
자백	무거운 형량/ 가벼운 형량	두 사람 모두 중간 정도의 형량

두 죄수가 서로 다르게 행동하는 경우, 자백한 죄수가 가벼운 형량을 선고받는다.

에서 사람들은 자신이 취할 다음 행동에 대한 경쟁 상대의 반응을 예측하고 그 반응을 감안해 자신의 의사를 결정한다. 컴퓨터의 계산 능력 덕분에 게임 이론은 실용적인 업무 도구가 되었으며 1994년에는 게임 이론 연구에 대해 노벨상이 수여되었다.

게임 이론이 보다 폭넓게 수용된 것은 같은 해인 1994년, 미 연방정부가 실시한 PCS용 120MHz 공중 주파수 경매에서 입찰자들이 게임 이론을 이용하면서부터였다. 미 연방통신 위원회FCC가 설정한 입찰 제도가 너무 복잡했기 때문에 고도의 의사결정 도구가 있어야만 했다. 다수의 입찰자들이 51개 시장에 대한 경매에 참석한 가운데, 입찰자들은 경쟁자들을 분석하고 입찰가를 정하는 데 게임 이론 적용 프로그램을 사용했다. 결국 112회의 입찰 끝에 정부는 77억 달러를 손에 넣게 되었다.

포트폴리오 전략

신호 개념을 재미있게 공부했다면 포트폴리오 게임에도 흥미를 갖게 될 것이다. 포트폴리오 전략은 기업수준corporate level 전략기획의 백미라고 할 수 있다. 포트폴리오 분야는 MBA들과 보스턴이나 뉴욕에 본부를 둔 엘리트 경영자문 회사들의 고유 영역이다. 1960년대의 많은 학자와 경영진들은 기업이 서로 무관하고 역순환적인 사업들을 통해 적절한 포트폴리오를 구성할 수 있다면, 경기 침체에 대항할 수 있을 것이라 생각했다. 그 결과 다각화diversification라는 개념이 당시 유행병처럼 번졌다. 1960년대에 총 160여 개에 달하는 업종에 참여했던 GE가 대표적인 예다.

그러나 1970년대에 들어서 수익이 감소하고 월스트리트 투자가들이 '비관련 다각화'에 불만을 나타내자 이사회는 컨설턴트들을 찾아 자문을 요청했다. 그들은 어떤 사업에 참여해야 할지 또한 어떤 사업을 계속하고 어떤 사업을 매각해야 할지 상담했다. 부족한 자금과 한정된 자본으로 가장 유망한 사업에 집중할 수 있는 전략을 모색해야 했다.

당연히 컨설팅 회사들은 각기 고유의 이론과 매트릭스 모델을 개발해 포트폴리오 관리 문제에 대한 해답을 찾고자 했다. 다음은 유능한 MBA라면 익히 알고 있을 네 가지 주요 포트폴리오 모델이다.

보스턴 컨설팅 그룹의 성장/점유 매트릭스

보스턴 컨설팅 그룹BCG의 모델은 시장 성장률과 상대적 시장 점유율이라는 두 기준을 이용해 기업들을 네 가지 범주로 분류한다. 그들의 연구에 따르면 높은 시장 점유율은 학습 곡선 효과로 인한 높은 투자수익률 및 저원가와 매우 밀접한 상관관계를 가지고 있다. 따라서 이 이론은 일부 사업부문에서 안정적이고도 높은 점유율을 유지함으로써 다른 사업부문에 필요한 현금을 공급할 수 있도록 하는 것이 최선의 방법임을 제시한다.

별 '별'stars은 고성장 업계에서 높은 시장 점유율을 기록하는 사업단위로서 스스로 자금을 조달하고 성장한다. 세계 최고의 인터넷 검색엔진 구글은 스스로 자금을 해결하면서 성장한 기업의 대표적인 예다. 구글은 2010년, 290억 달러의 매출과 33퍼센트에 이르는 높은 이윤 폭을 기록함으로써 신규 및 기존 프로젝트에 필요한 자금을 충분히 확보할 수 있었다. 이런 유형의 회사들은 경쟁 시장 내에서 특별히 눈에 띄는 존재이다. BCG 매트릭스상의 현 위치를 계속 유지하기 위해서는 경영 관리에 세심한 주의를 기울여야 한다.

캐시카우 '캐시카우'cash cow는 저성장 업계에서 높은 시장 점유율을 나타내는 사업으로 다른 사업에 자금을 공급하는 보석과 같은 존재다. 과거에는 별에 속했던 담배 회사들이 성장하여 현재는 캐시카우로 분류된다. 알트리아는 말보로Marlboro 담배를 통해 거두어들인 이익금을 통해 식품회사를 매입하고 배당금을 지불했다. 당연한 얘기지만 알트리아의 목표는 저속 성장 중인 미국 담배 업계에서 지배적인 점유율을 유지하면서 '젖소에서 계속 우유를 짜듯 계속해서 현금을 창출하는 것'이다.

개 '개'dog는 저성장 시장에서 낮은 시장 점유율을 가지는 사업단위를 가리킨다. 이들 업체는 기업의 자금과 경영진의 시간을 소비해 가며 경쟁력을 유지하려 애쓴다. 특히 철강 업계의 많은 회사들이 이 범주에 속한다. 이들 회사의 공장과 장비는 막대한 자금을 들여 현대화시켜야 하지만, 수요의 약세와 외국 경쟁사들의 증가로 인해 모기업은 더 이상의 투자를 고려하지 않고 있다. 결국 이사회는 모기업의 평가에 동의하고 철강 공장을 그대로 방치해 두도록 한다.

물음표 '물음표'question mark는 급속하게 성장하는 업계에서 낮은 시장 점유율을 보유하고 있는 사업단위를 말한다. 성장을 뒷받침하기 위해 대규모의 현금

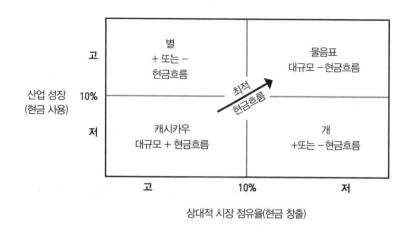

을 필요로 한다. 일부 전략 전문가들은 이러한 사업단위들을 일컬어 문제아 problem children라고 부르기도 한다. 만약 성공할 경우 이 사업단위는 별이 되고 뒤이어 다시 캐시카우가 될 것이다. 그러나 실패할 경우에는 산업이 성숙기에 도달하면서 아예 소멸하거나 개의 범주로 추락하게 될 것이다. 휴먼 게놈 사이언스Human Genome Science나 나노페이스 테크놀로지Nanophase Technologies와 같은 생명공학이나 나노공학 분야의 신생 회사들이 이 범주에 속한다. 이 회사들은 기적의 약품을 생산하고자 하는 희망 속에 막대한 연구비를 조달해야 한다.

컨설턴트가 자신의 사업체를 개의 범주로 분류하기 전까지는 이 같은 분류가 상당히 재미있을 것이다. 그렇다고 개로 분류된 사업이 꼭 나쁜 사업단위를 의미하는 것은 아니다. 단지 대기업들이 그들의 포트폴리오에 포함시키고자 하는 부류의 사업이 아닐 뿐이다. 월스트리트의 투자가들이 원하는 매출 신장과 현금 창출 수준을 충족시킨다는 것은 개로서는 역부족이다. 개 범주에 속한 기업 경영진과 기업매수 전문가들이 이들 회사를 대기업에서 분리해 내면서 많은 백만장자들이 탄생한 바 있다. 필자가 수강한 인수 합병 과목을 강의했던 다수의 객원 '교수'들은 대기업의 문제 사업부문을 정리해 엄청난 수익을 올린 당사자들이었다.

포트폴리오 전략에도 나름의 단점이 있다. 전략을 수립할 때에는 포트폴리오를 구성하는 사업단위들 간에 깊은 연관성이 없다는 가정이 전제되지만 그렇지 않은 경우도 많다. 많은 사업부문이 모이면 기술과 마케팅, 지원 기능 등을 공유할 수 있다. 하지만 포트폴리오 개념을 적용할 경우 공유 자원을 활용하는 것은 매우 어려운 일이다. 포트폴리오 개념에 따르면 성장을 극대화하고 최대한의 현금을 확보하기 위해서는 사업체를 끊임없이 교체해야 하기 때문이다. 지금까지 극소수의 사례를 제외하고는 투자은행가들과 경영 컨설턴트들만이 BCG 분류에 따른 네 개 범주의 사업단위 간의 교체 거래를 통해 수익을 거두었다. 그러한 사업체 교체를 통한 또 다른 수혜자는 바로 해당 포트폴리오 기업의 경영진이다. 결국 사업 운영이 원활하지 못할 경우에는 굳이 바로잡으려 애쓸 필요가 없다는 뜻이다. 그냥 팔아 버리자!

맥킨지 앤드 컴퍼니의 다원적 분석

맥킨지 앤드 컴퍼니McKinsey & Company Co.는 또 다른 방식의 포트폴리오 구성을 제시한다. 1970년 GE가 BCG의 두 가지 변수 모델에 만족하지 못하자 맥킨지는 그들 고유의 모델을 개발했다. 그러나 두 모델 모두 동일한 기본 지침, 즉 포트폴리오 내의 사업체에 대한 투자, 매각, 보유 등의 지침을 바탕으로 한다. 맥킨지의 표현을 빌리자면 캐시카우에서 '수확'하고 개를 '처분'한다는 개념이다.

맥킨지 모델은 두 가지 일반적인 변수, 즉 '업계의 매력'과 '사업의 세력'을 근거로 업체를 평가한다. 변수는 수많은 업계 요인에 의해 결정되며 업계에 따라 여타 요인에 비해 특별히 중요한 요인이 존재한다. 따라서 맥킨지 모델은 그다지 단순하지만은 않다.

BCG 모델은 네 개의 분면으로 구성되어 있지만 맥킨지 모델은 아홉 개의 분면으로 구성된다. 맥킨지 모델을 좌우하는 실행의 여섯 가지 본원적인 순서는 다음과 같다.

- 투자 및 유치
- 성장을 위한 투자
- 사업 재구축을 위한 투자
- 유망 사업부문에 대한 선택적 투자
- 수확('캐시카우'를 통한 수익 창출)
- 처분('개' 분류 사업 매각)

맥킨지 모델은 여러 요인을 고려한다는 점에서는 매력적이지만 평가 방법

[도표 9 – 11] 맥킨지의 위치/사업 매력도 스크린

	고	S	I	I
사업 위치	중	H	S	I
	저	H	H	S
		저	중	고

업계의 매력

I = 투자/성장   S = 선택/소득   H = 수확/처분

은 상당히 주관적이다. [도표 9-11]의 매트릭스에서 볼 수 있듯이 개별 요인들은 고, 중, 저로 평가된다. 예컨대 월마트의 매출 성장은 연차보고서를 통해 확인한다 해도 월마트의 '이미지'는 어떻게 객관적으로 수량화할 것인가? 이미지는 맥킨지 매트릭스에서 사업 위치를 평가하는 데 사용되는 요소이며 매우 주관적이다.

아서 리틀의 SBU 시스템

아서 리틀ADL, Authur D. Little 은 MBA 포트폴리오 전문가가 알고 있어야할 또 하나의 주요 컨설팅 업체다. ADL은 전략적 사업단위SBU, Strategic Business Unit 를 주축으로 하는 시스템을 창안했다. 기업의 유사한 사업부문들을 SBU로 묶으면 신경 써야 할 사업단위 수가 적어지게 되고 그에 따라 포트폴리오 전략 또한 단순화할 수 있다. 서로 다른 SBU에 속하는 사업 간에는 모 기업에 의해 부여된 재무적 결합 외에는 연관성이 거의 없다.

ADL 포트폴리오 과정은 다음의 4단계로 구성된다.

- 기업의 모든 사업부문을 SBU로 분류한다.
- 매트릭스상에 SBU의 위치를 정한다.
- 각 SBU들이 속한 업계의 상태를 평가한다.
- 의사결정을 내린다.

ADL 매트릭스는 맥킨지 모델의 아홉 개 분면보다 훨씬 많은 24개의 분면으로 이루어져 있다. ADL 모델을 좌우하는 두 가지 변수는 '업계의 성숙도' industry maturity level 와 '경쟁적 위치'competitive position 다. 알다시피 맥킨지나 BCG의 분류 기준과 매우 흡사한 변수들이다. 하지만 ADL 매트릭스에 등장하는 용어는 동물적 감각의 세계가 아닌 교통신호에서 영감을 얻어 만들어진 것들이다. 시장 점유율이 높거나 매력적인 시장에 속한 SBU는 녹색Green으로, 중

경쟁적 위치	선두	G	G	G	G
	강세	G	G	G	Y
	유리	G	G	Y	R
	유지 가능	G	Y	R	R
	약세	Y	R	R	R
	생존 불가	R	R	R	R
		태아기	성장기	성숙기	쇠퇴기

업계 성숙도

G = 녹색, Y = 노란색, R = 빨간색

간에 위치한 SBU는 황색Yellow으로, 시장 점유율이 낮거나 성숙기 시장에 위치한 전망이 어두운 SBU는 적색Red으로 표시된다.

컨설턴트들은 이러한 교통신호 분류에 기초해 설립build, 유지maintain, 청산liquidate 등 각 SBU에 적합한 전략들을 고안해 낸다. 녹색 SBU의 경우에는 다양한 전략이 가능하다. 반면 적색 SBU의 경우에는 악조건에 처한 상황이므로 선택할 수 있는 대안이 한정된다. SBU 분류 작업이 끝나면 컨설턴트들은 '집중화', '침투', '다각화' 등의 본원적 전략으로 눈길을 돌려 적절한 전술 계획을 수립하게 된다.

그 외의 전략 컨설팅

마케팅 부문에서 이미 언급한 바 있지만 어떠한 전략적 마케팅 분석을 하든지 경쟁 상대를 평가하는 것과 똑같은 맥락에서 자사의 '핵심 역량'을 평가해야 한다. 1990년 초, 컨설팅 회사들은 기업의 강점 연구를 전체 과제로 삼았다. 프리토 레이는 유통 시스템이 핵심 경쟁력이다.

1990년에 유행했던 또 하나의 연구과제는 고객 유치customer retention에 역점을 두는 것이었다. 이 이론의 선두주자인 베인 앤드 컴퍼니Bain & Co.는 고객 유치라는 과제를 통해 완전한 실용 도구를 창안해 냈다. 그러한 연구과제의 목표는 충성도 높은 고객을 창출하고 유치하는 데에 있다. 목표를 달성하기 위해 회사와 컨설턴트는 광범위한 소비자 조사를 실시해 고객의 구매 습관과 만족도를 파악해야 한다. 컨설턴트들은 고객 평가를 통해 최고의 고객들을 찾아냄으로써 그들에게만 특별대우를 할 수 있도록 한다. 최대 매출을 창출하는 최고의 고객이 최고의 수익을 창출해 주는 고객과 일치하는 경우는 흔치 않다. 고객 데이터를 수집하고 저장하도록 구축된 시스템 덕분에 판매 담당자는 손쉽게 그리고 효과적으로 고객과 접촉할 수 있다. 새로운 고객을 만들어 내는 것보다 좋은 고객들을 붙잡아 두는 것이 보다 더 효과적인 마케팅이다.

1993년에는 제임스 챔피James Champy와 마이클 해머Michael Hammer의 공동 저서 《기업 재설계》Reengineering the Corporation가 컨설팅 업계에 새로운 유행을 몰고 왔다. 그들의 재설계 컨설팅 업체인 CSC 인덱스CSC-Index는 책의 인기를 기반으로 성장해, 기업의 모든 가능성들을 어떻게 재고할 것인지에 대해 조언을 제공했다. 1995년 4월 〈보스턴 글로브〉Boston Globe에 소개되었던 글에 따르면 '관리자들은 직원 팀을 위해 서열 구조를 타파함으로써 판매나 마케팅과 같은 전통적인 영역들을 초월하는 시스템을 개발해야 하며 종이와 펜을 사용한 숱한 서류 작업들을 몰아내기 위해 컴퓨터 공학을 활용해야 한다'는 것이다.

재무 분야에서는 스턴 스튜어트 앤드 컴퍼니Stern Stewart & Co.가 회사의 이익을 평가하는 새로운 방법을 창안함에 따라 경영진들은 회사의 주가수익률을 향상시키는 데에 집중하게 되었다. 경제적 부가가치EVA, Economic Value Added나 시장 부가가치MVA, Market Value Added 등은 1993년 전략 컨설팅의 새로운 개념으로 부각되었다. EVA는 세금을 공제한 회사의 순영업이익과 자본비용 사이의 차액을 말한다. 스턴 스튜어트는 회계 담당자들 사이에서 오랫동안 잔여 이익이라고 불려 왔던 그 차액에 대해 EVA라는 새로운 용어를 만들어 냈다.

$$EVA = ANOPAT - 자본비용 퍼센트 \times (조정\ 총자산 - 유동\ 부채)$$

(ANOPATAdjusted Net Operating Profit After Taxes : 세금을 공제하고 난 뒤 조정된 순영업이익)

결국 EVA가 주장하는 것은 회사의 재무성과는 주주들이 제공한 자본비용을 차감한 뒤의 이익에 의해 판단되어야 한다는 것이다. 재무보고서상에 사용되는 GAAP의 '순이익' 회계 평가 방식과는 다르다. 컨설팅이 진행되는 동안 의뢰 회사는 새로운 방법을 배우게 될 것이며 경영진들은 그들의 주가에 도움이 되는 요인들에 초점을 맞춘 전략을 얻게 될 것이다.

세계화와 전략

세계 각국의 경제적 상호의존도는 점점 더 높아져 가고 있다. 그에 따라 지구촌 규모의 전략기획이 시대적 관심사가 되었다. 이른바 세계화 전략이라 할 수 있다. 애매한 느낌도 없지 않지만 세계화는 이제 매우 큰 관심을 끄는 주제이며 MBA 과정이나 논문에도 자주 언급되고 있다.

세계화의 가능성은 어떤 부류의 업계에서 사업을 운영하고 있는가에 달려 있다. 본질적으로 국내 산업은 다국적기업의 공략과 적대적 인수나 경쟁 등의 위협을 받지 않고 성공적으로 운영될 수 있다. 제빵업체와 트럭 운송업체가 국내 산업의 대표적인 예다. 반면 자동차와 컴퓨터 관련 사업은 세계화 산업의 예라고 할 수 있다. 막대한 연구비 지출의 필요성과 현저한 학습 곡선 효과 등은 다국적기업에 유리하다. 어떤 업종이든 각종 요인에 의해 세계화가 촉진되기도 하고 저해되기도 한다. 세계화를 촉진하는 요인들을 다음과 같다.

- **통신 및 교통의 발전** : 팩스, 케이블, 인공위성, 초음속 항공기
- **무역 장벽의 완화** : 관세 인하, 일률적 규제
- **소비자 욕구의 일치** : 전 세계 소비자들의 기호가 같아지기 시작한다.
- **기술적인 복잡성 및 변화** : 신흥 첨단 산업은 급속한 변화에 보조를 맞추기 위해 대규모 투자 및 범세계적인 노력을 필요로 한다.
- **다국적기업 간 경쟁** : 다국적기업들은 특정 산업의 세계 지배를 위해 싸운다.

다음은 세계화를 저해하는 요인들이다.

- **조정비용** : 다수의 관리자, 통신비용
- **지리적 제약** : 광역화에 따르는 수송 장애 및 물류 활동 장벽
- **국가별 차이** : 기호의 선호도, 관습, 매체, 언어, 유통망 등의 차이
- **보호주의** : 관세, 정부 보조금, 규제 승인

　해당 산업이 어떤 업종에 속하는지, 즉 세계적 산업과 국내 산업 가운데 어디에 속하는지를 논의하기보다는 어떤 요인에 의해 그렇게 되는지 또는 안 되는지를 알아내는 것이 더 중요하다. 새로운 세계화 산업으로 부상하는 업계에 속한 기업은 즉시 마땅한 조처를 취해야만 하며, 그렇지 않을 경우 다른 기업들에 의해서 밀려나게 될 것이다. 산업은 국내 업종에서 세계 수준의 업종에 이르기까지 그 종류가 매우 광범위하기 때문에 선택할 수 있는 조치의 유형 또한 그만큼 광범위하다. 외국 기업의 위협을 받고 있는 자동차 제조업체는 정부를 상대로 한 로비를 통해 자국 시장의 문호를 걸어 잠그고 산업을 내국화하려 할 수도 있다. 반면에 똑같은 상황에서도 중국의 제조업체처럼 적극적인 확장 전략을 구사할 수도 있다. 세계화를 말할 때 자주 거론되는 것이 토머스 프리드먼Thomas Friedman의 《세계는 평평하다》The World Is Flat(2005)이다. 프

리드먼은 기술적 진보로 인해 세계 시장에서 공평한 경쟁이 가능해질 것으로 보았다. 그는 초경쟁적이며 통합적인 시장을 창조하기 위해 이른바 '평평화 동력들'flatteners 을 제시한다.

시너지와 전략

시너지란 둘 또는 그 이상의 사업을 결합함으로써 얻게 되는 이득을 뜻하며, 개별 사업체들의 전체 성과를 합한 것보다 훨씬 높은 성과를 얻는 것을 말한다. 시너지는 특히 포트폴리오를 인수하거나 처분할 때 가장 중요한 사안이 된다. 사업체 결합에 의한 시너지 효과가 명확하게 파악되거나 정량화되지 않을 때는 흔히 오류가 발생하기도 한다.

기업을 인수하거나 합병할 경우 생산시설이나 유통망, 판매 시장 등을 공유할 가능성이 있는지 등의 각종 연계나 상호관계를 면밀히 검토한 후에 대상 기업의 가격을 산정해야 한다. 합병의 경우에는 모기업의 주식과 대상 기업의 주식이 적절한 수준에서 상호 교환될 수 있도록 대상 기업의 가치가 평가되어야 한다.

사업의 연계는 다음 네 가지 유형으로 이루어질 수 있다.

- **시장 연계**
  고객 기반 : 동일한 구매자
  유통채널 : 동일한 경로를 통한 소비자 접근
  상표 정체성 : 상표명과 상표가치의 다른 상품에 대한 전이성
- **기술 연계**
  생산관리 기술 : 공장 운영공정
  신상품 기술 : 연구
  정보기술 : 데이터 수집, 데이터베이스

- **상품 연계**

  생산라인의 확장 가능성

  잉여생산능력 : 다른 상품의 생산에 활용

  원료 조달 : 납품업자에 대한 구매자 세력 강화

  간부 기능 : 동일한 회계사 및 인사 담당 직원을 통해 전 상품에 걸친 서비스 제공

- **무형자산의 연계**

  경영 노하우의 공유 : 같은 유형의 구매자 접촉 경험

  가치사슬 배열의 유사성

  유사한 본원적 전략 활용

   1994년 11월, 퀘이커 오츠는 자사의 게토레이Gatorade 스포츠 음료와 완벽하게 어울린다고 생각되는 스내플 과일 주스와 아이스티를 17억 달러에 인수했다. 게토레이 상표 덕분에 이미 비탄산음료 업계의 선두주자였던 퀘이커는 코카콜라와 펩시의 뒤를 이어 일약 3대 음료 기업으로 도약했다. 퀘이커의 분석가는 자사의 강력한 유통 시스템과 공유 제조시설, 규모의 경제 등을 통해 뉴 에이지New Age 아이스티 브랜드로 시장에서 매출과 수익을 새롭게 신장시킬 수 있을 것이라고 예상했다. 퀘이커는 스내플의 인수와 더불어 다양한 연계 가능성을 가지고 있었다. 하지만 양대 거물인 코카콜라와 펩시가 저가의 립톤Lipton과 네스티Nestea를 앞세워 매우 공격적인 자세로 아이스티 시장에 진입했다. 고가 음료 시장에서는 코카콜라의 프루토피아Fruitopia 브랜드가 역시 스내플을 공략했다. 1997년 결국 뉴 에이지는 생산을 중단했고 스내플의 매출은 바닥으로 떨어졌다. 퀘이커는 14억 달러의 손실을 입은 채 RC 콜라RC Cola와 미스틱Mistic 과일 주스의 제조사인 트라이아크 컴퍼니Triarc Companies에 회사를 넘겼다. 각종 연계성에도 불구하고 상품 자체가 가진 유행에 민감한 성질 때문에 매매를 통해 나타나야 할 시너지가 압도된 것이다. 그에 반해 트라이아

크는 브랜드를 구축하는 전략으로 돌아감으로써 가치를 찾았고 2000년 스내플을 탄산음료 제조업체인 캐드베리 스웹스Cadbury Schweppes에 15억 달러에 매각했다.

두 조직을 결합하면 시너지 효과를 얻을 수도 있지만 대부분의 경우 적지 않은 관련 비용이 발생한다. 또한 이전에 비해 더 길어진 결재 과정으로 인해 의사결정이 지체될 수도 있으며 조직의 거대화에 따른 부작용으로 조직의 경직성이 심화될 수도 있다. 그와 같은 경직성은 급변하는 시장 속에서 전략상의 장애가 될 가능성이 높다.

전략적 회의론

지금까지의 논의에 따라 기업의 성공은 전문적 전략기획의 결과였다고 해석할 수도 있을 것이다. 하지만 필자가 전략적 회의론이라 일컫는 분야에서 말하는 전략기획은 학계에서 말하는 분석적인 과정과는 전혀 다르다.

MIT 대학 슬론 스쿨의 제임스 브라이언 퀸James Brian Quinn에 따르면, 전략은 논리적 점진주의logical incrementalism의 한 과정이라고 할 수 있다. 그는 전략이란 오랜 기간에 걸쳐 수도 없이 내려진 작은 의사결정들의 결과라고 주장한다. 다른 이론가들 역시 전략이 지금까지 설명한 것만큼 공식적인 과정이 아니라는 데 의견을 같이하고 있다. 전략은 다음과 같이 다섯 가지 형태를 취할 수 있다.

- 계획Plan
- 책략Ploy
- 방식Pattern
- 과정Process
- 전망Prospective

기업에 따라서는 전략이 공식적인 '계획'에 의한 결과를 의미한다. GE는 자사의 사업부문을 매각하거나 매입할 때 맥킨지의 포트폴리오 기법을 이용한다. 그런가 하면 전략이 성공적인 전술적 '책략'의 실행을 의미하는 기업도 있다. 크래프트 푸드는 식료품점을 통해서 커피를 판매할 뿐 아니라 우편 주문을 통해서도 게발리아Gevalia 브랜드를 판매하고 있다.

전략은 또한 사업 운영 및 의사결정의 한 '방식'이나 '과정' 또는 '전망'에 지나지 않는 경우도 있다. 필자의 경우 한때 소규모 보석사업을 운영할 때 지극히 단순한 철학, 즉 고객을 깍듯이 대우하고 최저가격으로 상품을 제공하며 상품에 대해서는 조금도 속이지 않는다는 철학을 따랐다. 의도적으로 채택한 이러한 사업 운영 방식은 하나의 성공적인 '전략'이 되었다.

전략은 기업가의 통찰력에 의한 산물, 즉 어느 순간 무언가가 그의 머리를 스친 결과일 수도 있으며 오랜 시간에 걸쳐 개발된 일련의 특별 계획일 수도 있다. 어쨌든 컨설턴트들이 제시하는 형식적인 기획 과정들이 반드시 정답인 것은 아니다.

역사는 흔히 전략기획가들의 이론에 따라 다시 쓰인다. 혼다 오토바이의 성공을 말하면서 일부에서는 혼다 소이치로Sochiro Honda를 일컬어 의지와 꿈에 의해 태어난 자유정신이라고 표현하기도 한다. 사실 그의 계획은 전혀 웅대한 것이 아니었다. 혼다가 세계적인 자동차회사로 성공할 수 있었던 것은 뛰어난 경주용 오토바이를 만들고자 했던 소이치로의 뜨거운 열정과 단계적으로 서서히 이루어진 1958년의 미국 시장 진출 덕분이었다. 미국이 대수롭지 않은 일본산 수출품에 대해 별다른 규제를 하지 않았던 것이 소이치로에게는 커다란 행운이었다.

반면 BCG의 컨설턴트들은 그들의 고객인 영국 오토바이 업체들에게 혼다에 관해 전혀 다르게 설명했다. BCG의 견해에 따르면 혼다는 학습 곡선을 끌어내림으로써 저원가를 달성하고 저가 정책을 통해 세계 시장을 점유한다는 계획을 세우고 있었다는 것이다. 혼다는 압도적인 시장 점유율 덕분에 연구개발과 선진 제조기법의 도입에 막대한 투자를 할 수 있었다. BCG의 보고에 의하면 혼다는 시장에서의 선도적 위치 덕분에 보다 낮은 단가로 광고와 판촉을 할 수 있었다.

어떤 해석이 옳은 것일까? 필자 개인적으로는 다채로운 해석에 끌리지만, 미리 계획했든 아니든 간에 원가 우위 원칙이 혼다의 성공에 커다란 역할을 한 것만은 분명하다. 사실 이론과 관리자의 뛰어난 판단력이나 상식이 함께 결합될 수만 있다면 전략은 승리를 보장하는 예술과 과학의 절묘한 합작품이 될 것이다.

전략과 손자병법

전략 수업에서 손자에 대해 언급하지 않으면 완벽한 강의라고 할 수 없을 것이다. 기원전 4세기 중국의 군사 전략가인 손자의 격언은 전략에 관한 MBA의 대화에 자주 오르내린다. 불같은 성격이었던 혼다 소이치로 역시 손자를 자주 인용했을 것이라 짐작된다. 《손자병법》은 필자의 전임 상사 역시 자주 참고하는 책이었다. 손자병법을 인용하게 되면 상당히 명민한 사람이라는 인상을 줄 수도 있고 혹은 영화 〈월스트리트〉에서 무자비한 내부거래자로 등장하는 고든 게코Gordon Gekko처럼 피도 눈물도 없는 냉정한 인물로 비쳐질 수도 있다.

다음은 사업적인 자리에서 인용할 만한 손자병법의 몇 구절이다.

"모든 전쟁은 속임수에서 비롯된다."
"미끼를 던져 적을 유혹하라. 혼란을 가장해 적을 친다."
"백전백승이 최고의 병법은 아니다. 가장 뛰어난 병법은 싸우지 않고 적을 굴복시키는 것이다."
"군사의 수만으로는 결코 우위를 점할 수 없다. 단지 군사력만을 믿고 진격하는 것은 금물이다."

"전쟁에서 가장 중요한 것은 적의 전략을 공략하는 것이다."

전략의 실행

오늘 강의의 첫머리에서 말했듯 실행을 목적으로 하지 않는 전략 개발은 시간 낭비에 불과하다. 전략을 변경하는 일은 말로는 쉽지만 실행으로 옮기기는 결코 쉽지 않다. 선인의 말을 통해 문제를 해결할 수는 없다. 오늘 강의에서 기울어 가는 사업을 반전시킬 수 있는 방법을 제시할 수는 없지만 전략적으로 사고할 수 있는 방법만큼은 전하고자 한다. 학계 일부의 주장과는 달리 전략은 한 가지 전술이나 술수로 이루어지는 것이 아니다. 전략이란 기업 전체가 목표 달성을 위해 서로 협력하는 방식을 일컫는 것이라 할 수 있다.

경영진들이 하루 만에 전략을 생각해 내거나 실행하는 것은 아니다.

리더는 자신이 통제할 수 있는 요인과 통제할 수 없는 요인들을 구별할 수 있어야 한다. MBA들은 리더가 통제할 수 있는 요소들을 행동 지렛대action levers라고 한다. 전략가들은 또한 변화에 대한 저항을 무마할 수 있어야 하고, 실질적인 목표를 설정하고 실행 계획을 수립해야 하며, 상황이 계획대로 진행되지 않을 경우에 대비해 비상 계획을 마련해 두어야 한다. 이러한 내용은 조직행동론에서 개괄한 바 있는 행동 계획 순서와 같다.

전략은 동적인 것이다. 따라서 경영진은 전략에 대한 끊임없는 검토를 통해 기업 환경, 기업 내부 그리고 목표 등의 변화를 반영할 수 있도록 해야 한다. 경쟁 우위의 원천은 경쟁자들이 쉽게 복제할 수 없는 '계속 진화하는 전략'을 추구하는 데에 있다.

반드시 챙겨야 할 **전략 용어**

....

- **7S 모델** : 조직 내 7S 요소들의 협력 방식을 일컬어 전략이라 한다.
- **가치사슬**Value Chain : 상품과 서비스를 생산하고 전달하는 과정
- **통합**Integration : 사업을 확장하기 위한 방식으로서 후방위, 전방위, 수직적, 수평적 통합 등이 있다.
- **앤소프 매트릭스**Ansoff matrix : 사업 확장을 위한 네 가지 전략
- **포터의 다섯 가지 경쟁 세력 이론**Five Forces Theory : 업계의 경쟁 강도를 결정하는 다섯 가지 요인
- **학습 곡선**Learning Curve : 생산단위가 많아질수록 생산효율이 높아짐에 따라 단위 원가 가 낮아지는 현상
- **신호**Signaling : 경쟁업체 간의 간접적인 의사전달 방식
- **죄수의 딜레마**Prisoner's Dilemma : 업계 내 경쟁자 사이의 어쩔 수 없는 불신 본성
- **포트폴리오 전략**Portfolio Strategy : 대형 다각화 기업들이 각종 사업체의 매수나 매각 혹 은 보유를 결정하기 위해 사용하는 전략
- **세계화**Globalization : 다양한 세계화 요인으로 인한 특정 업계 내의 범세계적 경쟁
- **시너지**Synergy : 자원을 공유하는 두 회사가 결합함으로써 창출되는 수익의 증가
- **점진주의**Incrementalism : 전략은 웅장한 계획이 아니라 시간에 걸쳐 차츰차츰 발전된 작 은 결정들의 결과라는 개념

MBA 미니 코스

경쟁정보 수집 및 조사 Research and Competitive Intelligence
Gathering
대중연설 Public Speaking
협상 Negotiating
국제 경영 International Business
기업법 Business Law
사업서신 Business Writing
부동산 투자 Real Estate Investing
리더십 코치 Leadership Coach
재무 기획가 Financial Planner

소위 정보가 힘이라고 한다. MBA 과정에서 학생들에게 연구조사 방법을 별도로 가르치는 이유도 바로 그 때문이다. 비록《10일 만에 끝내는 MBA》출신이라 해도 정보 수집에 조금만 더 노력을 기울인다면 보다 뛰어난 통찰력으로 세부 자료를 수집하여 노력하지 않는 동료들을 크게 앞지를 수 있을 것이다. 어쩌면 정보 수집이야말로 이 책의 모든 내용 가운데 가장 실용적인 가치를 지닐 수도 있을 것이다.

경쟁 정보 수집 및 조사를 위한 10분 강좌

다음은 자신의 경쟁업체나 인물 또는 업계에 관한 자료가 필요할 때 검토해야 할 정보원들을 열거한 것이다.

인터넷

과거에는 대학도서관에서만 구할 수 있던 자료들을 이제 인터넷을 통해 누구나 접할 수 있게 되었다. 상품이나 사업, 업계에 관한 수많은 정보들을 얼마든지 쉽게 얻을 수 있다. 하지만 인터넷을 검색하기 위해서는 다소 참을성이 필요하다. 질문에 대한 답이 가지런히 정리되어 있지도 않거니와 인터넷 속도가 늘 빠른 것은 아니기 때문이다. 제대로 된 정보를 얻기 위해서는 다음과 같은 여러 검색 사이트를 방문하는 것이 좋다.

http://www.Google.com

http://www.Yahoo.com

http://www.Bing.com

http://www.Wikipedia.com

http://www.Realtime.com

http://www.Blogsearch.com

이들 사이트에 접속할 때에는 반드시 검색 방법을 미리 살펴본 후 최소한 1,000개 이상의 결과가 나오는 상태에서도 계속 검색할 수 있어야 한다. 더 정확한 검색어로 자신의 검색 조건을 제한한다면 많은 시간을 절약할 수 있다.

또 다른 전자적 정보 수집 경로는 특수이익집단special-interest-group 공개토론이나 블로그이다. 그러한 경로를 이용할 경우 자신이 연구 중인 주제에 관심을 가지고 있는 다른 사람들에게 질문을 하거나 회원들이 올려 놓은 각종 정보들을 읽어 볼 수 있다. 아마존의 책 미리보기 서비스search inside this book도 무료로 이용할 수 있는 매우 유용한 자료다.

사업과 관련된 주제를 조사하기 위해서는 월스트리트저널닷컴wsj.com의 팩티바Factiva를 이용할 수 있다. 저렴한 사용료에 비해 매우 훌륭한 서비스를 제공하는 팩티바의 데이터베이스는 무료 사이트에서는 접할 수 없는 다우존스와 로이터 데이터베이스를 통한 수천 가지의 정보를 포함하고 있다.

한편 저작권과 특허는 미국 특허청 홈페이지www.uspto.gov를 통해서 검색할 수 있다. 경쟁 정보를 얻을 수 있는 매우 훌륭한 정보원이며 상품의 이름을 짓거나 활동 계획을 수립하는 데에 큰 도움을 준다.

서적

《S&P 산업 연구보고서》Standard & Poor Industry Surveys : 여러 권으로 구성된 자료 집으로서 20개의 주요 산업에 관한 우수한 심층 자료들을 적시에 제공한다.

《밸류 라인 투자 정보》Value Line Investment Surveys : 투자가들을 위해 76개 업종의 기업들에 대한 상세한 최근 정보를 제공한다.

《플렁켓 산업 연람》Plunkett Industry Almanacs : 여러 권의 자료집으로서 업계와 기 업들에 대한 정보를 담고 있다. www.plunketresearch.com

게일 리서치 회사 : 게일 리서치Gale Research는 다음과 같은 기업 자료실의 기본 장서가 될 만한 각종 관련 서적들을 발간한다.

- 《시장 점유율 보고서》Market Share Reporter : 공개 자료에 실리는 시장 점유율 정보를 담고 있어 시간을 절약해 준다.
- 《기업 순위 연람》Business Rankings Annual : 공개 자료에 실린 기업 순위 자료 를 제공하는 매우 유용한 업계 자료다.
- 《협회 백과사전》Encyclopedia of Associations : 대부분의 상품이나 업종은 관련 협회나 단체, 클럽 등의 조직에 가입되어 있다. 그 조직은 조직 자체, 회 원 가입 절차, 관심사 등을 일반인들에게 알리는 데 기꺼이 협조하며 그러한 서비스의 일환으로 연구조사서, 회원 명부, 정기 회보 등을 발 간한다. 또한 각종 정보 출처를 안내해 주기도 한다. 결코 소홀히 여겨 서는 안 될 자료들이다.

백과사전 : 가장 소홀히 하기 쉬운 자료지만 간략한 정보를 신속하게 살펴볼 경우에 유용하다. 위키디피아나 브리태니커 백과사전Encyclopedia Britannica 등을 참고할 수 있다.

《라이프스타일 시장 분석 보고서》The Lifestyle Market Analyst : 라이프스타일 데이터를 수집하는 회사NDC National Demographics Corporation에서 발간하는 연례보고서로서, 인구 통계 및 생활방식, 매체 이용 습관 등을 수록한 최고의 마케팅 정보 자료 가운데 하나다. 이 회사에서는 우편번호 분석 에 대한 책도 발간한다.

《워싱턴 전화번호부》Congressional Quarterly Washington Information Directory : 워싱턴에서 발간되는 계간지《콩그래셔널 쿼터리》가 만든 미국 행정부서와 기타 관련 기관의 주소 및 전화번호 등을 안내하는 책이다. 특히 상무부에 관한 목록은 국제무역 활동과 관련해 매우 유용하게 쓰일 수 있다.

구글 학술 검색 Google Schola : 대학의 논문, 학술지 등의 데이터베이스.

국제경영 부문

《비즈니스 실태》Doing Business in… : 프라이스워터하우스쿠퍼스Pricewaterhouse-Coopers에서 발간되는 연속 간행물. 국제적인 사업 활동을 하는 기업인들에게 매우 요긴한 정보를 제공한다. 관세 등의 통관 절차 및 국제 사업에 관한 다양한 세부 정보들을 다루고 있다.

고액 정보 서비스 업체

넥시스 연구 데이터베이스 The Nexis Research Database : 몇몇 도서관과 기업에서 이용할 수 있는 고액의 온라인 데이터베이스 시스템이다. 서비스를 이용할 경우 온갖 정보 매체를 통한 뉴스 및 재무, 마케팅 자료 등을 접할 수 있다. 검색어를 보다 상세하게 규정하지 않으면 지나치게 많은 자료들이 검색될 수 있다는 점에 주의해야 한다. 서비스 이용료가 부담스러울 경우에는 먼저 무료 정보부터 찾아보도록 한다. 이용료에 대한 부담만 없다면 현재로서는 가장 강력한 데이터베이스에 속한다고 할 수 있다. 연구조사 시간을 절약하는 데도 큰 도움이 될 것이다.

Find/SVP : 대다수 상품 범주들에 대한 연구 자료들을 판매한다. 내용이 훌륭한 보고서들이 수백 달러에서 수천 달러까지 다양한 가격으로 구비되어 있다. 이들의 보고서 가운데는 유료의 독점 정보 외에 다른 정보원들을 통해 무료로 이용할 수 있는 정보들도 많다.

재무 데이터베이스

팩트셋Factset, 캐피털 아이큐Capital IQ, 블룸버그Bloomberg, 인베스텍스Investex 등과 같은 기업과 기관 도서관에서 고급 금융 정보를 구할 수 있다.

면담

고급 정보를 수집하기 위해서는 반드시 사람과 접촉해야 한다. 면담 시에 범할 수 있는 최대의 오류는 참고할 만한 다른 정보원에 대한 질문을 빠뜨린 채 면담을 끝내는 것이다. 여러 기업이나 업계 종사자들로 구성된 네트워크를 구축한 뒤에 다른 사람들과의 면담 시에 그들의 이름을 꺼내는 것도 한 가지 방법이다. 자신이 잘 아는 사람의 이름이 언급되면 보다 허물없는 느낌을 갖게 되어 정보 제공에 더욱 관대해지기 마련이다.

무역박람회

진정으로 업계 정보를 알고자 할 경우에는 해당 업계의 정기 무역박람회에 참석하도록 한다. 모든 주요 인물과 업체, 신상품들을 한곳에서 만나보게 될 것이다. 사업적 접촉이라는 측면에서 이 무역박람회만한 기회의 장도 없을 것이다. 이것은 마치 업계 연락처의 백과사전과 같은 역할을 한다. 내 경우 하드웨어, 가정용품, 장난감, 선물, 자동차 등 다양한 업종의 박람회에 정기적으로 참석한다. 국내 및 국제 무역박람회 정보를 모아놓은 온라인 사이트가 있으니 찾아보도록 하자.

최근의 시사정보

MBA들은 몇몇 신문과 잡지만은 반드시 시간을 내어 읽어야 한다. 언제나 정보에 민감해야만 하는 MBA들은 그러한 매체를 통해 정보 우위를 유지할 수 있기 때문이다. 세계가 어떻게 돌아가는지 모른다면 지식인다운 사고와 대화를 기대할 수 없다. 성공을 원한다면 읽고 또 읽어야 한다.

- 〈월스트리트 저널〉: 시간이 부족하다면 1면만이라도 읽도록 하자. 경제 신문의 대명사로서 반드시 알아야 할 기업 뉴스들을 전한다.
- 《포브스》, 《비즈니스 위크》, 《포춘》: 최고의 기업 관련 주간지들이다. 〈월스트리트 저널〉은 뉴스를 제공하지만 이들 잡지는 재계 동향과 각종 사실 및 분석 등을 기사화해 보다 지적인 독자들에게 접근한다.
- 《애드버타이징 에이지》Advertising Age : 대부분의 기업 관련 잡지들이 재무적인 부분을 다루는 데 비해, 순수한 마케팅의 관점에서 기업에 접근하는 광고 업계의 전문지다. 다방면의 사업 전망에 대한 정보를 제공할 뿐만 아니라 온갖 상품 광고를 게재하고 있어 경쟁 정보를 얻을 수 있는 좋은 자료가 된다.
- 각종 지역 신문 및 지역 경제지 : 자신이 속한 지역사회 내에서 활동하는 기업들을 파악하는 데 유용하다.

대중연설을 위한 10초 강좌

1. 청중에 대해 파악한다.
   청중의 관심사와 그들이 주의를 집중할 수 있는 시간이 어느 정도인지를 파악한다.
2. 자신의 능력을 파악한다.
   농담을 던질 수 있는 여유와 능력을 갖춘다.
3. 내용을 단순화한다.
   세부 사항은 청중에게 인쇄물을 나누어 주어서 전달하는 것이 가장 좋다. 연설은 자신의 생각을 전달하는 동시에 동기를 유발시킬 수 있어야 한다. KISS Keep It Short and Simple 처럼 연설은 짧고 단순하게!

협상을 위한 10분 강좌

1. 상대방을 파악한다.
   상대의 기질과 이력, 능력, 각종 자원 등을 미리 알아 두도록 한다.
2. 자기 자신을 파악한다.
   자신의 기질, 이력, 능력, 각종 자원 등을 검토한다. 두 개인의 이해가 대립될 경우 협상의 주도권이 어느 한쪽으로 기울면서 긴장이 발생한다. 무엇보다도 자신의 기질로 인해 협상을 그르치는 오류를 범해서는 안 된다. 갈등에 대처하기 위한 능력을 향상시키거나 보상을 통한 협상 방법을 배우도록 노력하자.
3. 사전준비를 철저히 한다.
   다양한 협상 결과에 대한 시나리오를 통해 가능한 결과들을 미리 파악해 두도록 한다.

4. 협상 전략과 한계선을 미리 결정해 둔다.

어떻게 해서든 승리해야 한다는 집착에 빠지지 않도록 미리 한계를 정해두도록 한다.

5. 협상이 끝난 후에는 매번 그 내용을 검토함으로써 다음 협상에 대처하도록 한다.

앞으로 개선할 점은 무엇인지 그리고 상대방에게서 배울 점은 무엇인지 검토한다.

국제 경영을 위한 10분 강좌

1. 활동 대상 국가의 문화와 가치, 관습, 신념을 이해한다. 자신의 가치를 공유하고 있다고 가정하는 것은 금물이다.

2. 다른 나라에 있는 동안 자신은 한낱 손님에 지나지 않는다. 그들이 주인이며 그들에게 권한이 있다.

3. 자신은 외국인이므로 진정으로 그들을 이해하지는 못할 것이다.

4. 다국적기업은 국경을 초월한 사업 경험을 적용할 수 있다는 점에서 경쟁 우위를 점할 수 있다.

5. 해외 투자는 장기적인 관점의 투자인 만큼 투자수익 또한 장기적으로 측정해야 한다.

6. 국제적 사업에 성공하기 위해서는 대상국가와 그 국민을 진정으로 존중해야 한다. 그들을 존중하지 않는 가식적인 행동은 현지 사람의 눈에 금세 드러나게 된다.

7. 국제적인 사업에는 윤리적 의사결정을 해야 하는 경우가 적지 않다. 스스로 높은 윤리 기준을 세우고, 그에 따라 행동하도록 한다.

※ 국제경영에 관한 요약은 버지니아 대학 다든 스쿨의 닐 브로든_{Neil H. Broden} 교수
담당의 사례 토론을 본인의 동의하에 인용한 것이다.

기업법을 위한 20분 강좌

이 과정을 일컬어 '20분짜리 변호사'라고 부르는 사람도 있다. 지금부터 살펴
볼 내용은 기업법의 가장 기본적이고도 중요한 개념이다. 법에 대한 해석은
무수히 많을 수 있기 때문에 어떤 한 가지 개념이나 관련 용어에 대한 엄격한
해석만을 가지고도 책 한 권을 가득 채우거나 법학자들의 열띤 토론이 가능할
수도 있을 정도다. 하지만 이 자리에서는《10일 만에 끝내는 MBA》의 정신에
입각해 그 개요만을 신속하고 체계적으로 정리하고자 한다. 조합 형태의 합명
회사나 주식회사 등의 사업구조에 관한 논의는 재무관리 부분에서 이미 공부
한 바 있다.

관습법

관습법_{common law}은 미국 국내법의 기본이며 흔히 판례법이라고도 한다. 각
종 법과 지침의 기본이라 할 수 있는 관습법은 이전의 판례나 판결 이유를 토
대로 발전되어 왔다. 법원의 결정은 '판결'_{holding}이라고 한다. '선례 준수 법리'
_{stare decisis}란 이전의 판례 방향에 따라 판결을 내려야 한다는 의미로서 대법원
판례는 특히 준수해야 한다. 미국 법체계의 필수 요건은 예측 가능성, 유연성,
보편타당성 등이다. 관습법을 기반으로 하는 다음에 소개할 두 가지 법이 미
국 법체계의 주역을 맡고 있다.

실체법과 절차법

실체법_{substantive law}은 합법적 행위를 규정하는 실행상의 법칙과 규칙을 말
한다. 실체법에는 사람들이 지닌 권리와 의무가 포함된다. 그에 반해 절차법

procedure law은 사법제도 내에서 그러한 법규들을 이행하는 방법을 지시하는 법으로서 제도를 공정하고 효율적으로 적용하기 위한 체계라고 할 수 있다.

변호사들이 실제로 법을 적용할 경우에는 '법령'statutes이라고 하는 주 또는 연방 규정을 참조한다. 법령제정법은 성문화된 실체 법칙으로서 주 의회와 연방 의회 또는 정부기관에 의해 제정된다. 그러한 법에는 형법, 세법, 정부 조례 등이 포함된다. 변호사는 그들 법령이 실제 사례에서 어떻게 적용되었는지를 알아보기 위해 판례법case law이라고 하는 판결이나 판결이유에 관한 법문을 참조한다. 변호사는 법령과 판결 이유를 조합해 법정절차법에 따라 자신의 의뢰인을 대신해 주장을 펼칠 수 있게 된다.

무엇보다도 사업상의 거래가 중요한 MBA들로서는 수시로 미국의 상법인 통일상법전UCC, Uniform Commercial Code에 대해 언급하게 된다. UCC는 사업적 목적을 위해 법령과 판례법을 결합한 특별 법문이다. 각 주에 의해 채택된 포괄적 법령인 UCC는 매매 계약과 상업어음 등을 포함한 주요 사업거래 분야를 모두 다루고 있다. UCC의 통일성은 서로 다른 주들 사이의 상거래를 위한 견고한 기준을 제공하고 있다. UCC가 없다면 각 주들 사이의 사업 운영이 마치 해외 무역만큼이나 복잡하게 될 것이다.

법적 절차

표준적인 법적 조치는 다음의 아홉 단계를 거치게 된다.

1. **관할권** : 법원이 사건을 심리하기 위해서는 반드시 주제를 심리하기 위한 관할권jurisdiction, 즉 재판권과 소송 당사자들을 구속할 수 있는 권한이 있어야만 한다.

2. **소장** : 소장pleadings은 재판 절차를 시작하는 데 필요한 서류다. 원고는 최초 진술서 혹은 탄원서라고 하는 서류를 제출함으로써 피고가 잘못을 저질렀다는 사실을 주장하고 그에 대한 벌이나 배상을 요구하게 된

다. 법적 기록물에 원고는 그리스 문자 파이(π)로, 피고는 델타(Δ)로 표기된다.

3. **발표** : 변호사들은 재판이 시작되기 전 사실이나 문서의 발표 기간 중에 필요한 정보와 증거를 수집한다. 이러한 절차를 통해 양측 모두 상대방 측이 가지고 있는 증거자료들을 볼 수 있게 된다. 영화에서 보는 것과는 달리 예상치 못한 증거로 상대를 당황시키는 일 등은 사실 불가능하다.

4. **공판 전 회합** : 연방 민사소송에서 흔히 볼 수 있는 회합으로 변호사와 판사가 모여 사건의 쟁점을 가장 중요한 문제들로 정리하고 축소함으로써 앞으로 있을 재판을 보다 효율적으로 진행하기 위한 모임이다. 이러한 회합을 통해 종종 재판정으로 가기 전에 합의가 이루어지기도 한다.

5. **재판** : 재판은 법정에서 진행되는 절차다. 배심원단이 선정될 경우에는 그 과정을 일컬어 예비심문voir dire이라고 하며, 재판 장소는 공판지venue라고 부른다. 배심원단은 사실성 논의를 결정하게 되며 판사는 법을 해석하고 배심원단에게 지시를 내린다. 원고의 소송이 대수롭지 않을 경우에는 판사가 약식 판결을 내림으로써 재판을 더 이상 진행하지 않고 사건을 종결할 수도 있다.

6. **배심원단에 대한 판사의 지시와 평결** : 판사는 배심원단에게 판사의 결정과 관련된 법률 문제를 설명한다. 배심원단은 그들의 권한 내에서 사실 여부와 형벌에 대한 결정을 내린다.

7. **공판 후 재정 신청** : 이 단계에는 여러 가지 이유를 제시하며 재판정에 재심을 요구하거나 새로운 재판이 왜 타당한지를 설명하는 일들이 포함된다. 법과 절차상의 오류, 배심원단의 부정, 이례적인 손해 배상액 등은 항소의 근거가 될 수 있다. 그러나 새로운 증거를 근거로 항소에 성공하는 일은 극히 드물다.

8. **항소** : 소송 당사자들에게는 일반적으로 각자 한 번씩의 항소 자격이 주어진다. 이때 항소 근거를 약술한 서류를 사건 적요서라고 한다. 사건 적요서는 사건을 새로 재판할 수 있도록 다소 장황한 주장과 이전의 판례, 적용 가능한 법령 등으로 채워지게 된다.

9. **판결의 집행** : 피의자를 수감하거나 벌금을 징수한다.

재판 없이 사업상의 분쟁에 합의하기

법정까지 가지 않고 분쟁을 해결하고자 할 경우 분쟁 당사자들은 중립적인 조정자를 이용할 수 있다.

- **조정**mediation : 조정자는 비강제적 권한을 가지고 분쟁 당사자들을 공정한 합의로 인도한다. 조정자의 결정이 마음에 들지 않을 경우 당사자들이 결정을 받아들이지 않을 수도 있다.
- **중재**arbitration : 중재자는 분쟁 당사자들에 대한 구속 권한을 갖는다. 중재자의 결정은 최종적인 것이며 항소는 허용되지 않는다. 중재자는 등록된 자격을 갖추고 교육 과정을 거친 숙련된 전문가다.

범죄와 불법행위

법은 타인에게 부당한 행위를 저지른 사람을 중심으로 집행된다. 부당행위는 범죄와 불법행위로 분류할 수 있다.

- **범죄** : 반사회적인 부당행위를 일컫는 말로서, 제정법에 근거해 징역이나 집행유예, 벌금형 등의 처벌을 받을 수 있다. 의도적으로, 즉 범의mens rea에 의해 혹은 과실에 의해 저질러진 범죄는 처벌 대상이 된다. 그에 반해 정당방위, 불가피성, 정신착란 등은 범죄가 아닌 방어에 해당된다.

- **불법행위** : 불법행위는 개인이나 사유재산에 대한 사적 부당행위를 말한다. 엄격한 제조물 책임, 사기, 폭력, 절도 등의 행위와 더불어 횡령 역시 이에 해당한다. 불법행위는 의도적인 부당행위나 과실행위로 인한 결과로서 민사소송법에 의거해 벌금형을 받게 된다. 과실은 피의자가 원고에 대한 의무나 정상적인 능력을 지닌 분별 있는 사람으로서의 책임기준standard of care을 다하지 않았음이 확실할 경우에 성립된다. 가령 전문 인력으로 고용된 사람에게 적용되는 책임기준은 그 직업의 기준에 따르게 된다. 그 외에도 피고인이 고발된 행위에 대해 직접적이거나 그에 근사한 원인을 제공했음이 틀림없는 경우 역시 불법행위로 간주된다. 한편 직원들이 그들의 의무 범위 내에서 하는 행동은 고용주의 책임이 될 수도 있다. 이러한 고용주의 책임을 일컬어 감독자 책임respondent superior이라고 한다.
- **입증 책임** : 범죄 행위의 경우, 유죄가 성립되기 위해서는 '타당한 의심의 여지가 없음'을 입증해야만 한다. 민사에서는 '증거 우위'preponderance of evidence에 근거해 유죄를 평결한다.

대체로 사건들은 형사적인 요소와 민사적인 요소를 모두 갖고 있는 경우가 많다. 형사상의 횡령 사건의 경우 피고는 절도로 인한 징역을 선고받게 된다. 그에 반해 민사 사건에 있어서는 원고가 돈을 돌려받고자 할 경우 재판에 의해 금전적 손실을 배상받을 수 있다. 불법행위에 대한 피고의 항변에는 진실성(주장에 대한 이의 제기), 동의(본인 동의하에 이루어졌음), 정신이상 등이 포함된다.

계약과 물권법

대부분의 사업 관계의 경우 수익을 위해 서로 계약을 맺게 된다. 대화에서 흔히 사용되는 이 계약이라는 말은 사실 특정한 법적 정의를 가지고 있다. 계약은 법적 기록물에 'K'로 표기된다.

계약 : 2인 이상의 당사자들 사이에 이루어진 명시적 혹은 묵시적 협약으로서 법적 강제력을 갖는다. 계약은 다음의 네 가지 요건을 충당할 경우에 한해 그 효력이 인정된다.

1. **당사자들의 능력** : 계약 당사자들은 협약을 맺을 수 있는 법적 자격과 정신적 능력을 가지고 있어야 한다. 미성년자는 자신의 계약을 파기할 수 있지만 성인은 미성년자와 맺은 계약을 파기할 수 없다. 단 음식과 숙소 등의 필수적인 것들의 경우만은 예외로 한다.
2. **상호 협약동의 또는 의사 합의** : 유효한 제안과 그에 대한 수락이 있을 때 성립된다. 제안은 계약을 맺고자 하는 의도를 분명히 표명하고 계약 조건을 명확히 해야 하며 상대방에게 의사를 전달할 수 있어야 한다. 일반적으로 볼 때 광고는 유효한 제안이 아니며 그보다는 판매를 위한 초청이라고 할 수 있다. 제안은 상대의 수락에 앞서 언제든 취소할 수 있다. 침묵은 수락으로 간주되지 않는다.
3. **소정의 대가** : 강제력을 갖기 위해서는 약속에 대한 소정의 가치가 정해져야 한다.
4. **합법성** : 불법적인 상품이나 행위를 취급하는 계약은 강요할 수 없다.

재산

사업은 재산과 재산을 최대한 늘리는 것을 위주로 전개된다. 재산은 물건뿐만 아니라 재산과 관련된 권리와 책임의 집합체 역시 포함한다. 재산은 다음과 같은 여러 유형으로 분류된다.

- **부동산** : 토지
- **동산** : 토지나 건물에 붙어 있지 않은 재산
- **정착물** : 토지나 건물에 붙어 있는 재산

- **지적 재산권** : 물질적 형태를 띠지 않는 창의적 재산
- **특허** : 특허는 기발하고 유용한 발명품이나 공정에 대해 20년간의 권리를 인정한다. 1995년 6월 이전까지는 특허권 인정 기간은 17년이었다.
- **저작권** : 저작권은 필기 작품에 대해 저자의 생존 시와 사망 이후 70년간 그 권리를 인정한다. 1978년 1월 이전에는 저작권의 유효 기간을 무조건 75년간으로 인정했었다.
- **상표권** : 상거래에서 사용되는 상표에 대해 20년간의 사용권한과 더불어 이후 갱신할 수 있는 권한을 부여하고 있다.

UCC 제2조 : 매매 계약

앞서 언급한 UCC는 재산이 관련된 다양한 거래와 계약에 관한 모든 법규를 망라하고 있다. UCC는 매우 중요한 법이기 때문에 다소 긴 지면을 할애해 보다 심도 있게 다루고자 한다. UCC 법령의 재산 관련 부분에 따르면 상인은 계약에 포함된 상품을 정식으로 판매하는 사람으로 정의된다. 상인들 사이의 거래는 특별한 것으로 간주되며, 강제력 있는 계약을 위해 다양한 수준의 서류들이 요구된다.

위탁 : 재산의 점유를 일시적으로 양도하는 것으로 소유권과는 상관없이 한정된 기간 동안 특별한 목적을 위해 위탁자가 수탁자에게 재산을 양도한다.

위탁 동산을 전달할 경우 수탁자가 요구하는 책임기준은 그들 사이의 상호 이익에 따라 좌우된다. 위탁자의 일방적인 이익을 위한 위탁인 경우에는 경미한 정도의 책임만이 요구된다. "부탁 좀 할게요. 제가 집을 비우는 동안 이것 좀 댁에 보관해 주세요." 바로 이런 식의 위탁이라 할 수 있다. 위탁을 통해 쌍방 모두가 이익을 얻는 경우, 즉 유료 보관소 위탁과 같은 경우에는 반드시 타당한 정도의 책임이 따라야 한다.

또한 수탁자 일방의 이익을 위한 위탁이라면 지대한 관심을 기울여야 할 책

임이 요구된다. 다음과 같은 경우가 그에 해당된다. "이번 주말에 댁의 차 좀 빌릴 수 있을까요?"

판매 : 판매는 보답이나 지불에 의해 소유권을 영구적으로 양도하는 것을 말한다. 다음의 세 가지 예외의 경우에는 판매자에게 권리가 없으므로 권리를 양도할 수 없다.

1. 좋은 권원good title(소유권에 대한 저당이나 법적 문제가 없는 권원—옮긴이)은 '신의성실한 구매자'에게 넘어갈 수 있다. 구매자가 불량 권원bad title(소유권이 명확치 않은 권리—옮긴이)이 있다는 사실을 알지 못하기 때문이다.
2. 당신이 같은 유형의 상품을 다른 사람에게 판매했던 소매업자에게 상품을 구매했다면 당신은 통상적인 과정을 따른 구매자다. 따라서 구매자는 좋은 권원을 보장받지만 판매자의 권리는 보장되지 않는다.
3. 중개상을 통해 상품을 구매할 경우, 중개상이 가진 상품이 위탁 중인 상품이라 해도 구매자는 통상적인 과정을 따른 구매자다. 비록 중개상이 상품을 소유하고 있지 않다 해도 구매자는 확실한 권리를 가질 수 있다.

선적 계약 : 선적 서류나 상업송장을 살펴보면 손실 위험이 판매자에게서 구매자에게로 넘어가는 시점을 명시한 여러 가지 조건들이 눈에 띈다. 가장 일반적인 것은 FOBFree On Board(본선인도조건)이다. 본선에 인도되는 순간부터 손실 위험에 대한 부담은 구매자에게 전가된다. CIFCost, Insurance and Freight(운임 및 보험료 포함 인도) 역시 적지 않다. CIF는 상품 가격과 보험료, 운임 등이 포함된 무역거래 조건을 말한다.

제조물 책임법 : 제조물 책임법product liability은 제조업자와 판매자가 판매상품을 보증하는 것과 관련된 법이다. 명시담보express warranty란 상품의 성능에 관한 필기 혹은 구두를 통한 약속을 말한다. 묵시담보implied warranty는 상품의 판매와 함께 이루어지는 약속으로서 기록이나 말이 필요 없는 약속이다. 상품이 매매될 수 있다는 것은 상품이 애초의 통상적인 제조 용도에 적합하다는 묵시적 의미를 나타낸다. 예컨대 펜은 필기를 위한 것이며 수술을 위한 상품이 아니라는 것은 누구나 아는 통상적인 용도라고 할 수 있다. 적합성에 대한 보증은 판매자가 알고 있는 상품의 특별한 용도에 대한 보다 구체적인 또 하나의 묵시담보다. 만약 판매자가 상품의 용도를 파악한 후 용도에 따라 판매한다면 그 상품은 용도에 적합한 기능을 해야 한다. '엄격책임주의'strict liability에서는 이성적인 사람이 상식적으로 안전하고 효과적으로 기능을 실행하기 위해 적절히 사용했을 때 발생하는 상품의 결함에 대해서도 책임을 진다.

사기방지법 : 사기방지법 조항에 따르면 중요한 특정 계약들의 경우에는 명문화된 계약 기록을 통해 사기를 예방하도록 하고 있다. 다음 여섯 가지 주제와 관련된 계약은 반드시 명문화되어야 한다.

1. 상품의 판매 가치가 500달러 이상인 상품의 경우
2. 토지 매매
3. 1년 이상의 기간을 요하는 용역을 계약할 경우
4. 제3자에 의한 채무 지불 약속
5. 유산처분 집행인에 의한 유산처분 비용 지급 약속
6. 결혼 중매 시의 혼인지참금에 대한 약속

협약은 반드시 하나의 서류만으로 이루어지지 않아도 된다. 협약의 기본 조건이 여러 서류에 나뉘어 기록된 경우에도 각 서류에 당사자의 서명이 있다면

계약은 유효한 것으로 인정된다.

구두증거 배제의 원칙 : 계약 당사자들이 계약에 대한 외부 증거를 인용해 서면 계약을 논박할 수 없다는 원칙이다. 그러나 구두증거 배제의 원칙은 많은 예외 조항을 가지고 있기 때문에 엄격한 법규라기보다는 하나의 지침에 가깝다고 할 수 있다. 예컨대 계약이 강박이나 사기에 의해 이루어졌다는 증거는 재판정에 의해 받아들여질 수 있는 증거이며 계약을 무효화시킬 수 있다.

계약당사자 법리 : 계약서상에 명시된 당사자만이 계약서와 관련된 소송을 제기할 수 있다는 원칙이다. 당사자의 범위에는 계약에 의해 권리를 할당받은 사람이나 계약의 이행을 통해 영향을 받게 되는 제3의 수혜자 등도 포함된다.

불가항력 : 허리케인이나 홍수 등과 같은 자연재해는 계약 불이행의 정당한 사유가 될 수 있다. 불가항력은 계약서상에 명시적 조항으로 포함되는 경우가 많다.

경개 계약 경신 : 쌍방 간의 계약에 있어 한쪽 당사자가 자신의 의무를 제3자에게 다시 양도함으로써 계약의 이행을 면제받게 될 수도 있다. 제3의 당사자는 계약서상의 책임과 의무의 이행을 떠맡게 된다. 주택 매매 시에 매수자가 매도자의 주택 담보 대출을 떠맡는 것도 경개의 한 예라 할 수 있다.

계약 관련 소송의 요소 : 소송을 위해서는 다음과 같은 요소를 갖춰야 한다.

1. 계약 사실에 대한 증거
2. 계약의 불이행
3. 손해에 대한 증거

계약서상에 계약불이행에 대한 위약금 조항이 명시된 경우 그 위약금을 손해배상액이라고 한다.

UCC 제3조와 제4조 : 상업어음

상업어음 혹은 유통어음은 발행 당사자와 상관없이 그것을 소지한 사람에 의해 경제가치로 교환될 수 있는 증서다. 수표는 유통어음에 속한다. 유통될 수 있는 어음은 다음과 같은 요건을 갖추어야만 한다.

1. 서면으로 작성되어야 한다.
2. 지급을 약속하는 당사자의 서명이 있어야 한다.
3. 무조건적인 지불 약속이 포함되어야 한다.
4. 지정된 액수의 금전지불을 구체화해야 한다.
5. 요구 즉시 혹은 지정된 시점에 지불될 수 있어야 한다.
6. 특정인의 지시에 따라 혹은 소지자에게 지불될 수 있어야 한다.

유통어음의 거래에 있어 종종 변칙적인 수단에 의해 획득한 유통어음을 선의의 구매자들에게 파는 사람들도 있다. 그 경우 판매자의 소유자격 무효 사실을 모르고 어음을 구입한 정당한 소지인Holder in Due Course이 판매자보다 더 큰 권리를 갖는다.

판매대행 협약

판매대행은 한 사람이 다른 한 사람의 행동을 대신 해주는 두 당사자 간의 합법적인 관계다. 판매대행은 UCC 대행에 속하지는 않지만 기업법을 구성하는 주요 부분이라고 할 수 있다. 합법적인 대행 관계는 다음의 네 가지 방식으로 이루어진다.

1. **계약**_{Contract} : 서면, 구두 혹은 묵시적인 계약을 통해 두 당사자가 대행 협약을 맺게 되며 대행을 의뢰하는 사람은 자신을 대신하는 대리인의 행위에 책임을 져야 한다.

2. **추인**_{Ratification} : 의뢰자는 자신을 대신하는 대리인이 이룬 성과를 수용하며 그 사람의 활동에 대해 책임을 진다.

3. **금반언**_{Estoppel} : 의뢰자는 다른 사람을 자신의 대리인으로서 행동하도록 하고 사람들에게 그러한 관계가 있다는 사실을 신뢰하게 한다. 그리고 대리인이 행한 행동에 대해서는 책임이 발생한다.

4. **필요성**_{Necessity} : 특수 상황으로 인해 행동을 할 수 없는 사람을 위해 신의성실한 인물이 그 행위를 대신할 경우 대행 협약이 존재하게 된다.

파산법

더 이상 채무자를 수감하는 일은 없다. 파산법은 개인이나 사업체에 새롭게 재출발하거나 보다 나은 조건으로 채무를 정리할 수 있는 방법을 제공한다.

- **미국 파산법 제7장** : 피신탁인은 사업체의 남은 자산을 청산해 채무를 최대한 갚는다. 파산 후에는 위자료나 양육비 등의 특수한 채무를 제외한 모든 채무가 면제'된다.

- **미국 파산법 제11장** : 법정 관리인은 시간을 두고 채무를 갚을 수 있도록 재구성 계획안을 승인한다. 개인 혹은 사업체는 재구성된 채무부담액을 갚기 위해 일을 계속한다. 채권자에 대한 지불액은 이론상 제7항의 액수보다 적어서는 안 된다.

- **미국 파산법 제13장** : 이 유형의 개인 파산은 정기 수입이 있는 개인으로서, 10만 달러 미만의 무담보 채무나 35만 달러 미만의 담보 채무가 있는 경우에 가능한 방법이다. 채무자는 최고 5년간 지속될 수 있는 채무 지불 계획서를 법정에 제출한다.

UCC 제9조 : 담보 거래

담보 거래 규정은 채권자가 제삼자의 권리 주장으로부터 동산과 정착물에 대한 자신이 권리를 지키기 위한 행위들을 망라하고 있다. 그러한 권리를 담보권security interest이라고 한다.

채권자는 차용인이 담보 저당을 통해 채무를 보증할 경우 담보권을 갖게 될 수 있다. 전당포에 물건을 맡기고 돈을 빌리는 행위가 바로 담보 저당의 좋은 예라고 할 수 있다.

보석 등의 재산을 실제로 점유하지 않을 경우 채권자는 담보권을 완성해 해당 재산을 압류함으로써 제3자의 권리에 대항한다. 채권자는 두 가지 방법을 통해 자신의 담보권을 완성할 수 있다.

1. **압류** : 압류 과정을 통해 채권자는 채무 및 재산에 대한 내용과 서명이 포함된 서면 동의서를 득하게 된다. 채무자는 담보권에 대한 가액을 반드시 수령해야 하며 해당 재산에 대한 법적 권리를 갖는다.
2. **재무제표 등록** financial filing : 담보권은 채무자와 채권자가 서명 날인한 재무제표 등록을 통해서도 확보될 수 있다. 재무제표를 등록할 때는 반드시 채무자의 거주지나 재산의 소재지에 대한 합당한 주소를 첨부해야 한다. 은행의 경우에는 보통 UCC 담보 등록을 통해 미수 대출금에 대한 자신들의 담보권을 확보한다. 담보 등록은 해당 재산에 대한 압류 사실을 다른 사람들에게 알리는 공공 기록이라 할 수 있다.

특별한 유형의 담보권으로 매수금 담보권PMSI이 있다. 소비재 상품의 거래에서 판매자가 해당 상품(예: 자동차, 가구, 기타 가정용품 등)을 담보로 구입자금을 융자해 주는 것을 말한다. 이러한 매수금 담보권은 등록할 필요 없이 권리가 인정된다.

채무불이행은 채무자가 계약상의 의무를 이해하지 않을 때 발생한다. 채무 변제를 위해 법정에 재산이 압류되어 있는 경우에는 해당 재산에 대한 권리가 누구에게 있는지에 따라 우선권priority of claims이 적용된다. 따라서 최초로 담보권을 완성한 당사자가 다른 채권자들에 우선해 해당 재산에 대한 권리를 갖게 된다.

사업자가 알아야 할 여러 가지 법령

- **연방거래위원회법** : 연방거래위원회FTC, Federal Trade Commission의 업무는 불공정하거나 사행성이 있는 사업행위를 금하는 일이다. FTC는 특히 광고와 상품명, 상표 등에 관련된 권리를 규정하는 데 적극 힘쓰고 있다.

- **셔먼 반독점법**Sherman Antitrust Act : 셔먼법은 사실상 거래를 제한하는 상투적 수법에 적용된다. 가격 담합이나 생산 할당량 설정을 통한 업계 내의 가격 조작 시도, 영역 분할을 통한 거래 제한, 일부 사업체에 대한 업계의 고의적인 배척 행위, 유통업자들 간의 합의 등은 모두 반독점법에 의해 금지되는 행위들이다. 결합 관계는 특별한 공급처를 통해서만 상품을 구매하도록 계약상의 의무가 부과된 관계로서 다른 공급자를 축출하기 위한 수법이다.

- **클레이튼법**Clayton Act : 경쟁 약화를 초래하는 독점 행위와 합병을 금하는 법이다. 이 법에 따를 경우 일부 합병은 경쟁을 약화시킬 수도 있다는 이유로 허용되지 않는다. 예컨대 동일한 인물이 특정 업계 내에서 관련된 다수 업체의 이사로 활동하는 것은 경쟁 약화를 초래할 수 있으므로 이는 클레이튼 법에 의해 금지된다.

- **로빈슨 팻맨법**Robinson-Patman Act : 차별적인 가격 책정을 금하기 위한 법으로서 상품을 소비자에게 전달하기까지 제조 및 운송에 소요되는 실제 원가 차이 외의 요인을 근거로 한다.

지금까지 경영대학원에서 강의되는 전형적인 기업법 과정의 축약된 법문을 모두 망라했다고 할 수 있다. 필요하다면 변호사의 조언을 구해야겠지만 이제 최소한 그들이 무슨 말을 하는지는 이해할 수 있을 것이다.

MBA 사업서신 작성을 위한 1분 강좌

1. 자신의 목적을 명백하게 그리고 가능한 한 초반에 나타내도록 함으로써 읽는 사람의 시간을 낭비하지 않도록 한다. 어떠한 내용이든 명백한 목적을 가지고 써야 한다.

2. 시종일관 친근하고 이해하기 쉬우며 존중하는 어조를 유지한다. 마치 옆에 있는 사람을 대하는 듯한 자세로 글을 쓴다. 전문적인 용어를 남발하거나 유창한 어휘력으로 상대에게 현학적이라는 인상을 주어서는 안 된다. 또한 화가 나거나 흥분한 상태에서 글을 쓰는 것 역시 금물이다. 후에 마음을 바꾼다 해도 한번 보낸 글은 결코 되물릴 수 없기 때문이다. 도저히 불가피하거나 모든 사실 정황을 확보하고 있지 않은 한 누군가를 비난하는 내용이나 회사 내의 인물에 대한 부정적인 내용을 거론해서는 안 된다.

3. 가능한 한 수동태가 아닌 능동태 문장을 사용한다.

4. 불필요한 여분의 낱말이나 사실, 장황한 문장을 배제한다. 표제를 사용해 상이한 내용들을 각각의 문단으로 분리함으로써 쓸데없는 접속 어구를 없앤다. 주요 내용은 한 페이지로 끝내는 것이 좋다. 추가 사항들은 별첨을 이용하도록 한다.

5. 보내기에 앞서 철자와 문법을 재차 검토한다. 최종 서신을 읽고 난 후에 보내도록 한다.

부동산 투자를 위한 10분 강좌

세계 최대의 부자들이 가지고 있는 부의 막대한 부분이 부동산 투자를 통해 창출된 것인 만큼 MBA라면 누구나 부동산에 대한 기초 지식을 숙지해야 한다. 부동산 투자의 목적은 차입금을 이용한 초기의 소액 자기자본 투자와 정부의 세제 혜택, 우수한 조건의 저평가된 부동산 선정 등을 통해 부를 창출하는 데에 있다.

현금잔고는 부동산 투자의 필수 요소다. 현금잔고가 있어야만 각종 대금을 결제하고 저축을 할 수 있기 때문이다. 현금잔고는 자신이 거두어들이는 임대료 수입에서 대출 상환금과 기타 운영비용을 공제함으로써 산출할 수 있다. 또한 현금잔고가 있어야 자신의 자산 포트폴리오를 유지하고 증식할 수 있으며 또한 저축을 할 수 있다.

주거용 부동산의 경우에는 간단한 월세 계약을 통해 임대료를 받을 수 있다. 상업용 건물의 임대에는 두 가지 방법이 있다. 먼저 정액 임대차gross lease는 세입자가 임대료를 지불하면 전기료 등의 공공요금을 제외한 모든 운영경비를 주인이 지불하는 방식이다. 반면 비용 부담 임대차triple net lease의 경우에는 세입자가 임대료와 각종 세금, 보험료, 공공요금, 유지보수비 등을 모두 부담하게 된다.

임대료에는 세 종류의 운영경비가 관련된다. 운영경비는 고정 부문, 변동 부문, 계획 부문으로 분류된다. 고정비용에는 각종 세금과 보험료가 포함되며 이들 비용은 연간 혹은 분기별로 한꺼번에 많은 금액을 지불하는 경우가 대부분이다. 변동비용에는 각종 공공요금과 유지보수비, 임대 공백기에 대비한 예비비 등이 해당된다. 그 외에 계획 경비는 보다 오랜 기간 동안 사용할 수 있는 것들, 즉 새 지붕, 벽난로 혹은 외부 판자벽이나 페인트칠 등을 위한 비용을 말한다.

임대료를 통해 상환되는 대출 원금의 감소는 투자수익의 큰 부분을 차지한다. 부동산 가격이 오르지 않는다 하더라도 융자 잔액이 상환됨에 따라 시간이 지나면서 자기자본이 증가하기 때문이다.

　재무관리 부분에서 설명했듯이 차입자본을 이용하면 투자수익이 증가한다. 차입자본 비율이 상당히 높은 거래 가운데 보통 사람들이 할 수 있는 거래는 극소수에 불과하다. 그 가운데 하나가 바로 부동산 거래다. 일례로 5퍼센트의 계약보증금을 투자해 담보 대출을 얻게 되면 차입자본과 자기자본의 비율은 20 대 1이 되며, 20퍼센트의 계약금을 투자하게 되면 그 비율은 5 대 1이 된다. 바로 그 때문에 비교적 소액을 투자해 커다란 수익을 거둘 수 있는 것이다.

　부동산의 가격이 올라가게 되면 그에 맞추어 더 많은 대출을 얻을 수 있고, 결과적으로 더 많은 부동산에 투자하거나 현금을 보유할 수 있게 된다. 부동산 가치가 상승하는 시기에는 막대한 부를 창출하게 되는 반면 부동산 시장이 하락할 경우에는 투자자금을 날릴 수도 있다. 하지만 부동산 투자는 생명공학 관련 주식에 투자하는 것보다는 훨씬 더 안정적이다. 부동산이 극도로 나쁜 상황에 처하지 않는 한 누군가의 파산은 다른 누군가에게는 거대한 부의 초석이 될 수 있다.

　부동산 가격의 상승은 인플레이션과 시장의 수요 공급, 해당 부동산의 용도 변경 등에서 비롯된다. 거주용 부동산을 상업용으로 사용할 수 있게 되면 값어치가 더 높아지게 된다. 소위 부동산의 최고유효용도highest & best use라는 것이다. 부동산 투자는 지역 사업이다. 지역에 따라 천태만상의 엄청난 가격 차이를 보이기 때문이다. 만약 해당 부동산의 수리 공사 여부에 따라 투자가치가 좌우된다고 생각한다면 수리에 필요한 적당한 견적을 내보도록 하자.

　대출 이자에 대한 세금공제 가능성은 주택 구입 장려 차원에서 모든 부동산 소유자에게 제공되는 세금공제 혜택이다. 공제가 불가능한 신용카드 이자와는 대조적으로 정부는 차입금에 대한 세후 비용을 낮춰 줌으로써 부동산 구입을 도와준다. 또한 미국 정부는 주택 도시개발부HUD와 연방 주택국FHA, 재향군인사무국VA 등을 통해 부동산 구입에 필요한 자금 원조 프로그램을 개설하고 있다.

미국 정부는 세금공제 혜택 외에도 절세를 통해 부동산 구입을 보조하고 있다. 미국 부동산에 대한 절세는 주거용 부동산에 대해서는 27년 6개월, 비주거용에 대해서는 39년간 적용된다. 단 대지는 절세 대상에서 제외된다. 자신의 부동산 세금 고지서를 통해 건물에 대한 평가액과 전체 평가액을 확인하고 얼마만큼의 세금이 절하될 수 있는지 계산해 보도록 하자.

부동산 거래에서 실현된 수익은 그에 대한 세금을 내지 않고 새로운 부동산에 재투자할 수 있다. 미 국세청IRS 1031 규정의 세금유예 교환거래에 따르면 개인퇴직연금 계좌IRA의 수익을 또 다른 IRA에 재투자할 수 있는 것과 마찬가지로 부동산의 경우에도 자본 재투자가 가능하다. 이 경우의 부동산 투자는 여러 가지 위험 없이 상당한 수익을 창출할 수 있다. 한 가지 유의해야 할 점은 재투자 거래를 통한 모든 수익은 동종의 부동산에 재투자해야 하며 현금 보유나 채무 변제, 그 외의 귀중품 구입 등에 사용해서는 안 된다.

부동산을 평가할 수 있는 방법은 다양하다. 자본환원율 평가법capitalization rate method은 투자 자산의 가치를 평가하는 비교적 간단한 방법이다. 부동산의 가치는 순이익 임대료에서 운영경비를 제외한 순임대수익을 자본환원율로 나눈 값과 동일하다. 자본환원율이란 일반적인 이율, 평가, 임대 위험성 등에 근거해 투자자가 자신의 투자에 대해 기대하는 수익률을 말한다. 2011년의 통상적인 자본환원율 목표는 8퍼센트였다. 따라서 순이익이 1만 달러인 부동산의 가치는 8퍼센트의 자본환원율을 적용해 12만 5,000달러로 평가될 수 있다. 물론 시설 개선을 통해 더 많은 임대 순이익을 올릴 수 있다면 부동산의 가치가 더 올라갈 수도 있을 것이다.

그 외에 총임대료승수gross rent multiplier를 이용하는 약식 평가법이 있지만 정확도 면에서 매우 뒤떨어지는 방식이다. 가장 정확한 평가를 위해서는 현금흐름과 기대평가의 완전한 순현재가치NPV를 분석해야 한다. 재무관리 부분에서 설명한 바 있지만 NPV 분석에는 소유의 위험성을 보상하기 위해 적절한 할인율이 적용된다. NPV 분석은 또한 분석 내용에 대한 확실성을 시험할 수 있

주소 :

기본 수익

1. 부동산가액   ① _____

2. 융자금   ② _____

3. 자기자본   ③ _____

4. 총수익 _____월간 x 12 =   ④ _____

5. 지출경비 _____월간 x 12 =   ⑤ _____

6. 융자상환액 _____월간 x 12 =   ⑥ _____

7. 이자 (융자금액 _____ x ___%) =   ⑦ _____

8. 융자 청산액 (⑥ – ⑦)   ⑧ _____

9. 현금 잔고 (④ – ⑤ – ⑥) =   ⑨ _____

10. 감가상각비 공제*   ⑩ _____

11. 세금공제 혜택 (⑩ – ⑨ – ⑧) =   ⑪ _____

12. 절세 과세율 (___% 과세율 x ⑪) =   ⑫ _____

13. 부동산 수익 (⑧ + ⑨ + ⑫) =   ⑬ _____

14. 기본 수익 (⑬/③) =   ⑭ _____

자본 수익

15. 현금 잔고 (⑨)   ⑮ _____

16. 융자 청산액 (⑧)   ⑯ _____

17. 절세 (⑫)   ⑰ _____

18. 평가 ___% x ① =   ⑱ _____

19. 총투자금액 (⑮ + ⑯ + ⑰ + ⑱) =   ⑲ _____

20. 자본 수익 (⑲/③) =   ⑳ _____

감가상각비는 부동산가액에서 토지가액을 제외한 금액을 주거용인 경우에는 27.5년으로, 비주거용인 경우에는 39년으로 나누어 산출한다. (미국의 경우)

도록 주요 변수에 대한 일부 변동 분석도 포함해야 한다.

투자자금은 전통적인 은행융자나 정부 대출, 담보 대출, 매도인 융자 등을 통해 조달될 수 있다.

부동산 투자의 성공 계획은 다음 다섯 가지로 요약될 수 있다.

1. 부동산을 투자 대상으로 보고 그에 대해 공부한다.
2. 자신이 속한 지역의 부동산에 대해 연구조사한다.
3. 자금을 어떻게 투자할 것인지 계획한다.
4. 계획에 따라 투자한다.
5. 자신의 목표에 부응하도록 투자 관리를 한다.

[도표 10-1]과 같은 시산표를 이용한다면 장래의 부동산 투자수익을 계산할 수 있을 것이다.

리더십 코치 10분 강좌

MBA 과정의 최신 분야 가운데 하나는 리더십에 관한 교육이다. 리더십 개인 지도자는 최근 기업의 경영진들 사이에 대단한 인기를 끌고 있으며 그들의 강의는 시간당 수백 달러를 호가한다. 넷째 날 조직행동론 강의를 통해 리더십 이론을 개략적으로 공부한 바 있지만 많은 MBA 프로그램들이 리더십 과정을 개설해 그들이 배출한 학생들이 리더가 되어 장차 막대한 기부금을 모교에 헌납할 수 있도록 지도하고 있다.

유능한 리더가 된다는 것은 의사결정을 위한 자신감, 다른 사람을 고무시키는 힘 그리고 자신의 행동을 책임지는 자세 등을 갖추어야 한다는 의미다. 한마디로 유능한 리더가 되기 위해서는 자신의 두려움과 불안을 극복해야 한다. 그러한 도전은 당신이 주말에 즐기는 암벽 등반보다도 훨씬 더 어려운 일이다. 대다수 사업체 리더들의 두려움과 불안은 통제력을 잃는 데 있다. 거기서 비롯되는 그 밖의 일반적인 두려움에는 이성을 잃는 것에 대한 두려움, 다른 사람들 앞에서 겪는 당혹감에 대한 두려움, 실패에 대한 두려움 등이 포함된다. 두려움은 자신의 내부에서 비롯되며 오직 자신만이 스스로를 다스리고 유능하게 변모시킬 수 있다.

"자신에게 어떠한 일이 닥쳐도 해결할 수 있다는 사실을 깨달았다면 두려워할 것이 무엇이겠는가? 그러므로 자신의 두려움을 줄이기 위한 유일한 방법은 자신에게 닥치는 어떠한 일도 해결할 수 있다는 자신의 능력에 대해 믿음을 갖는 것뿐이다."

《두려움에 맞서라》Feel the Fear and Do It Anyway의 저자인 수전 제퍼스Susan Jeffers 박사의 조언이다. 제퍼스 박사는 또 이렇게 말한다.

"나한테 무슨 일이 생기든, 어떤 상황이 주어지든 나는 해결할 수 있다."

하지만 정말로 무시무시한 일이라면 어쩔 것인가? 도저히 통제할 수 없는 일을 겪게 될 수도 있을 것이다. 하지만 최선을 다한다면 그 이상 자신에게 요구할 것이 없을 것이다.

우리 내면의 두려움은 여러 가지 요인에 의해 만들어 진다. 《공포에서 힘으로》From Panic to Power의 저자 루신다 바셋Lucinda Basset 은 그러한 두려움의 주요 원인으로 다음과 같은 가족 유형과 가정교육을 지적한다.

- 두려움과 죄의식을 통해 자신을 통제하는 엄격한 가정교육
- 자신의 감정을 쉽게 표현하지 않고 칭찬이나 허락에 인색한 가족
- 도저히 부응할 수 없을 정도로 지나치게 높은 부모의 기대치
- 가정 내에 긴장감 등 부정적인 환경을 조성하는 과민반응적인 가족구성원
- 결손 가정 혹은 질병이나 중독에 의한 무능력한 가족구성원이 있는 가정환경

언뜻 끔찍하게 느껴지는 지적이지만 사실 내 가정을 포함한 대부분의 가정이 위와 같은 요소들을 하나쯤은 지니고 있다. 또한 그러한 요소들을 통해 우리의 품성, 습관, 기질 등이 형성되며, 그로 인해 완벽주의나 죄의식, 편집증, 긴장, 예민함, 과민반응, 남들의 견해에 대한 지나친 인식과 걱정, 결벽 등의 성향이 배태된다. 그러한 여러 특질들이 우리를 학생으로서 또한 사업가로서 성공할 수 있게 하는 동시에 한편으로는 위대한 리더가 되는 것을 가로막기도 한다.

자기 개선의 첫 단계는 자신이 두려움을 가지고 있다는 사실을 깨닫고 그것을 정복할 수 있다고 믿는 것이다. 가장 기본적이고도 핵심적인 두려움, 즉 통제를 잃는 것에 대한 두려움을 가지고 있을 경우에는 그것을 받아들이도록 하자. 불안은 대부분 직업적인 상황에서 외부적인 근원에 의해 생겨난다. 외부적인 근원은 긴장이나 진땀과 같은 내면적인 불안을 형성한다. 불안에 어떻게 반응하는가 하는 것은 자신이 선택할 일이다. 불안과 싸우기보다는 그것을 이해하도록 하자.

외면적인 사건들을 처리할 수 있는 경우에도 마음속에서는 진짜 상황에 대한 인식적인 왜곡이 일어나 불필요한 불안을 야기하기 쉽다. 데이비드 번스 David Burns 박사는《우울한 현대인에게 주는 번스 박사의 충고》Feeling Good에서 우리가 유의해야 할 열 가지 범주의 파괴적인 인식적 왜곡을 다음과 같이 설명하고 있다.

1. **전부가 아니면 아예 필요 없다는 식의 사고** : 완벽하지 않은 것은 실패한 것이다.
2. **지나친 일반화** : 하나의 부정적인 사건이 계속 패배의 본보기가 된다.
3. **정신적 여과장치** : 긍정적인 것은 걸러내고 부정적인 것에만 치중한다.
4. **긍정적인 것에 대한 거부** : 긍정적인 것은 대수롭지 않은 듯 거부하고 부정적인 믿음은 여지없이 고수한다.

5. **결론의 비약** : 사람들의 반응이나 일의 결과에 대해 미리부터 부정적으로 예측한다.

6. **확대 혹은 축소** : 부정적인 사건의 중요성을 과장하거나 긍정적인 일의 중요성을 축소한다.

7. **감정적인 추론** : 주변의 현실이 부정적인 감정에 의해 반영된다.

8. **강박적인 어조** : 마치 회초리를 맞거나 벌을 받아야만 일을 하기라도 하는 듯 '해야 한다' 혹은 '해서는 안 된다'는 말로 자신을 고무한다. 이러한 의무적인 태도는 죄의식을 초래한다.

9. **꼬리표 붙이기** : 자신에게 '낙오자' 혹은 '바보'와 같은 부정적인 꼬리표를 붙인다.

10. **개인화** : 자신의 책임이 아닌 부정적인 사건에 대해 자신에게 그 원인이 있다고 여긴다. 그러한 생각은 죄의식을 야기한다.

스트레스를 받을 경우에는 호흡을 가다듬고 긍정적인 내면의 대화를 통해 극복하도록 한다. 긍정적인 생각은 긍정적인 감정을 만들어 낸다. 부정적인 사고는 나쁜 습관이므로 훈련을 통해 근절해야 한다. 제퍼스 박사가 말하는 수다쟁이chatterbox, 즉 머릿속의 소음을 훈련하는 것이 바로 그 비결이다. 무수한 가정의 시나리오와 지난 선택에 대한 후회와 함께 자신의 결정을 의심하면서 끊임없이 스스로를 질책하는 목소리에 자신을 맡길 수도 있을 것이다. 그에 반해 '나는 능력과 재능을 갖춘 사람이며 일이 제대로 진행되지 않을 경우에도 스스로 처리할 수 있다. 세상을 통제할 수는 없지만 세상에 어떻게 반응해야 하는지는 스스로 알 수 있으며, 그런 과정을 통해 장차 더 나은 결정을 내릴 수 있다'고 말해 주는 자상한 내면의 소리를 선택할 수도 있다.

제퍼스의 제안에 따르면 결정을 내릴 때는 자신이 무엇을 잃을지보다는 무엇을 얻을 수 있을지에 주목해야 한다. 먼저 빠짐없는 검토를 통해 자신이 정보에 근거한 현실적인 결정을 내렸는지, 선결 사항을 정했는지 또한 자신의 직관을 믿을 수 있는 모든 정황을 갖추고 있는지를 확인한 다음 기분을 북돋우도록 한다. 자신이 어떤 결정을 내리든 간에 그로 인해 세상이 끝나는 일은 없다. 엔론과 월드콤 등의 몰락과 버나드 매도프의 다단계 금융사기 사건에서도 모두가 살아남았으며 실형을 선고받았던 마사 스튜어트 역시 본래의 모습을 되찾고 있다.

결정을 내린 후에는 자신이 고집하는 성과에 얽매여서는 안 된다. 그러한 망상은 집어치우자. 상황이 제대로 진행되지 않더라도 책임을 받아들이고 사태를 바로잡도록 한다. 자신의 결정이 옳았다고 방어하기에 급급해 시간을 낭비하는 일은 피해야 한다. 어차피 과거는 바꿀 수 없으며 바꿀 수 있는 것은 오직 미래뿐이다. 죄책감을 느끼는 것은 전진을 위한 생산적인 공정이 아니다. 자신과 다른 사람들을 용서하고 해결책에 집중하도록 하자.

제퍼스는 만약 부정적인 생각이 들 경우에는 그런 생각은 아무 소용도 없다는 사실을 최대한 빨리 깨닫도록 노력하여 즉시 생각을 중단해야 한다고 말한다. 그러한 생각들이 진실하고 현실적이고 논리적이고 타당성이 있는지 스스로 자문하도록 한다. 긍정적인 내면의 소리를 통해 상황을 조망하고 처리할 수 있다고 자신을 위로하고 긍정적인 마음을 갖도록 한다.

자아와의 긍정적인 대화는 부정적인 대화 습관보다 훨씬 유익하다. 긍정적이고 강한 정신 상태 속에서 '근심'이 아닌 '행동'을 통해 문제를 해결할 수 있다. '행동'하느라 바쁜 사람은 '근심'할 시간이 없다. 자신의 마음가짐을 바꾸고 분위기를 바꾸어라. 자신의 문제를 적극적으로 해결하든지 잠시 시간을 내어 운동을 하든지 음악을 감상하든지 뭔가 긍정적인 일을 하는 데 몰입하게 되면 고개를 들던 불안도 어느새 사라지게 된다. 그 결과 다음에 맞닥뜨리게 될 과제에는 보다 긍정적이고 생산적인 리더로서 대처할 수 있게 된다.

그 외의 많은 전문가들 역시 유사한 조언을 하고 있다. 스펜서 존슨Spencer Johnson의 《선물》The Present은 현재present에 집중함으로써 행복을 얻을 수 있다는 노인의 현명한 충고를 전한다.

"현재를 살면서 지금 자신 앞에 있는 것에 집중해라. 자신의 목적을 통해 자신에게 중요한 것에 답하도록 하라. 과거를 통해 배워라. 과거를 통해 뭔가 가치 있는 것을 배움으로써 현재에는 뭔가 다르게 행동할 수 있어야 한다. 미래를 위한 계획을 세우고 멋진 미래란 어떤 것인지를 그려 보고, 그러한 미래가 되도록 계획을 세워라. 자신의 계획을 현재에, 바로 지금 행동에 옮기도록 하라."

존슨은 다른 작품인 《누가 내 치즈를 옮겼을까》Who Moved My Cheese?를 통해 미로에 갇힌 생쥐들과 작은 사람들을 예로 들어 세상의 변화에 직면했을 때 어떤 행동을 취해야 하는지를 중점적으로 다루고 있다. 그는 변화를 삶의 일부로 받아들이고 사전에 미리 변화를 예측해 그에 대처할 것을 주장한다. 변화를 맞아 두려움과 불안으로 마비되는 것보다는 자신의 행복과 안위를 위해 변화를 수용하고 그에 대처하는 것이 훨씬 생산적이고 유리한 행동조처다.

리더십 코치들은 커다란 인생 문제를 계획하는 일과 더불어 작고 실제적인 문제들도 다룬다. 그들이 제안하는 도구에는 하루의 일과 목록을 만듦으로써 체계를 유지하고 일의 우선순위를 정하는 일도 포함된다. 그러한 목록을 통해 그날에 처리한 일을 점검하면 회사의 모든 사안을 다 해결하지 못한다 해도 생산적인 기분을 느낄 수 있게 된다. 일과를 너무 과중하게 계획하는 것은 절대 삼가야 하는 방법 중 하나다. 또한 정보망을 효과적으로 형성하고 연락을 계속 유지하기 위해서는 늘 최근의 연락처를 입력해 두어야 한다. 연락처를 정리할 때 키워드를 함께 입력해 놓으면 시간이 지나서 그 사람이 기억나지 않더라도 효과적으로 찾아낼 수 있다. 예를 들어 어거스타 골프 대회Augusta Golf Classic에서 누군가를 만났다면 마스터스Masters라고 입력하는 것이다.

리더십 코치는 보다 큰 인생 문제를 겪을 때 고객 스스로 구체적인 목표들을 세울 수 있도록 돕는다. 회사, 직업, 개인, 직업적인 관계, 가족 관계, 지역사회 등과 관련된 목표들이 그에 속한다. 목표를 세운 다음에는 코치와 함께 정기적으로 검토함으로써 자신이 제대로 진행해 가고 있는지 또는 자신의 행동이 목표를 벗어나지 않고 있는지를 확인한다. 스티븐 코비Stephen Covey는《성공하는 사람들의 7가지 습관》7 Habits of Highly Effective People에서 '우리에게 책임감을 가져라. 자신에게 중요한 것이 무엇인지를 정하고 그것에 근거해 살아가라. 먼저 이해하기 위해 노력하고 그런 다음에 이해받기 위해 노력하라'고 말한다. 2004년 그는 여덟 번째 습관을 덧붙였다. "자기 자신의 내면의 목소리와 외침, 영혼의 암호를 찾고, 다른 사람들을 고무해 그들 역시 그렇게 하도록 하라."

리더십 코치들은 스스로의 '생활 코치' 역할도 하면서 규칙적인 운동이나 건강 식단, 금연, 카페인 줄이기, 명상, 적당한 수면 등에 대해 조언한다. 그들은 자아 인식을 얻기 위해 상급자와 동료, 직속상관으로부터의 360도 평가(다양한 관점에서의 피드백을 통해 자아를 발전시키기 위한 평가 방법—옮긴이)를 제안한다.

그들의 조언에는 그 외에도 다음과 같은 내용들이 포함되기도 한다. 매일 한 쪽의 과일을 먹으면 정크푸드의 섭취를 줄일 수 있다. 좀 더 자주 웃어라. 자신의 미소는 다른 사람들을 행복하게 하며 그것이 다시 자신을 행복하게 하기 때문이다. 텔레비전 뉴스에 나오는 화면을 그대로 믿지 말라. 왜곡되고 부정적인 장면이다. 베풀고 돌려주자. 다른 사람을 위해 좋은 일을 하는 것은 바로 자신을 위한 일이다. 이러한 요인들은 스트레스 및 불안 수준에 영향을 끼치며 따라서 사업 지도자로서의 생산성에도 영향을 미친다.

재무계획 10분 강좌

경영대학원들은 그들의 학생들이 가능한 한 자신들의 개인적인 목표를 달성하는 데 성공하기를 바란다. 여러 상위권 학교들이 재무계획과 재무관리에 관한 과정을 개설하고 있다. MBA 학생들에게는 무엇보다도 개인적 부의 창출이 가장 중요하다. 백만장자가 되기 위한 비결은 간단하다. MBA들의 보수는 전체 소득자의 상위 10퍼센트 내에 드는 만큼 소비에 대한 적당한 자제력과 몇 가지 계획안만 있으면 된다.

원칙 하나 : 먼저 저축부터 한다

계좌 자동이체를 통해 최소한 소득의 10퍼센트를 저축하도록 한다.

과세유예 저축 기회를 최대한 이용한다. 직장인들에게 가능한 401(k)(미국 기업연금제도—옮긴이)나 403(b) 등의 저축 프로그램이나 고용주들을 위한 프로그램을 최대한 활용한다. 미국 정부가 제공하는 모든 세금 혜택을 최대한 활용하도록 하자. 만약 25퍼센트의 과세율을 적용받고 있다면 월급을 받은 이후에 별도로 저금하는 경우에 비해 자신의 저축에 대한 세금 면제를 통해 이미 25퍼센트의 수익을 얻고 있는 셈이다. 고용주를 위한 저축 프로그램이 적용되는 경우에는 돈을 두 배로 늘릴 수 있다.

뮤추얼펀드의 투자수익은 빛 좋은 개살구에 불과하다. 정신없이 치솟는 인터넷 주의 거품 장세에서도 수익을 올리는 일은 매우 어려운 일이다. 중요한 것은 자신의 월급에서 세금이 공제되기 전에 자동적으로 저축에 투자되어야 한다는 점이다.

만약 자신의 고용주가 401(k) 프로그램에 가입하지 않은 경우에는 그 외의 과세유예 저축 기회를 최대한 이용하도록 해야 한다. 일반 개인 은퇴계좌 Traditional IRA 나 은퇴계좌 Roth IRA, 중소기업용 은퇴계좌 Simple IRA 등 이용할 수 있는 IRA를 최대한 활용하도록 한다.

IRA 투자는 자신의 급여계좌나 당좌계좌와 자동으로 연결된다. 자영업자의 경우에는 훨씬 많은 금액의 저축에 대해 과세유예 혜택을 받을 수 있다. 그러한 혜택을 받기 위해서는 개인 401(k) 계좌나 자영업자 은퇴계좌 SEP IRA 제도에 가입하면 된다.

이와 같은 계획을 실행하면 소득이 크게 많지 않은 경우에도 점점 더해 가는 근무 기간과 더불어 100만 달러가 넘는 돈을 모을 수 있다.

원칙 둘 : 자기 집을 소유한다

셋집이 아닌 자기 집을 소유하도록 한다. 집을 임대하는 것은 자신의 재산이 아닌 집주인의 재산 형성에 도움을 주는 일이다. 미국 정부는 과세유예 계좌와 마찬가지로 주택 마련에 대해서도 보조를 하고 있다. 보조는 대출이자에 대한 세금 면제를 통해 이루어진다.

가령 자신이 25퍼센트의 과세율을 적용받는 경우에 속한다면 정부가 이자의 25퍼센트를 대신 지불해주고 있는 셈이다. 대출을 받은 첫해에는 이자가 상환액의 대부분을 차지하게 되는데, 그 경우 정부가 해당 상환액 전체의 25퍼센트를 대신 지불하는 셈이 된다. 쉽게 거절할 수 없는 거래 조건이라고 할 수 있다.

한 집에 몇 년 정도만 거주할 수 있으면 30년 만기와 15년 만기의 두 가지 담보대출이 가능하다. 15년 만기 대출은 상대적으로 이자율이 더 낮으며 30년의 절반인 15년 만에 완전한 자기 소유의 집을 갖게 되는 반면, 매달 원리금을 더 많이 상환해야 하기 때문에 더욱 절약하지 않으면 안 된다. 30년 만기 대출은 이자율은 좀 더 높지만 두 배에 해당하는 기간에 걸쳐 대출금을 갚아나갈 수 있다. 30년 만기의 장점은 같은 액수의 월 부담액으로 보다 큰 집을 장만할 수 있다는 점으로 부동산 시장이 상승할 경우 더 큰 재무 레버리지를 가질 수 있게 된다.

주택 담보대출만 한 레버리지를 가질 수 있는 투자는 극히 드물다. 부동산 투자의 경우에는 20퍼센트의 자기자본으로 그 다섯 배의 가치가 있는 부동산을 손에 넣을 수 있기 때문이다.

만약 주택의 완전한 소유를 좀더 앞당기거나 저축 목표액을 보다 빨리 채우고 싶다면 대출 상환이나 계좌 입금 기일을 2주 간격으로 설정하거나 원금을 매달 혹은 매년 추가로 상환하도록 한다. 원한다면 총 10년 만에 완전한 자기 집을 소유할 수도 있다. 은행 대출에 앞서 각 은행의 이율과 수수료를 비교하는 것도 절대 잊어서는 안 된다.

한 가지 더 있다. 여유가 생기는 대로 임대부동산을 소유하자. 주택 대출금을 계속 갚아 나감에 따라 점차 자기자본 비율이 상당히 높아지게 된다. 그러한 자가 주택에 대한 자기자본을 이용해 또 다른 주택이나 임대부동산을 구입할 수 있다. 임대부동산의 경우에는 세입자들의 임대료를 받아 담보대출금을 상환할 수 있게 된다. 부동산 경제학에 관한 지침은 앞의 부동산 투자 10분 강좌를 참고하자.

원칙 셋 : 비상자금과 투자 포트폴리오를 만든다

누구나 비상자금을 가지고 있어야 한다. 전문가에 따르면 비상자금은 3~6개월 정도의 지출경비가 적정하다고 할 수 있지만 많으면 많을수록 밤잠을 편히 이룰 수 있을 것이다. 비상자금 밑천을 마련하기 위해서는 먼저 자신의 목표치에 이를 때까지 매달 일정 액수의 저축을 해야 한다. 이러한 저축계좌는 정부 보조를 받을 수 없다. 이미 급여에서 세금을 공제하고 난 후에 저축을 하기 때문이다. 통장의 돈을 수시로 인출할 수 있어서는 안 된다. 보다 높은 금융시장 이율이나 CD 금리를 찾아보고 반드시 가장 유리한 거래를 선택하도록 한다.

비상자금을 마련하고 나면 그 돈을 혹은 거기에 더 돈을 보태서 장기투자계좌에 투자해야 한다. 그 계좌는 교육자금, 사업 밑천, 퇴직 후의 생활 자금 용도로 비축해 둘 수 있다.

원칙 넷 : 현명하게 투자하라

포트폴리오 투자는 창의력을 과시하기 위한 것이 아니다. 모닝스타Morning-star.com와 《포브스》의 평가를 받은 성공적인 장기 뮤추얼펀드를 선택하도록 한다. 주식은 모든 자산 등급, 즉 대형, 중형, 소형 자본을 모두 망라한 회사 뮤추얼펀드와 또한 모든 투자 방식, 즉 가치 투자, 혼합 투자, 성장 투자 등을 골고루 이용해 투자를 다각화한다. 채권 역시 단기, 중기, 장기채권 등을 골고루

매입함으로서 투자를 다각화하되 비용이 낮은 채권을 선택하도록 한다. 비용이 낮은 채권은 항상 보다 높은 수익률을 기록해 왔기 때문이다. 각각의 포트폴리오를 그냥 보유만 해서는 안 되며 포트폴리오 전체를 유심히 지켜보아야 한다. 모닝스타의 포트폴리오 트랙커(자산 평가를 위한 컴퓨터 프로그램—옮긴이)를 통해 전체 포트폴리오를 추적하고 분석하도록 하자. CD와 금융시장의 금리는 뱅크레이트닷컴 bankrate.com을 통해 살펴볼 수 있다.

저축의 일부를 인출해 위험 상품에 투자할 수도 있지만 그 경우에는 상당한 자제력을 발휘해야 하며, 항상 극히 일부 금액만을 투자하도록 해야 한다는 사실을 명심하자.

원칙 다섯 : 특정한 것에는 아낌없이 돈을 쓰되 평소에는 검약을 생활화한다

장부의 지출 부분은 저축이나 투자 부분 못지않게 중요할 수도 있다. 인생은 리허설이 없는 만큼 당연히 즐겨야 한다. 하지만 돈을 쓰는 데 있어서는 선별력이 필요하다. 자신의 열정을 충족하기 위해서는 골프든 와인 수집이든 간에 아낌없이 돈을 써야 할 수도 있지만 중요하지 않은 일에는 빈틈없이 절약해야 한다.

이미 잘 알려진 사실이지만 일생 동안 커피나 흡연에 매일 5달러씩 소비한다고 할 경우 그로 인해 사라지는 은퇴자금은 100만 달러를 넘게 된다. 또한 저가의 믿을 만한 자동차를 구입해 10만 마일을 달릴 때까지 운행한다면 값비싼 고급 승용차를 자주 바꿔 구입할 경우에 비해 자동차와 관련된 여러 가지 지출과 엄청난 감가상각비, 이자부담 등을 크게 덜 수 있다. 이 역시 일생 동안 100만 달러를 절약할 수 있는 계획에 속한다.

신용카드의 사용과 관련해서도 역시 절약이 가능하다. 일부 전문가들은 신용카드를 사용하지 말아야 한다고 주장한다. 실제의 현금 사용과는 달리 심리적으로 소비를 느끼지 못한다는 것이 그 이유다. 신용카드를 사용해야 할 경우에는 캐시백 혜택을 갖고 있는 한 가지 카드만을 사용하도록 하자. 잔고를 다

506

음 달로 계속 회전시키는 일은 절대 삼가야 한다. 그 경우의 금리는 아무리 유리한 투자의 이율과도 결코 비교할 수 없을 만큼 터무니없이 높기 때문이다.

1달러의 현재가치

=N	1%	2%	3%	4%	5%	6%	7%	8%	9%	10%	12%	14%	15%	16%	18%	20%	25%
1	0.9901	0.98039	0.97087	0.96154	0.95238	0.94340	0.93458	0.92593	0.91743	0.90909	0.89286	0.87719	0.86957	0.86207	0.84746	0.83333	0.80000
2	0.9803	0.96117	0.94260	0.92456	0.90703	0.89000	0.87344	0.85734	0.84168	0.82645	0.79719	0.76947	0.75614	0.74316	0.71818	0.69444	0.64000
3	0.97059	0.94232	0.91514	0.88900	0.86384	0.83962	0.81630	0.79383	0.77218	0.75131	0.71178	0.67497	0.65752	0.64066	0.60863	0.57870	0.51200
4	0.96098	0.92385	0.88849	0.85480	0.82270	0.79209	0.76290	0.73503	0.70843	0.68301	0.63552	0.59208	0.57175	0.55229	0.51579	0.48225	0.40960
5	0.95147	0.90573	0.86261	0.82193	0.78353	0.74726	0.71299	0.68058	0.64993	0.62092	0.56743	0.51937	0.49718	0.47611	0.43711	0.40188	0.32768
6	0.94205	0.88797	0.83748	0.79031	0.74622	0.70496	0.66634	0.63017	0.59627	0.56447	0.50663	0.45559	0.43233	0.41044	0.37043	0.33490	0.26214
7	0.93272	0.87056	0.81309	0.75992	0.71068	0.66506	0.62275	0.58349	0.54703	0.51316	0.45235	0.39964	0.37594	0.35383	0.31393	0.27908	0.20972
8	0.92348	0.85349	0.78941	0.73069	0.67684	0.62741	0.58201	0.54027	0.50187	0.46651	0.40388	0.35056	0.32690	0.30503	0.26604	0.23257	0.16777
9	0.91434	0.83676	0.76642	0.70259	0.64461	0.59190	0.54393	0.50025	0.46043	0.42410	0.36061	0.30751	0.28426	0.26295	0.22546	0.19381	0.13422
10	0.90529	0.82035	0.74409	0.67556	0.61391	0.55839	0.50835	0.46319	0.42241	0.38554	0.32197	0.26974	0.24718	0.22668	0.19106	0.16151	0.10737
11	0.89632	0.80426	0.72242	0.64958	0.58468	0.52679	0.47509	0.42888	0.38753	0.35049	0.28748	0.23662	0.21494	0.19542	0.16192	0.13459	0.08590
12	0.88745	0.78849	0.70138	0.62460	0.55684	0.49697	0.44401	0.39711	0.35553	0.31863	0.25668	0.20756	0.18691	0.16846	0.13722	0.11216	0.06872
13	0.87866	0.77303	0.68095	0.60057	0.53032	0.46884	0.41496	0.36770	0.32618	0.28966	0.22917	0.18207	0.16253	0.14523	0.11629	0.09346	0.05498
14	0.86996	0.75788	0.66112	0.57748	0.50507	0.44230	0.38782	0.34046	0.29925	0.26333	0.20462	0.15971	0.14133	0.12520	0.09855	0.07789	0.04398
15	0.86135	0.74301	0.64186	0.55526	0.48102	0.41727	0.36245	0.31524	0.27454	0.23939	0.18270	0.14010	0.12289	0.10793	0.08352	0.06491	0.03518
16	0.85282	0.72845	0.62317	0.53391	0.45811	0.39365	0.33873	0.29189	0.25187	0.21763	0.16312	0.12289	0.10686	0.09304	0.07078	0.05409	0.02815
17	0.84438	0.71416	0.60502	0.51337	0.43630	0.37136	0.31657	0.27027	0.23107	0.19784	0.14564	0.10780	0.09293	0.08021	0.05998	0.04507	0.02252
18	0.83602	0.70016	0.58739	0.49363	0.41552	0.35034	0.29586	0.25025	0.21199	0.17986	0.13004	0.09456	0.08081	0.06914	0.05083	0.03756	0.01801
19	0.82774	0.68643	0.57029	0.47464	0.39573	0.33051	0.27651	0.23171	0.19449	0.16351	0.11611	0.08295	0.07027	0.05961	0.04308	0.03130	0.01441
20	0.81954	0.67297	0.55368	0.45639	0.37689	0.31180	0.25842	0.21455	0.17843	0.14864	0.10367	0.07276	0.06110	0.05139	0.03651	0.02608	0.01153
21	0.81143	0.65978	0.53755	0.43883	0.35894	0.29416	0.24151	0.19866	0.16370	0.13513	0.09256	0.06383	0.05313	0.04430	0.03094	0.02174	0.00922
22	0.80340	0.64684	0.52189	0.42196	0.34185	0.27751	0.22571	0.18394	0.15018	0.12285	0.08264	0.05599	0.04620	0.03819	0.02622	0.01811	0.00738
23	0.79544	0.63416	0.50669	0.40573	0.32557	0.26180	0.21095	0.17032	0.13778	0.11168	0.07379	0.04911	0.04017	0.03292	0.02222	0.01509	0.00590
24	0.78757	0.62172	0.49193	0.39012	0.31007	0.24698	0.19715	0.15770	0.12640	0.10153	0.06588	0.04308	0.03493	0.02838	0.01883	0.01258	0.00472
25	0.77977	0.60953	0.47761	0.37512	0.29530	0.23300	0.18425	0.14602	0.11597	0.09230	0.05882	0.03779	0.03038	0.02447	0.01596	0.01048	0.00378
26	0.77205	0.59758	0.46369	0.36069	0.28124	0.21981	0.17220	0.13520	0.10639	0.08391	0.05252	0.03315	0.02642	0.02109	0.01352	0.00874	0.00302
27	0.76440	0.58586	0.45019	0.34682	0.26785	0.20737	0.16093	0.12519	0.09761	0.07628	0.04689	0.02908	0.02297	0.01818	0.01146	0.00728	0.00242
28	0.75684	0.57437	0.43708	0.33348	0.25509	0.19563	0.15040	0.11591	0.08955	0.06934	0.04187	0.02551	0.01997	0.01567	0.00971	0.00607	0.00193
29	0.74934	0.56311	0.42435	0.32065	0.24295	0.18456	0.14056	0.10733	0.08215	0.06304	0.03738	0.02237	0.01737	0.01351	0.00823	0.00506	0.00155
30	0.74192	0.55207	0.41199	0.30832	0.23138	0.17411	0.13137	0.09938	0.07537	0.05731	0.03338	0.01963	0.01510	0.01165	0.00697	0.00421	0.00124

1달러의 미래가치

=N	1%	2%	3%	4%	5%	6%	7%	8%	9%	10%	12%	14%	15%	16%	18%	20%	25%
1	1.01000	1.02000	1.03000	1.04000	1.05000	1.06000	1.07000	1.08000	1.09000	1.10000	1.12000	1.14000	1.15000	1.16000	1.18000	1.20000	1.25000
2	1.02010	1.04040	1.06090	1.08160	1.10250	1.12360	1.14490	1.16640	1.18810	1.21000	1.25440	1.29960	1.32250	1.34560	1.39240	1.44000	1.56250
3	1.03030	1.06121	1.09273	1.12486	1.15763	1.19102	1.22504	1.25971	1.29503	1.33100	1.40493	1.48154	1.52088	1.56090	1.64303	1.72800	1.95313
4	1.04060	1.08243	1.12551	1.16986	1.21551	1.26248	1.31080	1.36049	1.41158	1.46410	1.57352	1.68896	1.74901	1.81064	1.93878	2.07360	2.44141
5	1.05101	1.10408	1.15927	1.21665	1.27628	1.33823	1.40255	1.46933	1.53862	1.61051	1.76234	1.92541	2.01136	2.10034	2.28776	2.48832	3.05176
6	1.06152	1.12616	1.19405	1.26532	1.34010	1.41852	1.50073	1.58687	1.67710	1.77156	1.97382	2.19497	2.31306	2.43640	2.69955	2.98598	3.81470
7	1.07214	1.14869	1.22987	1.31593	1.40710	1.50363	1.60578	1.71382	1.82904	1.94872	2.21068	2.50227	2.66002	2.82822	3.18547	3.58318	4.76837
8	1.08286	1.17166	1.26677	1.36857	1.47746	1.59385	1.71819	1.85093	1.99256	2.14359	2.47596	2.85259	3.05902	3.27841	3.75886	4.29982	5.96046
9	1.09369	1.19508	1.30477	1.42331	1.55133	1.68948	1.83846	1.99900	2.17188	2.35795	2.77308	3.25195	3.51788	3.80296	4.43545	5.15978	7.45058
10	1.10462	1.21899	1.34392	1.48024	1.62889	1.79085	1.96715	2.15892	2.36736	2.59374	3.10585	3.70722	4.04556	4.41144	5.23384	6.19174	9.31323
11	1.11567	1.24337	1.38423	1.53945	1.71034	1.89830	2.10485	2.33164	2.58043	2.85312	3.47855	4.22623	4.65239	5.11726	6.17593	7.43008	11.64153
12	1.12683	1.26824	1.42576	1.60103	1.79586	2.01220	2.25219	2.51817	2.81266	3.13843	3.89598	4.81790	5.35025	5.93603	7.28759	8.91610	14.55192
13	1.13809	1.29361	1.46853	1.66507	1.88565	2.13293	2.40985	2.71962	3.06580	3.45227	4.36348	5.49241	6.15279	6.88579	8.59936	10.69932	18.18989
14	1.14947	1.31948	1.51259	1.73168	1.97993	2.26090	2.57853	2.93719	3.34173	3.79750	4.88711	6.26135	7.07571	7.98752	10.14724	12.83918	22.73737
15	1.16097	1.34587	1.55797	1.80094	2.07893	2.39656	2.75903	3.17217	3.64248	4.17725	5.47357	7.13794	8.13706	9.26552	11.97375	15.40702	28.42171
16	1.17258	1.37279	1.60471	1.87298	2.18287	2.54035	2.95216	3.42594	3.97031	4.59497	6.13039	8.13725	8.35762	10.74800	14.12902	18.48843	35.52714
17	1.18430	1.40024	1.65285	1.94790	2.29202	2.69277	3.15882	3.70002	4.32763	5.05447	6.86604	9.27646	10.76126	12.46768	16.67225	22.18611	44.40892
18	1.19615	1.42825	1.70243	2.02582	2.40662	2.85434	3.37993	3.99602	4.71712	5.55992	7.68997	10.57517	12.37545	14.46251	19.67335	26.62333	55.51115
19	1.20811	1.45681	1.75351	2.10685	2.52695	3.02560	3.61653	4.31570	5.14166	6.11591	8.61276	12.05569	14.23177	16.77652	23.21444	31.94800	69.38894
20	1.22019	1.48595	1.80611	2.19112	2.65330	3.20714	3.86968	4.66096	5.60441	6.72750	9.64629	13.74349	16.36654	19.46076	27.39303	38.33760	86.73617
21	1.23239	1.51567	1.86029	2.27877	2.78596	3.39956	4.14056	5.03383	6.10881	7.40025	10.80385	15.66758	18.82152	22.57448	32.32378	46.00512	108.42022
22	1.24472	1.54590	1.91610	2.36992	2.92526	3.60354	4.43040	5.43654	6.65860	8.14027	12.10031	17.86104	21.64475	26.18640	38.14206	55.20614	135.52527
23	1.25716	1.57690	1.97359	2.46472	3.07152	3.81975	4.74053	5.87146	7.25787	8.95430	13.55235	20.36158	24.89146	30.37622	45.00763	66.24737	169.40659
24	1.26973	1.60844	2.03279	2.56330	3.22510	4.04893	5.07237	6.34118	7.91108	9.84973	15.17863	23.21221	28.82518	35.23642	53.10901	79.49685	211.75824
25	1.28243	1.64061	2.09378	2.66584	3.38635	4.29187	5.42743	6.84848	8.62308	10.83471	17.00006	26.46192	32.91895	40.87424	62.66863	95.39622	264.69780
26	1.29526	1.67342	2.15659	2.77247	3.55567	4.54938	5.80735	7.39635	9.39916	11.91818	19.04007	30.16658	37.85680	47.41412	73.94898	114.47546	330.87225
27	1.30821	1.70689	2.22129	2.88337	3.73346	4.82235	6.21387	7.98806	10.24508	13.10999	21.32488	34.38991	43.53531	55.00038	87.25980	137.37055	413.59031
28	1.32129	1.74102	2.28793	2.99870	3.92013	5.11169	6.64884	8.62711	11.16714	14.42099	23.88387	39.20449	50.06561	63.80044	102.96656	164.84466	516.98788
29	1.33450	1.77584	2.35657	3.11865	4.11614	5.41839	7.11426	9.31727	12.17218	15.86309	26.74993	44.69312	57.57545	74.00851	121.50054	197.81359	646.23485
30	1.34785	1.81136	2.42726	3.24340	4.32194	5.74349	7.61226	10.06266	13.26768	17.44940	29.95992	50.95016	66.21177	85.84988	143.37064	237.37631	807.79357

Z	0.00	0.01	0.02	0.03	0.04	0.05	0.06	0.07	0.08	0.09
0.0	0.0000	0.0040	0.0080	0.0120	0.0160	0.0199	0.0239	0.0279	0.0319	0.0359
0.1	0.0398	0.0438	0.0478	0.0517	0.0557	0.0596	0.0636	0.0675	0.0714	0.0753
0.2	0.0793	0.0832	0.0871	0.0910	0.0948	0.0987	0.1026	0.1064	0.1103	0.1141
0.3	0.1179	0.1217	0.1255	0.1293	0.1334	0.1368	0.1406	0.1443	0.1480	0.1517
0.4	0.1534	0.1591	0.1628	0.1664	0.1700	0.1726	0.1772	0.1808	0.1844	0.1879
0.5	0.1915	0.1950	0.1985	0.2019	0.2054	0.2088	0.2123	0.2157	0.2190	0.2240
0.6	0.2257	0.2291	0.2324	0.2357	0.2389	0.2422	0.2454	0.2486	0.2517	0.2579
0.7	0.2580	0.2612	0.2642	0.2673	0.2704	0.2734	0.2764	0.2794	0.2823	0.2852
0.8	0.2881	0.2910	0.2939	0.2967	0.2995	0.3023	0.3051	0.3078	0.3106	0.3133
0.9	0.3159	0.3186	0.3212	0.3238	0.3264	0.3289	0.3315	0.3340	0.3365	0.3389
1.0	0.3413	0.3438	0.3461	0.3485	0.3508	0.3531	0.3554	0.3577	0.3599	0.3621
1.1	0.3643	0.3665	0.3686	0.3708	0.3729	0.3749	0.3770	0.3790	0.3810	0.3830
1.2	0.3849	0.3869	0.3888	0.3907	0.3925	0.3944	0.3962	0.3980	0.3997	0.4015
1.3	0.4032	0.4049	0.4066	0.4082	0.4099	0.4115	0.4131	0.4147	0.4162	0.4177
1.4	0.4192	0.4207	0.4222	0.4236	0.4251	0.4265	0.4279	0.4292	0.4306	0.4319
1.5	0.4332	0.4345	0.4357	0.4370	0.4382	0.4394	0.4406	0.4418	0.4429	0.4441
1.6	0.4452	0.4463	0.4474	0.4484	0.4495	0.4505	0.4515	0.4525	0.4535	0.4545
1.7	0.4554	0.4564	0.4573	0.4582	0.4591	0.4599	0.4608	0.4616	0.4625	0.4633
1.8	0.4641	0.4649	0.4656	0.4664	0.4671	0.4673	0.4686	0.4693	0.4699	0.4706
1.9	0.4713	0.4719	0.4726	0.4732	0.4738	0.4744	0.4750	0.4756	0.4761	0.4767
2.0	0.4772	0.4778	0.4783	0.4788	0.4793	0.4798	0.4803	0.4808	0.4812	0.4817
2.1	0.4821	0.4826	0.4830	0.4834	0.4838	0.4842	0.4846	0.4850	0.4854	0.4857
2.2	0.4861	0.4864	0.4868	0.4871	0.4875	0.4878	0.4881	0.4884	0.4887	0.4890
2.3	0.4893	0.4896	0.4898	0.4901	0.4904	0.4906	0.4909	0.4911	0.4913	0.4916
2.4	0.4918	0.4920	0.4922	0.4925	0.4927	0.4929	0.4931	0.4932	0.4934	0.4936
2.5	0.4938	0.4940	0.4941	0.4943	0.4945	0.4946	0.4948	0.4949	0.4951	0.4952
2.6	0.4953	0.4955	0.4956	0.4957	0.4959	0.4960	0.4961	0.4962	0.4963	0.4964
2.7	0.4965	0.4966	0.4967	0.4968	0.4969	0.4970	0.4971	0.4972	0.4973	0.4974
2.8	0.4974	0.4975	0.4976	0.4977	0.4977	0.4978	0.4979	0.4979	0.4980	0.4981
2.9	0.4981	0.4982	0.4982	0.4983	0.4984	0.4984	0.4985	0.4985	0.4986	0.4986
3.0	0.49865	0.4987	0.4987	0.4988	0.4988	0.4989	0.4989	0.4989	0.4990	0.4990
3.1	0.49903	0.4991	0.4991	0.4991	0.4992	0.4992	0.4992	0.4992	0.4993	0.4993
3.2	0.4993129	0.4993	0.4994	0.4994	0.4994	0.4994	0.4994	0.4995	0.4995	0.4995
3.3	0.4995166	0.4995	0.4995	0.4996	0.4996	0.4996	0.4996	0.4996	0.4996	0.4997
3.4	0.4996631	0.4997	0.4997	0.4997	0.4997	0.4997	0.4997	0.4997	0.4998	0.4998
3.5	0.4997674	0.4998	0.4998	0.4998	0.4998	0.4998	0.4998	0.4998	0.4998	0.4998
3.6	0.4998409	0.4998	0.4999	0.4999	0.4999	0.4999	0.4999	0.4999	0.4999	0.4999
3.7	0.4998922	0.4999	0.4999	0.4999	0.4999	0.4999	0.4999	0.4999	0.4999	0.4999
3.8	0.4999277	0.4999	0.4999	0.4999	0.4999	0.4999	0.4999	0.5	0.5	0.5
3.9	0.4999519	0.5	0.5	0.5	0.5	0.5	0.5	0.5	0.5	0.5
4.0	0.4999683	0.5	0.5	0.5	0.5	0.5	0.5	0.5	0.5	0.5
4.5	0.4999966	0.5	0.5	0.5	0.5	0.5	0.5	0.5	0.5	0.5
5.0	0.4999997133	0.5	0.5	0.5	0.5	0.5	0.5	0.5	0.5	0.5

첫째 날 · 마케팅

Assael, Henry. *Consumer Behavior & Marketing Action,* 4th ed. Boston: PWS-Kent Publishing Company, 1992, p.100.

Newton, Derek A. *Sales Force Management : Text and Cases.* Copyright © 1990 by Richard D. Irwin, Inc., pp.7~9.

둘째 날 · 윤리학

Freeman, R. Edward, and Daniel R. Gilbert, Jr. *Corporate Strategy and the Search for Ethics.* Copyright © 1988, pp. 24~41. Adapted by permission of Prentice Hall, Englewood Cliffs, N J.

넷째 날 · 조직행동론

Clawson, James. "Organizational Structure," Darden School Case UVA-OB-361, Figure 1-8, pp.11~18. Copyright © 1988 by the Darden Graduate Business School Foundation, Charlottesville, Virginia.

Clawson, James. "Survey of Managerial Style," Darden School Case UVA-OB-358, Figure, p.14. Copyright © 1988 by the Darden Graduate Business School Foundation, Charlottesville, Virginia.

Clawson, James. "Systems Theory and Organizational Analysis," Darden School Case UVA-OB-214, Figure 1, p.9. Copyright © 1983 by the Darden Graduate Business School Foundation, Charlottesville, Virginia.

Gabarro, John J., and John P. Kotter. "Managing Your Boss." *Harvard Business Review*, (January/February 1980), Exhibit, "Managing the Relationship with Your Boss," p. 99. Copyright © 1979 by the President and Fellows of Harvard College; all rights reserved.

Greiner, Larry E. "Evolution and Revolution as Organizations Grow." *Harvard Business Review* (July/August 1972), Exhibit II, "The Five Phases of Growth," p.41. Copyright © 1972 by the President and Fellows of Harvard College; all rights reserved.

"Why People Behave the Way They Do," Darden School Case UVA-OB-183, Figure 5, p. 16. Copyright © 1986 by the Darden Graduate Business School Foundation, Charlottesville, Virginia.

Zierden, William E. "A Framework for Understanding Organizations," Darden School Case UVA-OB-183, Figure 5, p.16. Copyright © 1986 by the Darden Graduate Business School Foundation, Charlottesville, Virginia.

Zierden, William E. "Introduction to Job Design," Darden School Case UVA-OB-91R, Figure 1, p.2. Copyright © 1975 by the Darden Graduate Business School Foundation, Charlottesville, Virginia.

다섯째 날 · 계량분석

Oksman, Warren, and Sherwood C. Frey. "Introduction to Analytical Probability Distributions," Case UVA-Q-205, pp.5, 6, 14. Copyright © 1980 by the Darden Graduate Business School Foundation, Charlottesville, Virginia.

여섯째 날 · 재무관리

"An Introduction to Debt Policy and Value," Case UVA-F-811, p.1. Copyright ©
1989 by the Darden Graduate Business School Foundation, Charlottesville,
Virginia.

아홉째 날 · 전략

Ansoff, H. Igor. "Strategies for Diversification." *Harvard Business Review*
(September/October 1957), Exhibit I, "Product Market Strategies for Business
Growth Alternatives," P.114. Copyright © 1957 by the President and Fellows
of Harvard College; all rights reserved.

Porter, Micheal E. *Competitive Strategy: Techniques for Analyzing Industries and
Competitors*, Figure 2-1, p. 39. Reprinted with permission of The Free Press, a
Division of Simon&Schuster. Copyright © 1980, 1998 by The Free Press.

Porter, Micheal E. *Competitive Advantage: Creating and Sustaining Superior
Performance*, Figure 1-1, p.5, Figure 1-2, p.6. Reprinted with the permission of
The Free Press, a Division of Simon & Schuster. Copyright © 1985, 1998 by
Michael E. Porter.

Waterman, Robert H., Thomas J. Peters, and Julien R. Phillips. "Structure Is Not
Organization." *Business Horizons*, June 1980, Figure, P.18. Copyright © 1980 by
the Foundation for the School of Business at Indiana University.

열째 날 · MBA 미니 코스

Borden, Neil H., Jr. "Class Notes on Conducting International Business," Darden
Graduate School of Business, Charlottesville, Virginia.

약어	설명	강의	페이지
ABC	activity-based costing, 활동 기준 원가 계산	회계학	165
ADL	Arthur D. Little consulting group, 아서 리틀 컨설팅 그룹	전략	455
AIDA	attention/interest/desire/action	마케팅	30
BCG	Boston Consulting Group, 보스턴 컨설팅 그룹	전략	441
CAPM	capital asset pricing model, 자본자산 평가 모델	재무관리	278
CDF	cumulative distribution function, 누적분포함수	계량분석	251
COGS	cost of goods sold, 매출원가	회계학	122
CPM	critical path mehod of scheduling, 임계경로법	생산관리	350
CPM	cost per thousand, 광고 구독자 천 명당 투여된 비용	마케팅	72
CRM	customer relationship management, 고객관계관리	생산관리	369
EBIT	earning before interest and taxes, 법인세차감전이익	재무관리	139
EMV	expected monetary value, 금전기대가치	계량분석	225
EOQ	economic order quantity, 경제적 주문량	생산관리	357
EVA	economic value added, 경제적 부가가치	전략	457
FASB	Financial Accounting Standards Board, 재무회계기준위원회	회계학	119
FIFO	first in first out, 선입선출법	회계학	126
FRICTO	flexibility, risk, income, control, timing, other	재무관리	313
FSI	freestanding insert, 미국 일요의 신문 특별 인쇄판	마케팅	75
GAAP	generally accepted accounting principles, 일반회계규정	회계학	119
GDP	gross domestic product, 국내총생산	경제학	392
GNP	gross national product, 국민총생산	경제학	391

GRP	gross rating points, 종합 시청취율	마케팅	71
IPO	initial public offering, 기업공개	재무관리	312
IRR	internal rate of return, 내부수익률	계량분석	239
IT	information technology, 정보기술	생산관리	369
JIT	just-in-time inventory, 적시 생산 방식	생산관리	357
LBO	leveraged buyout, 차입매수	회계학	145
LCP	low-cost producer, 저원가 생산업체	전략	440
LIFO	last in first out, 후입선출법	회계학	126
M&A	mergers and acquisitions, 기업 인수합병	재무관리	323
MBO	management by objective, 목표관리	조직행동론	196
MBWA	Amanagement by walking around, 현장순회경영	조직행동론	196
MRP	material requirements planning, 자재소요계획	생산관리	360
NNP	net national product, 국민순생산	경제학	392
NPV	net present value, 순현재가치	계량분석	236
PE	price-earnings ratio, 주가수익비율	재무관리	291
PLC	product life cycle, 상품수명주기	마케팅	44
POP	point of purchase, 구매시점	마케팅	31
QWL	quality fo work life, 근로 생활의 질	조직행동론	184
RIF	reduction in force, 인력 감축	조직행동론	206
ROE	return on equity, 자기자본수익률	회계학	158
SBU	strategic business unit, 전략적 사업단위	전략	455
SEC	Securities and Exchange Commission, 증권거래위원회	재무관리	281
SKU	stock keeping unit, 재고 유지 단위	마케팅	61
SMSA	Standard Mestropolitan Statistical Area, 표준도심통계지역	마케팅	38
SPC	statistical process control, 통계적 공정관리	생산관리	364
SWOT	strengths, weaknesses, opportunites, threats	마케팅	49
TRP	total rating points, 총 시청취율	마케팅	71
TQM	total quality management, 전사적 품질경영	생산관리	363
UCC	uniform commercial code, 통일상법전	기업법	478
WACC	weighted average cost of capital, 가중평균자본내용	재무관리	317
YTM	yield to maturity, 만기수익률	재무관리	284

ㄴ

ㅎ

10일 과정 MBA

이 수료증은 저자의 권위로

_____ 에게

독학 대학교의 MBA 10일 과정 학위와
경영학 석사 학위의
모든 권한과 영예를 수여함.

Steven Alan Silbiger

THE TEN DAY MBA